JN418395

창업경영

Entrepreneurship and Management

김형길 | 정구도 공저

도서출판 두남

머리말

디지털경제시대로 접어들면서 세계화의 보편성과 지역화의 특수성, 정보화라는 혁신의 큰 물줄기는 한국 경제뿐만 아니라, 세계경제, 정치, 사회 등 많은 분야에서 급격한 변화를 거듭하고 있다. 또한 최근에는 국내외적으로 창업과 기업경영에 영향을 주는 여러 위협 요소, 즉 유럽의 재정위기와 내수침체, 인력, 자금난, 환율과 원자재 값 불안 등 경제적 불황을 예고하는 난제들이 산적해 있다. 그러나 이처럼 어려울 때 일수록 더욱 필요한 것이 기업가정신이며, 스마트 시대에 발맞춘 스마트 경영이 필요하다.

본서는 예비창업자들에게 창업과 경영을 함에 있어 필요한 주요 이론과 실무 등에 도움을 드리고자 집필하였다. 아울러 대학에서는 창업과 경영이론 및 실무 강의용 교재로 활용할 수 있도록 내용을 구성하였다.

이 책은 총11장으로 구성되어 있는데, 제1장은 창업의 이해, 제2장 기업가와 기업가정신, 제3장 창업과 경영환경, 제4장 창업 아이템, 제5장 사업계획서, 제6장 창업 및 경영지원제도, 제7장 인터넷 비즈니스의 창업, 제8장 사회적기업과 1인 창조기업, 제9장은 창업 마케팅, 제10장 창업인적자원관리, 제11장은 자금조달과 세무라는 내용을 다루고 있다.

특히 최근 많은 관심을 끌고 있는 사회적기업과 1인 창조기업 및 창업의 성공확률을 높혀 주기 때문에 창업자들에게 주목을 받고 있는 프랜차이즈와 신종 아이템, 디지털 경제시대의 중요한 비중을 차지하고 있는 쇼핑몰 창업과 기업들의 마케팅 수단으로 부각되고 있는 SNS 마케팅 내용 등의 내용을 다루었다. 그러나 본서에서 다루고 있는 많은 부분들이 저자들의 학문적, 실무적 경험의 부족함으로 선행연구와 서적과 자료들을 많이 참고하여 창의적지 못한 부분이 있는데, 부족한 부분은 다음 기회에 더욱 충실한 내용으로 수정, 보완하고자 한다.

이 책을 쓰면서 본서를 활용하는 분들이 창업의 현실을 잘 이해할 수 있도록 창업에 관련된 다양한 영역의 이론들 뿐만 아니라 창업 성공사례 및 창업 트렌드 이해에 도움 되는 최근의 사례들을 각 장마다 소개하였다. 특히 많은 지면을 할애하여 세계적인 기업을 이룬 기업가들의 리더십과 특성들을 소개하였는데, 이는 창업의 성공과 기업의 번영은 기업가정신에 달려있기 때문이다.

부족한 이 책이 예비창업자들에게 창업 성공의 디딤돌이 되기를 바라며, 창업 실패위험을 줄여 자신의 꿈을 실현하는데 도움이 되며, 미래를 준비하는 우리나라의 많은 젊은이들에게 새로운 도전의 기회를 제공하기를 바라는 마음 간절하다.

이 책이 나오기까지 뜨거운 격려와 도움을 주신 모든 분들께 깊은 감사를 표한다. 특히 이 책의 출판을 기꺼이 허락해 주신 도서출판 두남의 전 두표 사장님께 진심으로 감사를 드리며, 정성을 기울여 편집을 해주신 편집부에게도 깊은 감사를 드린다.

또한 이 책을 쓸 수 있는 여건과 건강을 허락해주신 지혜의 근본이신 하나님께 감사와 영광을 돌려드리며, 항상 기도해주고 격려해준 사랑하는 가족들에게 이 책을 드린다.

2012년 3월

봄의 기슭에서 저자 김 형길, 정 구도

차 례

제1장 창업의 이해 / 15

제2장 기업가와 기업가정신 / 59

제3장 창업과 경영환경 / 85

제4장 창업아이템 / 113

제5장 사업계획서 / 141

제6장 창업 및 경영지원제도 / 169

제8장 사회적 기업과 1인 창조기업 / 261

제9장 창업 마케팅 / 289

제10장 창업인적자원관리 / 337

제11장 자금조달과 세무 / 363

제1장
창업의 이해

[사례 1.1] 1평의 기적

도쿄의 양갱 전문점 '오자사'의 사장 이나가키 아츠코.

1932년 도쿄에서 태어난 이나가키 아츠코는 1951년 아버지가 집 뒤의 허름한 창고에서 '오자사'를 창업하자 19살 때부터 반평 남짓한 노점에서 하루 12시간, 365일 휴일없이 일하며, 아버지를 도와 경단을 팔기 시작했다. 1954년, 상점을 기치조지의 다이야 거리로 이전한 후에는 양갱과 모나카 두가지 상품을 팔고 있으며, 1992년 아버지가 돌아가시며 이나가키 아츠코는 오자사의 2대 경영자가 되었다. 폭이 약 1.2미터, 안까지의 거리가 약 2미터, 넓이는 1평 남짓한 작은 가게에서 올리는 연매출이 40억원에 달할 정도로 고객들의 사랑을 받고있는 일본 최고의 양갱전문점이 되었다. 요즘에도 하루 150개만 한정 판매하는 '꿈의 양갱'을 사기위해 손님들은 번호표를 받기위해 이른 아침부터 가게 앞에 줄을 서는 행렬이 40년 이상 계속되고 있으며, 눈앞의 이익보다는 고객, 직원, 사회를 먼저 생각하는 철학을 바탕으로 환경보호와 장애인 고용에도 앞장서며 주목을 받고 있다.

오자사의 직원은 아르바이트생을 포함하여 모두 30명이다. 가게에 다섯명, 공장에 스물세명이 일하고 있고, 사장을 포함한 임원 두명이다. 공장 2층에 가마장에는 남자들만 아홉명이 있고, 1층에는 파트타임으로 일하는 열네명이 일하고 있다. 직원들중 최 고령자는 70대인데, 얼마전까지는 80대 노인도 있었다. 한 70대 직원은 40년 넘게 일하고 있는데, 자녀와 손자 3대가 오자사에서 일하고 있다.

그러나 오자사가 늘 순탄한것만은 아니였다. 1959년 오자사 근처에 가격도 저렴하며, 작은 상점과 음식점들을 모두 취급하는 6층짜리 대형 상가가 들어서면서 위가가 찾아왔다. 그때 이나가키 아츠코의 아버지는 이렇게 말했다. "우리보다 크고 싼 상점이 생긴다면 그곳에 지지 않을 더 좋은 상품을 만들어라. 스스로 납득 할 수 있을 만큼 좋은 물건을 만들되, 그래도 손님이 사주지 않으면 손님들이 보는 눈이 없다고 생각해라. 결코 시류에 휩쓸리지 말고, 자긍심을 잃지 마라" 이러한 가르침은 오자사의 핵심 가치를 결코 입지도 말라는 뜻이자, 세상이 아무리 변해도 오자사의 맛과 품질만은 변해서는 안된다는 철칙이기도 하였다. 양갱의 매출액이 점점 늘어가던 1971년에도 오자사 근처에 굴지의 백화점이 오픈하였는데, 백화점에 입점한 유명 과자 전문점은 모든 백화점 고객들이 들리는 명소가 되다시피 하였다. 그러나 12년전 경험을 극복한 이나가키 아츠코의 아버지 "사람들이 늘수록 오자사를 찾는 사람도 더 늘것이다"라며 오자사의 맛과 품질에 대한 자부심을 갖고 초심을 잃지 않았다. 백화점이 오픈한 시기에 잠시 오자사의매출액이 떨어졌지만 며칠후 다시 회복세에 올라섰고, 한달 후에는 오자사 가게 앞엔 사람들이 장사진을 이루었다.

양갱은 팥을 삶는 방법이나 팥소의 상태 등에 따라 맛이 미묘하게 달라진다. 한번에 삶아야 할 팥의 양이나 들어가는 설탕의 양, 팥의 품질, 삶는 방법, 재료 배합, 화력 조절을 위한 숯의 양, 팥소를 균일하게 저어야만 팥소는 오묘한 보라색을 내며,

양갱이 혀에 닿는 촉감이나 풍미는 완전히 달라진다. 모나카는 인터넷을 통해서도 판매하며, 택배로 배달하기도 한다. 과자가 딱 알맞은 상태에서 쫀득쫀득해져서 맛이 가장 좋아지는 것은 하룻밤이 지났을 때 이므로, 그날 공장에서 갓 만들어낸 것을 발송해 고객들이 다음날 쫀득한 맛이 살아있는 모나카를 먹을 수 있도록 하고 있다.

오자사 제품 포장지에 인쇄되어 있는 판화는 석판화 작가인 오다 카즈마 선생의 작품인데, 60년 이상 양갱과 모나카는 맛도 포장지도 전혀 바뀌지 않고 그대로 이어오고 있다. 중국에서 유학온 리라는 학생은 오자사에서 아르바이트를 했는데, 대학졸업 후 회사를 차려 사람들로부터 부러움을 한몸에 받는 기업가로 성장을 했다. 그는 성공한 후에도 자주 오자사에서 일하던 때를 언급했고, 그럴 때 마다 사람들은 그가 오자사에서 무엇을 배웠는지 묻곤 했다. 그의 대답은 한결같이 "성실하게 좋은 물건을 만들어 싸게 파는 것입니다"이였다.

일본 내 6,500개 이상의 회사를 방문 조사한 호세이대학의 사카모토 코지 교수가 2010년 3월 집필한 쓴 <작지만 세계에 자랑하고 싶은 회사>에서 오자사는 그 책의 제일 앞을 차지하였으며, '진짜중의 진짜'라고 극찬하기도 하였다. 오자사는 제1회 '기치조지 다이야 거리의 모두가 좋아하는 가게상'을 수상하기도 하였다.

오자사의 성공 사례는 소자본 창업으로 대박을 꿈꾸는 예비 창업자들에게 창업을 어떤 마음으로 시작해야하며, 사업을 시작할 때 어떤 목표를 잡아야 하며, 성공의 기준은 무엇이며, 무작정 시작하는 묻지마 창업이 위험한 이유가 무엇인지 명쾌한 답을 주고 있다. 당신도 오자사처럼 성공할 수 있다 !!!

[자료 : 이나가키 아츠고 지음, 양영철 옮김, 1평의 기적, 서돌, 2012.1에서 수정인용]

제1절 창업의 정의와 구성요소

1. 창업의 정의와 범위

창업은 개인의 관점에서 보면 개인적인 부를 창출하기 위한 활동이다. 그러나 사회적으로는 직장의 창출과 자원을 활용하여 가치가 더 큰 재화를 생산하며, 또한 창업자 본인과 종업원에게 삶의 공간을 창출하는 의미가 있으며, 국제수지 개선에도 영향을 미치는 경제활동이며, 기업의 창업은 기술을 활용하는 경우가 많아 새로운 기술의 발달을 촉진하는 의미가 있다.

창업은 새로운 사업을 개시하는 것으로, 개인이나 집단이 사업 아이디어를 가지고 사업목표를 세워, 적절한 사업기회에 자본, 인원, 설비, 원자재 등 경영자원을 확보하여 재화를 생산하거나 또는 서비스를 제공하는 기업을 설립하는 것을 말한다.

정부에서는 국민경제의 발전과 지역 간의 균형성장의 일환으로 중소기업 창업을 촉진하기 위해 중소기업창업지원법을 제정하였으며, 창업절차를 간소화하고 금융 및 세제 등 다각적인 측면에서 중소기업을 지원하고 있다. 중소기업창업지원법에는 창업이란 제조업, 광업, 건축, 엔지니어링 기타 기술 서비스업, 정보처리 기타 컴퓨터 운용 관련법, 기계 및 장비 임대업을 새로이 개시하는 것이라 정의하고 있다.

중소기업창업 지원법 제 2조에 따르면 '창업'이란 중소기업을 새로 설립하는 것을 말한다고 규정하고 있으며, 창업지원법 시행령 제2조 제1호에서는 ① 타인으로부터 사업을 승계하여 승계 전의 사업과 같은 종류의 사업을 계속하는 경우, ② 개인사업자인 중소기업자가 법인으로 전환하거나 법인의 조직변경 등 기업형태를 변경하여 변경 전의 사업과 같은 종류의 사업을 계속하는 경우, ③ 폐업 후 사업을 개시하여 폐업 전의 사업과 같은 종류의 사업을 계속하는 경우 등을 창업으로 보고 있다.

그리고 중소기업의 범위에 대해서는 중소기업기본법 제2조에 구체적으로 나타나 있는데 첫째, 영리를 목적으로 사업하는 기업, 둘째, 사회적 기업, 셋째 중소기업협동조합이나 그 밖의 법인·단체 등을 중소기업자로 규정하고 있다.

그리고 창업을 할 때에 사업 개시일은 중소기업창업지원법 제3조를 보면 개인사업자인 부가가치세법의 규정에 의해 사업개시일을 말한다. 다만, 부가가치세법 33조에 따른 사업계획의 승인을 받아 개시하는 경우에는 사업자등록일로 본다. 주식회사 등 법인의 경우는 법인설립 등기일을 말한다.

중소기업기본법 제2조(중소기업자의 범위)

①중소기업을 육성하기 위한 시책(이하 "중소기업시책"이라 한다)의 대상이 되는 중소기업자는 다음 각 호의 어느 하나에 해당하는 기업(이하 "중소기업"이라 한다)을 영위하는 자로 한다.

1. 다음 각 목의 요건을 모두 갖추고 영리를 목적으로 사업을 하는 기업
   가. 업종별로 상시 근로자 수, 자본금, 매출액 또는 자산총액 등이 대통령령으로 정하는 기준에 맞을 것

나. 지분 소유나 출자 관계 등 소유와 경영의 실질적인 독립성이 대통령령으로 정하는 기준에 맞을 것

2. 「사회적기업 육성법」 제2조제1호에 따른 사회적기업 중에서 대통령령으로 정하는 사회적기업

②중소기업은 대통령령으로 정하는 구분기준에 따라 소기업(小企業)과 중기업(中企業)으로 구분한다.

③제1항을 적용할 때 중소기업이 그 규모의 확대 등으로 중소기업에 해당하지 아니하게 된 경우 그 사유가 발생한 연도의 다음 연도부터 3년간은 중소기업으로 본다. 다만, 중소기업 외의 기업과 합병하거나 그 밖에 대통령령으로 정하는 사유로 중소기업에 해당하지 아니하게 된 경우에는 그러하지 아니하다.

④중소기업시책별 특성에 따라 특히 필요하다고 인정하면 「중소기업협동조합법」이나 그 밖의 법률에서 정하는 바에 따라 중소기업협동조합이나 그 밖의 법인·단체 등을 중소기업자로 할 수 있다.

2. 창업의 구성요소

창업의 구성 요소로는 사업 아이디어(아이템), 기업가 정신(창업자), 자본(경영자원) 3가지가 있는데 이를 설명하면 다음과 같다.

1) 사업 아이디어(아이템)는 무엇을 가지고 창업할 것인가? 어떠한 재화를 생산하고 서비스할 것인가? 등에 대한 사업아이템과 동기를 말한다.
2) 기업가 정신은 위험부담은 있지만 그에 상응하는 보상을 기대하여 가치 있는 새로운 것을 창조하려는 과정, 또는 사업의 기회를 획득하고 제약된 경영자원을 가지고 사업을 일으키려는 창업자의 행동 특성이다.
3) 자본은 인력, 사업장, 시설, 원자재와 기술개발, 영업조직의 구축, 정보 및 시간 등 유·무형자산을 형성하는 데 필요한 경영자원을 말한다.

이와 같이 창업은 기업가 정신과 경영능력이 있는 창업자, 수요자와 시장성이 있는 사업 아이디어 및 자본, 인원, 기술 및 경영노하우 등 경영자원을 결합하여 기업 활동의 기초를 마련하는 것이다.

제2절 성공적 창업을 위한 고려요인과 전략

베스퍼(Vesper)는 창업의 성공률을 높이기 위한 요소로 새로운 사업기회의 포착, 기업가의 자질, 동기부여 요인과 추진력 및 성취능력 등의 기본조건이 구비되어야만 한다고 하였다. 기업이 창업된 후 유기적인 조직체로서 변화하는 환경에 끊임없이 신축적으로 대응하며 장기적으로 성장, 발전하는 성공적인 창업기업이 되려면 창업가는 다음의 주요조건을 충족하여야 하며 또한 효과적인 창업전략을 구사해야 한다.

1. 성공 창업의 필요조건

1) 창업 · 경영 환경의 이해

경영환경의 변화는 많은 기업들이 도산하게 되는 요인이 되기도 하지만 창업의 기회를 제공하기도 한다. 그러므로 창업을 준비하는 예비 기업가들은 기존시장과 새로운 잠재시장의 틈새와 환경변화의 흐름을 파악해야 한다. 또한 창업하고자하는 업계의 동향과 창업환경을 이해하고 창업 · 경영환경의 미래 변화와 예측에 대한 이해가 필요하다. 이는 이러한 환경변화가 소비자들의 욕구에 어떤 변화를 주며, 목표시장에 어떤 재화와 서비스를 가지고 어떻게 접근해야 하는가에 대한 전략적 대안을 발견할 수 있기 때문이다. 그리고 창업시장의 향후 전망과 최적의 창업업종과 시기선택이 가능하며, 명확하고 합리적인 사업계획서 작성과 경영자원 조달, 분명한 수익모델의 방향을 설정할 수 있기 때문이다.

2) 왕성한 기업가 정신

창업은 무에서 유를 만들어내는 일과도 같다. 창업가는 이 세상에서 존재하지 않았던 새로운 기업을 만들어 새로운 상품과 서비스를 창출해낸다. 따라서 창업자의 모험적인 기업가 정신은 창업의 성공을 위한 가장 중요한 필수적 요소이다.

창업자에게는 확고한 비전과 의지력은 물론 모험심과 리더십, 신용 및 도덕성 등의 자질이 요구된다. 또한 경제적 환경적응력과 분석판단능력, 창업자 주변의 폭넓은 인간관계, 가능성에 대한 집념, 가정적 안정도 필요하다. 그러므로 기업을 창업하여 성공적으로 경영해가기 위해서는 모험적 기업가 정신이 필요하며 경영자로서 필요한 자질을 배양해 가야 한다.

3) 최적의 창업업종 선정과 시기의 선택

성공적인 창업을 위해서는 경기순환과 소비자욕구의 흐름을 읽고, 성장 가능성이 있는 업종을 선정해야 한다. 특히 자기자본규모에 적합한 업종으로 수요자의 다양성과 변화를 고려해야 한다. 그러므로 창업의 적합한 시기는 동종업종이나, 제품이나 서비스의 성숙기보다는 도입기나 성장기에 창업해야 한다.

성공적으로 창업아이템들을 선정하기 위한 구체적인 방법으로는 지방자치단체나 각종 전시업체들이 개최하는 창업박람회나 창업설명회장의 전시업체들이 제공하는 자료들을 참고 할 필요가 있다. 또한 관련 전공 잡지, 서적, 신문, 인터넷 사이트 등에서 자료를 수집하고, 이를 토대로 자신에게 적합한 아이템들을 3-5가지로 요약한 후 창업자가 가장 관심 있는 분야의 창업품목(item)들을 선정하는 것이다. 그리고 창업하고자 하는 관련 업종의 점포를 몇 군데 방문하여 상품과 서비스를 구매해보고, 보완해야 할 점과 벤치마킹해야 할 점등을 분석하여 참고하는 것이 필요하다.

또한 창업아이템은 경쟁적 측면에서 시장에서 확실히 팔릴 수 있는 상품이어야 한다. 그러므로 창업업종 선정 시에는 다음과 같은 요소를 고려해야한다.

(1) 경쟁우위를 확보할 수 있는 품목인가?
(2) 가급적 고정설비투자가 적은 업종인가?
(3) 기술적으로 발전가능성을 갖고 있는가?
(4) 자금조달 가능성은 충분한가?
(5) 지속적인 성장 가능성과 잠재시장이 있는가?
(6) 기존의 서비스와 제품과 다른 새로운 기능과 서비스를 제공할 수 있는 차별성이 있는가?

4) 경영 자원의 동원

창업업종과 아이템이 선정되면 사업규모를 결정하고 이를 효율적으로 추진할 수 있는지 여부를 파악하기 위해 필요한 인적자원, 물적 자원, 재무적 자원, 기술과 관리시스템의 지적자원(정보)등 경영자원에 대한 분석과 평가 및 경영자원의 동원에 관한 내용을 검토해야 한다. 왜냐하면 신규사업은 위험부담이 높아 위험을 최소화하기 위해 경영자원 분석이 필요하며, 창업의 성공여부는 기업의 경영자원과 이들의 시너지적 결합이 밀접한 관계를 가지고 있기 때문이다.

창업 시 고려해야 할 경영자원은 다음과 같이 네 가지로 구분할 수 있다.

(1) 인적자원

경영스텝, 관리자, 관리부문 종사자, 공장노동자 등.

(2) 물적 자원

공장, 설비 및 기계, 점포, 사무소 등.

(3) 재무적 자원

현금, 자본, 자금, 자산(매각채권, 유가증권, 토지 및 건물 등)등.

(4) 기술이나 관리시스템의 지적 자원(정보)

데이터베이스, 경영정보시스템, 컴퓨터 소프트웨어 및 하드웨어 등.

5) 구체적이고 합리적인 사업계획서의 작성

사업계획서란 고려하고 있는 사업을 하기위해 앞으로 실행할 일련의 활동에 대한 청사진이다. 그러므로 사업계획서에는 창업·경영환경 분석과 경쟁자 분석, 중·장기 경영계획이 포함되어야 하며, 해당 업종에 대한 객관적인 사업타당성과 계획상품의 시장규모, 목표이익, 경쟁자 분석과 확실한 수익모델 등을 가지고 있어야 한다.

6) 창업지원제도의 효과적인 활용

창업의 성공을 위해서는 정부의 다양한 지원제도들을 적극 활용할 필요가 있는데, 이에 관련된 정보는 중소기업청 홈페이지나 중소기업진흥공단, 각 지역의 소상공인지원센터, 산업자원부 및 정보통신부 등 정부 각 부처의 관련 싸이트 등을 참고할 수 있다. 여기에는 각종 창업자금지원과 기술혁신지원사업, 시장개척을 위한 지원사업, 세제 지원, 경영지원사업 등의 다양한 지원제도가 소개되어있다. 또한 각 지역 대학에 특화된 분야별로 설립 운영되고 있는 창업보육센터 입주는 초창기 고정비용을 최소화 할 수 있을 뿐만 아니라 다양한 지원 혜택이 가능하므로 이러한 지원제도를 적극 활용하여 창업 초창기의 실패율을 최소화하며 경쟁력을 갖추는데 큰 도움이 된다.

2. 성공 창업을 위한 4가지 전략

창업과정 도처에 불확실성과 위험이 존재하지만 창업이 성공할 수 있는 비결은 성공에 필요한 핵심요인을 찾고 이를 잘 활용해서 자신의 핵심역량을 최대한 강화시키고 자신의 장점부분이 잘 살아나도록 이용 가능한 경영자원을 집중하는 데 있다. 창업자가 성공할 수 있도록 하는 전략으로 지호준 교수는 다음 네 가지를 들고 있다. 첫째로는 비어있는 시장을 찾는 빈 집찾기 전략, 둘째로는 아무도 개척하지 않은 새로운 시장을 개척하는 새 집짓기 전략, 셋째로는 핵심역량을 통해 활로를 찾는 한 집짓기 전략, 넷째로는 작은 무대가 아닌 큰 무대에 진출하여 생존을 모색하는 큰 집짓기 전략이다.

1) 빈 집찾기 전략

빈 집찾기 전략이란 창업을 할 때 소비자의 욕구는 있으나 아직 개척되지 않은 시장을 목표시장으로 해서 전략으로 소비자의 욕구를 파악해서 비어있는 시장을 찾아 공략하는 전략을 말한다. 이는 이미 존재하는 시장에서 소비자의 욕구가 충족되지 않은 부분을 파악하여 약간의 변화를 주어 소비자 욕구를 충족시켜주는 것도 포함한다. 따라서 빈 집 찾기 전략을 구사하는 기업은 경쟁우위를 가질 수 있는 분야에서 비어있는 시장, 즉 틈새시장(Niche Market)을 발견하여 그 시장을 먼저 차지하는 전략이다. 그러나 선점에 따른 경쟁우위를 계속 유지할 수 있도록 꾸준한 노력을 해야 한다. 또한 기존시장의 리더와 정면으로 경쟁하는 방법은 피하고, 어떤 명확한 특정분야에서 주도권을 잡는 것이 중요할 것이다. 이러한 빈 집찾기 전략은 시장에 가장 쉽게 접근할 수 있을 뿐만 아니라 성공가능성도 가장 큰 전략이다.

빈 집찾기 전략사례 : 세계 최대 온라인 중고서점 'Abebooks'의 성공전략

세계 최대 규모의 온라인 서점이 미국의 Amazon.com이라는 사실을 모르는 사람은 별로 없을 것이다. 헌책이 아닌 새 책을 온라인으로 판매하는 아마존닷컴은 경매 사이트인 미국의 e-Bay 등과 함께 대표적인 온라인 기반의 e-business 기업 중 하나이기 때문이다. 그러면 새 책이 아닌 헌책을 온라인으로 판매하는 세계 최대 규모의 온라인 중고서점은 어떤 곳일까 ? 캐나다 브리티시 컬럼비아주의 주도(州都) 빅토리아에 본사가 있으면서 독일 뒤셀도르프에 별도 사무실을 운영하고 있는 Abebooks(www.abebooks.com)가 바로 세계 최대 규모의 온라인 중고 서점이다.

이 회사는 세계적인 출판업계의 불황에도 불구하고 매년 매출이 급신장하고 있을 뿐 아니라 최근에는 헌책시장 위주에서 벗어나 새 책 시장에도 본격 진출, 관심을 끌고 있다. 그런가 하면 기존의 4개 북미, 유럽지역 주요 국가 외에 호주 뉴질랜드에서도 웹사이트를 새로 오픈, 보다 공격적인 글로벌 마케팅전략을 구사함으로써 전 세계 서적 유통업계는 물론 e-business업계의 주목을 받고 있다.

1995년에 설립된 이 회사는 북미 지역에 있는 8천5백개 서점을 비롯하여, 전세계 1만2천개 서점을 회원으로 끌어들여 이들이 확보하고 있는 5천만 권 이상의 헌책을 웹사이트에 리스팅, 온라인으로 판매하고 있다. 이 회사 웹사이트에 등록된 회원고객은 1백25만 명에 달하며 하루 평균 2만 권의 책이 이 회사 웹사이트를 통해 판매되고 있다. 이 회사는 지난해 매출이 1억 달러에 달해 전년 대비 30%나 증가하는 실적을 올리기도 했다. 이 같은 매출규모는 전 세계 중고서적 온라인 판매량의 39.2%를 차지하는 규모다. 그러면 Abebooks가 이렇게 출판업계에서 일약 스타기업으로 부상한 배경은 무엇일까?

첫째, 우선 책 판매 시스템이 매우 단순하면서도 비용절약형이라는 점을 들 수 있다. 즉 Abebooks는 전 세계에 있는 중소규모 서점들을 회원업체로 끌어들여 그 서점들이 확보하고 있는 각종 중고 서적들을 Abebooks 웹사이트에 리스팅하여 온라인으로 판매한다. 회원 서점들이 Abebooks에 지불하는 월 회비는 리스팅하는 책의 숫자에 따라 25달러에서 300달러까지 각각 다르게 적용되며 책이 판매되면 책값의 8%를 별로도 수수료로 받는다. 따라서 자체 물류 창고가 필요 없다. 배송도 회원 서점들이 하기 때문에 그에 따른 비용이 들지 않는다. 글로벌 기업이면서 이 회사 직원 수가 90여명에 불과한 것도 그런 배경에서 비롯되고 있다.

둘째, Abebooks의 또 다른 성공비결은 타겟 시장이 확실했다는 점이다. 일반 헌책은 물론, 새책을 파는 서점에서 쉽게 구할 수 없는 희귀 서적, 더 이상 인쇄가 안책, 품절된 책, 학교 교재, 소장용 책 등의 서적을 판매함으로써 필요한 책을 찾는데 애를 태우는 소비자들을 확실하게 고객으로 끌어들일 수 있었던 것이다.

셋째, Abebooks가 일찌감치 글로벌 기업을 지향했다는 사실도 성공비결 중 하나로 꼽을 수 있다. 즉 각 국가별로 5개의 웹사이트 (Abebooks.com, Abebooks.co. uk,

Abebooks.de, Abebooks.fr, Abebooks.com.au/co.nz) 를 별도로 운영하여 세계 각지의 수많은 서점들을 회원으로 끌어들이는가 하면 고객 역시 글로벌화하여 명실상부한 글로벌 기업으로 성장하고 있다.

[자료 : 스카이벤처 http://www.skyventure.co.kr]

2) 새 집짓기 전략

새 집짓기 전략은 이제까지 전혀 없던 시장이 열릴 것을 예상하여 미리 개척하여 진출하는 전략을 말한다. 따라서 이 전략은 소비자의 욕구변화나 기술개발 추세에 따라 새롭게 시장이 열릴 것으로 예상되는 부문에 진출하는 것으로 개척자적인 자세가 요구된다. 앞에서 설명한 빈 집 찾기 전략은 이미 있는 시장에서 어딘가 비어있는 고객의 욕구를 발견하여 충족시켜주는 것을 의미하지만 새 집짓기 전략은 새롭게 시장을 개척하는 전략이기에 서로 다르다. 그러나 새 집지을 곳을 고르는 것은 빈 집을 찾는 것보다 훨씬 복잡하고 어려울 뿐 아니라 위험성도 더 크다고 할 수 있다. 따라서 새 집짓기 전략을 구사하려는 경우에는 보다 철저한 시장성 검토와 기술성 분석이 선행되어야한다.

새 집짓기 전략사례 : (주)진그린

(주)진그린의 신의식 사장이 이쑤시개에 대한 연구를 시작한 것은 1994년 중소전기업체를 운영하던 때이다. 그는 취미로 스킨스쿠버 동호회 활동을 하면서 한강 물속을 드나들다가 환경문제의 심각성을 깨닫게 되면서부터다. 유유히 흐르는 파란 강물이 아름답지만 물속은 온통 생활쓰레기로 가득 차 있어 일회용 제품을 대신할 환경친화제품을 구상하게 되었다.

어느 날 냉면을 먹으면서 냉면의 재료가 되는 당면을 삶기 전에 딱딱한 점을 착안해서 전분을 잘 활용하면 이쑤시개로 사용할 수 있지 않을까 하는 아이디어가 얻었다. 이 아이디어를 현실화하기 위해서 신 사장은 50억 원을 투자했다. 4년여의 연구 끝에 1998년 2월 고구마, 감자, 옥수수 등을 활용하여 썩는 이쑤시개를 개발하는 데 성공했다. 그러나 전기업체를 운영하며 벌었던 돈을 모두 쏟아 붓고도 10억 원대의 빚쟁이가 되었다.

때마침 '하늘은 스스로 돕는 자를 돕는다'는 말처럼 신사장이 녹말 이쑤시개를 개발하고 생산설비를 갖추자 일회용품에 대한 정부의 규제방침이 발표됐다. 이로 인해 모든 식당이 신사장의 녹말 이쑤시개를 사용하기 시작했고 때맞춰 일본과 미국 등 해외 바이어들도 녹말 이쑤시개를 찾아 몰려들었다.

이와 같이 녹말 일회용품을 개발한 (주)진그린은 환경친화제품이라는 미래의 새로운 시장을 만들어가는 새 집 짓기 전략을 통해 국내시장에서만 30억 원대의 매출을 올리고 있으며 해외에서 60억 원 가량의 수출계약을 맺는 등 우량기업으로 급성장하고 있다.

[자료 : 지호준, 알기쉽게 배우는 21세기 경영학, 법문사, 2004. 수정인용]

3) 한 집짓기 전략

한 집짓기 전략이란 이미 존재하고 있는 제품시장에서 그 기업만의 핵심기술을 무기로 하여 승부를 거는 창업전략을 말한다. 한 집 짓기 전략은 새로운 핵심기술을 적용한 신제품을 선보이기 때문에 위험이 높으나 그에 따른 수익성도 높아 소자본 창업의 경우에 유리할 수 있다. 이러한 특성을 이용하여 종종 창업을 하는 벤처기업들은 대기업이 하지 못하거나 하기를 꺼리는 새로운 아이디어나 제품, 서비스를 개발해 내고 있다. 지식과 기술발전의 속도가 빨라진 요즘에는 기존의 독점기술이나 전문기술의 확보만으로는 장래의 성공이 보장되지 않는다. 그러므로 끊임없이 발전하는 기술변화를 따라가면서 남들보다 신속하게 기술을 상품화할 수 있어야 한다. 이를 위해서는 단순한 기술상의 우위가 아닌 핵심적인 분야의 기술역량이 필요하다. 한 집짓기 전략에서는 '외고집 한 길 추구' 정신이 창업의 성공요인으로 작용하게 된다. 이런 기업들은 한 결 같이 핵심 분야에 대한 전문적인 기술과 장인정신을 바탕으로 크게 성공하고 있다.

"첫 사업 시작할 때의 기업 사명(使命)을 잊지 마라. 오래 됐지만 늙지 않는 기업을 만들라." 매경MBA가 창업 200년을 넘긴 세계 장수기업을 분석한 결과 생존 본능을 발휘한 핵심 가치는 '한우물 경영' 또는 '변신 경영'으로 요약됐다.

일본의 곤고구미(金剛組)는 사찰 건물을 짓는 전문 건축술 하나로 무려 1432년간 살아 남아 '세계 최장수 기업'의 명성을 지켜내고 있다. 310년 역사의 일본 장수기업 후쿠다금속은 전 세계 휴대전화에 사용되는 전해동박 기술에 매달려 현재 글로벌 시장점유율 40%의 경쟁력을 발휘하고 있다. 이탈리아의 총기 제조회사 베레타는 끊임없는 총기술 혁신으로 500년 기업의 역사를 만들었다. 이들 기업의 특징은 기업탄생의 핵심 사명을 잊지 않고 끊임없이 변신했다는 점이다. 자신의 산업 영역에서 기술

리더십을 지켜내기 위해 개발과 혁신의 끈을 놓지 않았다. 장수기업의 대가 윌리엄 오하라 미국 브라이언트대학 교수는 "한우물을 판 많은 장수기업에는 기업전통을 계승하면서도 자신들 울타리 안에서 개발과 혁신을 멈추지 않고 끊임 없이 변신한 곳이 많다"고 밝혔다. 많은 장수기업들은 자기 분야에서 최고가 되기 위해 시대 변화에 기민하게 대처해 '늙었지만 늙지 않은 기업'을 만들었던 것이다. '변신 경영'도 장수기업의 키워드로 꼽혔다. 미국 유명 백화점 노드스트롬은 1901년 작은 신발가게로 시작했지만 회사를 끊임 없이 성장시켜 명문 백화점으로 거듭났다. 오하라 교수는 "이처럼 장수기업이 되려면 전통을 지키려는 의지와 시대 변화에 적응하는 변화력 모두가 요구 된다"고 강조했다.

[자료 : 매일경제, 2010.8.20]

한 집짓기 전략사례 : 쓰리세븐

2000년 중국 주룽지(朱鎔基) 총리가 TV에 손톱깎이를 들고 나와 "외국 제품은 이렇게 훌륭한데 우리는 왜 이렇게 못 만드나"라고 질타한 적이 있다. 바로 주 총리가 들고 있던 손톱깎이가 세계시장 점유율 1위를 달리는 쓰리쎄븐의 제품이다.

매년 약 1억 개의 손톱깎이를 만드는 부동의 세계 1위. 저가 시장은 중국이, 고가 시장은 독일과 일본이 주도하지만 중가(中價) 시장의 75%는 쓰리쎄븐이 차지하고 있다. 의외로 전 세계 인구 중 손톱깎이를 사용하는 비율은 아직 50%가 되지 않는다. 손발톱 미용에 전혀 관심 없는 후진국이 상당수 있기 때문. 뛰어난 품질을 자랑하는 쓰리쎄븐이 개척할 시장은 무궁무진한 셈이다.

4) 큰 집짓기 전략

큰 집짓기 전략이란 작은 무대가 아닌 큰 무대에 진출하여 가격에서 차별화하고 품질에서 차별화하는 전략을 말한다. 물론 큰 시장을 대상으로 한다는 것은 단순히 비용절감을 통한 원가우위효과로 성공할 수 있는 문제가 아니다. 무언가 특별한 기술이나 핵심역량이 있어야 함은 당연한 것이다. 따라서 큰 집짓기 전략은 핵심기술을 가지고 있으면서 비용절감의 효과 등을 통해 세계시장을 대상으로 경쟁력 있는 제품을 생산·판매함으로써 국내외 생산기지를 형성하여 성공하는 전략을 말한다. 국내시장에서 눈을 돌려 세계시장에 진출해 창업에 성공한 기업들이 여기에 속한다.

큰 집짓기 전략사례 : (주)제너시스

1995년 11월 BBQ 1호점이 오픈한지 10년만에 국내 최대 프랜차이즈 그룹으로 성장한 제너시스의 윤홍근(50) 회장은 요즘 맥도널드와 BBQ 비교연구에 여념이 없다. 지금까지 들여다본 바로는 BBQ가 모든 면에서 맥도널드에 앞선다. 가맹점 수만 봐도 그렇다. 맥도널드가 창립 5년째에 가맹점 200개를 냈다면 BBQ는 4년 만에 1,000개를 돌파했다. 올해로 창립 50주년을 맞은 맥도널드의 점포수는 전세계 122개국에 3만1000여개. BBQ는 창립 25주년인 2020년에 전세계 5만여 점포를 두는 게 목표다.

윤 회장은 오래전부터 맥도널드를 눈여겨 봐왔다. 수많은 패스트푸드 업체 중에서 승승장구 하는 비결은 뭔지, 숱한 위기에도 오뚜기처럼 일어선 이유는 어디에 있는지 꼼꼼히 따져봤다. 체계적인 인재 교육 시스템, 끊임없는 혁신, 맥도널드식 표준화….

윤 회장은 이를 BBQ에 적용했다. 지난 2000년 경기도 이천에 세운 '치킨대학'은 맥도널드를 벤치마킹한 대표적 사례. 치킨대학은 예비 창업주와 가맹점주, 직원 등을 교육하는 기관으로, 언제 어디서나 똑같은 BBQ만의 맛을 배워가는 장소이기도 하다. 맥도널드도 1983년 동일한 맛과 서비스를 모든 매장에서 제공하겠다는 목표로 미국 시카고에 '햄버거 대학'을 세웠다. 어찌 보면 일찌감치 '블루오션' 전략을 실행에 옮긴 셈이다.

그런 윤 회장이 이번엔 최고급 올리브유로 튀겨낸 통닭을 선보였다.

"맛에는 자신이 있었지만 대두유를 쓰면서 늘 건강이 마음에 걸렸습니다. 그래서 산패도가 낮고 포화지방산이 적은 기름을 찾아 나섰죠. 올리브유나 포도씨유 정도로 좁혀지더군요. 이 중 올리브유가 가장 건강에 좋고 귀하다는 걸 알고 협력사인 롯데삼강에 제안을 했고, 3년여 개발 끝에 올리브유 치킨을 내놓게 됐습니다."

2005년 5월16일. 윤회장은 1750개 BBQ 가맹점 주를 모아놓고 두 가지 변경사항을 선포했다. 하나는 최상위 올리브유인 엑스트라버진으로 대두유를 대체하겠다는 것이고, 또 하나는 가격 인상이었다.

"최고급 올리브유를 쓰니 6배 반이나 원가 상승요인이 있더군요. 인상분의 반은 회사측이 부담하지만 나머지는 고객에게 돌릴 수밖에 없었죠. 그러다보니 후라이드 치킨 한 마리 값이 1만1000원에서 1만3000원으로 올랐습니다."

처음에는 시장의 반응이 시큰둥했다. 올리브유로는 튀길 수가 없다느니, 튀긴 기름 자체가 나쁘기 때문에 올리브유도 마찬가지라느니 기름 논쟁도 불거졌다. 가맹점 주들은 불안해지기 시작했다. 실제로 초기에는 주문건수가 눈에 띄게 줄었다. 그러나 시련은 오래가지 않았고, 결과는 대성공이었다.

"기존 고객이 5% 이탈했다면 신규고객이 15% 늘었습니다. 전체적으로 10% 매출이 올라갔고요. 브랜드가치도 함께 상승했습니다."

올리브유로 튀겨내면서 치킨의 맛은 한층 고소해졌고 느끼함이 덜해졌다. 점주들도 조리가 훨씬 쉬워졌다고 입을 모았다. 반신반의하던 고객들도 물에 쉽게 씻기는 기름을 보고 신뢰를 갖게 됐다.

윤 회장은 이 통닭을 들고 스페인에 진출했다. 2005년 6월 마드리드에 문을 연 1,2호 직영점 BBQ(스페인어로 베베쿠)는 목표보다 배 이상 많은 판매실적을 냈다.

윤 회장은 중국(2003년)과 스페인(2005년)에 이어 동남아, 호주에 진출하고 2020년엔 세계시장을 재패한다는 야심찬 계획을 세워놓고 있다. "중국에 10년 내 1만개 점포를 만들 겁니다. 그래서 연간 2억2000만 달러의 외화를 벌어들일 것입니다. 서비스업과 지식산업은 세계로 뻗어나가야 할 산업이고 유일하게 대외경쟁력을 가질 수 있는 산업입니다."

창세기란 뜻의 제너시스를 회사 이름으로 택한 윤 회장은 한 달에 한 번은 전 직원과 함께 예배를 드리고 선교활동에도 많은 투자를 하고 있다.

[자료 : 국민일보 2005.7.12]

제3절 창업의 형태와 특징

1. 창업의 형태

창업의 형태를 크게 둘로 구분하면 개인기업과 법인회사 두가지형태가 있는데, 각각 장단점이 있으므로 창업의 업종과 여건 등을 고려하여 최적의 형태를 선택해야 한다.

1) 개인기업

(1) 개인기업의 장점

① 법적절차가 비교적 간단하여 설립이 용이하다.

② 창업비용 및 창업자금이 비교적 적게 소요되어 소자본으로도 창업이 가능하다.

③ 기업 활동성의 제반정책 수립 · 집행 · 계획변경 등을 자유롭고 신속하게 결정 · 추진할 수 있다.

④ 사업이윤 전부를 기업주가 독점할 수 있다.

⑤ 개인기업은 긴밀한 인적 조직체이므로 경영방침, 제조방법, 판매정책, 자금

운용상의 비밀유지가 가능하다.

⑥ 개인기업의 기업주는 고객 및 종업원과 직접 말하는 경우가 많으므로 상호 이해하기가 쉽고 효과적인 경영을 할 수 있다.

⑦ 경리장부 및 결산서의 작성이 간단하며 결산 서류는 손익계산서 이외에 다른 것은 필요가 없다.

(2) 개인사업의 단점

① 기업주가 기업경영상 발생하는 부채와 손실에 대해 무한책임을 진다.

② 사회적 신용을 얻기까지 시간이 필요할 뿐만 아니라 융자·대출 등에서 제한이 있을 수 있다.

③ 사업주 개인의 신상에 사고가 발생할 경우 폐업 또는 기업운용에 직접적인 영향을 미쳐 사업의 연속성이 떨어진다.

④ 투자 및 차입규모가 클 경우 자본조달 능력에 한계가 있다.

⑤ 혼자서 경영상의 문제·생산·판매·자금조달·인사관리 등 경영전반을 관장 할 수 없는 등 경영능력의 한계가 존재한다.

⑥ 법인기업의 부담세율은 개인기업의 부담세율보다 낮아 납세에 불리함이 있다.

⑦ 기업규모가 커질 경우, 법인전환 등의 부수 절차가 필요하다.

2) 법인회사

(1) 법인회사의 장점

① 주식회사 및 유한회사의 출자자는 유한책임을 지므로 출자자의 부담이 적고 자금의 모집이 용이하다.

② 사회적인 신용이 개인사업자보다 높다.

③ 법인세는 법인소득에 대해 일률적으로 과세되어 개인 사업자의 부담세율보다 낮기 때문에 유리하다.

④ 각종 사회보험에 가입할 수 있으며 보험료도 회사와 개인이 1/2씩 부담하고 회사부담액의 경우 경비처리가 가능하므로 부담이 경감된다.

⑤ 주식회사의 경우에는 발기인 1명 이상의 출자에 의해 회사 설립이 가능하며 설립 시 자본조달이 용이하고 대자본 형성도 쉽다. 또한 설립 후에도 주식공모를 통해 일반 대중으로부터 소액자금을 집적할 수 있으며, 주주의 재산과

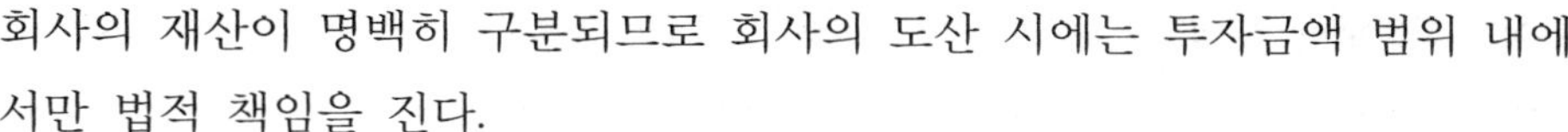

회사의 재산이 명백히 구분되므로 회사의 도산 시에는 투자금액 범위 내에서만 법적 책임을 진다.

⑥ 주식의 양도가 가능하여 추가 주식매입 및 매각에 의해 출자액을 증감시킬 수 있으며, 전문경영인에 의한 기업경영이 가능하므로 소유와 경영의 분리가 가능하다.

⑦ 법인에 대한 공신력이 개인기업보다 높아 매출, 직원 채용 등 영업상 유리한 점이 많다. 이와 같이 주식회사는 많은 장점을 가지고 있기 때문에 현대 기업의 대표적인 형태로 자리잡고 있다.

(2) 법인회사의 단점

① 회사 설립 시 상법의 규정에 따라 발기인 선정, 정관의 작성, 출자금의 불입, 임원선정 등의 요건이 엄격히 규정되어 있다.

② 설립 등기 시에 정관에 기재된 사업내용을 도중에 임의로 변경할 수 없으며 신규사업을 시작하거나 사업변경을 하는 경우, 정관의 기재사항을 변경한 후 변경등기를 해야 한다.

③ 엄격한 회계장부가 필요하다. 결산서류로써 대차대조표와 손익계산서의 작성이 의무화되어 있고 복식부기에 의한 장부정리가 필요하다.

④ 정관작성, 발기인 구성, 창립총회, 법인 설립신고 등 설립절차가 복잡하고, 기업이윤이 주주의 출자지분에 따라 배당되므로 그만큼 대표자의 이윤이 줄어든다.

⑤ 경영에 대한 의사결정체계가 주주총회-이사회-대표이사로 복잡하게 되어있기 때문에 신속한 의사결정이 어려운 단점이 있다.

⑥ 주주 상호간 이해관계로 인한 대립 시 마찰의 소지가 있고 경영공백이 우려되며, 대표이사의 무한책임 경영이 여타 주주에 큰 피해를 줄 수도 있다.

2. 회사 형태별 연혁 및 특징

공동기업의 전형이라고 할 수 있는 회사는 개인기업의 단점을 가장 잘 극복할 수 제도로서 회사는 다수인의 자본과 노력을 결합하여 개인기업으로는 할 수 없는 대규모사업을 경영하는데 적합하다. 그리고 개인기업과는 달리 기업의 손실을 다수인 분담하여 위험의 분산 · 경감도 가능하며, 일단 성립한 기업이 소멸하지 않고 유지 · 존속하는데 적합한 기업형태이다. 상법상 회사란 '상행위나 그 밖의 영리를 목적으로 하여 설립한 법인'을 말하는데 회사는 영리성과 법인성이라는 요소를 갖추어야 하고, 회사는 법률에 의해 설립되어 그에 따른 권리・의무를 가지게 된다. 상법은 회사를 사원의 책임의 태양에 따라 합명회사, 합자회사, 유한책임회사, 주식회사, 유한회사 5가지로 분류하고 있다. 아래에서는 회사 형태별로 회사가 태동하게 된 연혁과 회사별 특징에 대해서 설명하고자한다.

1) 합명회사

합명회사의 기원은 중세 이탈리아·독일의 상업도시에 있어서의 공동상속에 있다고 한다. 즉 여러 명의 상속인이 가부(家父)의 영업을 공동 상속하여 이것을 계속 유지한 것이 오늘날의 합명회사의 기원이 되었다고 한다. 합명회사에 관한 최초의 입법은 1673년의 프랑스의 상사조례라고 알려져 있다.

합명회사 설립은 정관의 작성과 설립등기만으로 간단하게 이루어지며, 정관에 다른 정함이 없을 때에는 각 사원은 회사의 업무를 집행할 권리와 의무가 있다. 그러나 정관으로 사원의 1인 또는 수인을 업무집행사원으로 정한 때에는 그 사원이 회사의 업무를 집행할 권리와 의무가 있고 다른 사원은 업무집행권을 잃게 된다. 회사 업무의 집행권은 원칙적으로 사원 과반수로 결정한다. 다만 업무집행사원이 있는 때에는 업무집행사원의 과반수로 결정한다. 의결권은 원칙적으로 사원의 두수에 의하며, 지분을 양도할 경우에는 다른 사원 전원의 동의를 얻어야 한다.

합명회사는 모든 사원이 회사채권자에 대하여 직접・연대・무한책임을 지는 무한책임사원만으로 구성되는 회사이다. 사원의 출자는 재산, 신용 또는 노무의 출자도 모두 인정된다. 사원은 2인 이상이어야 하고 무한책임사원으로서 무거운 책임을 지게 되며, 사원의 개성이 중시되므로 사원의 주관적 사정에 의한 하자가 설립의 효력에 영향을 미친다.

합명회사는 사원의 개성과 인적 신뢰관계를 기초로 하여 조직되는 회사로서 소수인의 공동기업에 적합한 회사형태이다. 합명회사는 인적회사의 전형으로서 법인격은 부여되어 있지만, 그 실질은 조합이라고 할 수 있다.

2) 합자회사

합자회사는 익명조합과 같이 10세기 이래 이탈리아 등의 해상무역에서 행하여진 기업가와 자본가의 조합인 Commenda계약에 그 기원이 있다. 이 코멘다에서 익명조합과 합자회사가 발전하여 나왔다. 즉 코멘다는 15세기에 이르러 그 형태가 분화되어 자본가가 표면에 나서지 않는 Participartio가 생겨 익명조합의 기원이 되었고, 자본가가 공동기업자로서 표면에 나서는 Accomandita가 생겨 합자회사의 기원이 되었다. 합자회사에 관하여 처음으로 규정을 둔 것은 1673년의 프랑스 상사조례이다.

합자회사는 합명회사의 사원처럼 동일한 책임을 지는 무한책임사원과 회사채권자에 대하여 직접 · 연대책임을 지는 유한책임사원으로 구성되는 2원적 조직의 회사이다. 합자회사는 무한책임사원과 유한책임사원이 될 자 각 1인 이상이 정관을 작성하고 설립등기를 함으로써 이루어진다. 또 합자회사는 인적회사에 속하지만, 유한책임을 가지고 있으므로 전형적인 인적회사는 아니다.

무한책임사원의 지위는 합명회사의 사원의 지위와 같고, 원칙적으로 업무집행권과 회사대표권을 가진다. 이에 반해 유한책임사원은 업무집행권과 회사 대표권을 가지지 않으며 일정한 감시권을 가질 뿐이다. 그리고 유한책임사원은 무한책임사원 전원의 동의만 있으면 그 지분을 양도할 수 있으나 무한책임사원은 유한책임사원을 포함한 다른 사원의 동의를 얻지 아니하면 그 지분을 양도할 수 없다. 합자회사에서 무한책임사원의 출자는 합명회사의 경우처럼 재산, 신용 또는 노무의 출자가 모두 인정되나 유한책임사원의 출자는 재산출자에 한하고 노무나 신용의 출자는 허용되지 아니한다.

3) 유한책임회사

유한책임회사는 미국의 Limited Liability Company(LLC)를 모델로 하여 우리 법에 받아들인 제도이다. 미국에서 유한책임회사는 주법상의 유한책임 혜택과 동시에 연방의 소득세 혜택을 누릴 수 있으므로 1977년 와이오밍 주에서 최초로 입법된 후, 미국 전역에서 인기 있는 새로운 기업형태가 되었다. 유한책임회사는 사원이 대내적으로 자율적인 경영권을 가지면서 대외적으로 유한책임을 지는 공동기업의 형태에 적합하므로 금융·보험·리스 등 서비스업종에서 많이 이용되는 회사형태이다. 미국에서는 법무서비스 등을 영위하는 전문업종의 유한책임회사(Professional Limited Liability Partnership : LPP)를 명문으로 허용하는 주가 있다.

이러한 유한책임회사는 회사에 대하여 출자금을 한도로 하는 유한책임만을 지고 회사채권자에 대하여는 직접 아무런 책임을 지지 않는 유한책임사원만으로 구성되는 회사이다. 유한책임회사는 내부관계에서는 합명회사의 경우와 같이 사원의 자율을 인정하는 한편, 외부관계에서는 유한회사의 경우와 같이 사원이 회사채무에 대하여 출자금의 한도 내에서 유한책임을 지므로, 합명회사와 유한회사의 장점을 결합한 공동기업이라고 말할 수 있다.

유한책임회사는 사원의 출자로 이루어지는 자본금을 가지며, 자본금의 최고한도나 최저한도에 제한이 없다. 그리고 자본금에 관하여 주식회사·유한회사와 같은 엄격한 규제를 하고 있지 않으며 또 인적회사와 같이 지분의 개념만 있을 뿐 주식 또는 출자좌의 개념의 없다. 따라서 출좌 1좌의 금액도 정해져 있지 않다.

유한책임회사의 사원은 상법에 다른 규정이 있는 경우 외에는 회사에 대하여 출자금액을 한도로 하는 유한책임을 질뿐이며, 회사채권자에 대하여는 직접 아무런 책임을 지지 아니한다. 유한책임회사를 설립할 때에는 사원이 정관을 작성하고, 각 사원이 기명날인하거나 서명하여야 하며, 정관에 관한 공증인의 공증은 필요하지 않다. 사원의 수는 최저한에 제한이 없고 1인 이상이면 되고 최고한에도 제한이 없으며, 회사내에 기관의 분화도 없고 감사를 둘 필요도 없다. 이와 같이 유한책임회사는 내부관계에서는 사원이 개성이 농후하고 그 실질은 조합이라 할 수 있으며, 인적회사의 특성을 지니고 있다. 대외적으로는 유한책임회사의 대표기관은 업무집행자이며, 업무집행자로 지정되지 아니한 사원은 업무집행자에 대하여 감시권을 갖는다.

기본적 사항의 결정에는 총사원의 동의가 필요하고 사원은 다른 사원의 동의를 받지 아니하면 원칙적으로 그 지분을 타인에게 양도하지 못한다.

4) 유한회사

유한회사는 1892년 독일에서 중소기업에 적합한 회사형태를 위하여 '유한책임회사법'이 제정되면서 생겨났다. 이 제도는 프랑스를 비롯한 유럽제국에 보급되었고, 일본을 거쳐 우리나라에 보급된 것이다. 우리나라에서는 주식회사가 다른 회사형태에 비하여 많이 이용되고 있으며, 유한회사는 그리 많이 이용되고 있지 않다. 그러나 독일 등 외국에서는 유한회사가 많이 이용되고 있다.

2011년 4월, 개정된 상법에는 유한회사의 이용을 활성화하기 위하여 사원총수의 제한과 최저자본금제도를 삭제하였고, 출자 1좌의 최소금액을 5천원에서 100원으로 내렸다. 또 지분의 양도에 관한 제한을 완화하여 정관에 다른 정함이 없으면 지분을 자유로이 양도할 수 있도록 하고, 주식회사로의 조직변경에 관한 결의요건을 완화하였다.

유한회사는 일정한 자본금을 가지고, 그 자본금은 사원의 균등액 단위의 출자로 이루어지며, 사원은 회사에 대하여 원칙적으로 자본금에 대한 출자의무를 질 뿐 회사채권자에 대하여는 직접 아무런 책임을 지지 않는 회사이다. 유한회사는 사채의 발행이 인정되지 아니하고, 대차대조표의 공고도 요구되지 않는다. 수권자본제도가 채택되지 아니하고, 설립절차가 간소화 되어 있으며, 사원의 공모가 금지된다. 회사의 기관이 간소화되어 이사는 1인이어도 좋고, 이사회와 대표이사라는 기관의 분화도 없으며, 감사는 임의기관으로 되어 있다.

이러한 점에서 유한회사는 기본적 성질에서는 주식회사와 같지만, 주식회사는 대기업에 적합한 회사이고 유한회사는 소규모의 비공개적인 회사로서 사원의 개성이 존중되는 중소기업에 적합한 형태의 회사라는 점에서 차이가 있다.

5) 주식회사

주식회사의 기원에 관하여는 정설이 없다. 1602년에 설립된 네덜란드의 동인도회사를 선구로 영국·프랑스 등에 의하여 설립된 식민회사를 주식회사의 기원으로 보는 설이 유력하다. 이 회사들은 사원의 유한책임제도, 기관, 주식제도 등을 정비하고 있었다. 그러나 이 회사들도 국왕 또는 의회의 특허를 요하고 공법적인 권력을 가졌으므로 현대 주식회사와는 그 성질을 달리한다.

인적회사의 경우 설립절차가 정관작성과 설립등기만으로 간단하게 이루어지는 것과 달리, 주식회사의 설립절차는 주식의 인수, 출자의 이행, 기관의 선임, 설립경과의 조사 등 회사의 실체형성의 절차가 필요하고, 그 법적규제가 강행규정으로 되어 있다. 주식회사 설립방식에는 발기설립(發起設立)과 모집설립(募集設立)이 있다. 발기설립은 회사설립 시에 발행하는 주식의 전부를 발기인이 인수하여 회사를 설립하는 방법이고, 모집설립은 회사설립 시에 발행하는 주식의 일부만을 발기인이 인수하고 나머지 주식에 대하여는 따로 주주를 모집하여 회사를 설립하는 방법이다.

2009년 5월, 개정된 상법은 주식회사 설립을 쉽게 하도록 하기위하여 최저자본금에 대한 규정을 삭제하였다. 따라서 주식회사의 자본금에는 최저 또는 최고의 제한이 없으며, 자본금은 정관의 기재사항이 아니고 등기사항에 불과하다. 주식은 자본금의 구성단위를 뜻하는데 액면주식을 발행하는 경우 주식의 금액은 균일하여야 하고, 1주의 금액은 상법에서 100원 이상으로 하도록 정하고 있다. 주식회사의 자본금은 회사가 액면주식을 발행하는 경우에는 원칙적으로 발행주식의 액면총액으로 하고, 회사가 무액면주식을 발행하는 경우에는 주식발행가액의 2분의 1 이상의 금액으로서 이사회에서 자본금으로 계상하기로 한 금액을 총액으로 한다.

회사 설립사무에 종사하는 발기인의 수에는 제한이 없으며, 따라서 1인회사의 설립도 인정된다. 발기인은 적어도 1주 이상의 주식을 인수하여야 한다.

주식회사에서는 회사의 의사를 결정하고 집행하는 기관으로서 필요기관과 임시기관이 있다. 필요기관은 의사결정기관인 주주총회, 그리고 업무집행기관인 이사회와 대표이사, 감독기관인 감사 또는 감사위원회로 분화되어있으며 이것이 다른 인적회사들과 크게 다른 특색이다. 임시기관으로는 감사인 · 검사인 등을 들 수 있다.

2011년 4월, 개정된 상법에서는 이사회로부터 위임받은 업무에 대하여 업무집행권을 갖는 집행임원제도를 도입하여 종래에 대표이사가 담당하던 일상적인 업무를 대표집행임원이 담당할 수 있도록 하였다. 그리고 집행임원 설치회사에서는 대표이사를 두지 못하게 하여 “이사회 + 대표이사”또는 “이사회 + 대표집행임원”중에서 하나를 선택할 수 있도록 하였다. 한편 주주는 이사 · 집행임원의 업무집행에 대한 감독권을 가진다.

이사는 이사회의 구성원으로서 회사의 업무집행의 의사결정에 참여하고 이사회를 통하여 대표이사 등의 업무집행을 감독하는 자인데 이사는 원칙적으로 3명 이상이어야 한다. 다만, 자본금 총액이 10억원 미만인 회사는 1명 또는 2명으로 할 수 있다. 이러한 소규모 주식회사에서 이사를 1명 또는 2명으로 한 경우 이사회의 기능은 기본적으로 주주총회로 대체되고, 각 이사는 회사를 대표하며 일정한 경우에는 이사회의 기능을 담당한다.

감사는 회사의 업무감사 및 회계감사를 주된 임무로 하는 주식회사의 필요상설기관인데 자본금이 10억원 미만인 회사의 경우에는 감사를 선임하지 않을 수 있다. 그리고 감사의 자격에 대하여는 아무런 제한이 없으며 감사의 수는 이사와 달리 1인이라도 관계없다.

감사위원회는 이사의 업무집행과 회계를 감사할 권한을 가진 이사회내의 위원회의 하나로서 감사에 갈음하여 설치되는 필요상설기관인데 상법상 감사위원회의 설치는 원칙적으로 임의사항이다. 그런데 예외사항으로 최근 사업연도 말 현재 자산총액이 2조원이상인 상장회사와 금융투자회사는 감사위원회를 설치하여야한다. 다만 부동산투지회사법에 따른 부동산투자회사 등의 경우에는 이러한 의무가 없다. 감사위원회는 3인 이상의 이사로 구성하여야 하는데 총 위원 중 사외이사인 위원의 비율이 3분의 2이상이어야 한다.

외부감사법에 의해 일정한 규모의 주식회사는 감사에 의한 감사외에 회사로부터 독립한 외부의 감사인에 의한 회계감사를 받아야한다. 또 자본시장법에 의하면 신탁업자, 사업보고서 제출대상법인 등은 외부감사법에 따른 감사인의 회계감사를 받도록 되어 있다. 이와 같이 외부의 감시인에 의하여 감사를 받는 것을 외부감사라 하고, 외부감사를 하는 회계전문가를 감사인이라 한다. 이외에도 주식회사의 설립절차나 업무 또는 재산 상태를 조사할 임무가 있는 임시적 감사기관으로서 검사인이 있다. 이들 감사인이나 검사인은 앞에서 언급한대로 주식회사의 임시기관이다.

지금까지 검토한 주식회사에 대해 정리해보면 사원인 주주의 출자에 의한 일정한 자본금을 가지고, 자본금은 주식의 형식을 취하며, 주주는 주식의 인수가액을 한도로 하여 회사에 대하여만 책임을 지는 회사이다. 따라서 주식회사는 자본금, 주식 및 주주의 유한책임을 특질로 하는 회사이다. 주식회사는 사원의 개성이 희박하고 회사의 물적 요소 내지 자본금에 중점이 놓여있는 전형적인 물적회사라 할 수 있겠다.

주식회사에서는 회사재산만이 회사채권자에 대한 담보로 되기 때문에 회사재산의 확보 · 유지의 요청이 강하여 법적 규제가 복잡하다. 그러나 사원인 주주의 지위는 원칙적으로 자본금의 균등한 비례적 단위인 주식의 형태를 취하며, 이것은 자유로이 양도할 수 있으며 대규모사업에 적합한 회사이다. 주식회사는 자본주의 경제를 받쳐주는 지주의 역할을 해 왔으며, 자본주의의 장점과 폐단을 잘 나타내고 있는 대표적인 회사라고 할 수 있겠다.

[2011년도 개정상법의 해당 조문 참고 및 손 진화 '상법강의' pp.293-753에서 발췌 인용]

제4절 벤처기업창업과 소자본 창업

1. 벤처기업의 창업

1) 벤처기업의 정의

벤처기업은 연구 개발형 기업, 하이테크사업(High Technology Business), 신기술기반기업(New Technology Based Firm), 모험기업(Risky Business) 등 다양한 용어로 사용

되고 있는데, 미국의 학술지(Journal of Business Ven- turing, Frontiers of Entrepreneurship Research 등)들도 벤처기업에 대한 엄격한 정의 없이 기술 집약적 기업, 고성장 신생기업 또는 하이테크 중소기업(High Technology Small Firm)이라는 개념으로 혼용하여 사용하고 있다.

벤처기업의 정의에 대해 쿠퍼(Cooper, 1971)는 “연구개발을 강조하거나 기술적으로 새로운 지식을 이용하는데 중점을 둔 회사”로 정의하였으며, 보링거, 호프, 어터백(Bollinger, Hope & Utterbak, 1983)은 소수의 핵심창업자가 기술혁신 아이디어의 개발과 사업화를 기본 동기로 하여 설립한 업체라 하였다. 또한 이장우(1997)는 “벤처기업은 높은 위험과 높은 성과를 특징으로 하는 기술집약적 중소기업”으로 정의하였다.

이와 같이 벤처기업이란 독자적인 기반 위에서 새로운 기술이나 경영 노하우를 가지고 신규시장을 개척하는 기술집약적 기업이라고 할 수 있다. 즉 한사람 또는 소수 핵심적 창업자들의 기술혁신의 아이디어를 사업화하기 위해 설립된 신생기업으로 높은 위험부담이 있으나 성공의 경우 높은 기대수익이 예상되며 왕성한 기업가 정신을 가진 기업가에 의해 주도되는 기업군을 지칭한다. 각 나라별로 벤처기업에 관한 정의가 다른데 그 정의를 살펴보면 다음과 같다.

(1) 미국

「중소기업투자법」에서 “위험성이 크나 성공할 경우 높은 기대 수익이 예상되는 신기술 또는 아이디어를 독립기반 위에서 영위하는 신생기업(New busi- ness with high risk-high return)”으로 규정하고 있다. 원래 미국에서는 다른 기업보다 상대적으로 사업의 위험성은 높으나 성공하면 높은 수익이 보장되는 기업으로 벤처캐피탈(Venture Capital)로부터 투자를 받은 기업을 의미하나, 다른 나라에서는 이와는 다른 개념으로 “신사업” “기술집약기업” “첨단기술기업” 등을 의미하는 것으로 사용되고 있다.

(2) 일본

「중소기업의 창조적 사업 활동 촉진에 관한 임시조치법」에서 “중소기업으로서 연구개발투자 비율이 총매출액의 3%이상인 기업, 창업 후 5년 미만인 기업”으로 규정하고 있다.

(3) OECD 국가

"연구개발 집중도가 높은 기업" 또는 "기술혁신이나 기술적 우월성이 성공의 주요 요인인 기업"으로 규정하고 있다.

(4) 우리나라

우리나라는 다른 기업에 비해 기술성이나 성장성이 상대적으로 높아, 정부에서 우선 지원할 필요가 있다고 인정하는 기업으로서 벤처기업육성에 관한 특별조치법 제2조의 2(벤처기업의 요건)에서 규정하고 있는 다음 요건들을 충족하는 기업을 벤처기업이라 정의하는데 그 구체적인 내용은 다음과 같다.

① 중소기업기본법(제2조)의 규정에 의한 중소기업일 것

제2조(중소기업자의 범위) ① 중소기업을 육성하기 위한 시책(이하 "중소기업시책"이라 한다)의 대상이 되는 중소기업자는 다음 각 호의 어느 하나에 해당하는 기업(이하 "중소기업"이라 한다)을 영위하는 자로 한다. <개정 2011.7.25>

1. 다음 각 목의 요건을 모두 갖추고 영리를 목적으로 사업을 하는 기업
   가. 업종별로 상시 근로자 수, 자본금, 매출액 또는 자산총액 등이 대통령령으로 정하는 기준에 맞을 것
   나. 지분 소유나 출자 관계 등 소유와 경영의 실질적인 독립성이 대통령령으로 정하는 기준에 맞을 것
2. 「사회적기업 육성법」 제2조제1호에 따른 사회적기업 중에서 대통령령으로 정하는 사회적기업

② 중소기업은 대통령령으로 정하는 구분기준에 따라 소기업(小企業)과 중기업(中企業)으로 구분한다.

③ 제1항을 적용할 때 중소기업이 그 규모의 확대 등으로 중소기업에 해당하지 아니하게 된 경우 그 사유가 발생한 연도의 다음 연도부터 3년간은 중소기업으로 본다. 다만, 중소기업 외의 기업과 합병하거나 그 밖에 대통령령으로 정하는 사유로 중소기업에 해당하지 아니하게 된 경우에는 그러하지 아니하다.

④ 중소기업시책별 특성에 따라 특히 필요하다고 인정하면 「중소기업협동조합법」이나 그 밖의 법률에서 정하는 바에 따라 중소기업협동조합이나 그 밖의 법인·단체 등을 중소기업자로 할 수 있다.

② 다음 각 목의 어느 하나에 해당할 것

가. 다음 각각의 어느 하나에 해당하는 자의 투자금액의 합계(이하 이 목에서 "투자금액의 합계"라 한다) 및 기업의 자본금 중 투자금액의 합계가 차지하

는 비율이 각각 대통령령으로 정하는 기준 이상인 기업

(1) 「중소기업창업 지원법」 제2조제4호에 따른 중소기업창업투자회사(이하 "중소기업창업투자회사"라 한다)

(2) 「중소기업창업 지원법」 제2조제5호에 따른 중소기업창업투자조합(이하 "중소기업창업투자조합"이라 한다)

(3) 「여신전문금융업법」 제2조제14호에 따른 신기술사업금융업을 영위하는 자(이하 "신기술사업금융업자"라 한다)

(4) 「여신전문금융업법」 제41조제3항에 따른 신기술사업투자조합(이하 "신기술사업투자조합"이라 한다)

(5) 제4조의3에 따른 한국벤처투자조합

(6) 제4조의8에 따른 전담회사

(7) 중소기업에 대한 기술평가 및 투자를 하는 금융기관으로서 대통령령으로 정하는 기관

나. 기업(「기초연구진흥 및 기술개발지원에 관한 법률」 제14조제1항 제2호에 따른 기업부설연구소를 보유한 기업만을 말한다)의 연간 연구개발비와 연간 총매출액에 대한 연구개발비의 합계가 차지하는 비율이 각각 대통령령으로 정하는 기준 이상이고, 대통령령으로 정하는 기관으로부터 사업성이 우수한 것으로 평가받은 기업

다. 다음 각각의 요건을 모두 갖춘 기업[창업하는 기업에 대하여는 (3)의 요건만 적용한다]

(1) 「기술신용보증기금법」에 따른 기술신용보증기금(이하 "기술신용보증기금"이라 한다)이 보증(보증가능금액의 결정을 포함한다)을 하거나, 「중소기업진흥에 관한 법률」 제68조에 따른 중소기업진흥공단(이하 "중소기업진흥공단"이라 한다) 등 대통령령으로 정하는 기관이 개발기술의 사업화나 창업을 촉진하기 위하여 무담보로 자금을 대출(대출가능금액의 결정을 포함한다)할 것

(2) (1)의 보증 또는 대출금액과 그 보증 또는 대출금액이 기업의 총자산에서 차지하는 비율이 각각 대통령령으로 정하는 기준 이상일 것

(3) (1)의 보증 또는 대출기관으로부터 기술성이 우수한 것으로 평가를 받을 것

③ 제1항 제2호 나목 및 다목(3)에 따른 평가기준과 평가방법 등에 관하여 필요한 사항은 대통령령으로 정한다.

2. 벤처기업의 특성

벤처기업은 소수의 기술 창업자가 기술혁신의 아이디어를 사업화하기 위해 설립한 신생 기업의 경우가 많으며, 위험부담은 높으나 성공할 경우 높은 기대이익이 예상되는 특징과 왕성한 기업가정신을 가진 창업가에 의해 주도되는 특징이 있다. 또한 이들 벤처기업 창업자들의 연령층 중 대개 30대가 많고, 이공계통의 대학교육을 받고 기존 조직에서 경험을 쌓은 경력자가 대부분이다. 또한 뛰어난 기술력을 중심으로 틈새시장을 공략하기 때문에 연구개발비의 비중이 다른 어떤 기업보다도 매우 높다는 특징을 가지고 있다. 일반적인 벤처기업의 특성을 살펴보면 다음과 같다.

1) 기업가정신이 왕성한 기업가(entrepreneur)

벤처기업은 신기술 개발과 신 시장 개척 등의 위험을 무릎쓰고 모험적인 사업을 성공시키려는 의지를 갖춘 기업가에 의해서 주도된다.

2) 기업가의 높은 지적능력

벤처기업은 다양화, 고급화 및 개성화 되고 있는 수요자의 요구를 정확하고 확실하게 파악하여 그를 충족시킴으로서 수요의 변동에 적극적으로 대응해야한다. 그러므로 벤처 기업가들은 일반적으로 각종 전문기술이나 고도의 기술과 지적능력을 소유하고 있다.

3) 동태적인 경영조직

기업규모가 커짐에 따라 조직이 경직화되면 일상 업무를 대량 처리하기는 쉬우나, 창조적 업무 처리에는 비효율적이다. 벤처기업은 개인의 능력을 발휘하기 쉬운 동태적인 조직을 유지하고 있다.

4) 인적 경영자원의 축적

벤처기업은 소수의 다방면에 정통한 전문가들로 구성되어 지식 집약적이고 연구개발형 기업이라는 특징이 있다.

5) 시스템적 발상에 의한 경영

벤처기업은 일반적으로 독자적인 고도기술을 보유하고 있으며, 시스템적 발상에 의해 모든 기능을 자기 완결적으로 행하지 않고 다른 전문기업과 상호보완적으로 제휴하거나 사외의 전문가를 활용하는 경우가 많다.

6) 벤처캐피탈(Venture Capital)의 지원

벤처캐피탈이란 본래 '성장이 기대되는 초기 발전단계의 기업 (예를 들면 벤처기업 등)에 높은 위험성과 높은 자본이득을 기대하고 투자를 해서 그 기업의 성장을 지원하려고 하는 투자가 또는 기업'을 의미한다. 다시 말해서 기업에 있어서 리스크가 어느 일정 수준을 넘어서면 보통의 금융기관은 융자를 꺼리는데 반해 벤처캐피탈은 기업의 높은 리스크를 각오하고 투자하는 모험성이 높은 기업이다. 물론 불확실성이 큰 신생기업이나 경영기반이나 신용력이 매우 약한 기업에 자본을 공급하는 것은 아니지만 벤처캐피탈은 높은 리스크를 부담하면서 벤처자본을 공급하고 기업의 육성을 돕는 것을 주 임무로 하는 투자이다. 그래서 이런 벤처캐피탈을 '기업을 개발하는 기업'이라고 보기도 한다.

7) 첨단기술집적 지역에 입지

벤처기업은 연구개발을 중점으로 하여 고부가가치 제품을 생산하므로 하나의 기업이 단독으로 일을 행하기보다는 다른 전문기업과 외부의 전문가에게 많이 의존하여 영향을 받는 기업이다. 그러므로 이들은 연구 활동수준이 높은 동시에 우수한 기술자를 충분히 확보할 수 있는 지역권에 입지한다.

3. 소자본창업

1) 소자본창업의 정의

정부에서는 1999년도부터 소상공인 지원센터를 전국에 걸쳐 총60개소를 설립하면서 소자본창업을 적극 지원하고 있다. 소자본창업(small capital foun- dation)은 적은 자본을 가지고 작은 규모로 시작할 수 있는 다양한 일반적 형태의 사업을 말한다. 따라서 전문적인 기술과 마케팅상의 노하우(Know-How)가 필요한 정보통신 및 컴퓨터 관련 업종에서부터 자본이 적게 소요되는 분식점에 이르기까지 다양한 사업 아이템이 소자본창업의 대상이 될 수 있다. 그러므로 소자본창업은 제조업에서부터 도 소매업, 서비스업에 이르기까지 모든 형태의 소규모 창업을 의미하게 되며 앞에서 살펴본 벤처창업과도 개념에서 차이가 난다.

2) 소자본창업 시 주요 고려 요인

소자본창업의 경우에는 어떤 업종을 선택할 것인가 그리고 어떤 장소에서 사업을 할 것인가 하는 업종과 입지의 선정이 매우 중요하다. 소자본창업을 할 때 적합한 업종은 비교적 많으나 그렇다고 해서 모든 업종이 다 성공하는 것은 결코 아니다. 시대의 흐름에 따라 창업환경도 변하기 때문이다. 그러나 유망업종은 반드시 있기 마련이고 이 유망업종이란 비교적 장기간 동안 일정수준 이상의 수익을 계속해서 발생시킬 수 있는 업종을 뜻한다. 유망업종 선정 시에는 우선적으로 창업자 자신의 능력과 적성에 맞는 업종을 선택해야 한다. 이 때 해당 업종이 지금 현재 성장하고 있는 산업에 속하는지 아니면 쇠퇴하고 있는 산업에 속하는지를 꼼꼼히 검토해야 한다. 이미 쇠퇴기에 들어선 사업을 시작하게 되면 그만큼 실패확률이 높아지기 때문이다. 그리고 가능한 한 수익성은 높고 위험부담은 적은 (High Return Low Risk) 업종을 선택해야 한다. 이를 구체적으로 살펴보면 자금회전속도가 빠르고 외상거래가 가급적 적고 재고부담도 적은 업종이 해당된다. 업종을 면밀하게 검토하여 선정한 후에는 사업장소로 어디를 정할 것인지 입지를 결정해야 한다. 아무리 훌륭한 상품이라도 사람의 통행이 적은 외진 곳에서는 많이 팔리지 않을 것이다. 왜냐하면 소비자들은 같은 상품이라면 가깝고 편리한 곳에서 구매하려고 하기 때문이다. 따라서 창업점포의 위치는 상권과 입지가 좋아서 잠재고객이 많이 다니거나 거주자가 많은 곳을 선정하는 것이 좋다.

4. 벤처기업창업과 소자본창업의 비교

벤처기업창업이나 소자본창업은 기본적으로 적은 비용으로 기업을 설립한다는 점에서는 같다. 그러나 벤처창업과 소자본창업은 그 성격이나 특징이 약간 차이가 있다.

벤처기업창업은 새로운 기술을 기반으로 하는 경우가 많고, 대기업이 하기 어려운 니치시장(Niche Market)을 목표시장(Target Market)으로 선정하여 모험정신이 수반되는 위험부담이 큰 사업이라는 특징을 가진다. 그러나 소자본창업은 반드시 새로운 기술을 요구하지 않는다는 점에서 벤처기업창업과는 다르다. 이미 시장이 형성되고 활성화된 분야나 기술개발이 크게 요구되지 않는 분야에서도 얼마든지 사업을 시작할 수 있기 때문이다. 또한 소자본창업은 반드시 대기업이 하기 어려운 특수한 분야의 사업이어야 할 필요는 없다. 오히려 대기업과 관련된 대리점을 창업하거나 대기업에 부품을 제공하는 사업을 할 수도 있다는 점에서 벤처창업과는 다른 특성을 가진다. 아울러 소자본창업은 상대적으로 적은 자본으로 하는 사업이므로 큰 위험 없이 운영할 수 있는 사업이다. 소자본 창업은 이미 어느 정도의 수익성과 안전성이 보장되는 사업의 프랜차이즈(Franchise)점을 운영하거나 수익성은 낮지만 위험도 낮은 안정된 사업을 하려는 점에서 모험정신을 필요로 하고 이에 따라 큰 위험도 수반되는 벤처창업과는 성격이 다르다. 그러나 소자본으로 창업을 한다는 점에서는 벤처기업창업과 소자본창업이 유사하다고 할 수 있다.

제5절 창업기업의 성공과 실패요인

많은 기업들이 성장하여 전성기에 도달하기는커녕 채 자리를 잡기도 전에 사라져 버린다. 일본 기업의 경우 신생기업의 55%가 5년 내에 도산했거나 해산, 정리 등으로 사라졌다고 한다. 세계 최대의 경제 규모를 자랑하는 미국의 경우 총 2,000만개 이상의 회사가 존재하며 한 해에만 백만개 이상의 회사가 새로이 설립된다. 이처럼 많은 기업들이 설립되고 있지만 사업 실패의 가능성도 그에 못지않게 큰 것이 현실이다. 월 스트리트 저널에 따르면 창업 기업 중에서 설립 후 2년 이내에 해산하는 경우는 전체의 23.7%, 4년 이내에 해산하는 경우는 과반수인 51.7%, 그리고 설립 후 6년 이내에 해산하는 경우는 거의 3분의 2에 육박하는 67.2%라는 것이다. 또한 이러한 사업 실패와 기업 해산의 주된 요인은 사업 자체에 내재하는 경제성 요인이 47.4%, 과다한 부채, 경상비용 또는 운전자본 부족 등의 재정적 문제가 38.4%, 경험 부족이 7.1%, 사업상의 갈등, 가족 문제, 좋지 못한 업무 습관 등을 포함하는 창업자 자신의 문제와 소홀성이 3.4%, 사기, 횡령, 재난 등 기타 문제가 3.7%를 구성하는 것으로 파악되었다.

미국 중소기업청의 한 자료에 의하면, 신생기업 가운데 30%는 설립 후 1년 내에 사라지며, 3년이 지나면 또 20%를 넘는 기업이 모습을 감추고, 결국 새로운 기업의 절반이 채 5년도 되지 않아서 사라지고 만다고 한다. 그렇다면 어떻게 해야 이러한 실패의 확률을 극복하고 생존 경쟁에서 살아남을 수 있을 것인가? 창업기업의 성공과 도산이나 실패의 원인을 살펴보는 것은 창업하여 성공적인 기업으로 성장시키는데 좋은 길라잡이가 될 수 있을 것이다.

1. 창업기업의 성공요인

창업기업의 성공요인에 관한 국내 외 연구결과들의 공통된 요인들을 살펴보면 고도의 기술력과 마케팅능력, 우수인력확보 및 관리, 안정적인 자금조달 능력, 벤처기업 창업자의 기업가정신, 독특한 기업문화, 정부 · 관련업계 등에 의한 기업의 지원 등 7가지 요소로 요약 할 수 있다.

1) 차별적인 핵심역량

(1) 전문기술 및 독점기술 보유

창업기업의 성공요인 중 가장 중요한 것은 기술력과 차별적인 핵심역량이다. 고도의 기술력은 제품의 짧은 라이프사이클에 대응할 수 있는 최고의 경쟁력이며, 기업을 안정적으로 성장 · 발전시키기 위해서는 남다른 전문기술과 차별적인 경쟁력이 반드시 필요하다.

그러나 현대사회에서는 지식의 발전과 기술변화의 속도가 매우 빠르기 때문에 기존 독점적 기술이나 전문적 기술의 확보만으로는 장래의 성공이 보장되지 않는다. 따라서 끊임없이 변화하는 기술의 추세를 따라가고 남들보다 신속하게 기술을 상품화하기 위해서는 단순한 기술상의 우위가 아닌, 보다 복합적이고 종합적인 핵심역량(core competence)의 구축이 요구된다. 또한 조직이 경쟁에서 이기고 성장하는데 요구되는 필수적인 기초적 능력으로서 다른 조직이 쉽게 모방할 수 없는 능력인 핵심역량을 끊임없이 개선시키고 혁신시키는 노력이 필요하다.

(2) 연구개발

오늘날의 경쟁 환경은 매우 치열하기 때문에 힘들여 개발한 제품이라도 곧바로 많은 모방제품이 나오게 된다. 따라서 급속한 기술 환경변화에 대응하려면 신속하고 지속적인 혁신으로 고도의 기술력을 갖추기 위해서는 지속적인 연구개발이 매우 중요하다고 할 수 있다. 그리고 연구개발에 성공하여 고도의 기술력으로 자리잡기 위해서는 최고경영자의 연구개발에 대한 강력한 지원이 있어야 한다.

(3) 전문화와 차별화

기업은 핵심역량을 토대로 자사 특유의 강점을 가질 때 성장한다. 다시 말해 독특한 제품을 개발하여 자신만의 고유한, 즉 전문화되고 차별화 된 기술능력을 가지고 있어야 한다. 여기에서 우리는 자신의 핵심역량에 바탕을 둔 본업에 충실한 기업이나, 설사 다각화를 하더라도 핵심기술을 중심으로 추진한 기업들이 성공적이었음을 알 수 있다. 특히 자본력이 취약한 창업기업의 경우는 전문화를 통한 '한우물파기' 전략을 고려 해 볼 수 있다.

2) 마케팅 능력

(1) 시장적응력

고도의 기술력을 바탕으로 하는 많은 창업기업이라 할지라도 겪게 되는 초기 어려움 중 하나는 바로 마케팅 능력의 결여 또는 부족이다. 대부분의 기업 창업가들은 자신들의 기술적 우수성만 믿고 사업을 시작 하다가 마케팅능력 부재로 고전하는 경우가 있으므로 시장 적응력을 갖추어야 한다.

(2) 틈새 시장

창업기업은 대규모시장에서 무시되고 있는 고객, 다른 상품을 구하는 사람, 대기업에서 쉽게 얻을 수 없는 특수한 서비스를 구하는 고객을 대상으로 하는 틈새시장을 개발하는 것이 성공가능성을 높여줄 수 있다. 특히 오늘날과 같이 소비자의 욕구가 다양화 · 다원화 되어있는 시대에서는 어디엔가 대기업의 기성(ready-made) 제품이나 서비스에 만족하지 못하고 있는 소비자가 있기 때문이다. 바로 여기에 창업기업의 사업기회가 존재한다. 창업기업은 소비자가 가장 선호하는 제품을 만들어야 하므로 기존제품을 개량한 제품이 시장에 대한 호소력이 강하고 성공가능성이 높은 경향이 있다.

(3) 고객만족 제일주의

기업경영에서 일차적인 중요성을 갖는 것은 기업가의 가치판단이 아니라 고객의 가치판단이다. 그러므로 고객은 기업생존의 토대이며, 기업이 제공하는 제품과 서비스는 고객이 구매하여 줄 때에만 존재 의의가 있다. 대부분의 성공적인 창업기업들은 고객만족경영을 실현하여 좋은 이미지 구축에 정성을 기울이고 있다. 그러므로 고객우선주의를 내걸고, 고객의 욕구를 최대한 충족시키고 그들의 불만을 해소시키는데 전사적인 노력을 기울여야 한다.

3) 우수인력 확보 및 관리

오늘날 시대 흐름의 대표적인 표현이라 할 수 있는 정보화 사회의 세가지 전략적 자원은 정보와 지식, 그리고 창의성이다. 이 세 가지 귀중한 자원은 사람을 통해서만 나올 수 있는 것이므로 창업기업에 있어서 우수한 인력의 확보와 관리는 매우 중요하다. 그러므로 창업기업은 우수한 인재들을 유치하여 안정된 인력구조를 갖추고, 사원 개개인의 자율성에 근거하여 개인의 창의성과 도전성을 최대한 발휘시켜줌으로써 사람을 통한 생산성 향상을 기대할 수 있는 인적자원 관리를 해야 한다.

또한 채용된 사원들의 능력을 개발시키기 위하여 교육, 훈련을 지속적으로 행해야 하며 최고의 경영 근무 환경 조성을 통하여 이직률을 낮추는 것이 매우 중요하다.

4) 안정적인 자금조달 능력

창업기업의 생존과 성장은 궁극적으로 안정적인 자금조달 능력에 달려있다고 할 수 있다. 기업경영의 과정은 투입된 현금보다 더 많은 현금을 산출하여 이를 회수하였을 때 비로소 완료된다고 할 수 있다. 특히 회수가 불확실한 매출은 팔지 못한 것보다 훨씬 못하다는 점을 인식하여야만 한다. 창업기업의 실패는 결국 현금흐름의 문제로 귀착되기 때문에 엄격한 현금흐름의 추정능력이 창업기업 경영자에게 필수적으로 요구되고 있다. 특히 자금조달력이 취약한 창업기업의 경우에는 이러한 자금관리상의 문제에서 실패하는 경우가 많다.

수요가 증가하더라도 장래의 전망에 대해 분명한 확신이 서기전까지는 추가 설비투자를 삼가고 아웃소싱에 의존하는 등 될 수 있는 대로 고정비 부담을 줄여야 한다. 특히 생산력과 직접 관계가 없는 재무적 투자(예 : 사옥신축, 비관련 업종 다각화투자 등)는 극히 신중하게 처리하여야 한다.

또한 일반적으로 창업기업은 소자본으로 시작하므로 사업계획이 객관적으로 검증되거나 어느 정도 창업에 성공하면 유익한 타인자본을 만들어야 한다.

5) 창업자의 기업가정신

창업에는 많은 위험 부담이 따른다. 그러므로 창업기업의 지속적인 성장과 성공을 위해서는 창업자 개인적 능력이 중요하며, 기업가로서 강력한 비전과 의지와 끈기가 있어야만 하고, 창업자가 지녀야 할 경영마인드인 기업가정신(entrepreneurship)을 갖추고 있어야 한다. 불확실한 미래에 도전하는 왕성한 기업 성장의 원동력은 전형적으로 리더, 즉 창업자로부터 나오기 때문이다. 특히 자금조달 능력과 영업능력, 진취적인 개척정신, 신용과 신뢰감 및 원만한 대인관계 등이 꼭 필요하다.

6) 열린 기업문화

지속적으로 성장하고 있는 기업의 특성중의 하나는 신뢰를 근간으로 한 인간존중에 바탕을 둔 투명경영으로 임직원이 똘똘 뭉치는 인간적인 기업문화라 할 수 있다. 이러한 인간적인 신뢰야말로 구성원들로부터 자발적이고 헌신적인 참여와 노력을 얻어낼 수 있는 가장 중요한 수단이다. 또한 인간관계는 현장에서 구축되므로 현장관리중심으로 현장의 애로점 해결을 최우선 과제로 생각하는 것이 필요하다. 이러한 현장관리중심은 구성원들로부터 자발적이고 헌신적인 참여와 노력을 얻어 낼 수 있으며, 동시에 경영자는 솔선수범과 존경을 받을 만한 인품을 보여줌으로써 안정된 노사분위기와 화합된 인간관계를 도출할 수가 있다. 특히 성공한 기업은 이러한 화합형 인간관리를 초석으로 하고 있기 때문에 노사관계가 협력적이며 매우 원만하다고 할 수 있다.

따라서 기업은 근본적으로 인간에 대한 신뢰를 바탕으로 하여, 구성원들의 자율을 최대한 존중함으로서 보통사람을 통한 생산성의 향상을 기하여야 하므로 기업에 창조력이 발휘되도록 하는 활력이 넘치는 풍토가 조성되어야 한다.

7) 정부 · 관련업계 등에 의한 기업의 지원제도 활용

미국의 실리콘 밸리(Silicon Valley)와 대만, 이스라엘 등 기업지원사례에서 볼 수 있듯이 정부의 기업 육성 및 지원에 대한 강력한 의지는 창업기업의 성공에 있어서 결정적이라고 할 수 있다. 최근 소기업과 소상공인 창업에 대한 정부 · 관련업계 등의 다양한 지원제도를 잘 활용하는 것도 창업 성공을 위해 매우 중요한 요소이다.

1000년 돼도 늙지 않는 기업

"첫 사업 시작할 때의 기업 사명(使命)을 잊지 마라. 오래 됐지만 늙지 않는 기업을 만들라." 매경MBA가 창업 200년을 넘긴 세계 장수기업을 분석한 결과 생존 본능을 발휘한 핵심 가치는 '한우물 경영' 또는 '변신 경영'으로 요약됐다.

일본의 곤고구미(金剛組)는 사찰 건물을 짓는 전문 건축술 하나로 무려 1432년간 살아 남아 '세계 최장수 기업'의 명성을 지켜내고 있다. 310년 역사의 일본 장수기업 후쿠다금속은 전 세계 휴대전화에 사용되는 전해동박 기술에 매달려 현재 글로벌 시장점유율 40%의 경쟁력을 발휘하고 있다. 이탈리아의 총기 제조회사 베레타는 끊임없는 총기술 혁신으로 500년 기업의 역사를 만들었다.

이들 기업의 특징은 기업탄생의 핵심 사명을 잊지 않고 끊임없이 변신했다는 점이다. 자신의 산업 영역에서 기술 리더십을 지켜내기 위해 개발과 혁신의 끈을 놓지 않았다. 장수기업의 대가 윌리엄 오하라 미국 브라이언트대학 교수는 "한우물을 판 많은 장수기업에는 기업전통을 계승하면서도 자신들 울타리 안에서 개발과 혁신을 멈추지 않고 끊임 없이 변신한 곳이 많다"고 밝혔다. 많은 장수기업들은 자기 분야에서 최고가 되기 위해 시대 변화에 기민하게 대처해 '늙었지만 늙지 않은 기업'을 만들었던 것이다. '변신 경영'도 장수기업의 키워드로 꼽혔다. 미국 유명 백화점 노드스트롬은 1901년 작은 신발가게로 시작했지만 회사를 끊임 없이 성장시켜 명문 백화점으로 거듭났다.

오하라 교수는 "이처럼 장수기업이 되려면 전통을 지키려는 의지와 시대 변화에 적응하는 변화력 모두가 요구 된다"고 강조했다.

[자료 : 매일경제, 2010.08.20]

2. 창업기업의 실패요인

기업 도산의 주된 원인을 분석해보면 공통적으로 마케팅 능력의 부재와 무모한 과잉 설비투자, 거래처의 도산과 경영부진, 경영자의 능력부족, 자금조달력의 취약인데 이를 설명해 보면 다음과 같다.

1) 경영자의 능력부족

기업은 경영자 때문에 흥하고 경영자 때문에 망한다는 말이 있듯이, 경영자 개인의 능력에 크게 의존하고 있다. 우리나라 기업의 도산 원인에 관한 한 조사 자

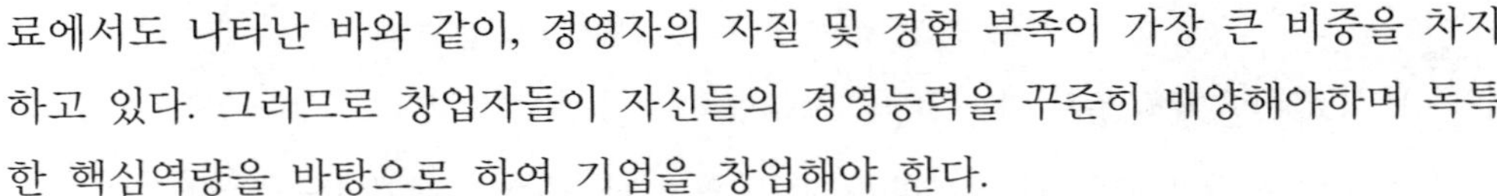

료에서도 나타난 바와 같이, 경영자의 자질 및 경험 부족이 가장 큰 비중을 차지하고 있다. 그러므로 창업자들이 자신들의 경영능력을 꾸준히 배양해야하며 독특한 핵심역량을 바탕으로 하여 기업을 창업해야 한다.

2) 마케팅 능력부재

창업 초기의 기업뿐만 아니라 우리나라 중소기업의 가장 큰 어려움은 마케팅이다. 생산한 제품에 대한 소비자들의 인지도와 브랜드 파워가 취약함은 물론 국내외 유통망의 확보가 안되어 있을 뿐만 아니라 그렇다고 과도한 촉진비용의 투자도 어려운 형편이기 때문이다. 그러므로 창업 초기에 관련 대기업과의 전략적 제휴를 통한 전국유통망 확보와 아웃소싱을 고려 해볼 필요가 있으며, 지역을 대상으로 하는 창업 업종인 경우에는 적절한 이벤트와 업종의 특성에 따른 효과적인 광고가 필요하다.

3) 취약한 자금조달력

기업의 부도원인은 판매부진에 의한 자금부족, 담보부족에 의한 대출 중단, 어음대여로 인한 부도, 악성채권 미회수로 인한 자금악화 등을 들 수 있는데 자금조달력이 취약한 기업의 경우에는 특히 자금관리상의 문제에서 실패하는 경우가 많다. 무계획적인 재무관리가 기업부실의 원인이 되므로 주기적인 자금수급 계획의 수립과 운영을 위한 능력있는 재무관리 요원의 확보가 필요한데, 경영자는 최소한 자금의 흐름을 이해할 수 있도록 재무제표를 볼 수 있는 능력을 갖추어야 한다.

4) 고정자산 과잉 설비투자

사옥, 공장, 기계설비 등의 과잉 설비투자 결과 투자자금이 고정화되면서, 운전자금의 고갈에 의한 자금의 유동성이 상실되어 도산하는 경우가 많이 나타나고 있다. 이는 경영자의 전략부재의 결과로서 변화하는 경영환경에 기업을 제대로 적응시키지 못하는 결과이다. 가장 대표적인 유형은 시설투자의 타이밍을 잘못 잡는 형태인데 성공가도를 달리는 창업기업이 가장 조심해야 할 것이 바로 시기가 잘못된 사업 확장이다.

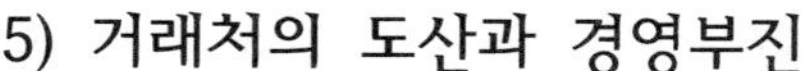

5) 거래처의 도산과 경영부진

계약취소, 제품하자에 의한 반품 급증, 판매부진에 따른 재고누적, 신제품 시판의 실패와 거래처의 도산은 판매대금의 회수불능을 초래하여 창업기업의 경영을 어려움에 봉착하게 만들어 버린다. 특히 우리나라 기업들은 대부분이 어음에 의하여 결제를 하기 때문에 어음대여로 인한 부도와 외도에 의한 부도, 거래처의 부실 또는 부도는 연쇄부도를 유발한다는 점이다.

〈그림 1-1〉 창업의 핵심요소

1. Who	2. What
정보수집 사업적성 및 경영능력 동업관계 조직 및 인력구성	내게 맞는 아이템 선정 평생을 투자해도 아깝지 않을 아이템 찾기
3. When	4. Where
창업 시기 결정 비젼을 담은 사업계획서 작성	좋은 점포 입지 결정 위치 크기 인테리어 설비 등 사전에 파악
5. How	6.Why
자금 조달 및 최적 사업 규모 결정 사업 형태 및 경영 전략 결정	사업목적, 경영철학의 정립 회사설립(개인, 법인, 사업장 공사 및 오픈)

[자료 : 방용성, 주윤황, 창업, 학현사, 2009, p.47]

요 약

창업이란 새로운 모험이다. 왜냐하면 사업을 개시한다는 것은 앞으로 다가 올 여러 가지 위험을 감수하며 목표를 향해 헤쳐 가는 것을 의미하기 때문이다. 창업이란 자신의 적성에 맞는 사업 아이디어를 선정하고 사업목표를 세워, 필요한 자본과 인원, 설비 등 경영자원을 확보하여 재화를 생산하거나 또는 서비스를 제공하는 기업을 설립하는 것이다.

창업의 구성 요소로는 사업 아이디어(아이템), 기업가 정신(창업자), 자본(경영자원) 3가지가 있다. 성공적인 창업을 위해서는 창업·경영환경을 이해하고, 기업가 정신과 최적의 창업업종 선정과 시기의 선택, 인적 자원, 물적 자원, 재무적 자원, 기술과 관리시스템의 지적자원(정보)등 경영자원의 동원, 구체적이고 합리적인 사업계획서의 작성, 중소기업청과 중소기업진흥공단, 각 지역의 소상공인지원센터, 정부의 각 부처의 창업 및 중소기업지원제도의 활용이 필요하다.

벤처창업이란 대기업이 하기 어려운 분야에서 새로운 기술에 기초해 제품이나 서비스를 생산하는 모험 기업을 설립하는 것을 뜻한다. 이는 일반적인 소자본창업에 비해 위험이 높은 반면에 성공하였을 때에는 높은 이익을 갖게 된다는 특징을 가진다. 소자본창업이란 적은 자본으로 사업성이 분석된 기존의 안정적인 사업을 설립하는 것을 의미한다. 이는 반드시 새로운 기술을 요구하지도, 모험정신을 요구하지도, 대기업과 관련된 업종제한을 요구하지도 않는 점에서 벤처창업과 다르다.

창업의 성공전략으로는 비어있는 시장을 찾는 빈 집 찾기 전략, 전혀 개척되지 않은 새로운 시장을 개척하는 새 집 짓기 전략, 핵심시장을 겨냥하는 한 집 짓기 전략, 세계의 넓은 시장을 통해 경쟁력있는 제품을 생산·판매하는 큰 집짓기 전략 등 4가지 전략이 있다.

창업기업의 성공요인에 관한 국내·외 연구결과들의 공통된 요인들을 살펴보면 고도의 기술력과 마케팅능력, 인력확보 및 관리, 안정적인 자금조달 능력, 창업자의 기업가정신, 독특한 기업문화, 정부 등에 의한 창업지원제도 활용 등의 요소로 요약 할 수 있다. 또한 창업기업이 망하게 되는 이유를 분석해보면 마케팅능력의 부재와 무모한 과잉설비투자, 거래처의 도산과 경영부진, 경영자의 능력부족, 취약한 자금조달력 등이다. 그러므로 꿈을 가지고 새롭게 시작하는 창업기업이 성공하기 위해서는 제1장에서 살펴본 창업의 기본적인 원리를 잘 적용하는 것이 필요하다.

연습문제 Exercises

1. 창업의 정의와 창업의 세 가지 요소는?

2. 개인기업과 법인기업의 장단점은?

3. 벤처기업의 정의와 특성?

4. 소자본창업의 정의와 특성은?

5. 벤처기업창업과 소자본창업의 차이점은?

6. 창업기업의 성공요인과 실패요인은?

[사례 1.2] 토종카페 민들레영토

국내 카페 브랜드 인지도 1위, 국내 외식업소 고객 만족도 1위의 '민들레영토'는 1994년 지승룡(池昇龍) 대표가 노점상을 해서 번 돈 2,000만원으로 빌린 10평짜리 신촌의 무허가 건물에서 초라하게 출발하였다. 그러나 이제는 한국의 대표적인 문화공간으로 자리 잡은 '민들레 영토'의 본점인 서울 신촌 민들레영토는 8백평 빌딩 전체가 카페이다. 하루 1백명 정도의 고객이 찾아오던 이곳에 지금은 하루 1만명 이상이 찾아오며, 10평짜리의 무허가 점포는 서울 신촌, 홍대, 종로 점을 비롯 전국에 19개 점포로 확장되어, 연간 약 150억원의 매출을 올리는 '왕국'으로 성장했다. 또 미국과 중국 등지로의 진출을 통해, '한국판 스타벅스'의 탄생을 기대하고 있다. 해외 외식업체의 공세, 외환위기와 오랜 내수(內需) 침체의 시련을 이겨낸 민들레 영토의 성공 비결은 무엇일까?

지승룡 사장에게 첫 위기는 서른여섯에 이혼을 하면서 예수의 사랑과 진리를 세상에 전파하는 일에 평생을 바치겠다는 결심이 허망하게 무너졌을 때였다. 멀쩡한 성직자도 교회가 모자라서 목회활동을 하기 어려운 현실에서 이혼은 목회자에게 치명적인 핸디캡이었다.

그는 3년간 닥치는 대로 집 근처 종로 정독도서관에서 2천권의 책을 읽으며 패배의식을 달랬다. 어느덧 그는 경제와 경영분야의 책을 섭렵하는 등 사회 복귀에 필요한 책을 중점적으로 골라 읽고 있었다. 재혼에 성공한 유치원 선생님과 만난 것도 이 도서관이었다.

93년 가을 정독도서관에서 나와 인사동의 조그만 한 카페에서 앞으로 할 일을 생각하며 30분 정도 사색에 잠겼던 그에게 주인은 "손님, 이렇게 혼자 오래 앉아 계시면 영업에 지장이 있습니다. 그만 일어나주시면 좋겠습니다" 라고 말했다. 지승룡은 너무나 자존심이 상했다. '내가 편하게 쉴 수 있는 휴식공간이 이렇게도 귀하단 말인가? 대부분의 사람들은 도시에서 살고 있는데, 도시의 모든 공간이 이렇게 장삿속에만 빠져 있단 말인가?' 그때 하나의 영감이 떠올랐다. 외로운 도시인들이 고향의 집이나 어머니의 포근함을 느낄 수 있는 휴식공간을 만든다면 틀림없이 성공할 거야. 옛날 시골다방에서 마담이 손님에게 편안한 대화 분위기를 제공했듯, 도시인이 쫓겨날 걱정을 하지 않아도 되는 편안한 카페를 만들면 어떨까?

가래떡 장사로 모은 초기자본 2천만원

그러나 돈이 없었다. 한 달 동안 80명을 만났지만 단 한 푼도 돈을 빌리지 못했다. 결국 스스로 초기자본을 만들어내야 했다. 어느 날 길거리 노점에서 떡볶이를 먹던 그는 가래떡이 '향수'를 불러일으키는 '추억'의 상품이라는 발상을 떠올렸다. 이때 정독도서관에서 읽은 경영도서들이 힘이 됐다. 어떤 장사를 해도 다른 사람과 다르게 해야 성공한다는 지침에 따라 가래떡 장사를 하기 위해 신사복에 넥타이까지 맨 정장 차림으로 강남의 고급아파트 단지를 입지로 선정했다.

주변에서는 서민들이 즐겨 찾는 음식인 가래떡을 부자동네에서 팔기로 한 그를 보고 장사의 기초도 모르는 사람이라고 비웃었다. 그러나 그는 가래떡이 강남에 사는 중년부인들의 향수를 불러일으킬 거라고 생각했다. 중년부인들이 지나갈 때마다 그는 부드러운 목소리로 '어머니'라고 불렀다. "이거 쌀로 만든 떡인데 제가 지금 막 뽑아왔습니다. 이 떡을 오늘 집에 가지고 가셔서 요리하시면 가족들이 무척 좋아하실 겁니다. 제가 지금 방금 뽑아온 떡입니다." 장사가 잘 되는 날은 하루 20만원 넘게 수익을 올렸다. 가래떡 장사로 약간의 돈이 모이자 그는 이번에는 의류 재고품 판매에 나섰다. 그 무렵 신문에서 의류회사마다 재고로 골치를 앓고 있다는 기사를 눈여겨 본 것이다. 정가의 25%에 재고품을 받아 팔리는 물건만 결제하고 나머지는 반품하는 조건이었다. 정가의 50%에 판매를 하니 이윤이 짭짤했다.

떡장사를 시작한 지 6개월 만에 2천만 원의 초기자본이 모아졌다. 이제 카페 사업을 시작할 때가 왔다. 연세대 신학과를 나온 그는 모교가 있는 신촌을 사업 장소로 염두에 두었다. 그러나 2천만 원 예산으로 가게를 얻으려고 부동산 중개소를 찾아간 그에게 중개소 주인들은 "가게 없다"는 퉁명스러운 답변만 했다. 알고 보니 적어도 억대는 있어야 한다는 것이었다. 그는 다시 창업 관련 서적에서 읽은 정보를 떠올렸다. 좋은 가게를 얻는 노하우였다. '내려가는 길목에서는 장사를 하지 마라, 사람들의 발길을 붙잡을 수 있어야 한다, 추후 확장성을 고려해야 한다'는 등의 원칙을 가지고 3개월간 신촌 일대를 관찰했다. 그러던 중 신촌 기차역에서 연세대 정문 쪽으로 난 이면도로 부근이 가능성이 있어보였다. 하루 종일 서서 살피다가 카페를 하기에 딱 맞은 장소 하나를 발견했다. 그곳은 연세대 쪽 골목 안 기찻길 옆에 있는 양장점이었다. 위치가 골목 안쪽이고 뒤편은 기찻길이어서 인적이 드물었다. 그러나 주인은 권리금만 1억 원을 요구했다.

몇 주일간의 줄다리기 끝에 임대보증금과 권리금을 합해서 7천만 원으로 깎았다. 2천만 원밖에 없었으므로 나머지는 월세로 돌릴 작정이었던 그는 "가게를 계약하기 전에 반드시 건축대장과 등기부등본을 확인하라"는 창업 지침에 따라 구청에서 건축대장을 떼어보았다. 가게를 하려면 영업허가를 받아야 하고 허가를 받으려면 건축물관리대장에 등재되어 있어야 한다. 그런데 양장점 건물은 건축물관리대장에 등재되어 있지 않은 무허가 건물이었다. 그는 주인에게 "이곳은 무허가건물이더군요. 구청 담당공무원들이 그러는데 머지않아 철거하고 이 거리를 아름답게 꾸밀 계획이라고 하더군요"라며 재협상에 들어갔다. "없던 얘기로 하자"는 주인은 며칠 후 보증금 1천5백만원, 월세 70만원의 조건으로 계약하자는 제안을 받아들였다.

음료 못 파는 10평짜리 카페 오픈

카페를 하겠다고 마음먹은 지 9개월 만에 10평짜리 가게를 열었다. 카페에서 무엇을 팔 것인가? 음식과 음료 나아가 종업원의 서비스를 판다는 생각에서 한 걸음 더 나아가 그는 '어머니의 사랑'을 팔기로 했다. 손님에게 '어머니의 사랑'을 느끼도록 하기 위해서는 어떻게 해야 하나. 카페에 온 손님을 쫓아내는 일이 없어야 한다는 것으로는 부족했다. 그래서 결정한 게 리필이었다.

어머니는 자식이 아무리 많이 먹어도 낯을 찡그리지 않는다. '드시고 더 드세요'의 마음가짐으로 손님을 대하자는 것이었다. 그런데 무허가 건물이어서 음식을 팔 수 없었다. 그는 예전에 친구와 함께 갔던 한 카페가 머무는 시간을 기준으로 1시간에 1인당 5천원을 받고 누구나 먹을거리를 사가지고 올 수 있도록 했던 것도 무허가였기 때문이었다는 것을 생각해 냈다. 그는 구청 담당자에게 "무허가 건물이라서 음료를 팔 수 없다면 장소사용료를 받으면 괜찮겠느냐"고 물었다. 구청 직원은 '선례가 없으니 알아서 하라'면서 "자판기를 들여놓으면 어떻겠냐"는 아이디어까지 내놓았다. 그는 장소사용료로 '문화비'를 받되 카페 안으로 먹을 것을 가지고 오는 손님은 막지 않기로 했다. 자판기에서 파는 음료 값에 장소사용료를 포함시키고 고급종이컵을 사용해 싸구려라는 느낌을 없앴다. 나아가 회원제를 실시해 입회비를 내면 도형을 이용해 자아실현상담을 해주기도 했다.

양장점이었던 10평짜리 가게에 탁자 6개를 놓은 카페라고 하지만 무허가여서 간판도 달 수 없었다. 그는 지나가는 학생들의 관심을 유도하기 위해 간판 자리에 영어로 'Break the Impossibility Habits'라고 크게 써놓고 차를 파는 곳이라는 걸 알리기 위해 커피자판기를 하나 사서 쇼윈도 앞에 놓아두었다. 그리고 흔들의자를 두 개 사서 부부가 앉아 있었다. 아내는 공주 옷을 입고 남편은 스웨터를 입고 앉아 커다란 활자로 인쇄된 영어 성경책을 읽었다. 실내에는 항상 새소리, 물소리 같은 환경음악을 틀어놓았다. 첫날 2명의 손님이 찾아온 뒤 한 달도 안되 하루 1백 명 씩 손님이 찾아왔다. 그러나 돈은 적게 받고 많이 퍼주는 영업방식으로 하다 보니 하루 5만 원 정도 밖에 벌지 못했다. 둘이서 하루 막일을 해도 10만원씩 버는데, 둘이 하루 종일 일을 해서 얻는 수입이 5만원이라는 노력에 비하면 적은 돈이었다.

'퍼주기 장사'의 사업화

그는 여기서 '곱하기 공식'을 통해 카페 영업을 사업 수준으로 격상시켰다. 잔금을 1년 뒤에 주고 그 동안 이자를 지급하는 식으로 일단 카페를 대형화시킨 것이다. 10평 카페와 옆 가게 두 곳을 사들여 1백 평으로 카페를 넓힌 것이다. 매출이 비약적으로 신장하면서 매달 수천만 원씩 순이익이 남았다. 민들레영토에서는 찻값을 따로 받지 않고 문화비를 내면 민토차를 기본으로 커피, 레모네이드, 녹차 등 다양한 종류의 음료를 3번까지 리필해서 마실 수 있다. 조용히 책을 볼 수 있는 독서실과 여러 사람들이 함께 공부할 수 있는 세미나실, 연극과 영화를 감상할 수 있는 공간도 마련돼 있다. 게다가 고객들이 직접 참여해서 자신들만의 콘서트를 열거나, 음악을 연주할 수 있는 공간도 갖추었다.

감성공간을 만들기 위해서 그는 최근 마케팅 실무에서 관심을 끌고 있는 감성마케팅의 오감마케팅을 동원했다. 시각적으로 아름답게, 청각적으로 분위기 있게, 후각적으로 향기롭게, 촉각적으로 부드럽게, 미각적으로 입맛에 맞도록 카페를 설계한 것이다.

위기 때마다 위력을 발휘한 '문화공간'

그러나 사업 확장 후 또다시 위기가 찾아왔다. 서울시가 '아름다운 서울'을 만든다는 취지에 따라 서대문구청은 기찻길 옆 건물들을 헐고 공영주차장과 공공시설을 건립한다는 계획을 내놓았다. 하루아침에 카페가 없어질 위기의 순간에 그는 디지털 세대에 주목했다. 그는 카페에서 토크쇼를 열고 '이곳이 헐리게 되었다'는 사실을 알렸다. 단골 학생들은 즉각 구청에 민원을 제기하고 구청 홈페이지에 하루 수백 건의 글을 올려 서버가 다운될 정도로 민들레영토 지키기 운동에 나섰다.

연세대는 물론 이화여대, 서강대 학생들까지 온갖 유흥시설로 덮인 신촌에서 민들레영토는 반드시 지켜야 할 가치가 있는 공간이라면서 서명운동에 돌입했다. 사태가 이쯤 되자 구청에서 실태조사를 나와 마침내 서울시로부터 계획을 철회한다는 통보를 받았다. 그는 이 사건을 계기로 민들레영토가 단순한 카페가 아니라 도시인들의 문화공간이라는 것을 깨닫고 '도시문화연구소'를 만들었다. 이때부터 사람들은 그를 주인이나 대표, 사장이라고 부르지 않고 '소장'이라는 호칭으로 부르고 있다.

지승룡 소장은 '문화공간'의 경쟁력에 대한 확신을 가지면서 이번에는 대학로에 민들레영토를 오픈하기로 했다. 신촌에서 돈을 많이 벌었다고 하지만 밀린 대금들 갚는데 돈이 다 들어가 당시 통장에는 1백만 원도 없었다. 어이없어 하는 아내의 반응에도 불구하고 그는 점포 확장 계획을 밀어부쳤다. 원하는 건물이 매물로 나왔다는 정보를 입수하고 등기부등본을 확인하니 경매 절차가 진행 중이었다. 은행 지점장으로부터 건물대금의 90%까지 대출을 약속받은 그는 경매로 건물을 낙찰 받았다. 그러나 IMF가 터지면서 대출을 약속한 은행이 다른 은행으로 넘어가면서 잔금을 치르지 못할 위기가 닥쳤다. 6부 이자의 사채까지 끌어 써야 할 상황에서 대출에 부정적이었던 한 신용금고회사에서 긍정적으로 검토하겠다는 연락이 왔다. 알고 보니 이사장의 여비서가 이 카페의 단골로 '문화공간'으로서의 민들레영토에 대한 지원을 간청했던 것이 큰 도움이 된 것이었다. 또다시 '문화공간'으로서의 카페의 위력이 발휘된 순간이었다.

민들레영토가 스타벅스와 다른 점

지승룡 사장은 "경영이란 문제를 해결하는 것"이라는 신념을 갖고 있다. 진정한 문제는 문제에 있는 것이 아니라 그 문제를 해결할 방안을 못 찾는데 있다는 것이다. 그는 "문제는 해결의 시작이다. 남들이 풀지 못하는 장애물을 해결하면 성공을 앞당길 수 있다"고 보고 그것들을 창조적으로 헤쳐 나갔다.

"일주일을 굶어보면 인생을 알게 된다"는 말이 있다. 굶주린다는 것, 그것도 죽기 직전까지 굶주리면 인간은 자신의 정체를 알게 된다. 배가 고파본 사람은 고객이 원하는 상품을 만들고 고객 중심의 서비스를 하게 된다.

사업은 혼자 하는 것이 아니다. 종업원들이 함께 움직여줘야 한다. 그래서 민들레영토의 도우미들부터 감동시켜야 한다는게 지승룡 사장의 원칙이다. 동일업종 최고의 대우를 해주는 것이다. 만약 그것이 어려우면 상대적으로 최고의 대우를 해준다.

상대적으로 최고의 대우를 해준다는 것은 매출액 대비, 이익 대비로 최고의 대우를 해준다는 뜻이다. 급료가 높으면 우수한 도우미를 채용할 수 있고 다른 곳으로 쉽게 옮겨가지 않고 오랫동안 일하기 때문에 장기적으로 카페에 큰 도움이 된다는 것이다. 그러나 그것만으로는 부족했다. '어머니의 사랑'을 손님들에게 실천할 사람들이 직원들이지만 주인 마음 같지 않기 때문이었다. 그는 민들레영토가 도우미 자신들의 것이라고 느끼게 하기 위해 '마스터 제도'를 도입했다. 마스터 작위는 1년 이상 근무자 중에서 민들레영토의 경영철학을 깊이 이해하고 성실하게 근무하며 경영에 탁월한 능력을 발휘하는 사람을 선발해서 작위식을 거행하고 일정액 이상의 매출을 올렸을 때 인센티브도 주어진다.

그는 요즘도 민들레영토의 홈페이지를 통해 커뮤니티 공간을 넓혀가고 있다. 아예 고객들의 미니 홈피를 찾아서 매일 밤 마실을 떠난다. 고객들의 생각과 감성을 이해하는 통로이기도 하면서 인터넷 시대에 걸맞는 고객관리 일환이기도 하다. 그는 신촌 신관을 오픈하면서 스타벅스와 차별화된 우리만의 공간을 만들겠다고 생각했다. 스타벅스는 세계 어디에서나 같은 모습이다. 그러나 민들레영토는 여러 지역에서 각기 다른 모습으로 그 지역에 가장 잘 어울리는 문화공간으로 자리 잡고 있다는 것이다. 감성리더와 감성사원이 운영하는 감성 공간 민들레영토의 감동적인 창업스토리 성공요인을 다시 정리한다면 다음과 같다.

첫째, 백수의 시간은 창업의 기회이다. 이를 잘 활용하되 놀고 먹어서는 안된다.
둘째, 도서관에서 엉덩이에 땀띠 나도록 책 2,000권 이상 읽기.
셋째, 밑천 마련은 떡 장사가 역시 최고, 강남 아줌마들의 감성에 호소하라.
넷째, 잘해준 사람 울겨먹기. 평소 잘 해주는 사람은 어떤 영감을 준다.
다섯째, 새벽 4시도 좋고, 12시도 좋고, 시도 때도 없이 좋은 일에 미쳐 미친놈 소리 들어가며 될 때까지 하기.

[자료 : 김영한 외, 민들레영토 희망스토리, 랜덤하우스 중앙, 2005. 참조 수정]

제 2 장
기업가와 기업가정신

[사례 2.1] 칠전팔기의 정신

에디슨이 전기를 발명한 것은 단 한 번의 실험을 통해서 성공한 것이 아니다. 수를 헤아릴 수 없을 정도의 실패를 거듭한 끝에 성공한 것이다. 어느 날 신문기자가 에디슨의 실험실을 방문하여 "전구를 만들기 위해 지금까지 1,000번 이상이나 실험을 했는데 모두 실패를 했다면서요?"라고 질문을 하니까 에디슨은 "천만에요, 전구를 만들어낼 수 없는 방법을 알아내는데 1,000번 이상이나 성공한 일이 있을 뿐이요" 라고 대답했다는 일화가 있다. 이처럼 실패를 거듭해도 좌절하지 않은 칠전팔기의 정신이 없었다면 에디슨이 전기를 발명하지 못했을 것이다.

오늘날 세계인들이 선호하는 나이키라는 상호의 운동화도 창업자의 칠전팔기의 정신이 없었다면 햇빛을 보지 못하고 말았을 것이다. 나이키의 창업주인 빌 바우먼 씨는 본래 미국 오리건 대학의 육상코치였으며 1972년 미국의 올림픽 육상경기팀 코치를 역임했던 사람이다. 바우먼 씨는 육상선수들의 경기력 향상에는 신발이 대단히 중요하다는 것을 깨닫고 자청해서 구두방의 견습공 노릇을 하면서 육상선수용 신발을 만드는데 몰두하였다. 주위에서는 아까운 사람이 정신병자가 되고 말았다는 비난을 받아가면서도 묵묵히 구두 만드는 기술을 배웠고 마침내 그가 생각했던 최초의 육상선수용 가죽운동화를 만드는데 성공하였다. 그리고 그 운동화를 직접 제자들에게 신겨 본 결과 반응이 좋은 것을 확인하고 여러 신발공장을 찾아다니면서 자기가 개발한 육상선수용 신발에 대해 상품화해 줄 것을 요청했지만 대량판매가 안 된다는 이유 때문에 거절당하고 말았다. 그래서 그의 제자였던 필립 나이트(Knight)와 함께 신발공장을 차렸으나 불행하게도 경영능력이 부족하여 실패하고 말았다.

그런 와중에 일본의 운동화 생산업체와 계약을 맺고 일본산 운동화의 미국내 판매를 담당하는 세일즈맨이 되었다. 운동화 세일즈맨을 하면서 번 돈을 다시 투자하여 바우먼 씨가 개발한 운동화를 생산해서 육상선수들에게 보급하기 시작하였는데 품질이 우수했기 때문에 차츰 수요가 늘어나게 되었다. 이에 자신감을 얻어 회사이름도 승리의 여신이라는 뜻을 지닌 나이키(Nike)로 바꾸고 공격적인 영업전략을 추진하다보니 사업 기반이 잡혀 오늘날에는 명성을 얻고 돈도 버는 성공한 기업가가 되었다.

바우먼 씨의 칠전팔기의 정신이 없었다면 오늘날의 나이키(Nike)는 존재할 수 없었을 것이다. 에디슨이나 바우먼처럼 실패를 거듭하더라도 좌절하지 않고 다시 일어서서 재도전을 하는 칠전팔기의 정신이 창업자에게 요구되는 기본정신이다.

제1절 기업가의 정의와 과업

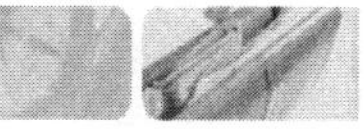

1. 기업가의 정의

기업은 기업가(entrepreneur)의 수준만큼 성장한다는 말이 있다. 이와 같이 기업 성장에 기업가의 영향력은 절대적인 것이다. 기업가의 개념은 시간의 흐름과 기업 환경의 변화에 따라 변천되어 왔다. 오래 전에는 기업가를 출자기능과 경영관리 능력을 모두 수행하는 경영자로 간주하다가 기업의 대규모화 경향에 따라 소유권과 경영권이 분리되어 자본가와 기업가를 구분 할 필요가 있게 되었다.

기업가에 대한 개념적 정의에 대해 여러 가지 의견들이 있지만 오늘날에는 기업가란 기업가정신을 발휘하여 기업을 창업, 운영하는 혁신자, 선구자, 모험자로서의 개척자 정신을 수행하는 개인을 일반적으로 기업가라 한다. 또한 기업가란 일정한 수익을 기대하면서 위험을 무릅쓰고 사업을 일으키고 경영을 하는 사람을 의미한다. 이들의 열성적 노력과 창의성에 의해 신제품 및 새로운 형태의 서비스가 출현하고 그 결과 경제가 활력을 갖게 된다.

피터 드러커(P.F. Drucker)는 “기업가란 변화를 탐지하고, 변화에 대응하며 또한 변화를 기회로써 이용하는 자이다. 그리고 기업가란 자원의 생산성에 변화를 가져오는 사람이라고 할 수 있다”라고 정의하였다. 그리고 놈 브로드스키(Norm Brodsky)는 기업가는 새로운 아이디어만으로 시작하여 그러한 아이디어를 스스로 성장시키며, 그 사업으로부터 나온 자금을 통하여 지속적으로 발전하는 기업으로 변모시키는 사람이라고 정의하였다.

기업의 성공잠재력은 기업가의 자질과 경험, 사업기회의 매력도와 지속성, 필요 자원의 조달가능성에 의해 결정된다. 특히 기업가의 자질과 경험은 나머지 두 요소에도 중요한 영향을 미치기 때문에 사업의 성공가능성에 가장 중요한 요소라고 할 수 있다. 최근 글로벌 경쟁 환경 속에서 혁신을 주도하는 기업가의 중요성은 더욱 커지고 있다.

기업의 성공잠재력 = f(기업가의 자질과 경험×기회의 매력도 지속성×필요 자원의 투여가능성)

〈표 2-1〉 기업가와 경영자의 비교

구 분	기업가	경영자
동기 및 감성지향성	성취지향성 자기중심, 강한 명예욕 소유 높은 자율성 애사심 자발적 모험수용 위험부담	통합, 생존, 시장지향 권력과 영향력 지향 조직지향(회사중심) 조직과 부하개발에 관심 전문성의 충실 위험부담에 보수적
분석적 경향	직감적(자신의 직감을 믿음) 장기적 안목 전체성(holistic)	분석적 단기적 안목 세부적 특수성
인간관계	개인적 관계중시 인사 및 정치성 가족/친족 우대 권위적 감성적으로 참을성 부족	일반성 탈 인간성 및 합리성 참여 및 분권위임 가족/친족 무관 탈감정성, 인내심, 꾸준함
조직직분의 차이	소유주의 특권과 위험성 수용 확고한 자기자리의 고수 일가친척의 지원 가족, 인척 우선주의 약한 부하, 일인통치	적은 소유권과 열세한 특전 보장되지 않는 직분 단독 행위 또는 가족, 인척의 지원 강한 상관

[자료 : E. H. Schein, Organizational Psychology, 3rd edition, Englewood Cliffs, N. J., Prentice-Hall, 1980.]

2. 기업가의 과업

기업가의 과업은 궁극적으로 사업의 기회를 감지하고 필요한 인적·물적 자원을 동원하여 기회를 실제 결과로 전환시키는 것이다. 또한 그 기업의 특정한 목적과 사명을 설정하고 수행하며, 일의 생산성을 향상시키고, 근로자에게는 성취의욕을 불러일으키며, 사회적 영향력과 사회적 책임을 수행하는 과제를 가진다. 특히 슘페터는 기업가의 기능으로 혁신의 중요성을 강조하였는데, 이러한 기업가의 과업을 다음과 같이 정리할 수 있다.

1) 사업기회의 포착과 사업구상

기업가는 남들이 인지하지 못하는 사업기회를 감지해 내고 사업화하기 위한 아

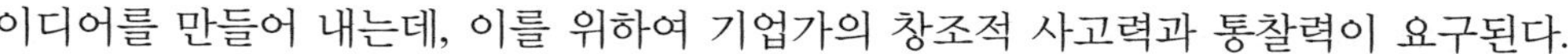

이디어를 만들어 내는데, 이를 위하여 기업가의 창조적 사고력과 통찰력이 요구된다.

2) 사업 수행

기업가는 사업기회를 사업화하기 위해 목표를 설정하고, 그 목표에 따라 사업을 실제 수행하며 관리해야 한다. 새로운 아이디어의 사업화에는 큰 위험 부담이 따르므로 장래의 위험을 정확히 예측하고 판단하여 대안을 선정하는 전략적 의사결정시스템과 능력을 갖추어야 한다. 이를 위해 필요한 정보를 신속하고 확실하게 활용할 수 있어야 하며, 사업 실무에 관한 전문 지식과 활동 능력이 필요하다.

3) 이해자 집단과의 우호적 관계

기업에 필요한 물적 자원과 인적자원을 조달하기 위하여 은행, 대학, 정부 등으로부터 도움을 받아야 하며, 생산 및 판매와 관련하여 고객과 공급자 등 외부 이해자 집단과의 좋은 관계를 유지해야 한다.

4) 리더십 발휘

기업가는 조직구성원의 능력을 충분히 발휘시키고, 통합시키는 조직화의 능력이 있어야한다. 특히 조직 구성원들에게 비전을 제시해주며, 이들이 사업목표에 적합한 일을 열정적으로 할 수 있도록 동기부여와 리더십을 발휘해야 한다.

5) 의사결정과 사회적 책임의 수행

현대 경영의 기업가는 조직과 사업을 사회 환경 전체에 관련시켜 생각하고 그 변화를 경영활동이나 의사결정에 반영시켜야 한다. 그리고 기업경영의 사회적 책임을 반영시킬 수 있도록 과업을 수행해야 한다.

6) 혁신

슘페터(J. A. Schumpeter)는 경영자로서의 기업가는 제품에 대한 혁신, 시장에 대한 혁신, 공장 및 조직에 대한 혁신을 계속적으로 이루어 나가야 하는데 그중 가장 중요한 기능이 혁신이라고 설명하였다. 기업을 경영해 나가는데 이러한 혁신이 이루어지지 않으면 경쟁에 뒤지기 마련이며 도태되기 때문이다. 경영자나 기업가가 훌륭한 업적을 올리려면 성취동기가 높아야 할 것이다. 그리고 역으로 성취동기가 높은 사람은 훌륭한 경영자 또는 기업가가 될 잠재력과 가능성이 충분히 있는 것이다.

제2절 기업가의 특질

1. 기업가가 갖추어야 할 능력

1) 강한 의욕

기업가의 강한 의욕은 사업과 일에 열정적으로 몰입하는데 도움을 준다. 특히 새로운 사업을 설립하고 운영하는 데는 많은 노력과 열정이 필요하기 때문에 이러한 개인특성은 중요한 역할을 한다. 그러나 열심히 일만 한다고 성공이 보장되지 않듯이 강한 의욕만으로는 부족하다. 많은 경우 합리적인 계획과 판단이 결여된 채 의욕만 앞세운 결과 실패하는 수가 있다.

2) 정신적 능력

기업가의 정신적 능력이란 지적 능력, 창조적 사고력, 분석적 사고력 등을 의미한다. 기업가는 이러한 정신적 능력에 의하여 사업의 당면문제를 체계적으로 분석해 내고 창조적인 문제해결책을 제시하며 합리적인 일처리를 할 수 있다. 이러한 능력은 기회를 포착하여 현실화하는 데 중요한 역할을 한다.

3) 인간관계 능력

인간관계 능력은 주로 정서적 안정성, 대인관계의 기술, 사교성, 타인에 대한 배려, 감정이입 능력 등을 의미한다. 예를 들자면 감정이입 능력이 뛰어난 기업가의 경우 타인의 입장에서 사물을 바라보고 생각하기 때문에 타인의 느낌과 생각을 효과적으로 파악할 수 있다. 이러한 인간관계 능력은 고객과 종업원의 생각과 입장을 이해하게 함으로써 사업운영에 많은 도움을 줄 수 있다. 기업가는 궁극적으로 고객이나 종업원 등 이해관계자들과 좋은 관계를 유지해야 하기 때문에 인간관계 능력은 사업성공에 중요한 영향요인이 된다.

4) 의사소통능력

의사소통능력은 문서 또는 말로써 자신의 의사를 효과적으로 전달하는 능력을 말한다. 기업가는 사업을 원활하게 운영하기 위하여 고객, 종업원, 공급자, 채권자 등과 효과적으로 의사소통을 하여야 한다. 따라서 이러한 능력은 성공적 사업운영을 위해 필요한 요소라고 할 수 있다.

5) 기술적 지식

사업이 성공하기 위해서는 궁극적으로 시장에서 판매될 수 있는 제품과 서비스를 실제로 만들어내야 한다. 이러한 기술적 지식은 고객이 원하는 제품과 서비스를 만들어서 판매하는 과정에서 필요한 기술과 기법을 포함한다. 예를 들자면 제품제조 기술, 설비가동 기술, 판매기법, 재무분석 기법 등이 그것이다.

6) 의사결정 능력

기업의 경영활동은 의사결정 과정의 연속이라 할 수 있다. 그러므로 기업가는 전략적인 의사결정을 할 수 있는 능력을 갖추어야 한다. 과학적인 방법에 의해 의사결정을 할 수 있도록 합리성과 효율성을 추구해야 한다. 또한 사업운영과 관련하여 정확한 의사결정을 시의적절하게 내리는 것은 사업성공에 중요한 영향을 미친다. 이러한 의사결정을 통하여 회사는 여러 가능한 대안 중 가장 적절한 방향으로 나아갈 수 있다.

7) 문제해결 대안제시 능력

문제해결 대안제시 능력은 복잡한 현상의 핵심을 간파하고 그것을 간결한 형태로 재구성함으로써 더욱 효과적인 문제해결책을 제시할 수 있는 능력을 말한다. 기업가는 이러한 문제해결 대안 제시 능력에 기초하여 아무도 간파하고 있지 못한 기회를 포착하고, 효과적인 전략적 대안을 제시할 수 있다. 또한 회사 내부에 관한 문제에서도 전체 조직의 특성과 문제점을 파악하여 조직의 각 부문들이 사업성공을 향해 함께 힘을 모을 수 있는 방법을 강구할 수 있다.

위에서 제시한 일곱 가지 능력은 사업성공의 필요충분조건은 결코 아니다. 즉 기업가가 위의 능력과 특성을 모두 갖추었다고 해도 성공이 보장되지는 않는다는 것이다. 그 이유는 능력을 보유하였다고 반드시 그것이 발휘되는 것이 아니기 때문이다. 또한 사업성공에는 이러한 개인 특성과 함께 외부환경과 같은 상황요인이 중요한 영향을 미치기 때문이다. 그럼에도 불구하고 이러한 능력을 많이 갖춘 기업가는 그렇지 못한 기업가에 비해 성공할 확률이 그만큼 더 높다고 할 수 있다.

이러한 기업가의 능력을 앞에서 언급한 기업가의 과업과 연결시키면 <표 2-2>에서 정리한 것과 같다. 기업가의 강한 의욕, 정신적 및 개념적 능력은 기회의 포착과 사업구상에, 사업의 실제수행에는 강한 의욕 및 정신적 능력과 함께 기술적 지식과 의사결정 능력이 필요하다. 또한, 대인관계 업무와 리더십 발휘에는 인간관계 능력과 의사소통 능력이 중요하다.

〈표 2-2〉 기업가의 과업특성과 갖춰야 할 능력

과업 특성	필요 능력
기회의 포착과 사업구상	강한 의욕, 정신적 능력, 개념적 능력
사업의 수행	강한 의욕, 정신적 능력, 기술적 지식, 의사결정 능력
이해자집단과의 관계	기술적 지식, 인간관계 능력, 의사소통 능력
리더십 발휘	인간관계 능력, 의사소통 능력

[자료 : 이장우, "벤처경영", 매일경제신문사, 1997. p.79]

2. 기업가의 개인적 특질

기업가의 일반관리자와 다른 개인적 특질에 대해 많은 연구가 이루어져 왔는데, 19세기 경제학자인 밀(Mill)은 위험감수가 기업가의 특징적 모습이라고 주장하였고, 슘페터(Schumpeter)는 기업가의 혁신성과 적극성을, 맥클랜드(McClelland)는 성취욕구를 중심으로 연구하였으며, 티몬과 스멜론, 딘지(Timmons, Smallon, & Dingee)는 기업가에 관련된 50여개의 기존 연구결과들을 종합하여 성공한 기업가들의 특성과 형태에 대하여 종합하였다.

그 동안 기업가의 특질에 관한 주된 연구경향 중 하나는 기업가의 개인특성과 창업 성공의 요인을 밝히는 것이었는데, 이러한 기존연구들의 결과를 기업가의 심리적 특성과 배경적 요인으로 나누어 살펴볼 수 있다.

1) 기업가의 심리적 특성

(1) 슘페터(Schumpeter)

슘페터(Schumpeter)는 기업가정신의 요체를 "창조적 파괴"로 특징 지워지는 혁신의 끊임없는 추구와 그 성공이라고 하였다. 기업가에 의한 혁신의 성공조건을 정리해 보면 다음과 같다.

① 혁신은 명확한 목적의식을 가지고 체계적으로 해야 하며 기회를 분석하는 것부터 시작해야 한다.

② 혁신은 인식활동임과 동시에 지각 활동이므로 기회를 잡기 위해 어떠한 혁신을 해야 하는가를 분석적으로 규명한다. 그리고 나가서 고객이나 이용자를 관찰하고 그들이 무엇을 기대하고 있는지, 무엇에 가치를 두는지, 무엇을 필요로 하는지를 찾아낸다.

③ 복잡한 것이라면 개선하거나 조정 할 수가 없기 때문에 혁신은 간단해야 하고, 만족 시켜야 할 특정의 요구와 최종적으로 생겨날 구체적 결과에 대해 분명한 초점이 맞추어져 있어야 한다.

④ 혁신을 성공시키려면 하나의 구체적인 것을 실현하려고 작게 시작해야 한다.

(2) 맥클랜드(McClleland)

맥클랜드(McClleland)는 사람의 행동을 결정하는 근본적인 동기요인으로 무엇인가를 달성하고자하는 성취욕구와, 다른 사람들과 어울리고자하는 친교의 욕구, 그리고 타인을 통제하고자하는 권력의 욕구를 제시하였다. 그 중에서 성취욕구는 기업가의 핵심적 심리특성이라고 주장하였다. 즉 성취욕구가 높은 사람은 문제해결을 위해 주도적으로 나서려 하고, 목표를 제시하면 그 목표의 달성을 위하여 열성적으로 노력하는 성향이 있다는 것이다. 이러한 성향은 기업가의 개인특성에 잘 부합한다고 할 수 있는데 그가 주장한 기업가의 특성을 정리해보면 다음과 같다.

① 과업지향성

기업가는 보다 어려운 일, 성취해서 보다 의의를 느낄 수 있는 일, 자기의 능력을 과시할 수 있는 일, 그리고 도전할 가치가 있는 일에 보다 큰 흥미를 느끼며, 일의 결과로 오는 보상이나 지위보다 일 자체의 성취과정에 관심을 갖는다. 성취동기가 높은 사람은 성취적 보람을 느낄 수 있고 도전할 가치가 있는 과업에 관심이 많으며 성취동기가 낮은 사람들보다 더 잘해낸다.

② **적절한 모험성**

기업가는 어느 정도의 모험성이 포함된 일에 도전하여 자력으로 성취해 내는데 만족을 느낀다. 즉, 전혀 모험이 따르지 않고 너무나 쉬운 일에는 흥미를 갖지 않는다. 그 이유는 그러한 쉬운 일을 해내면 자기의 능력을 과시하거나 평가할 수 없기 때문이다. 그렇다고 기업가는 과업이 자기 능력에 비해 어렵거나 지나치게 모험적일 때도 역시 흥미를 갖지 않는다.

③ **자신감**

기업가는 자기가 얻은 정보를 총동원하여 판단해 볼 때 당면과업에서 어느 정도의 성취가능성을 발견했을 경우에는 확고한 자신감을 가지고 그 일을 착실히 수행한다.

④ **정력적인 혁신적 활동성**

기업가는 일에 보다 열중하고 더 많이 새로운 일을 찾고 계획하여 이를 성취하는데 온갖 정력과 노력을 기울인다. 그러나 어떤 일에나 열중하는 것이 아니라 새로운 일, 도전할 가치가 있는 일, 적지 않게 어려운 일, 그리고 자기 능력을 측정해 볼 수 있는 일을 탁월하게 해내기 위해 온갖 정력을 쏟는다. 즉, 무언가 창조하며 사태를 언제나 개선하고 문제를 만들어 해결하는 가운데 보람을 느낀다.

⑤ **자기 책임감**

성취하려는 일이 결과적으로 어떻게 되었건 자기가 계획하고 수행하는 일에 모든 책임을 지며, 남에게 의존하지 않고 책임을 회피하거나 두려워하지 않는다. 따라서 성취동기가 높은 사람은 스스로 생각하고, 일을 계획하고 결정할 수 있는 작업 상황을 좋아하며 또 이러한 여건에서 일을 더 잘 해낸다. 그러나 자신의 이해관계만을 위해 일하는 이기적인 사람은 아니다.

⑥ **결과에 대한 지식추구**

기업가는 수행하는 일의 종류를 불문하고 상황이 어떻게 진행되고 있으며 예상되는 결과가 어떤 것인가에 관하여 구체적이고 객관적인 정보를 계속 추구하여 정확한 판단을 한다. 이러한 판단을 다음 단계의 행동에 반영한다.

⑦ **미래지향성**

기업가는 새로운 일을 이룩하기 위하여 언제나 장기적인 계획을 세우고 미래에 얻게 될 성취만족을 기대하면서 현재에 당하는 고통이나 갈등과 용감하게 싸워 나간다. 성취동기는 개인으로 하여금 그의 능력에 비추어 도전할만한 가치가 있는 일을 보다 능률적으로 수행하기 위하여, 그러한 일을 성취해낼 수 있을 것이라는 자신감을 갖게 된다.

(3) 티몬과 스멜론, 딘지(Timmons, Smallon & Dingee)

① 높은 사업 몰입도, 결단력, 인내심

성공한 기업가들은 사업에 대한 몰입도가 높고 결단력과 인내심이 강하다고 한다. 특히 많은 벤처캐피탈 회사들은 투자 여부의 결정에 있어 기업가가 얼마나 자신의 시간적·재정적 자원을 실제적으로 투입하고 있는가를 중시한다고 한다. 이는 사업에 대한 몰입정도가 사업성공에 중요한 영향을 미침을 나타낸다.

② 강한 성취욕구와 성장욕구

성공한 기업가들은 스스로 설정한 도전적인 목표를 뛰어넘는데 주력한다. 그리고 이 목표가 달성되면 상향조정된 새로운 목표와 기준을 설정하여 계속적으로 도전한다. 따라서 이들은 다른 사람을 능가하는데 주력하기보다는 자신의 과거실적을 계속하여 뛰어넘는데 노력한다.

③ 기회 및 목표 지향적

현재 보유하고 있는 자원에 근거하여 행동하기보다는 기회를 먼저 포착하고 자원과 전략을 거기에 맞추어 나가려는 기회지향적 성향이 있다. 그리고 높지만 달성 가능한 목표를 설정하고 거기에 모든 힘을 집중하려 한다.

④ 주도적이고 책임감이 강함

기업가의 독특한 기질 중에 하나는 주도적으로 문제를 탐색하고 해결책을 제시하려 하는 성향이다. 그리고 일의 결과에 대해 스스로 책임지려 한다.

⑤ 끈질긴 문제해결 능력

기업가들은 하고자 하는 일에 장애요인들이 나타날 경우 이를 극복하려는 욕구가 강하며 문제해결을 위해 끈기 있게 노력한다. 이에 따라 인내심이 강한 편이나 불가능하다고 판단되는 일에 대하여는 단념도 빠르다.

⑥ 낙관적 현실주의와 유머감각

외부환경과 자신의 강점, 약점 등에 관한 냉철한 판단을 중시하는 등 매우 현실적이나 매사를 긍정적으로 보는 낙관적 자세를 견지한다. 그리고 어려운 여건에서도 유머를 잃지 않는 등 정신적 여유를 갖고 있는 경우가 많다.

⑦ **피드백의 활용**

피드백을 효과적으로 활용함으로써 자신의 잘못을 신속하게 파악하고 잘못된 부분을 재빨리 수정한다. 이에 따라 유능한 기업가들은 대부분 남의 이야기를 잘 청취하고 학습능력이 뛰어난 편이다.

⑧ **계산된 위험감수와 위험의 공유**

뛰어난 기업가는 도박사가 아니다. 그들은 미리 세심하게 계산을 한 후 결정을 내리며 공동투자 또는 동업을 통해 곧 잘 위험을 공유하려 한다.

⑨ **지위와 권력에 대한 낮은 욕구**

권력욕구보다는 성취욕구에 의해 행동한다. 지위나 권력은 성공의 결과 주어지는 것이지 처음부터 이것을 얻기 위해 노력하지는 않는다. 이에 따라 유능한 기업가는 독재자보다는 중재자 또는 협조자의 역할을 수행한다.

⑩ **정직과 신뢰**

정직과 신뢰 없이 달성한 일시적 성공은 궁극적으로 실패한다는 신념으로 장기적 관점에서 인간관계를 유지하고 사업 활동을 한다.

⑪ **신속한 결단과 실천, 그리고 인내**

신속하게 움직여야 하는 일에 대하여는 빠른 결정을 내리고 곧바로 실천에 들어간다. 그러나 그 일이 장기적으로 진행되어야 하거나 일의 결과가 장기적으로 나타나는 경우 인내심을 가지고 기다린다.

⑫ **실패에 관한 적절한 관리**

실패에 실망하지 않고 두려워하지도 않는다. 오히려 실패를 통하여 배우려는 자세가 강하다. 비관적 상황에서 낙관을 발견하고 위기 속에서 기회를 발견하는 지혜를 발휘한다.

⑬ **팀 구축자이자 영웅 메이커**

유능한 기업가는 독불장군 식으로 일하기보다는 열의에 가득찬 팀을 만들어 공동으로 일을 추진한다. 또한 자기 혼자 영웅이 되기보다는 관리자들을 영웅으로 만듦으로서 동기를 부여한다. 아울러 뛰어난 기업가는 성과를 나누어 갖는 데에 관심을 두기보다는 성과 자체를 키우는 데 주력한다.

(4) 호나데이와 티켄(Hornaday & Tieken)

DEC사의 켄 올슨(Ken Olson), 왕 컴퓨터사(Wang Computers)사의 안 왕(An Wang),

혼다자동차의 소이치로 혼다 등 성공한 기업가들의 공통된 행태를 연구하였는데 그들로부터 배울 수 있는 특성을 다음과 같이 제시하였다.

① 적극적인 도전의식과 실패로부터 배우려는 자세
② 주도적으로 일처리를 하고 솔선수범함
③ 강한 인내력과 결단력

(5) 미튼(Mitton)

미튼은 성공적인 창업자가 일반적으로 갖는 특징을 다음과 같이 정리하였다.

① 큰 그림을 볼 줄 아는 시각
② 독특한 사업기회를 잡아내는 능력
③ 대의에 전적으로 헌신하는 성향
④ 완전한 통제에 대한 요구
⑤ 정의에 대한 효용주의적 관점
⑥ 불확실성에 대한 취향
⑦ 인맥을 활용하는 성향
⑧ 고능력을 환영하는 태도
⑨ 특별한 노하우

이상에서 기업가의 심리적 특성들에 관한 여러 기존 연구들을 살펴보았다. 기업가의 심리적 특성은 개념적으로 보았을 때 기업가의 개인특성을 이해하는 데 핵심이 되는 것들이라고 할 수 있지만 아직도 이 분야의 실증적 연구결과들이 서로 일치하고 있지 않은 점들이 있다. 그러나 기업가의 특성에 관한 일반적인 특성 중에서도 위험감수 성향은 근본적으로 신규사업의 설립과 운영에 관련된 기업가적 과정에 내재하여 있는 특성이므로 중요한 특질 중의 하나임에 틀림없다. 또한 모험적이고 진취적인 특성과 강한 성취욕구(need for achievement), 일상적으로 발생하는 일이 운수 때문이 아니라 자기 스스로 통제할 수 있다고 믿는 자유 실천 의지가 강한 성격은 새로운 일을 창의적으로 해결하며 기업을 경영하는 데 있어 장애가 되는 요인들을 극복하는 데 필요한 힘과 의욕을 가져다주는 요소이므로 기업가의 본질적 특성에 부합한다고 할 수 있다. 또한 위와 같은 기업가의 특성들은 상당 부분 후천적으로 학습이 가능하다는데 중요한 의미가 있으며, 특히 기업가가 자신의 사업에 대하여 강하게 동기유발 되었을 때 더욱 빠르게 학습될 수 있다.

2) 외적특성

기업가의 외적 특성 요인에 관련된 연구결과들을 정리해보면 다음과 같다.

(1) 가정환경

부모의 직업과 가정 분위기, 형제의 서열 등이 기업가의 창업에 영향을 미친다는 연구들이 있다. 예를 들자면 기업가들은 첫째 아이로 태어나는 경우가 많으며, 이 경우 특별한 관심을 받고 자라기 때문에 자기 신뢰감과 같이 기업창업에 도움이 되는 개인특성을 상대적으로 많이 소유한다는 것이다. 그러나 이에 관한 실증적 연구결과의 뒷받침은 아직 충분하지 못한 편이다. 또한 부모가 자영업의 직업을 가졌거나 창업자인 경우 역시 기업가로 성장할 가능성이 많다고 한다.

(2) 교육수준

기업가의 교육수준에 관하여는 많은 연구가 있었다. 이 연구들에 의하면 상식적 수준에서 제기되고 있는 기존 주장들을 반박하고 있다. 즉 기업가들의 교육수준이 평균적으로 낮으며, 이러한 사회적 결점을 보완하기 위해 기업을 일으킨다는 상식적 주장은 사실이 아니라는 것이다. 최근의 연구들에 따르면 기업가들의 평균 교육수준은 매우 높은 편이며, 특히 기술집약적 벤처기업의 경우 석·박사학위 소지자들이 많다.

(3) 나이

기업가들이 창업을 하는 평균연령을 보면 다양하나, 우리나라인 경우 22세에서 55세가 대부분인 것으로 조사되고 있다. 특히 남자의 경우 30세 초반에 처음 기업을 창업하는 경향이 있으며, 여성의 경우 이보다 다소 늦은 30세 중반이 많다. 그러나 약 20%정도는 40대 이상에서 창업하고 있으며, 최근에는 60대에도 창업하는 경우도 나타나고 있다.

(4) 이전 직장에 대한 불만족

기업가들은 이전 직장에서 낮은 도전감, 느린 성장, 관료적 분위기, 직무 불만족 등을 느끼고 창업을 결심하는 경우가 많다. 예를 들자면, 애플컴퓨터를 세운 스티븐 잡스(Steven Jobs)는 휴렛펙커드사로 부터, 로터스사를 세운 카포(Mitch Kapper)는 DEC 사로부터, 영화사업의 귀재 조지 루카스(George Lucas)는 유니버셜 스튜디오로부터 뛰쳐나왔다. 이러한 직장에 대한 불만족은 성취욕구가 강한 사람일수록 많이 느낀다고 한다. 이때의 불만족은 새로운 기업을 창업하는데 중요한 영향을 주며 투자재원의 유용성, 개인의 자기실현 욕구, 창업을 옹호하는 사회적 분위기, 적절한 경험 등이 촉매역할을 한다.

3) 바람직하지 못한 기업가의 특성

(1) 불사조형

자신에게는 실패란 일어나지 않는다는 망상에 사로잡힌 기업가형으로 방만하고 경솔한 투자로 실패할 가능성이 많다.

(2) 천하무적형

항상 남보다 우월하고 어떤 경쟁자라도 제거 할 수 있다는 자만에 빠져있는 형으로 경쟁자와 소모적 경쟁을 벌임으로써 사업에 손해를 끼칠 수 있다.

(3) 간섭마라형

남으로부터의 지시와 조언을 불필요하게 생각하고 이를 기피하는 성향의 소유자로 모든 일을 독단적으로 처리하고, 주위로부터 피드백이 부족하여 잘못된 의사결정이나 행동을 수정할 기회를 놓치기 쉽다.

(4) 즉흥형

매사를 그 당시의 상황과 기분에 따라 결정하고 처리하는 성향을 소유한 형으로 어떤 행위나 결정에 대하여 그것이 갖는 궁극적인 의미나 실제 결과를 파악하기 어렵고 보다 나은 대안을 찾지 못하는 결점을 갖는다.

(5) 운수형

운명주의적 철학을 가진 사람들에게 많이 나타나는 성향으로 잘되면 운이 좋아서, 안되도 운이 나빠서 그렇게 되었다고 생각하는 특성이 있다.

(6) 완벽주의형

완벽한 일처리를 지나치게 강조하는 성향을 소유한 형으로 소요되는 비용, 시장의 여건, 타이밍 등을 무시한 결정을 내리기 쉽다.

(7) 다안다형

문제에 관한 해답을 자신이 모두 안다는 자만심을 소유한 형으로 주위로부터 더 나은 해답을 얻을 기회를 잃기 쉽다.

(8) 신세 안진다형

주위로부터의 도움이나 협조받는 것을 부담스럽게 생각하고 모든 것을 혼자 결정하고 처리하려는 성향이 있다.

모든 사업영역에서 성공을 보장하는 개인적인 기업가의 특성은 존재하지 않는다. 물론 앞에서 제시된 개인특성들이 사업성공에 도움을 주는 것은 사실이나 사업성공은 이러한 기업가의 개인특성 외에 핵심 인력간의 조화, 환경으로부터의 기회 등 많은 상황적 요인에 영향을 받는다. 또한 바람직한 특성을 모두 갖춘 완전한 기업가란 사실상 존재하기 어렵다. 보통 기업가들은 동업자, 협조자, 관리자들로부터 자신의 약점을 보완할 수 있으며, 특히 이미 성공한 기업가들로부터 바람직한 개인특성을 체득하고 성공비결을 배울 수 있다.

제3절 기업가 정신

1. 기업가 정신의 정의

기업은 기업가의 꿈과 아이디어로부터 출발하며 기업가 정신에 의해 구체적으로 실현된다. 기업가정신은 현재 통제할 수 있는 자원 여부에 상관 없이 기회를 포착하고 추구하는 것으로 인간의 창조적 행동을 의미하며, 무에서 유를 창조하고 개인적으로나 경제적으로 파악된 위험을 감수하는 정신이라 할 수 있다. 기업가정신(entrepreneurship)이라는 개념은 지금까지 많은 학자들에 의해 사용되어 왔는데, 지금까지 학자들이 내린 정의들을 검토할 때 크게 두 가지로 분류해 볼 수 있다.

1) 기능적 접근에 의한 정의

기업가정신의 경제적 기능에 초점을 맞추면 18세기 캔틸론(Richard Cantillon)은 기업가정신을 불확실한 가격에 상품을 구입하여 불확실한 가격으로 판매함으로써 발생하는 위험의 부담으로 정의하였다.

19세기에 들어와 세이(Jean B. Say)는 이 정의에 생산의 기능을 첨가하였다. 즉 기업가는 자본가와 달리 생산의 기능을 담당함으로써 이윤을 창출한다고 하였으며, 제품 혁신, 생산 공정 혁신, 시장혁신, 생산요소혁신, 조직혁신 등 다양한 혁신을 담당해야 하는 것이 기업가의 핵심역할이라고 정의하였다.

2) 기업가의 개인 특성으로서 기업가정신의 정의

기업가의 개인 특성으로서 기업가정신에 대한 정의는 개인 기업가의 사회심리적 특성에 초점을 맞춘다. 예를 들자면 성취욕구, 자유실천의지, 위험감수성향 등 심리적 특성을 강조하기도 하며, 가정환경과 교육수준 등 사회적 배경요인을 중시한다.

그런데 위의 두 가지 정의 방법은 각기 장점과 단점을 모두 가지고 있으며 어느 한 접근방법이 우월하다 할 수 없다. 실제로 기업가정신을 기업가의 인간적 특성을 배제한 채 경제적 기능만으로 정의하기에는 많은 문제가 있다. 또한 기업가의 개인적 특성만으로 기업가정신을 이해하기에는 복잡한 현실을 충분히 설명하기 어렵다. 최근 이러한 문제점을 인식하여 더욱 종합적으로 기업가정신을 설명하려는 시도가 있다. 예를 들면 히스리치(Hisrich)와 브러쉬(Brush)는 "기업가정신이란 위험부담과 그에 상응하는 보상을 전제로 하여 가치 있는 그 무엇을 새로이 창조하는 과정"이라고 정의하였으며, 카오(Kao)는 "기업가정신이란 사업기회의 인지, 위험부담의 적절한 관리, 적절한 자원동원의 기술을 통하여 가치를 창출하려는 시도이다."라고 정의하였다. 또한 이장우(1997)는 기업가정신을 "자원의 현실적 제약을 무릅쓰고 포착한 기회를 사업화하려는 행위 또는 과정"이라고 정의하였다.

2. 기업가 정신의 중요성

경제활동을 하는 사람들은 많은 경우 독자적으로 사업을 일으킴으로써 경제적 부를 누리고 성취감을 맛보려는 욕구를 가지고 있다. 이러한 욕구는 산업발전과 자본주의 사회의 성장에 원동력이 되어 왔다. 또한 기존기업들도 급속한 환경변화에 대응하여 보다 혁신적이고 도전적 자세를 견지하려 하고 있다. 지금 세계는 대량생산 위주의 산업사회로부터 지식 위주의 '지식산업사회'로 바뀌고 있다. 새로운 지식을 창출하고 위험을 무릅쓰고 그것을 사업화하거나 사업에 반영하는 의지와 행동인 기업가정신은 개인 및 기업차원에서 뿐만 아니라 경제발전 차원에서 매우 중요해지고 있다. 급속한 경영환경변화에 대응한 신속하고도 유연한 적응력과 혁신적 행위는 기업의 성패에 핵심이 되고 있다. 기업가정신은 신속한 환경대응과 혁신적 행위의 원동력이 되기 때문에 그 중요성은 더욱 증대하고 있다.

또한 기업가정신은 새로운 과학적 지식을 제품과 서비스로 실물화 함으로써 과학과 산업을 연결시키는 매우 중요한 역할을 한다. 즉 새로운 과학적 지식을 사업화 하여 기업을 창업하고 새로운 제품과 서비스를 시장에 내보내는 역할을 한다. 이러한 기업가적 행위는 경제를 활성화하고 직업을 창출하는 등 국가경제에 중요한 영향을 미친다. 이와 같은 기업가정신의 중요성에 대한 인지도는 사회전반에 걸쳐 증가하고 있다. 예를 들자면 각국 정부는 기업가정신을 고취하기 위해 개인창업을 권장하고 세제 및 행정지원 등을 제도적으로 뒷받침을 하고 있다. 또한 사업에 성공한 사람이 사회적으로 주목받고 존경받는 사회풍토를 조성하는 데 힘쓰고 있다. 한편 기존의 대기업들도 기업가정신이 자신의 경쟁력에 미치는 영향을 간파하고 기업 내부에서 벤처비즈니스를 운영하게 하는 등 기업가정신의 내부고취에 커다란 관심을 보이고 있다. 기업가의 기본적인 주요공헌을 살펴보면 일자리의 창출, 혁신, 생산성 및 경제능률 향상, 수출 신장, 경제력의 분산, 자아실현과 인류의 행복에 기여 등을 들 수 있다.

3. 기업가 정신의 본질에 대한 제 이론

기업가정신의 핵심요소는 창의성과 혁신, 이윤으로 정리 해 볼 수 있는데, 기업가정신의 본질을 이해하는데 관련된 이론으로 슘페터(Schumpeter), 브론펜브레너(Bronfenbrenner)의 순수이윤이론(native profit theory), 나이트(Knight) 등의 연구에서 나타나는 내용을 간략히 언급하면 다음과 같다.

1) 슘페터(Schumpeter)

슘페터는 기업가정신이란 새로운 생산과정, 즉 새로운 제품의 생산이나 제품생산의 새로운 방법을 도입하는 것으로 이루어진다고 설명하였다. 혁신자인 기업가(innovator-entrepreneur)는 어떤 재화를 새로운 방법으로 창조하거나 새로운 일을 창조함으로써 생산과 시장의 평탄한 흐름을 교란시키는데 그는 이러한 역할을 수행하면서 동시에 자신의 이윤을 창조한다는 것이다. 이러한 혁신은 또 다른 새로운 개척자에 의해 도전을 받게 되지만 모방자에 의하여 가격과 비용이 일치될 때까지 혁신자는 순수 이윤을 획득할 수 있다는 것이다. 이러한 슘페터의 이론은 기업가정신에 의해 생성되는 순수 이윤을 기업가의 역할과 관련하여 분명하게 논의하였다는 점에서 높게 평가받고 있다.

또한 그는 기업가에 대해 항상 위대한 업적, 훌륭한 과업을 이루어 보겠다는 꿈을 가지고 있어야 한다고 주장하였는데, 이러한 일을 왕국과 왕조에 비유했다. 어떠한 일이든 보람을 느낄 수 있는 훌륭한 일을 성취하는 것은 그 개인의 왕국을 건립하는 것과 같다고 할 수 있다. 따라서 기업가에게는 일을 창조하는 즐거움, 일을 끝내는 즐거움, 자기의 실력이 반영되는 즐거움, 자기의 독창성을 구사하는 즐거움이 가장 큰 보람이 된다. 기업가는 이러한 성취적 과업을 통하여 자기 자신을 개선하고 향상할 수 있고 나아가서 사회와 문화를 개선하고 발전시킬 수 있는 것으로 믿는다. 그리고 이를 실천하려는 강한 의욕과 신념을 가진 개인에게 어떤 혁신적인 발전이 가능한 것이며, 이러한 개인이 많은 사회와 국가는 급속도로 발전할 수 있다는 것은 자명한 일이다. 다시 말하여 기업가 정신은 창의성, 불확실성과의 대결의식, 난관극복의 정신, 과감성과 정력, 자주적이고 주도적인 정신, 도전적인 용기를 가지고 과감하고 창의적으로 대처하여 극복하는 활력과 역동성을 말한다. 따라서 기업가정신에는 한편으로는 진취적이며, 개척적이며, 창조적이고 왕성한 용기와 정열이 내포되어 있고, 또 한편으로는 용의주도하고 현실과 미래를 객관적으로 관찰・예견할 수 있는 혜안과 과학적 사고가 포함되어 있다. 이러한 기업가는 정신적 무장을 통해서 새로운 시장에 침투하고 또한 새로운 기업을 창업하며, 국내・외 시장에서의 경쟁을 통해 생존・성장하기 위한 목표와 계획을 세우고 이를 실천하는 사람이다.

2) 브론펜브레너(Bronfenbrenner)

브론펜브레너의 순수이윤이론은 이윤을 생산과정에서 기업가의 기여에 대한 보수로 설명하였다. 기업가의 기여는 최종 의사결정이나 최종 불확실성에 대한 부담으로 모든 생산과정에서 필요한 것이므로, 이윤은 정상적인 배분 몫, 즉 위험이나 불확실성을 감수하는 것에 대한 보수로 나타나는 것이라 설명하였다. 이러한 순수이윤이론은 이윤을 소득에 대한 계약청구권을 갖지 않음으로써 야기되는 불확실성의 일부분에 대한 보상으로 간주하고 있으며, 기업가정신을 경영적・조직적・혁신적 책임으로 인식하기보다는 오로지 법적 청구권이라는 성격으로 인식하였다.

3) 나이트(Knight)

나이트(Knight)는 기업가란 궁극적으로 사업을 통제하고 모든 수입과 지출을 책임지며, 이들 간의 차액을 둘러싼 불확실성을 담당하는 역할을 수행하는데, 이윤은 경제활동의 수행 과정에서 여러 대안들의 성과와 관련된 불확실성의 결과로 발생되는 것이라 설명하였다. 나이트(Knight)가 주장하는 이윤은 이러한 불확실성을 감수하는 것에 대한 보수의 측면보다는, 자원 서비스의 예상가치와 현재가치간의 불확실성에 의해서 발생되는 차액으로 이해되고 있다. 그러나 기업가에 의해 획득되는 이윤은 시장에서의 제품서비스의 진취성과 기업가의 능력과 행운에도 의존된다.

요 약

기업가(entrepreneur)란 일정한 수익을 기대하면서 위험을 무릅쓰고 사업을 일으키고 경영을 하는 사람을 의미한다. 이들의 열정과 창의성에 의해 신제품 및 새로운 형태의 서비스가 출현하고 그 결과 경제가 활력을 갖게 된다. 특히 중소기업들이 고용증대와 기술혁신에 미치는 영향이 커짐에 따라 그 조직의 핵심인 기업가의 역할은 더욱 커지고 있다. 기업의 성공잠재력은 기업가의 자질과 경험, 사업기회의 매력도와 지속성, 필요자원의 조달가능성에 의해 결정된다.

기업가는 사업기회의 포착과 사업구상, 사업의 실제 수행, 부족한 자원을 조달하기 위한 이해자 집단과의 관계관리, 종업원에게 동기를 부여하고 그들의 잠재력을 이끌어내는 리더쉽을 발휘하여 기업을 성장시켜가야 할 과업을 수행해야 한다. 이를 위해서는 강한 의욕과, 정신적 능력, 인간관계 능력, 의사소통 능력, 기술적 지식, 의사결정 능력, 복잡한 현상의 핵심을 간파하고 효과적인 문제 해결책을 제시하는 능력을 갖추어야 한다. 이러한 기업가의 특질에 대해 오랫동안 다양한 연구가 이루어져 왔는데 일반적으로 기업가들은 위험을 감수하려는 성향이 높고, 성취욕구가 강하며, 혁신적이고 진취적이며, 창의적이고 독립적이며, 열정적일 뿐만 아니라 자기 스스로 통제 할 수 있다고 믿는 내적 통제부위가 높은 성향을 나타내고 있다.

기업가정신은 현재 통제할 수 있는 자원 여부에 상관 없이 기회를 포착하고 추구하는 것으로 인간의 창조적 행동을 의미하며, 무에서 유를 창조하고 개인적으로나 경제적으로 파악된 위험을 감수하는 정신이다. 기업가 고유의 가치관인 개척자 정신과 기업가정신에 관한 공통된 정의는 없지만 위험부담과 그에 상응하는 보상을 전제로 하여 가치 있는 것을 새롭게 창조하는 과정이나 자원의 현실적인 제약을 무릅쓰고 포착한 기회를 사업화 하려는 행위나 과정을 말한다.

연습문제
Exercises

1. 기업가정신을 발휘하여 기업을 창업, 경영하며 기업의 성장에 절대적인 영향을 주는 기업가의 과업은?

2. 기업가가 갖추어야 할 7가지 능력은?

3. 기업가정신의 개념과 기업가정신의 중요성은?

4. 국내외 기업가 1분을 선정하여 조사해 보시오.

[사례 2.2] 정주영 회장의 기업가 정신

한국의 대표적인 기업가였던 현대그룹 정주영회장의 삶은 기업가정신의 모델로 재조명되고 있다. 정주영 현대그룹 명예회장은 어렸을 때부터 꼭 '성공한 사업가'가 되겠다는 강렬한 욕구를 지니고 있었다. 바로 이러한 강렬한 욕구가 그를 성공으로 이끈 강한 행동력이 되었던 것이다. 그렇기 위해 4번이나 가출을 해야 했다는 다음 이야기는 그가 어떠한 시절을 보냈는가를 알려 준다.

성공에 대한 강렬한 욕구

6남 2녀의 장남이었던 그는, 열 살 때 소학교에 입학하였는데 공부를 아주 잘 하는 편이었다. 그러나 부친은 그를 어릴 때부터 '일등 농사꾼으로 훈련시키겠다'고 단단히 마음을 잡으셨던 터라 그는 하루도 농사일을 하지 않는 날이 없었다. 학교에서 집으로 돌아오면 부친은 그에게 깨밭을 몇 이랑씩 정해 주고 매라고 하셨고, 그는 다른 아이들이 신나게 노는 모습을 뒤로하며 일을 해야만 했다.

그렇지만 그는 평생을 농사꾼으로 살 바엔 고향을 떠나 다른 일을 해보고 싶었다. 무슨 일을 하든 농사에 들이는 노력 만큼이면, 농사보다는 소득이 더 나을 것 같았다. 하지만 첫 번째 가출에서부터 두, 세 번째 가출마다 그는 아버지에게 잡혀 고향으로 되돌아와야 했다. 세 번째 가출 실패 후 아버지의 뜻을 따라 마음을 잡고 부지런히 농사를 지었지만 흉년이 들어 실패하고 말았다. 양식문제로 자주 다투시는 부모님의 모습에, 정주영은 무슨 일이 있어도 서울로 가서 농사가 아닌 다른 일로 꼭 성공하고 말겠다고 결심했다. 그래서 집을 나가면 철도공사장판이고 막노동판이고 가릴 것 없이 돌아다녔다. 고려대학교 교정 안에 있는 석조건물도 상당부분 그가 돌을 쌓아 이룩한 것이다. 네 번의 가출 끝에 집을 나오게 된 그는 이후 모든 사업마다 그의 강한 독립욕구의 기반 위에서 성공한다. '나는 자력으로 크고 싶었다. 그리고 그렇게 커 왔다'고 훗날 그는 말하였다.

강인한 추진력 및 활동에너지

사업을 수행하면서 경영자가 지시만 내려놓고 뒷전에서 수수방관하는 것과 그렇지 않는 것과는 큰 차이가 있다. 경영자가 일선에서 솔선수범하는 모습을 보일 때 근로자의 기본이 서게 되는 것이다. 정주영 회장은 현대건설 사장 당시부터 공사현장을 일일이 챙기러 다닌 것으로 유명하다. 그 시절 <현장의 호랑이>라 불렸던 그가 경영자로서 얼마나 현장 지향적이었는가를 다음의 일화를 통해 알 수 있다.

일 앞에서 게으름피우는 것에는 선천적으로 혐오감을 갖고 있는 그였기에, 회사에서는 현장에서든, 또 그 사람이 누구든, 그에게 잘못 걸렸다 하면 불벼락을 맞았다. 현장에 지프차를 타고 느닷없이 나타나 한 바퀴 돌아다니다 잔소리를 해 대던 그가 장비 위에서 잠깐 졸고 있던 운전사를 발견하더니, 대뜸 장비 위로 뛰어 올라가 운전사를 멱살잡이로 끌어내 귀싸대기를 올려붙였다. 얼마나 비싼 장비인데 일은 안 하고 장비 위에서 낮잠이나 자고 있느냐는 그의 말과 따귀 한 대에 운전사가 저만큼 나가떨어지는 것을 보고는 너무 놀라고 무서워 도망쳐 숨었다가 나중에 그가 현장을 떠난 후에야 나왔다는 임원도 있을 만큼, 그는 직원들에게 무서운 선생님 같은 존재였다. 그는 현장 근로자가 질릴 정도로 현장을 드나들었고, 현장을 직접 지도하기도 했다. 그가 현장을 방문할 때면 당시 현장 사람들 모두의 걸음걸이부터 달랐으니, 그가 경영자로서 얼마나 열정적이고 부지런했는가를 알 수 있다. 이와 같이 현장중심의 부지런함은 그의 일생에 걸쳐 나타나는 전반적인 특성이라 할 수 있다.

시장에 대한 탁월한 전략

성공한 기업가란 시장을 잘 활용할 줄 아는 탁월한 전략가이다. 그는 시장의 위기 상황에서도 능동적으로 대처하여 '위기'를 '기회'로 삼는다. 70년대 두 차례의 석유파동으로 나라경제가 파탄에 빠졌을 때, 정주영 회장은 이를 '위협'이 아닌 '기회'로 전환시키는 뛰어난 역량을 발휘하였다.

1973년 1차오일 쇼크로 온 세상이 곤경에 빠졌다. 더구나 우리나라는 원유를 전량 수입하는 터라, 나라 경제가 급격한 불황과 인플레로 큰 곤욕을 치렀다. 반면 중동산유국은 막대한 오일 달러를 벌어들여 급속하게 근대화와 경제 건설을 시작하고 있었다. 그리하여 1975년 정주영은 중동에 진출할 것을 결심하고, 중동공사를 직접 총지휘하고 나섰다. 1975년 10월 바레인의 아랍수리조선소 건설공사를 수주하여, 현대는 울산조선소 건설의 풍부한 기술과 경험으로 이 공사를 무난히 수행하였다. 이때 얻은 명성은 사우디아라비아, 이란, 바레인, 쿠웨이트, 이란 등 주요 산유국의 공사 수주에 큰 영향을 주었다.

1976년에는 사우디아라비아의 쥬베일 산업항 공사를 수주하였고, 곧이어 사우디아라비아 해군의 육상 및 해상기지와 주택전용 항만공사도 수주하여, 가까운 지역 내에서 합계 18억 달러 이상의 대형공사를 동시에 추진하게 되었다. 그는 바레인 공사를 수주한 즉시 중동공사 전반에 걸친 최고의사결정기구로 '중동회의'를 설치 운영하였다. 한편으로는 울산조선소에 중동지원본부를 두어 후방보급기지로 활동하는 등 마치 사막의 대군사 작전을 방불케 하는 큰 역사를 추진했다. 현대는 이 공사에서 뛰어난 조직력과 시공능력을 과시하였고, 이로 인해 일약 세계적인 건설회사로 평가되어 각광을 받게 되었다.

끈기와 각오–"Impossible is Nothing"

성공한 기업가들은 도저히 안 될 것 같은 일에서조차도 결코 포기하지 않는다. 때로는 그러한 집념이 '실패'로 이어질지도 모르지만 그들은 끈기와 각오, 강한 정신력으로 성공을 향해 자신을 내몰아간다. 정주영 회장 역시 결코 중간에 간판을 내린 적은 없었다. 당장의 상황이 어렵더라도, 당장의 이익이 없더라도, 또는 다른 어떤 이유로든 '중도 하차'란 그의 사전에는 없었다. 그는 일단 한번 시작한 사업은 아무리 어렵고 힘들어도 기어이 되게 만들겠다는 정신으로 물건을 만들어 놓았다.

이와 같이 '실패'를 두려워하지 않는, 성공에 대한 강한 집념은 정주영 회장이 일생에 걸쳐 보여주었던 특성이기도 하다. 다음 사례는 모두가 불가능하리라 생각했던 일을 그가 어떻게 성공으로 이끌어냈는가를 보여준다.

현대자동차의 첫차 '코티나' 실패 후 회사가 Ford사에 넘어갈 위기에 처하게 되었다. 1973년 1월, 포드와의 합작회사 설립인가가 취소되자, 정주영은 우리 지형과 실정에 맞는 소형차를 독자적으로 개발하는 것밖에는 활로가 없다는 생각을 했다. 물론 기술수준이 뒤떨어진 실정에 부품구입도 원활하지 못해서 독자적인 개발이 쉽지는 않았지만, 고비만 넘기면 자동차 공업기술을 발전시키는 계기가 될 것이고 나아가서는 수출도 할 수 있을 것이라고 여겼다.

9월 20일 마쓰비시와 기술협조 계약을 체결하였고, 이탈리아 디자인사와 스타일링 및 설계 용역을 1백 20만 달러에 계약하고, 유럽의 최고 자동차 스타일리스트의 지우자아로에게 한국의 미래형 자동차, 동시에 장차 수출도 할 수 있는 모델의 디자인을 의뢰했다. 또한 신형차 개발문제로 영국의 조지 턴블 BLMC(British Leyland Motor Corp. Ltd) 사장을 설득해 주요 부품제작의 기술 계약을 맺었다. 이듬해 1974년 7월, 현대는 1억 달러를 쏟아 부어 연간 생산능력 5만 9천대 규모의 국산 종합자동차공장 건설에 착공했다. 그리고 1년 반 만인 1976년 1월, 현대의 고유 모델 제1호인 '포니(PONY)'가 탄생되었다. 1967년 설립한 '현대자동차'는 37년이 흐른 지금 현대그룹의 가장 중요한 기업의 하나가 되었다. 만약 그 때 Ford사와 합병하는 전략을 택했더라면 오늘날의 성공을 가져다 줄 수 없었을 것이다. 현대자동차는 그의 집념, 막대한 투자 및 노력이 뒷받침되어 이룩한 소중한 자산인 것이다.

경영자로서의 꿈과 포부

1987년 현대그룹 명예회장으로 경영 일선에서 물러난 그는 1989년 민간기업인으로서는 최초로 북한을 방문, 김일성 주석과 금강산 남북공동개발 의정서를 체결하였다. 이후 약 9년만인 1998년 6월 그의 북한 방문은 통일소 500마리와 함께 남북분단의 상징인 판문점을 통해 북한을 다시 방문하게 된다. 이때의 그의 방북은 정치가 아닌 경제로 얼어붙은 남북교류의 빗장을 연, 세계적인 빅 이벤트로서 남북간 화해와 평화협력이라는 새로운 시대를 열었다는 평가를 받고 있다.

1998년 정주영은 현대그룹 핵심간부들이 모인 석상에서 비로소 금년 안으로 소 500마리를 끌고 판문점을 통해 방북 할 계획을 내 놓았다. 당시는 남북경협이 끊긴 상태라서 소를 몰고 판문점을 통해 방북을 한다는 것은 상상조차 할 수 없는 일이었다. 그러나 마침 1998년 2월 새 정부가 들어서면서 정경분리원칙에 의해 남북경협이 다시 추진되기에 이르렀다. 이렇게 되자 현대측에서는 발빠른 행보로 대북 사업에 적극적인 의지를 보였으며, 그의 '소떼 방북'은 결코 희극적인 발상이 아닌 실현가능한 일로 굳어졌다. 그는 실무자들을 통해 북한측에 다음과 같은 세 가지 조건을 제시했다. 첫째, 고향인 통천을 비롯한 북한에 곡물과 소를 지원한다. 둘째, 가족들과 함께 방문한다. 셋째, 반드시 판문점을 통과해야 한다.

민간인 최초로 정식절차를 밟아 판문점을 통과한다는 것, 더구나 소떼를 선물로 방북한다는 것은 정치가 아닌 경제로 분단의 벽을 허문다는 깊은 뜻이 담겨 있었다. 이런 점에서 국내뿐 아니라 세계 언론들까지 소떼방북이라는 기이한 드라마에 촉각을 곤두세웠다. 원래 그는 소 5백 마리를 보내려고 하였으나 북측의 요청으로 그 두 배인 1천 마리를 보내기로 했다. 그러나 그는 이왕이면 한 마리 더 보태서 1천 1마리로 하자는 제안을 했다. 소 1마리를 더 보탬으로써 앞으로도 이런 행사가 계속될 수 있다는 것을 암시하는 것이었다.

근검 절약

정주영 회장의 근검 절약 정신은 이미 널리 알려진 사실이다. 그가 입고 다니는 옷은 춘추복 한벌로, 겨울에는 양복 안에 내의를 입고 지냈으며 그의 등산 바지는 재봉틀로 깁고 기운 지게꾼바지와 다름없었다. 그는 구두가 닳는 것을 막으려고 굽에 징을 박아 신고 다녔으며, 계속 굽을 갈아가며 세 켤레의 같은 디자인의 구두를 30년 넘게 신었다 그가 세상을 떠나고 그의 유물 중에 구두가 공개됐는데 그의 구두 양쪽 엄지 발톱 위치에 각각 구멍이 나있을 정도였다. 그가 30년 이상 살아온 청운동 자택 거실의 가구들을 보면 그의 근검 절약이 어느 정도인지 실감할 수 있었다. 거실 소파의 가죽은 20년 이상 쓴 것으로 헤어져 허옇고 의자와 테이블의 목재들은 칠이 벗겨져 있고, 수리한 자국을 여기저기서 볼 수 있었다. 그 흔한 그림이나 장식품도 없었고, TV는 요즘 흔히 볼 수 있는 대형 브라운관이 아닌 17인치 소형이었으며, 과연 이곳이 대한민국 최고 재벌의 거실인가 의아해질 정도였다. 그는 구두에 쇠를 박고 다녔어도 결코 구두쇠는 아니었다. 정주영 회장의 청교도적 삶은 바로 기업가정신의 초심을 잃지 않으려는 '소금'이요, '방패막'이였다.

이상과 같이 고 정주영 명예회장은 그의 일생에 걸쳐 성공한 기업가로서의 자질을 모두 보여주었다. 그가 일생을 통해 보여준 도전정신과 강인한 실천력 및 애국애족의 정신은 오늘날의 한국경제를 증언하는 산 증언으로 기록될 것이다.

[자료 : 권영욱, CEO리포트 경영사례분석가, http://ceoreport.mk.co.kr 2004. 9. 8, 임승환, 5대그룹 총수의 성격분석보고서, 중앙 M, 1998 참고 수정]

제 3 장
창업과 경영환경

[사례 3.1] 아마존(Amazon)의 끝없는 변신

인터넷 서점으로 시작한 아마존은 1995년 인터넷 서점 창업 후 1996년 제휴마케팅, 2006년 사용자가 언제 어디서나 인터넷에 접속하여 IT 자원을 제공받는 주문형 IT서비스인 클라우드 컴퓨팅 사업을 전개하였다. 또한 2007년에는 e-book 등 신사업을 통해 초기 사업 모델에 안주하지 않고, 끊임없이 종합 유통과 전자기기, IT 서비스 등으로 사업영역을 확장하면서 독창적인 새로운 비즈니스 모델을 창출하여 지난 10년 간 약 10배에 달하는 고성장을 이루어낸 온라인 종합 유통업체로 부상한 기업이다. 그 결과 뛰어난 혁신성과 미래 성장 가능성을 높이 평가받아 2010년 Fast Company가 선정한 가장 혁신적인 기업 2위(1위 페이스 북, 3위 애플, 4위 구글)에 랭크 되었고, 브랜드 가치는 최근 5년간 42억 달러에서 79억 달러로 상승했고, 브랜드 순위도 68위에서 43위로 상승하였다. 아마존의 끝없는 변신의 핵심에는 아마존 창업자인 제프 베조스의 뛰어난 기업가정신이 자리 잡고 있다.

1964년 마이크로소프트의 첫 번째 사무실이 있었던 뉴멕시코 주 앨버커키에서 태어난 제프 베조스(Zeff Bezos)는 열일곱살이 되어야 자신이 사생아였음을 알게 되었다. 그러나 친어머니와 양아버지의 헌신적인 후원에 힘입어 프린스턴대학의 컴퓨터공학과에 입학을 하게 되었다. 프린스턴 대학을 수석으로 졸업한 그는 인텔같은 유수한 회사의 취업제안을 받았지만 거절하고 피텔이라는 무명의 벤처기업을 선택하였다. 컴퓨터시스템을 담당하다가 회사의 사정이 좋지 않자 2년 만에 퇴사하고 뱅커스 트러스트에서 컴퓨터관리를 맡다가 펀드메니저로 전직을 시도하였다. 타고난 천재성과 직감 덕분에 탁월한 수익을 올리게 되고, 단 1년 만에 26살의 나이로 최연소 부사장에 오르는 기염을 토하며 전도 유망한 젊은이로 인정 받는다.

월 스트리트의 유명한 헤지 펀드사의 수석 부사장으로 근무하던 어느날 "인터넷 사용이 지난해에 비해 2,300%나 급증했다"는 신문보도를 접하고 전율을 느꼈다. 그는 과감히 직을 그만두고 시애틀의 낡은 차고에서 9명의 직원과 함께 아마죤컴을 창업했다. 인터넷을 통해 서적을 판매하는 세계최대 '인터넷 백화점'인 아마죤은 이렇게 시작되었다.

그가 이끄는 아마존은 단지 '세계 최대'일 뿐만 아니라 '세계 최고'의 인터넷숍이라는 비전으로 확장됐다. 최근에는 소더비 경매하우스와 공동사이트 오픈에 합의했고 음반 비디오에 이어 장난감과 게임, 전자제품까지 판매하고 있다. 온라인 스포츠숍과도 전략적 제휴를 맺은 그의 성공 전략은 '숍테인먼트(shoptainment)'에서 비롯된다. 고객에게 오락과 쇼핑을 동시에 제공하는 것으로써 공격적인 마케팅과 최고의 기술력, 고객의 경험을 중시하는 소비자 중심 정신을 동력으로 아마존을 이끌고 있다.

아마존은 기업의 핵심 자원과 파트너, 고객 세그먼트, 비즈니스 환경 등을 중심으로 고객에게 새로운 가치를 제안하는 비즈니스 모델을 창출하였다. 특히 비용요소로 인식되는 인프라의 기존 사업을 통한 역량들을 융합하여 타사가 모방하기 어려운 새로운 핵심역량을 창출하였다. 특히 아마존은 자사의 역량에 국한하지 않고 다양한 파트너의 자발적 참여를 유도하는 Open Business 모델을 적용함으로써 사업 규모를 확대하였다. 2010년 7월에는 페이스북과 제휴해 소셜 커머스 분야에 본격 진출하였다. 웹스토어 서비스 중 하나인 'Sell on Amazon'은 아마존에서 판매하는 제품의 수를 획기적으로 증가시킴으로써 판매 규모를 확장하였는데, 현재 아마존의 판매 품목 수는 월마트의 15배 이상이다. 아마존은 창립 이후부터 현재까지 이어져온 '고객중심'의 기업철학에 기반해 고객에게 가치를 제공하는 방향으로 신사업을 추진하였는데, 아마존의 고객만족도는 미국유통업체 중 최고로 2009년 ACSI(American Customer Satisfaction Index) 지수가 이베이 79점, 월마트 77점인데 반해 아마존은 87점을 획득하였다.

아마존의 끝없는 변신은 현재의 역량에 '할 수 있는 일들'에만 머무르지 않고, 외부 역량을 적극 활용하여 '해야 할 일들'에 도전하는 자세가 필요함을 시사하고 있다.

[자료 : 레베카 손더스, 아마존의 성공비밀, 리드북, 수정 인용
홍선영, 아마존의 끝없는 변신, SERI 경영노트, 2010.9.9 수정인용]

제1절 창업 · 경영환경의 의의와 특징

1. 창업 · 경영환경의 개념과 의의

새롭게 창업되는 기업은 하나의 유기체(organism)로써 환경과의 관계 속에서 존속하고, 성장하며, 발전하는 개방시스템(open system)이다. 그러므로 기업의 창업 여건과 경영환경에 대한 올바르고 깊은 이해 없이는 성공적으로 기업을 창업 할 수 없으며, 창업 후에도 신축적이고 효율적인 환경적응 없이는 기업이 성장 할 수 없다.

기업 환경이란 사업에 직 · 간접으로 영향을 주는 모든 요인, 세력, 조건, 상황 등의 집합으로 구성되는 기업의 생활공간인데, 기업의 경영활동에 기회와 위험을 동시에 제공한다. 따라서 창업과 경영환경에 대한 이해는 기업의 창업을 위한 구체적이고 적합한 사업계획을 수립하고, 경영전략 수립에 기초가 될 뿐만 아니라 창업 후에도 기업이 처해있는 경영상태와 위치를 알게 하고 나아가 앞으로의 발전 방향을 예측하는데 도움을 준다.

세계경제는 과거 30년 동안 급격한 변화를 겪어 왔다. 지리적, 문화적인 거리감

은 제트기, 팩스, 세계적인 컴퓨터 네트워크인 인터넷과 전화망, 세계적인 TV 및 위성방송 및 기타 기술적인 발전으로 인해 줄어들고 있다. 이에 따라 기업의 지리적인 시장범위가 크게 확대되어 기업들과 소비자 모두에게 새로운 마케팅 환경이 전개되고 있다. 또한 대기업, 중소기업을 막론하고 대부분의 업종에서 세계적인 경쟁에 직면하고 있다.

특히 최근의 기업경영환경은 경쟁이 더욱 격화되고, 환경조건이 복잡해지고 있는데, 기술 수준의 급진전과 짧아지는 제품수명주기와 급속한 문화적 사회적 변천 속에 소비자들의 라이프스타일과 소비성향 변화 등의 경영환경이 급변하는 추세에 있다. 또한 기업의 생산 활동을 통해 배출되는 각종 오염물질이나 유해물질이 산업공해를 유발시켜, 생태계를 파괴함에 따라 환경오염에 대한 사회적 인식이 증대하여, 기업 활동이 사회적 및 환경적으로 미치는 영향에 대해 책임을 지도록 하는 요구가 증가하고 있다. 이러한 윤리 및 환경보호운동은 기업들에게 앞으로도 더욱 더 강력하게 요구하게 될 것이다. 또한 사이버공간에서의 사업에 관한 국제적인 규약과 기준, 소비자보호를 위한 통일된 제도적인 규제 등이 미정립 되어 있고, 미흡한 측면이 많아 기업의 윤리적이고 사회적인 책임이 더욱 중요하게 부각되고 있다. 그러므로 기업의 경영의사결정을 위한 환경변화의 예측과 대책수립에 의한 적절한 대응이 더욱 절실해지게 되었으며, 모든 기업의 창업과 경영에 있어서 기업 환경의 문제가 더욱 중요하게 대두되었다.

고객은 항상 옳다

고객과의 장기적인 관계를 존중하는 경영철학을 실현하고 있는 기업 중에 미국의 고급 백화점 그룹 노드스톰이 있다. 이 백화점의 한 고객이 수년전에 매입한 승용차 타이어의 환불을 요구한 적이 있었다. 몇달도 아니고 몇 년이 지난 제품을 환불해 주는 기업은 거의 없다. 하지만 노드스톰의 직원은 단한마디 불평도 없이 전액 환불해 주었다. 이유도 묻지 않았다. 환불도 환불이려니와 더욱 놀랄 만 한 일은 노드스톰 백화점에서는 타이어를 취급하지 않는다는 사실이다. 결국 팔지도 않은 타이어에 대한 고객의 환불요구를 받아들인 셈이다. 터무니없는 일이라고 생각할지 모른다. 그러나 노드스톰은 타이어 값을 물어주지 않아 고객의 기분을 상하게 하는 것보다는 한 명이라도 확실한 평생고객을 만드는 것이 소중하다고 판단했기 때문이다

2. 창업 · 경영환경 변화의 특징

1) 질적 변화

오늘날 기업의 창업과 경영에 영향을 미칠 수 있는 환경은 범위가 확대되어 구성요소가 다양해지고 환경 요인들 간에 서로 상호작용을 하면서 더욱 복잡해지고 있어 변화의 방향을 예측하기가 어렵다. 이러한 현상은 국제화 · 정보화 · 기술혁신으로 특징지을 수 있는 미래 사회에는 더욱 심화될 것으로 전망된다.

2) 양적 변화

기업의 창업과 경영환경의 또 다른 특징은 변화가 일어났을 때 기업에 미치는 영향의 정도를 정확히 예측하기가 어렵다는 것이다. 즉, 변화된 기업 환경이 기업의 지속적인 존속 · 성장에 얼마만큼 영향을 미치게 되는가를 예측하기가 어렵다는 것이다. 동일한 환경에서도 어떤 기업은 이 환경을 기업에 유용하게 만들 수 있으며, 또 다른 기업은 이 환경 때문에 파산하기도 한다. 따라서 변화된 환경이 기업에 미치게 될 영향력의 정도를 분석하고 대응할 수 있는 능력이 기업의 중요한 생존조건이 된다.

3) 시간적 변화

기업의 창업과 기업 환경의 변화속도는 과거에는 비교적 완만하였으나 오늘날의 기업 환경 변화속도는 더욱 빨라지고 있다. 더구나 상품의 라이프 사이클 단축과 컴퓨터 및 통신기술 등의 급진적인 혁신으로 인하여 기업을 둘러싼 환경의 시간적 변화는 점점 더 빨라지고 있다. 그러므로 창업에 있어서 창업의 시기와 신상품 출시시기, 신기술 개발은 기업존속과 번영에 가장 중요한 영역이다. 따라서 미래 기업 환경의 변화를 신속하게 예측하고 대응하는 활동이 필요하다.

제2절 미래 경영환경

1. 미래사회에 대한 학자들의 제 견해

앞으로의 기업은 기술혁신과 정보혁명으로 야기되는 급격한 미래경영 환경변화에 더욱 직면하게 될 것이다. 다가오는 미래사회의 경영환경 변화 모습에 대한 여러 석학들의 견해를 요약 정리해보면 다음과 같다.

1) 피터 드러커(P.F. Drucker)

피터 드러커(P.F. Drucker)교수는 1968년에 출간한 『단절의 시대』에서, 그리고 1989년에는 『새로운 현실』이라는 그의 저서에서 향후 경영환경 변화에 대한 자신의 견해를 피력하였다. 드러커 교수는 『단절의 시대』에서 향후 미래의 '변화'는 과거의 연장선상에서 이루어지는 변화가 아닌, 예측이 불가능한 불연속성을 띄게 될 것이며, 이 변화는 기본적으로 다음의 세 가지 방향으로 전개될 것으로 예측하였다.

(1) 현존하는 기술과 가시적으로 연결되는 연속선상의 기술발전이 아니라 전혀 새로운 기술의 창출로서, 향후 10년 동안 기술의 양상은 과거 50년의 연속이라기보다는 새로운 기술을 토대로 하고 있다. 예를 들어 2~3년마다 하나씩 주요산업이 출현하는 모습이 될 것이다.

(2) 국경과 언어를 초월하고 이데올로기까지도 넘어서서 세계는 '하나의 시장', 즉 하나의 범세계적 쇼핑센터로 변모될 것이다.

(3) 이 중에서 가장 중요한 변화는 '지식'에서 일어나게 되어 재화나 용역이 아니라 아이디어와 정보를 생산·분배하는 지식산업이 급격히 증가한다는 것이다. 그리고 그는 『새로운 현실』에서 새로운 현실의 특성으로서 사회복지정책의 종말, 초대형도시의 출현, 지식산업이 크게 성장할 것이라고 전망하였다.

기업경영에 관한 저명한 사상가인 드러커(P. F. Drucker)는 향후 25년 동안 선진국의 인구부족현상은 이미 기정사실화 되어 더 많은 노동력을 작업현장에 투입하는 방식으로 경제성장이 어렵다고 주장한다. 앞으로 경제성장을 가능하게 하는 유일한 길은 지식산업과 지식근로자라는 인적자원의 생산성을 빠르게 그리고 지속적으로 증가시키는 것뿐이라는 것이다. 그런데 지식은 다른 종류의 자원과 달리 계속적으로 스스로를 진부하게 만들며 중요한 지식은 빠르고도 비약적으로 전환한다는 것이다.

미래에 대한 이러한 전망은 경영자에게 기업이 생존하기 위해서는 기업 외부의 상황과 조건에 대한 정보를 점점 더 필요로 한다는 것을 보여준다. 예를 들어 현재 사용하고 있지 않은 기술, 그리고 아직 진입하지 않은 시장에 대한 정보가 이에 속하며, 이러한 정보를 제대로 수집 및 분석하고, 효과적으로 활용하는 것이 경영자에게는 점점 더 중요한 도전이 될 것이라는 것이다.

오늘날 세계 초일류 기업들의 중요한 특징 가운데 하나는 기술의 변화 패턴과 소비자 욕구의 변화 패턴을 예측하는 능력이 탁월하다는 점이라고 할 수 있다. 그러므로 창업기업들이 21세기에 국제경쟁력을 확보하기 위해서는 기술과 현재의 시장에 관한 정보가 아니라 기술과 시장이 장차 어떻게 변화되어 갈 것인가에 관한 정보를 수집하고 분석하는 정밀한 방법을 개발하는 것이 중요한 과제임을 시사한다고 할 수 있다.

2) 다니엘 벨(Daniel Bell)

미국의 사회학자인 다니엘 벨(Daniel Bell)은 그의 대표적인 저서인 『제3의 기술혁명』에서 바야흐로 제3의 기술혁명이 시작되어 매우 빠른 속도로 확산되고 있다고 주장하였다. 벨 교수는 제1의 기술혁명을 제임스 와트(James Watt)에 의해 이루어진 증기기관의 발명으로 보고 있으며, 제2의 기술혁명은 전기 분야와 화학분야에서의 기술개발에 따른 여러 분야의 변화를 들고 있다. 그가 제3의 기술혁명기에서의 주요변화로 보고 있는 것은 ① 전기·기계시스템의 전자화, ② 이에 의한 제품의 소형화, ③ 이진법 체계의 도입으로 설명되는 디지털화, 넷째, 컴퓨터 소프트웨어 기술의 지속적인 발전이라고 하였다.

3) 앨빈 토플러(Alvin Tofler)

세계적으로 저명한 미래학자인 토플러(Alvin Tofler)는 “제3의 물결”이라는 그의 책에서 “농업사회의 발달에 의한 제1의 물결, 산업혁명에 따른 공업화사회의 시작에 의한 제2의 물결에 이어 제3의 물결이 밀려오고 있다. 이 물결은 공장 중심 사회 이후의 새로운 문명으로서 초산업사회의 시작이며, 이는 제1, 제2의 물결과는 비교가 안 될 정도로 엄청난 속도의 기술혁신에 의해 이루어지고 있다"고 말한바 있다. 그는 초 산업사회의 특징으로 지식산업의 발달, 분권화, 다양화, 대량 생산체제의 붕괴 등을 제시하였고, 컴퓨터, 전자공학, 정보, 생물공학 등에 기초한 산업들이 '새로운 사령탑'이 될 것과 융통성 있는 생산시스템, 세분화된 시장, 파트타임제 노동의 확산 등을 예측하고 있다.

한편, "권력의 이동"이라는 저서에서는 권력창출의 근원을 무력, 부, 그리고 지식의 세 가지 요소로 파악하고, 미래에서의 가장 큰 권력창출요소는 지식이라고 주장하고 있다. 이는 다가올 미래사회에서는 지식을 보다 많이 갖고, 이를 적극적으로 활용하는 구성원, 조직, 기업, 국가가 보다 큰 권력을 갖게 될 것이라는 분석이다. 따라서 지식 획득이 앞으로 전개될 권력투쟁의 핵심과제가 된다는 것이다. 지식은 원자재, 노동, 시간, 장소 및 자본의 필요성을 감소시키기 때문에 지금 선진경제의 중심적 자원이 되고, 이에 따라 지식의 가치가 급상승하고 있다. 따라서 도처에서 정보전쟁, 즉 지식을 장악하기 위한 전쟁이 벌어지고 있다. 지식이 지니는 혁명적인 특성은 그것이 가장 민주적인 힘이라는 데 있다. 물리력이나 부는 강자와 부자의 소유인데 반하여 지식은 누구나 가질 수 있기 때문이다.

최근 출간한『부의 미래(2006)』에서 이 시대는 미래 속으로 뛰어드는 가장 격렬하고, 급격한 변화에 직면하고 있는데, 그는 시간과 공간, 지식을 미래사회의 주요 키워드로 정리하고, 현재 진행 중인 지식혁명은 개인과 사회, 경제, 정치, 문화제도 전반을 혁명적으로 변화시키면서, 모호함과 갈등, 불확실성, 복잡성 등을 증폭시키고 있다고 주장하였다. 그가 이 책에서 언급하고 있는 부의 개념은 단순한 돈이나 자산 등의 보이는 부만을 의미하지 않고, 건강, 사랑과 강한 유대감으로 결속된 가족, 서로에 대한 존중 같은 보이지 않는 인간적인 부를 포함하고 있다.

지식이 시간 보다 중요한 시대의 도래는 노동시간을 획일적으로 따져 보수를 지불하는 보수체계에 변화를 주고 있으며, 일하는 시간과 가정생활의 경계를 모호하게 만들어 가고 있다. 또한 세계는 현재 속도의 충돌에 직면하고 있는데, 기업은 100마일 속도로 혁신의 혁신을 거듭하며 질주하고 있는데, 정부와 관료조직의 정책과 법제도는 3마일도 안 되는 속도로 거북이 걸음을 하고 있으므로 기능장애가 발생하여, 속도의 충돌을 최소화하는 시스템을 필요로 하고 있다고 주장하였다.

그는 부의 혁명의 두 번째 요소로 공간의 확장을 언급하였는데, 이미 공간의 범위는 세계적으로 확장되었고, 고부가가치의 창출 장소도 순환하고 있는데, 21세기 세계의 부를 지배할 지역으로 아시아 특별히 중국을 지목하였다. 그러나 미래의 부를 창출할 가장 중요한 원천은 지식으로, 컴퓨터와 웹사이트, 새로운 대중매체로 각종 데이터와 지식 정보가 유례없는 속도로 생성, 축적되고 있는데, 이미 무한대로 돌입한 지식이 상호작용을 하면서 새로운 지식으로 개편되어 부의 원천으로 작용하고 있음을 제시하였다.

이는 새로운 삶의 방식, 새로운 비즈니스 구조, 가족형태, 새로운 종류의 음악과 미술, 음식, 패션, 신체적인 미의 기준, 새로운 가치관, 종교나 개인의 자유에 대한 새로운 태도 등이 함께 밀려옴을 의미하며, 에너지문제와 지구 생태, 구조적인 실업 등의 비관적인 전망도 있지만 인간의 창조성은 심각한 위기의 순간에 최고조에 도달하여, 이를 극복한다는 인류의 미래에 대한 희망을 제시하였다.

4) 펄머(Pulmmer)

오늘날을 '탈공업화 사회'라고 말한 펄머(Pulmmer)는 사회의 경제부문을 1차~4차의 4개 부문으로 나누고, 이러한 사회에서 1, 2차 산업의 비중은 상대적으로 줄어들게 되며, 소매점 등이 포함되는 3차 산업과 정부, 병원, 자선단체 등이 포함되는 4차 산업의 비중이 늘어나 국민총생산에서 차지하는 산업의 비중이 더욱 커져 다음과 같은 사회적인 변혁이 예상된다고 언급하였다.

예를 들면 보다 부유한 사회가 실현되어 여가생활이 활발해지고, 교육수준이 높아지며, 종래의 에너지와 물질에 대한 사회적 중요도가 지식 내지 정보로 이동하며, 종래의 일 중심주의로부터 생활중심주의 또는 논리의 존중으로부터 감성(feeling)의 존중으로 주요한 가치관에 변화가 생긴다. 또한 탈공업사회는 지식집약형 사회로서 교육, 연구개발, 출판, 인쇄, 통신, 정보기기, 정보서비스 및 방송 등을 포함하는 소위 지식·정보산업의 상대적인 비중이 높아질 것으로 예견하였다.

5) 피터 센지(Peter Senge)

성공적인 조직은 통제를 완화하고 새로운 지식을 지속적으로 창조하고 공유하는 학습을 강화함으로써 경쟁우위를 확보하게 될 것이라고 주장하였다. 21세기를 맞이하는 우리는 위계적인 리더십만 가지고는 해결이 불가능한 문제에 대응하는 방법과, 지식을 지속적으로 형성하고 공유하기 위해 조직의 모든 계층에 있는 사람들의 지력과 정신을 이용하는 방법을 터득해야 한다는 것이다.

이들의 견해를 종합해 볼 때 향후 기업의 경영환경과 경제의 변화를 주도하는 가장 큰 요인으로는 기술(Technology), 그리고 정보(Information)와 지식(Knowlegde)이라고 정리할 수 있다. 그리고 미래사회에서 기업 경영자들에 대한 끝없는 도전은 기술뿐만 아니라 인간과 인간성의 관리 기술에 있다는 것을 시사하고 있다.

2. 21세기의 성장산업

드러커는 21세기의 성장산업에 대한 한 포럼에서 건강을 위한 지출이 매우 커질 것이라고 전망하였으며, 금융문제에 관해서는 낙관적인 견해를 피력하였다. 또한 세계적인 고령화 경향에 따른 70세 이상 고객집단의 중요성을 언급하였고, 미래세계로 향하는 무한한 관심인 국제시장의 신기술에 관한 교육시장의 중요성을 역설하였다.

21세기는 정보혁명의 진행으로 여러 가지 새로운 성장산업이 나타날 전망이다. 이러한 정보혁명이 진전되면 산업 활동에 대한 지식정보의 투입과 활용이 늘어나고, 네트워크의 고도화가 진전된다. 장기적으로는 업종간 경계가 무의미해지며, 대부분의 산업이 정보산업적인 성격을 갖게 될 것이다. 기업간 관계와 기업 내 활동이 서로 연계되어 광역의 개방적인 네트워크가 형성된다. 대기업과 중소기업 간의 관계는 중심축(hub)과 주변요소(spoke) 형태로 결합하여 수직계열화나 하청이 아닌 수평적 분업관계로 바뀌게 된다. 그리고 전자상거래가 일상화되어 전통적인 장소 중심의 시장은 쇠퇴하고, 네트워크를 통한 제품서비스, 거래내용, 결제대금의 정보흐름이 그 자리를 대신하고 있다. 또한 과학기술 등의 발전으로 새로운 성장 산업군이 등장 할 것으로 전망되는데 이를 정리하면 다음과 같다.

① 네트워크를 기반으로 하는 인터넷 비즈니스, 홈쇼핑, 원격 강의, 상용 데이터베이스 등의 정보거래산업.
② 디지털 무선기술의 발달에 따른 개인휴대통신, 저궤도위성통신, 직접 위성방송 등의 무선통신서비스산업.
③ 화상정보를 이용한 멀티미디어용 내용물제작, 첨단 놀이공원, 전자서적 등의 인터테인먼트산업.
④ 환경친화적인 사회를 지향하는 환경산업.
⑤ 사회의 안전을 지탱하는 방재엔지니어링산업.
⑥ 사회요구의 변화에 대응하는 신서비스산업.

⑦ 원자분자 수준의 연구로부터 출현하는 초정밀산업.
⑧ 생명의 연구에서 파생되는 첨단바이오산업.
⑨ 뇌로부터 배우는 지적 첨단산업.
⑩ 서비스업 중에서는 유통, 금융 등 네트워크형 산업.

[사례 3.2] 윤리의 묘목을 심어 숲을 키우는 "유한킴벌리의 윤리경영"

유한킴벌리는 1970년 창립한 이래 일관된 원칙을 가지고 환경경영과 정도경영에 힘쓰고 있다. 안으로는 직원의 안전과 복지에 지속적인 관심을 쏟는 한편, 밖으로는 거래선과의 공정한 거래, 생산에서는 자원 절약과 환경보호, 사회적으로는 다양한 공익활동으로 깨끗하고 투명한 기업 이미지를 유지하고 있는 것이다. 특히 일반인에게 잘 알려진 '우리강산 푸르게 푸르게' 캠페인은 1984년 시작하여, 올해로 28년째를 맞이하는데, 그동안 건강한 숲 조성을 위해 국공유지 1,538 ha에 505만 그루의 나무를 심었다.

최근들어 각계의 기업 윤리에 대한 관심은 실로 대단하다. 기업윤리란 기업이 마땅히 행하거나 지켜야 할 도리이다. 이렇게 기업이 사회적 책임을 다하는지의 여부는 기업 이미지와 직결되고 이는 기업의 이익, 더 나아가 기업의 생존과 직결된다.

기업의 사회적 책임은 일반적으로 다음과 같이 나누어 생각할 수 있다. 첫 번째, 좋은 품질의 제품과 서비스를 제공하는 것, 두 번째, 건전한 기업 이윤의 창출을 통해 사회적 부가가치를 만들어 내는 일, 세 번째, 지속 가능한 사회를 만들어 가기 위한 일관된 노력, 네 번째, 공익을 키워 갈 사회공헌 활동의 수행이 그것이다.

유한킴벌리는 1970년 창립 이래 사회의 좋은 이웃으로 존재해 왔다. 이는 환경경영, 모범 납세의 실천, 종업원의 안전과 고용 안정을 위한 노력, 사회와 함께 발전하고자 하는 지속적이고도 일관된 노력의 덕분이라 하겠다. 유한킴벌리는 모든 경영활동의 기본으로 「품질, 서비스, 공정한 거래」라는 기업 윤리의 원칙을 추구해 왔다. 이러한 원칙의 실현을 위해 먼저, 기업 윤리는 개인의 가치관과 조직 전체의 행동규범이 분명하게 세워지고 생활화될 때 가능하다는 생각으로 「유한 킴벌리 사원들의 행동 규범」 책자를 발간, 전 사원의 행동 기준으로 활용하고 있다. 여기에는 직장 동료, 고객, 공급자, 경쟁사 그리고 일반 대중과의 관계에 있어서 접하게 되는 윤리적인 문제에 대한 지침과 행동 규범을 정하고 있다.

유한킴벌리는 4조 교대 근무제를 도입하여 사원들의 삶의 질을 높이고 있다.

「우리강산 푸르게 푸르게」 캠페인은 그 동안 우리나라와 동북아시아의 숲을 가꾸고 보호하는 활동을 통해 환경에 대한 국민적 관심과 참여를 높이는데 큰 기여를 해왔다. 2010년 환경보호비용으로 125.1억원을 지출하였다. 유한킴벌리의 윤리 경영은 경영 성과로 나타난다. 1990년 1천6백억 원 수준이던 매출은 1996년 3천5백여 억원, 2010년 1조 2,094억원으로 급신장했다. 순이익도 1990년 51억 원에서 2010년 942

억원으로 크게 늘었다.

유한킴벌리는 현재 국유림 나무심기와 숲 가꾸기, 동북아 사막화 방지활동, 학교 숲 만들기, 청소년 숲 체험교실, 환경책자 보급, 환경연구. 조사 활동 지원, 숲에 관한 공익 정보 사이트 www.forestkorea. org 운영 등 다양한 형태의 환경보전 활동을 전개하고 있다. 이 외에도 노인 복지, 여성 권익 보호, 문화 등에서 시민 참여와 공익을 위한 활동이 펼쳐지고 있으며 이러한 활동은 우리 사회의 요구를 충족시키고 사회를 발전시키면서 회사의 윤리 경영 실천에 대한 구체적 사례가 되고 있다. 이는 원하든 원치 않든 회사의 이미지가 되고 사회가 회사를 평가 하는 잣대가 되고 있다.

[자료 : http://www.yuhan-kimberly.co.kr]

제3절 창업 · 경영환경의 분류

기업 환경을 분류하는 기준은 여러 가지가 있으나 일반적으로 내부환경과 과업환경, 거시적 환경으로 나눌 수 있다. 내부환경에는 경영자, 종업원, 주주 등과 같은 기업의 구성원 또는 이들의 집합체를 말하며, 경제적 이해시스템, 비공식적 인간관계시스템 그리고 기업 가치 시스템과 같은 하위시스템으로 나누어 볼 수 있다. 과업환경은 산업 환경으로서 경쟁자, 고객, 공급자 등 기업 활동에 직접적인 영향을 미치는 집단으로 구성되는 환경을 말한다. 거시적 환경이란 기업에 광범위하게 영향을 미치는 경제적, 사회 · 문화적, 기술적, 정치적 환경 등 기업외부요인과의 사이에 가지는 외부적 상호관계시스템과 같은 하위시스템으로 구성된다.

1. 내부환경

내부환경은 기업의 경영자, 종업원 등 기업구성원과 기업이 갖고 있는 특징적 요소들을 포함한다. 그리고 내부환경을 구성하고 있는 요소들을 살펴보면 다음과 같다.

1) 조직의 사명

조직의 사명은 조직의 중심적이고 보편적인 목적을 분명하게 표현한 것이다. 즉, 조직의 존재이유를 뜻한다. 이러한 사명은 기업의 목적을 달성할 수 있도록 조직의 하위시스템을 연결시키는데 공헌한다.

2) 경영자의 철학

종업원의 신념과 가치는 경영자의 철학에 영향을 받는다. 종업원들의 직무만족과 동기부여를 통한 종업원 능력개발에 관심이 있는 경영자는 그들의 행복에 대해 진실한 관심을 가지고 대하며 그들이 성장하고 성공할 수 있도록 도와준다.

3) 회사정책

회사정책은 기업의 목적을 달성하기 위해 수립한 지침을 말한다. 내부환경으로서의 회사정책은 기업 내부의 모든 부문에서 행하는 의사결정에 영향을 미치게 된다. 그리고 기업 구성원들의 활동지침으로도 적용된다.

4) 조직구조

회사의 내부환경 요소로서의 회사의 조직구조는 권한과 커뮤니케이션이 경영자에게서 종업원에 이르기까지 어떻게 흘러가는가를 나타내는 것이다. 조직구조는 기업의 업무영역, 경영자의 업무수행 방법이나 외부적인 요인에 의해 변화한다. 조직구조에 영향을 미치는 외부적인 결정요인에는 고객요구, 경쟁자의 전략 그리고 정부의 규제 등이 있다.

5) 기업문화

모든 기업의 가치, 신념, 철학, 경험, 습관, 기대, 규범 및 행위 등에 영향을 미치는 기업 고유의 문화를 가지고 있다. 이러한 기업문화는 조직의 특성을 분명하게 나타내 준다. 그러므로 기업의 경영자들은 종업원들이 기업문화와 친숙해지도록 하기 위해 지속적으로 투자해야 할 것이다. 왜냐하면 종업원들은 그들 자신이 갖고 있는 가치와 행동규범을 기업조직에 끌어들이기도 하고 또한 그 조직에서 정해진 문화를 받아들임으로써 새로운 문화를 형성하기도 한다.

6) 자원

기업은 조직의 사명과 구체적인 목적을 수행하기 위해 자원을 필요로 한다. 이 자원들은 시스템의 투입요소로 프로세스에서 처리되고 변환되어 사용되는 요소이

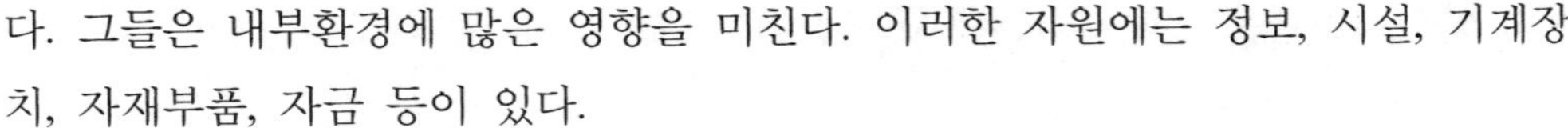

다. 그들은 내부환경에 많은 영향을 미친다. 이러한 자원에는 정보, 시설, 기계장치, 자재부품, 자금 등이 있다.

2. 과업환경

과업환경이란 기업과 교환을 통해 자원을 주고받는 활동 주체를 의미하는데, 기업의 목적달성과 직접적인 관련을 갖는다. 이러한 과업환경은 기업 활동 수행과 관련되기 때문에 사업영역이라고도 한다. 기업의 과업환경에는 주주, 노동조합, 소비자, 정부, 지역사회, 경쟁기업, 공급자, 언론매체, 금융기관 등이 포함된다.

1) 주주

주주는 기업의 자기자본에 해당하는 부분을 제공한 개인이나 투자집단을 의미한다. 기업의 과업환경으로 주주가 인식되기 시작한 것은 기업규모가 많은 자본을 필요로 하는 거대기업이 출현하고 자본시장이 발달한 이후이다. 주주는 기업의 전략결정에 핵심적인 역할을 하여 왔으나, 기업규모의 확대와 경영기능의 복잡화에 따라 전문경영자가 등장한 이후 주주의 역할은 감소되는 추세에 있다. 그러나 전문경영자가 의사결정의 주체로 활동하더라도 주주는 여전히 기업의 기본적인 정책과 전략결정 참여 · 이익분배 참여 · 잔여재산 분배 참여 등의 권리를 보유하고 있다.

2) 노동조합

노동조합 및 근로자집단은 사용자집단과 함께 기업의 주요 과업환경을 형성한다. 노동조합은 기업 내부 구성원의 의견을 종합 · 대표하여 기업의 경영활동에 직접적인 영향을 미치기 때문에 기업의 중요한 과업환경이 된다. 노동조합이 기업환경에서 중요한 의미를 갖게 되는 이유는 기업의 목표를 달성하기 위한 실제 활동의 주체가 바로 종업원이기 때문이다. 이러한 노동조합은 우호적 · 적대적 두 가지 측면에서 기업경영에 영향을 미친다. 우선 유기적인 협조 도모 · 역할 분담 · 기업 위계질서 준수 등을 통하여 기업의 존속과 성장을 위해 노력하는 우호적 관계를 갖는다. 반면, 노동조합이 적대관계를 갖게 되는 경우는 경영성과의 공정한 분배에 대한 노동조합의 주장이 인정되지 않는 경우이다. 특히 경영자는 임금의 상향조정, 보다 나은 노동조건의 제공, 후생복지 제도의 확충 등을 통하여 종업원들의 불만을 완화시킬 수 있으나, 이것은 원가상승을 가져와 결과적으로 경영성과를 부실하게 만드는 원인이 될 수도 있기 때문에 주의해야 한다. 벤처기업의 경영자는 노사의 협력관계를 지속시키기 위하여 의사결정 · 제안제도를 통한 종업원의 경영 참여와 성과 분배제도, 우리사주제도, 스톡옵션제도, 기타 각종 혜택의 제공 등을 이용한 보상제공 등의 방법을 이용할 수 있다.

3) 소비자

기업 환경의 이해자집단 중에서 가장 큰 영향을 미치는 환경은 소비자이다. 고객만족경영의 실현을 위한 소비자와 시장지향적인 마케팅은 이제 모든 기업의 경영이념으로 자리 잡고 있다. 그러므로 기업의 창업과 성공적인 경영을 위해서는 우리의 소비자가 누구이며 그들의 욕구가 무엇인가를 이해하는데서 부터 출발해야 한다. 이를 통해 기업 창업을 위한 기발한 아이템을 얻을 수 있을 뿐만 아니라 잘 팔릴 수 있는 재화를 생산 할 수 있기 때문이다. 소비자문제는 소비자주의가 대두되고, 기업간 경쟁이 치열해지며, 기업의 사회적 책임론이 제기되면서부터 기업경영에 더욱 중요하게 고려하기 시작하였다.

또한 제품수명주기의 단축화 경향도 소비자의 중요성을 부각시킨 이유 중의 하나가 되었다. 소비자들의 교육과 의식 수준이 높아져가고, 소비자보호운동이 확산되어 가는 흐름 속에서 기업이 보호하고 존중해야 하는 모든 소비자의 기본 권리는 아래와 같다.

① 모든 물품 및 용역으로 인한 생명 · 신체 및 재산상의 위해로부터 보호 받을 안전의 권리
② 물품 및 용역을 선택함에 있어서 필요한 지식 및 정보를 제공받을 권리
③ 물품 및 용역을 사용 또는 이용함에 있어서 거래의 상대방 · 구입 장소 · 가격 · 거래조건 등을 자유로이 선택할 권리
④ 소비생활에 영향을 주는 국가 및 지방자치단체의 정책과 사업자의 사업 활동 등에 대하여 의견을 반영시킬 권리
⑤ 물품 및 용역의 사용 또는 이용으로 인하여 입은 피해에 대하여 신속 · 공정한 절차에 적절한 보상을 받을 권리
⑥ 소비자로서 지혜로운 소비생활을 영위할 수 있도록 교육을 받을 권리

⑦ 소비자 스스로의 권익을 옹호하기 위하여 단체를 조직하고 이를 통하여 활동할 수 있는 권리
⑧ 쾌적한 환경에서 살 권리

4) 정부

현대 산업사회에서 기업의 과업환경으로서 정부의 역할과 기능은 기업경영에 많은 영향을 미친다. 정부는 노동조합, 소비자, 주주, 지역사회 등 이해관계자 집단의 이해관계를 수렴·조정하여 기업 활동에 영향을 준다. 정부가 기업 활동에 관심을 갖는 이유는 기업의 경제적·사회적 활동이 사회의 모든 부문과 불가분의 관계에 있기 때문이다. 특히 국민경제적 측면에서 독과점이나 부당 경제행위 등 경제 질서를 교란시키는 행위를 하는 경우 정부는 시장기능에 대한 제도적·정책적인 개입과 규제를 통해서 이해관계를 조정해 기업 및 사회의 상호발전을 도모해야 한다.

5) 경쟁기업

경쟁기업이란 같은 시장에서 경쟁을 하는 기업을 의미한다. 이러한 경쟁기업은 특정 기업의 경영성과에 직접적 영향을 미치게 된다. 경쟁기업의 형태가 유사하고, 규모가 크며, 수가 많을수록 비교우위 확보는 어려워진다. 특히 경쟁이 심한 제품이나 서비스를 생산·판매하는 업종에 속한 기업일수록 경쟁기업이 미치는 영향은 크다. 따라서 경영자는 경쟁기업의 가격, 품질, A/S, 시장점유율, 기술혁신, 인적자원 개발, 연구 개발 등에 대하여 계속적으로 관심을 가지고 파악한 후 적절한 대응방안을 결정해야 한다. 한편 경쟁기업과의 치열한 경쟁은 단기적으로 시장질서의 혼란, 가격체제의 붕괴 등 바람직하지 못한 결과를 가져오기도 하지만, 장기적으로는 기술혁신을 통한 신제품 개발, 가격인하, 시장규모의 확대 등의 긍정적인 결과를 가져오게 된다.

6) 지역사회

지역사회는 기업의 이해관계 집단 중에서 가장 최근에 중요성이 증가하고 있는 과업환경이다. 지역사회는 특별한 문제가 발생하거나 발생할 우려가 있는 경우에

만 기업에 영향력을 행사하는 조직화되지 못한 환경에 해당된다. 지역사회가 기업의 중요한 과업환경으로 인식되게 된 계기는 공해문제이지만, 최근에 들어와서는 공해문제 뿐만 아니라 자원의 보존·유지, 지역사회의 개발, 지역사회에 대한 공헌 등 다양한 측면에서 기업에 영향력을 행사하고 있다. 기업과 지역사회가 원만한 협조관계를 유지할 수 있는 것은 지역사회가 기업을 자기 지역에 유치함으로써 경제적 발전을 시도하려는 경우이다. 이 경우 각종 세제혜택 제공, 저렴한 공장부지 제공, 저렴한 용수·전력 공급 등의 방법을 이용하여 기업유치 노력을 하게 된다. 기업이 특정지역에 유치된 후 공해를 유발하는 기업 활동을 함으로써 지역주민의 건강을 위협하거나, 세금을 체납함으로써 지방자치단체의 재정확보에 지장을 초래할 수도 있다. 이러한 활동은 지역사회와의 마찰을 발생시키게 된다.

7) 언론매체

언론매체는 기업의 경영활동에 상반된 영향을 미치는 과업환경이다. 기업은 언론매체를 이용하여 적극적인 홍보 및 판촉활동을 전개할 수 있다. 오늘날 소비자는 구매의사결정에 필요한 정보를 주로 언론매체를 통하여 입수하기 때문에, 기업이 언론매체를 적절하게 활용하여 경영성과를 높일 수 있다. 한편, 언론매체에 의하여 기업 이미지가 실추당하거나 공개적인 지탄을 받는 대상으로 전락하기도 한다. 즉, 기업이 국민 건강을 위협하는 제품을 생산하거나, 경영자들이 사회적 기대를 무시하고 비윤리적인 행위를 하는 경우 언론매체들이 이들 기업을 공개적으로 비판함으로써 언론매체와 기업 간의 관계는 적대관계로 변하게 되는 것이다. 특정기업에 대한 언론의 공개적 비판은 경영성과를 약화시키는 것은 물론 최악의 경우에는 기업도산의 원인이 되기도 한다.

8) 금융기관

창업기업의 모든 활동을 뒷받침하는 자본조달의 문제는 기업경영에서 필수적인 요소가 되는데, 금융기관은 이러한 측면에서 기업 환경 및 경영의사결정에 큰 영향을 미친다. 따라서 기업과 금융기관과의 관계가 우호적이면 기업경영에 필요한 자금을 조달하기가 쉬워지며, 경쟁기업에 비해 비교우위를 갖게 된다. 자본은 창업자가 의도하는 기업을 설립하는데 필요한 인력, 설비, 기술 등 경영자원을 동원하는데 이용되는 원천이다. 자본은 자기자본과 타인자본으로 나눌 수 있는데, 창업의 초기단계에는 타인으로부터 자본을 조달 받는데 한계가 있으므로 타인자본보다는 자기자본에 대한 의존도가 높은 것이 일반적이다. 그러나 창업초기에 이러한 제도금융기관으로부터 자금을 조달하는 것은 현실적으로 쉬운 일이 아니다. 그러므로 창업 시 가장 큰 애로요인 중의 하나는 자금조달부분이며, 정부나 여타 관련기관의 창업지원자금이 그 동안 꾸준히 증가는 하고 있으나 창업을 하려는 회사 입장에서는 부족한 상태이다

3. 거시적 환경

거시적 환경은 경제적, 사회・문화적, 인구통계적, 기술적, 자연적, 정치・법률적 환경 등으로 구분할 수 있다. 그리고 거시적 환경이 국제적인 차원에서 적용될 경우 이를 국제적 환경이라 할 수 있다. 거시적 환경의 요소들을 살펴보면 다음과 같다.

〈그림 3-1〉 거시적 환경과 마케팅 믹스

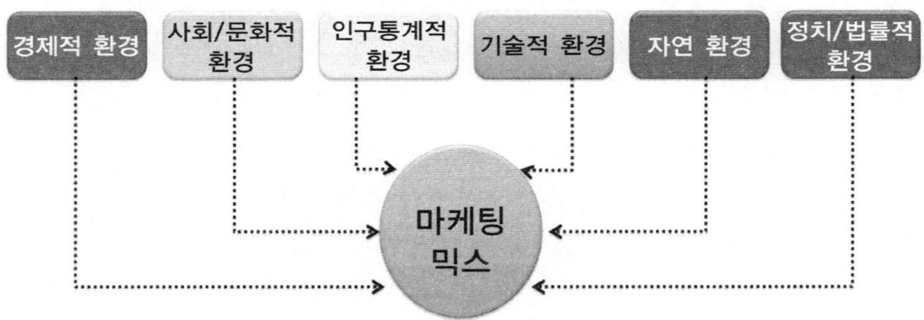

1) 경제적 환경

경제적 환경이란 기업 활동과 직접적인 관련을 가지는 경제시스템 전체를 말한다. 경제적 환경은 다른 환경과는 달리 기업 활동에 직접적이고 또한 즉각적인 영향을 미친다. 이러한 경제적 환경에는 경제체제・산업구조・정부의 재정 및 금융정책・경기흐름의 상태・인플레・시장구조・경제성장의 속도 및 소비성향의 변화・대외교역 조건 등이 있다. 그리고 기업은 이와 같은 경제적 환경 속에서 다른 여러 가지 경제주체와 상호작용을 하고 있다. 따라서 경제가 질적・양적으로 성장

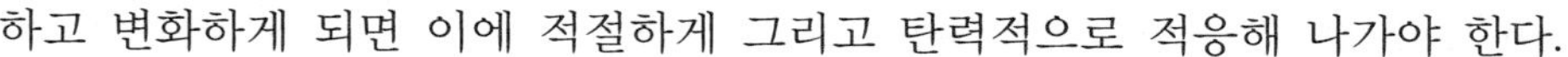

하고 변화하게 되면 이에 적절하게 그리고 탄력적으로 적응해 나가야 한다.

2) 사회 · 문화적 환경

사회 · 문화적 환경은 사회구성원들의 행동 및 사고와 관련되는 일반 환경으로서 기업의 활동에 영향을 미치는 문화 · 규범 · 가치관 · 생활양식 · 전통 · 관습 등의 사회적 제도나 태도를 말한다. 이런 사회 · 문화적 환경의 변화는 기업의 경영자나 종업원의 행동은 물론, 소비자 행동에도 중요한 영향을 미치는데, 제품개발의 아이템을 제공해 주기도 하며, 한편으로는 이에 대응하지 못하는 기업은 도태될 수 있다. 특히 사회 · 문화적 환경 요인은 그 종류가 다양하기 때문에 기업은 자신이 속한 사회 · 문화적 특성을 잘 이해하여 변화에 능동적으로 대응해 나가야 한다. 사회적 환경과 비슷한 내용을 갖는 문화 역시 기업에 중요한 영향을 미친다. 문화는 사회의 신념, 태도, 가치관으로 정의되기도 하고 한 사회의 발달 단계에서의 모든 특성 또는 그 사회의 정치 · 경제 · 사회 · 교육적 특성을 포함하는 것으로 정의되기도 한다.

최근 마케팅이 직면하고 있는 사회적 이슈는 마케팅윤리와 사회적 책임이다. 마케팅윤리는 마케터의 행동과 도덕적 가치에 대한 표준으로 올바르냐 올바르지 못하냐의 문제이며, 윤리적 실천은 고객과 사업파트너에게 품질을 희생시키지 않고 가격에 대해 공정을 기하겠다는 약속이며, 그 대가로 회사에 대한 고객과 파트너의 충성도를 증대시키고자 하는 것이다.

3) 인구통계적 환경

창업에 가장 큰 영향을 미치는 환경 요소 중의 하나는 인구통계적 환경이다. 왜냐하면 궁극적으로 창업마케팅활동의 대상이 사람 즉 소비자이기 때문이다. 그러므로 창업자는는 도시, 지역, 국가에서 인구의 규모와 증가율, 연령분포, 인종혼합 정도, 교육수준, 가구의 유형 기리고 지역적 특성과 이동에 관심을 가져야 한다. 세계 인구는 폭발적으로 증가하고 있는데, 2025년에는 79억명이 넘어설 것으로 예상된다. 세계가 1,000명으로 구성된 마을이라면 520명의 여성과 480명의 남성, 330명의 어린이, 그리고 65세 이상의 인구가 60명, 10명의 대학 졸업자, 335명의 성인 문맹자로 구성되어 있다. 이 마을에는 52명의 북아메리카인, 55명의 러시아인, 84명의 남미인, 95명의 유럽인, 124명의 아프리카인, 그리고 584명의 아시아인으로 구성되어 있다. 165명이 중국어를 사용하고 있고, 86명이 영어, 83명이 힌두어, 64명이 스페인어, 58명이 러시아어, 37명이 아랍어를 사용하고 있으며, 나머지 사람들은 200가지 이상의 언어중 하나를 사용하고 있어 의사소통이 무척 어렵다. 그리고 392명이 기독교인, 178명이 이슬람교, 132명이 힌두교, 62명이 불교, 167명이 무교, 45명이 무신론자. 3명이 유대교, 기타가 86명이다. 이러한 인구분포는 새로운 창업 및 마케팅의 기회를 창출하기도하고 위협의 요인이 되기도 한다. 그러므로 창업자는 이러한 인구통계적환경의 트렌드를 잘 이해해야 한다.

4) 기술적 환경

기업의 창업과 성장에 가장 큰 영향을 주는 환경중의 하나는 바로 기술적 환경이라 할 수 있다. 기술적 환경이란 기업에 영향을 미치는 국가 또는 산업의 기술수준을 말한다. 즉, 기술적 환경은 재화 및 서비스의 생산과 관련되는 지식의 상태를 나타내는 것으로, 어떤 일을 하는 방법에 관한 숙련된 지식인 노하우에 관련된 환경을 의미한다.

이러한 기술적 환경에는 정보기술, 생명공학, 공장자동화, 컴퓨터지원 설계 및 생산시스템 등이 포함되는데, 최근의 로봇기술, 생물공학, 유전공학, 정밀화학, 멀티미디어 분야 등의 첨단기술의 등장은 CAD, CAM등 유연한 디자인 및 제조시스템, 암치료제, 핸드폰 등 새로운 제품・서비스를 창출해 내고 정보혁명을 확산시키고 있다. 컴퓨터, 전화 및 텔레비전 기술의 급속한 발전뿐만 아니라, 이상의 기술들이 결합됨으로써 기업들이 제품을 생산하고, 시장에 판매하는 방법에 막대한 영향을 미치고 있다. 영상 회의를 통해서, 서울, 도쿄, 파리 및 뉴욕에 있는 최고경영자들은 비행기를 타고 가지 않고도 "동시(real time)"에 만나게 된다. 이러한 현상들의 핵심에는 정보초고속도로(Information Superhighway)와 그것의 중추요소인 인터넷이 있다. 전 세계의 국가와 지역에 연결됨으로써, 회원들의 수가 폭발적인 비율로 증가하고 있는 인터넷에 의한 기업환경 변화는 정보파괴와 시장파괴, 비용파괴를 초래하고 있다. 특히 이를 이용한 전자상거래는 공간적, 시간적 제한이 없고 표적 집단에의 접근이 용이하고 쌍방향 커뮤니케이션이 가능하다. 또한 멀티미디어 정보가 유통되며, 비용이 저렴하고 효과측정 및 피드백이 용이한 장점이 있어 전자상거래를 이용한 비즈니스가 엄청난 속도로 증가하고 있다.

신제품과 새로운 생산기술의 발명은 위와 같은 새로운 제품・서비스를 생산・

판매하는 새로운 기업들과 새로운 산업을 일으키고, 국내시장과 글로벌시장에서 제품·서비스의 코스트·가격·품질경쟁력을 강화시킨다. 그러나 한편으로 기술혁신은 위와 같이 새로운 제품·서비스·기업·산업을 창조할 뿐만 아니라, 기존제품·서비스·기업·산업을 파괴하기도 한다. 예를 들면 트랜지스터의 출현은 진공관 기업과 산업을 파괴하였고, 반도체의 발명은 트랜지스터 기업과 산업을 시장에서 퇴출시켰다. 그와 같이 기술 환경의 변화와 혁신은 '창조적 파괴'를 하는 파워가 있기 때문에, 창업 후의 기업들은 많은 연구비를 투입하여, 경쟁업체들보다 앞서서 기술혁신을 이룩하고 새로운 제품·서비스를 상품화하지 않으면 그 특정 기업체는 경쟁업체들의 기술혁신에 의해 경쟁력을 잃게 되고 언젠가는 시장에서 도태 당하고 마는 것이다.

또한 기술혁신은 경영혁명을 촉진시켜 기업들의 경영관리시스템·조직구조의 리스트럭처링, 제품(서비스) 연구개발방법·생산공정·마케팅방법·재무관리방법 등의 리엔지니어링 등을 통한 대대적 경영혁명을 촉진시킨다. 그러므로 제품·서비스·사업·회사 등의 차원에서 경쟁업체들을 능가하려는 기업들은 필수적으로 기술혁신 뿐만 아니라 과감한 경영혁명을 도입·활용하는데 있어서도 경쟁업체들을 능가해야 한다. 이러한 기술혁신은 소비자의 기대충족, 기대수준 상승, 국민총생산 증가 등의 긍정적 효과가 있으나, 한편으로는 진부화로 인한 경제적·사회적 비용의 증가·기술적 실업문제의 발생, 작업의 단순화로 인한 노동소외의 문제 등 부정적 효과가 있기도 하다.

5) 자연적 환경

자연적 환경이란 물리적 환경 또는 생태적 환경으로서 기업을 둘러싸고 있는 자연자원 및 기후 등과 같은 자연적 조건을 말한다. 이러한 자연적 환경에는 환경오염과 관련된 공해문제, 자원고갈의 문제, 새로운 에너지 개발의 문제, 식량문제 등이 포함된다. 오늘날 여러 가지 복합적인 요인에 의해 생태계의 균형이 파괴되면서 자연적 환경과 관련된 새로운 문제들이 많이 나타나고 있다. 기업은 생태시스템의 하위시스템으로서 이러한 문제에 영향을 미치며 또 영향을 받고 있다.

1992년 6월, 100개국 이상의 대표자들이 리오데자네이로에서 개최된 세계환경회의에 참석하여 열대림의 파괴, 지구의 온난화, 멸종위기의 품종 및 기타 환경적인 위협요소 등과 같은 문제를 처리하는 방법을 논의하였다. 앞으로 기업들은 마케팅과 제조활동을 수행하는데 있어 계속해서 더 높은 표준의 환경적인 책임을 감수해야 할 것이다. 또한 이러한 환경보호문제를 무역과 연계해서 다자간 국제무역질서를 출범시키기 위해 선진국에서 제기하고 있는 그린라운드(Green Round)파고는 국제적 차원에서 기업의 환경보호를 유도하고 있다. 이는 환경관련규격들을 통일해 국제표준화기구(ISO)에서 환경인증을 해주는 제도를 실시함으로써 환경경영체제(ISO 14000)의 도입 · 추진이 대두되게 되었다.

크레코(K.E.Crecco)와 로렌스(J.Rorense)는 공해 · 환경문제의 해결책으로서 사회생태적 제품의 개발을 제창하였다. 생태학적으로 적합한 제품의 개발은 바로 공해 · 환경문제의 원점으로 인식되는 만큼 이러한 제안이 시사하는 바는 크다. 특히, 국제화 시대에는 환경친화적 문제가 기업의 국제경쟁력을 결정하는 중요한 요소로 작용하게 된다. 따라서 기업의 창업과 경영에 있어 환경친화적 아이템은 다양한 사업기회를 제공해 줄 수 있으며 기업경영에도 이러한 흐름을 간과해서는 안된다. 창업을 준비하고 있는 예비기업가들과 경영자들이 고려해야 할 일반적인 자연적 환경의 동향은 다음과 같다.

① 자원절약형 환경정책

세계 각국의 환경정책은 환율급등이나 원자재의 국제가격 상승으로 에너지를 비롯한 자원 절약을 기본으로 하는 자원절약형 정책이 일반화 되고 있으며, 재활용을 늘려가고 최대한 폐기물을 줄이면서 기업 자체처리의 관리 정책을 강조하고 에너지 절감에 대한 정책도 비중 있게 추진되고 있다.

② 재활용 비율의 증가

폐기물을 줄이는 데는 생산 공정의 효율을 높여 투입 원자재의 자원생산성을 증가시키는 것과 폐기물의 재활용 비율을 높이는 방법이 있다. 결국 원자재 가격이 점점 높아져 가고 있는 상황에서 오염예방과 재활용을 이용한 생산성향상은 기업이 살아남기 위한 체질개선의 과정 중 가장 기본적으로 수행되어야 하는 과제이다. 최근 유행처럼 번지고 있는 청정생산이나 DE(Design for Environment), 전 과정평가 등은 동일한 맥락에서 발전된 개념으로 볼 수 있다.

③ 환경오염의 관리강화

대기환경법, 수질개선을 위한 정책 등 환경오염 관리를 위한 국내외의 규제가 지속적으로 강화되고 있다. 이렇게 환경관리가 지속적으로 강화되는 이유는 소득수준의 향상으로 국민들이 쾌적한 환경에 대한 요구가 늘어나 하나뿐인 지구를 살

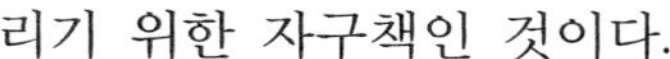

리기 위한 자구책인 것이다.

그러므로 기업들은 장기적으로 반드시 지켜야 될 규제라면 회피보다는 적극적으로 근원적인 대응방안을 찾는 일이 바람직하다. 왜냐하면 이러한 활동이 기업에게도 유리하기 때문이다. 규제의 목적이 일관성 있고 합리적이라면 그 규제를 지키려는 기업의 노력에서 혁신의 기회를 창출할 수도 있다. 그리고 지속적인 향상을 추구하며 특정 기술이나 현재의 상태에 집착하지 않고 꾸준히 노력한다면 노하우를 축적할 수 있게 되어 경쟁력을 갖출 수 있기 때문이다.

④ 무역규제에 대한 대비

창업기업 중에서 국내시장보다 수출을 통한 해외시장을 중심으로 경영활동을 하고 있는 기업의 입장에서는 국제 환경협약 및 선진국의 무역규제 등의 국제적 환경 동향에 기민하게 대응해야 한다.

최근 우리나라의 OECD가입으로 이산화탄소 배출규제의 강화와 이에 따른 에너지 사용 감축압력을 받을 것으로 전망된다. 이러한 에너지 사용 감축은 생산량의 저하를 가져오게 되고 결국 생산을 늘려 수출을 통한 경제 회생을 해야 하는 우리로서는 기후변화협약의 영향을 많이 받게 될 것이다. 그러므로 에너지 사용의 효율을 높이고 에너지 낭비를 줄일 수 있는 공정개발과 절약정책 실시를 적극적으로 검토해야 한다. 이외에도 EU의 포장재 규제 강화, 안전인증마크(CE)제도 강화, 유해화학물질의 국가 간 이동시 당사국의 승인을 받아야 하는 사전 통보 승인제(Prior Informed Consent : PIC)협약 체결 등 규제에 대응할 수 있는 전략을 수립해 나가야 할 것이다.

기업의 환경경영전략을 효율적으로 수행하기 위해서는 환경 경영체제를 갖추는 것이 필요하다. 즉, 기업에서 추진하고자 하는 전략에 부응할 수 있는 환경경영조직을 구축하고 환경경영 시스템과의 조화를 도모하는 것이 필요한 것이다. 21세기는 환경규제를 만족시키기 위해 수동적으로 오염물질 관리만을 하던 시대에서 자원생산성을 높이고 기업경쟁력을 향상시키는 능동적인 오염예방 시대로의 전환을 요구하고 있다. 이러한 새로운 변화를 인식하고 먼저 실천하는 기업만이 위기를 기회로 삼아 앞서 나갈 수 있을 것이다.

⑤ 국제적 환경

국제적 환경이란 기업이 한 국가의 국경을 넘어 여러 나라에서 기업 활동을 수행할 때 나타나는 기업 환경을 의미한다. 기업과 국가의 경제규모가 확대되어 국제적인 교역이 증가하면 국내 기업의 경영환경은 국제적인 영향을 받게 된다. 오늘날 정보・통신・수송수단의 발달, 기업 간 경쟁의 격화, 기업경영의 국제화 등에 따라 국가 간의 경제적・기술적・법률적・정치적・사회적・문화적 환경의 중요성이 대두되고 있다. 특히 국가 간에 서로 다른 법률・관습・윤리・경제구조・문화 간 의사소통 및 갈등의 해결문제, 진출지역의 특성을 고려한 경영전략의 개발문제 등이 기업의 중요한 경영문제가 된다.

6) 정치・법률적 환경

정치・법률적 환경은 법률, 정부기관, 압력단체로 구성되며, 사회 내 여러 조직과 개인의 활동을 제한하고 영향을 준다. 법률은 개인이나 기업에 대해 강제성을 가지는 것으로써 국가에 의하여 만들어진 법규와 규칙을 말한다. 이러한 법률은 노사관계는 물론 거래관계에서 비롯되는 여러 가지 분쟁이나 갈등을 해결하는 역할을 한다. 기업이 수행하는 거래행위와 관련되는 법률에는 상법, 세법, 품질관리법, 공해방지법, 공정거래 및 독과점 규제법, 노동법 등이 있다. 특히 노동법은 종업원과 관련된 기업 활동에 영향을 미친다. 강제적인 재활용 법규는 재활용산업을 활성화시키고, 재활용된 재료를 이용한 신제품을 제조하는 수많은 새로운 기업이 탄생되도록 박차를 가하게 된다. 특히 최근의 정치・법률적 환경의 두 가지 중요한 추세는 기업규제 법규의 증가와 정부관리들에게 로비를 하고, 소비자의 권리, 여성들의 권리, 노인시민의 권리, 소수민족들의 권리, 동성애자의 권리 등에 관심을 기울이도록 기업관리자에게 압력을 주는 정치활동위원회나 소비자보호운동 같은 특별한 이해자집단의 성장인데, 창업자는 이러한 특별한 이해집단과 협력해야 한다.

기업은 하나의 유기체(organism)로써 환경과의 관계 속에서 존속하고, 성장하며, 발전하는 개방시스템(open system)이다. 그러므로 기업을 창업하고 성공적인 경영을 위해서는 경영환경의 동향에 대한 올바르고 깊은 이해가 필요하다. 기업 환경이란 사업에 직·간접으로 영향을 주는 모든 요인, 세력, 조건, 상황들의 집합으로 구성되는 기업의 생활공간으로 기업의 경영활동에 기회와 위험을 동시에 제공하는 성질을 가지고 있다.

최근 기업의 창업과 경영환경의 변화는 예측하기 어려우며, 변화가 일어났을 때 기업에 미치는 영향의 정도도 정확히 파악하기 어려울 뿐만 아니라 기업 환경의 변화속도도 빨라지고 있다. 미래 경영환경의 동향에 대한 드러커(P.F. Drucker)와 다니엘벨(Daniel Bell), 앨빈 토플러(Alvin Tofler), 펄머(Pulmmer) 등의 견해를 종합해보면 향후 한국 기업의 경영환경과 경제의 변화를 주도하는 가장 큰 요인으로는 기술, 그리고 정보와 지식이며 이와 관련된 산업들의 성장이 예상된다.

21세기는 정보혁명의 진행으로 여러 가지 새로운 성장산업이 나타나고 있다. 이들 산업에는 네트워크를 기반으로 하는 인터넷 비즈니스, 홈쇼핑, 원격강의, 상용데이터베이스 등의 정보거래산업, 디지털 무선기술의 발달에 따른 개인휴대통신, 저궤도 위성 통신, 위성방송 등의 무선통신 서비스산업, 화상정보를 이용한 멀티미디어용 내용물 제작, 첨단 놀이공원, 전자 서적 등의 엔터테인먼트산업 등이 속한다. 또한 정보혁명은 단말기, 시스템, 소프트웨어, 내용물 등 관련 산업의 시장확대로 이어질 전망이다. 이밖에도 과학기술 발전으로 나타날 새로운 성장 산업군에는 환경 친화적인 사회를 지탱하는 환경산업, 사회의 안전을 지탱하는 방재엔지니어링산업, 사회 요구의 변화에 대응하는 신서비스산업, 원자분자 수준의 연구로부터 출현하는 초정밀 산업, 생명의 연구에서 파생되는 첨단 바이오산업, 뇌로부터 배우는 지적 첨단산업 등이 있다.

서비스업 중에서는 유통, 금융 등 네트워크형 산업이 보다 빠른 성장을 보일 것으로 예상된다. 특히, 금융 산업에서는 통신·소프트웨어와 결합하여 가상의 네트워크 공간에서 전자화폐가 유통되고 있으며, ATM, 스마트카드 등은 향후 금융산업에서 전개될 정보혁명의 서곡으로 보아야 할 것이다.

기업 환경을 분류하는 기준은 여러 가지가 있으나 경영자, 종업원, 주주 등과 같은 기업의 구성원 또는 이들의 집합체를 말하는 내부 환경과 경쟁자, 고객, 공급자 등 기업 활동에 직접적인 영향을 미치는 집단으로 구성되는 과업환경과, 기업에 광범위하게 영향을 미치는 경제적, 사회·문화적, 인구통계적, 기술적, 자연적, 정치적·법률적 요인들로 구성되는 거시적환경이 있다.

연습문제 Exercises

1. P.F.Drucker가 주장한 미래사회 변화의 세 가지 방향은?

2. 21C에 예상되는 주요 성장산업은?

3. 기업의 경영환경 중에 과업환경은?

4. 기업의 경영활동에 광범위하게 영향을 미치는 거시적 환경은?

[사례 3.2] 펀(Fun) 마케팅

최근 사람들의 관심을 모으고 있는 상품들을 가만히 들여다보면, '재미' 혹은 '웃음'이라는 요소가 빠지지 않는다. 필요에 의한 소비가 아닌 즐거움을 위한 소비, 한 마디로 '펀(Fun) 소비'가 새로운 소비 코드로 부상하고 있는 것이다. 먼저 최근 펀 소비 경향을 확인할 수 있는 몇 가지 사례들을 살펴보기로 한다.

지금 즐거운 '펀 소비'가 유행 중

다소 유치한 재미를 선사하는 키덜트 제품이 한창 유행했다. 키덜트란, '키드(Kid)'와 '애덜트(Adult)'가 합성된 말로 원래 20-30대 어른들이 어릴 적 향수를 떠올리며 그와 관련된 제품을 소비하는 현상을 의미한다. 대표적인 예로, 소녀들뿐만 아니라 20-30대 여성들도 즐겨 찾는 키티 캐릭터 제품을 들 수 있다. 캐릭터 제품의 경우 가격도 만만치 않고, 굳이 필요 없는 경우도 많지만, 단지 귀엽고 깜찍하다는 소녀적 감성에 어필한 것이 구매로 이어지고 있다. 또한, 싸이월드의 도토리나 미니미, 미니홈피 등 소꿉장난 같은 컨셉도 키덜트적 감수성을 자극한 사례이며, 컴퓨터 업체인 애플사가 선보인 아이맥 시리즈도 어린이 장난감 같은 모양에 알록달록한 색상이 키덜트 소비자들의 시선을 사로잡는데 성공한 사례다.

실속형 저가 제품도 아니고, 고품격의 명품도 아니며, 그렇다고 몸에 좋은 웰빙 제품도 아니지만, 단순히 웃기고 재미있다는 이유로 제품을 구입하는 사람들이 늘고 있기 때문이다. 즉, 소비의 의사결정에 있어서 필요나 기능성 등 이성적인 기준으로는 설명할 수 없는 경우가 늘고 있으며, '얼마나 즐거움과 재미를 선사하는가'

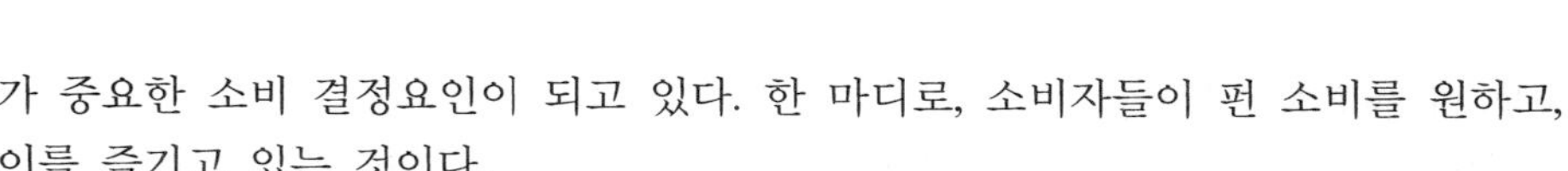

가 중요한 소비 결정요인이 되고 있다. 한 마디로, 소비자들이 펀 소비를 원하고, 이를 즐기고 있는 것이다.

왜 펀(Fun)에 주목하는가?

재미를 추구하는 성향은 소비에서 뿐만 아니라, 사회·문화적으로도 두드러지고 있다. 최근 들어 사회적 코드로 펀이 부상하는 이유는 무엇일까?

첫째, 변화하는 사회 풍토 때문이다. 언제부터인가 칙칙하고 무겁고, 심각한 것을 회피하는 대신, 가볍고 오락적인 것을 추구하는 성향이 짙어지고 있다.

둘째, 감성적 소비 세대가 주류로 떠오르고 것도 한 원인이 된다. 점점 가격이나 기능 등 이성적 소비에서, 제품이나 서비스의 감성을 중시하는 소비로 전환되고 있다. 심지어 가격 경쟁력이 최우선시 되던 할인점에서조차도, 최근에는 고급스럽고 안락한 분위기를 연출하고, 매장 내 다양한 편의·부대시설을 갖추는 등 할인점의 감성지수를 높이고 있다.

셋째, 인터넷 사용도 펀에 대한 관심을 높이고, 펀 소비의 확산에 일조하고 있다. 만약 인터넷이 없었다면, 패러디 브랜드가 그렇게 많은 사람들에게 순식간에 알려지기 어려웠을 것이다. 재미있는 이야기나 제품들이 하루아침에 뉴스가 되는 세상, 인터넷이 있기 때문에 펀 바이러스의 빠른 확산이 가능했다고 볼 수 있다.

펀 소비에는 펀 마케팅이 안성맞춤

펀에 대한 관심과 펀 소비가 증가하는 트렌드에 대응하여, 기업들도 펀 마케팅을 적극적으로 펼치고 있다. 펀 마케팅은 다양한 형태로 응용될 수 있는데, 다음과 같이 몇 가지 유형으로 나눠볼 수 있다.

첫째, 제품 자체에 재미 요소를 가미한 경우로서 앞서 살펴본 사례들이 대부분 이 유형에 해당된다. 제품의 컨셉 자체가 독특하고 재미있거나, 제품의 색상이나 디자인, 포장 등에서 재미의 요소를 첨가할 수 있다. 예컨대, 마늘 전문 음식점인 매드포갈릭의 경우 마늘을 싫어하는 드라큐라의 캐릭터를 응용해서 만든 드라큐라 킬러 메뉴는 재미있는 네이밍으로 소비자들의 호기심을 유발하고 있는 펀 마케팅 사례다.

둘째, 쇼핑 경험까지도 재미있게 만드는 경우이다. 특히 이러한 트렌드는 지난해 저가 화장품 업체들이 몰고 온 변화 가운데 하나다. 미샤, 더페이스샵 등은 방문 고객들에게 마음껏 제품을 사용해볼 수 있는 체험 마케팅을 전개하는 한편, 한 달에 10-20여종의 신제품을 출시하여 보유 제품이 1천여 종을 넘는다고 한다. 소비자들이 매장을 찾을 때마다 새로움, 즐거움을 제공하는 것이 숨은 전략이다. 이랜드가 출시한 1만 원대의 저가신발 전문점인 비아니(Vianni)도 2주에 한 번씩 디스플레이를 변경하는데 같은 맥락에서 펀 마케팅을 실천한 경우다. 이와 더불어 이동통신사의 다양한 서비스와 컨텐츠를 사용해 볼 수 있는 까페식 체험공간인 펀앤폰, TTL

등도 이 유형에 해당한다.

셋째, 기발한 아이디어의 판촉행사도 펀 마케팅에 속한다. 과거에는 온라인 쇼핑몰이나 게임 사이트를 중심으로 재미있는 프로모션들이 활성화되었으나, 최근에는 오프라인으로도 확대되고 있다. 깜찍한 디자인으로 20-30대 젊은 층들이 열광하는 BMW mini의 인기 비결 가운데 하나는 다양한 채널에서 펀 마케팅을 구사하였기 때문이다. 또한 맞고(둘이 치는 고스톱) 게임왕 선발 대회, 나만의 가격 맞추기 경품 행사 등 재미있는 아이디어가 돋보이는 프로모션 이벤트들이 소비자들을 즐겁게 하고 있다.

넷째, 엔터테인먼트와 연계하여 보는 재미를 선사하는 경우이다. 엔터테인먼트 특성상 소비자들에게 유쾌하고, 즐거운 경험을 자연스럽게 제공할 수 있다. 최근 이색적인 레스토랑이 많이 생겨나고 있는데, 이종 격투기나 마술 등을 관람하면서 식사를 하는 레스토랑이 그 예이다.

펀 마케팅 효과에 대한 명암

기업들이 펀 마케팅을 적극적으로 전개하는 이유는 간단명료하다. 소비자들의 관심과 시선을 사로잡을 수 있는 효과적인 차별화 수단이 되기 때문이다. 특히 소비자들의 구매력과 소비의욕이 떨어지는 불황기에, 재미를 선사해서 이들의 관심과 흥미를 유발하는 효과도 함께 누릴 수 있다.

하지만, 펀 마케팅의 실질적인 효과에 대해서 우려하는 목소리도 높다. 펀 마케팅의 특성상 단기간 소비자들의 시선을 사로잡아야 되기 때문에 오락적인 홍보에 치중하기 쉬우며, 따라서 일회성 이벤트로 전락할 위험이 높아, 펀 마케팅으로 인구에 회자되고 관심을 끄는 데는 성공 할 수 있지만, 정작 매출 증대로 이어지기는 어렵다는 이야기다. 또한, 펀 마케팅의 대상이 신세대층 혹은 일부 매니아들로 제한적일 수밖에 없으며, 사람들마다 재미를 느끼는 소구점이 상이하기 때문에 대중을 위한 마케팅 수단으로는 한계가 있다는 지적도 있다. 모두 일리가 있는 비판이다. 따라서 펀 마케팅도 즉각적인 효과를 기대하기 보다는 인내심을 가지고, 꾸준히 노하우를 쌓는 것이 필요하다.

[자료 : LG주간경제 840호, 2005.07.08]

제 4 장
창업아이템

[사례 4.1] 베이비붐 세대를 주목하라!

2010년 대한민국에서 가장 화두로 떠오른 것으로 '베이비붐 세대의 은퇴'를 들수 있다. 베이비붐 세대란 불안과 공포가 지배하던 전쟁이 끝나자 반대급부로 출산율이 갑자기 높아져 태어난 세대를 말한다. 우리나라의 베이비붐 세대는 한국전쟁(1950-1953년)이 끝난 뒤 1955년에서 1964년 사이에 태어난 900만명이 해당된다. 미국과 일본은 2차 세계대전이 끝나고 각각 1946년부터 1964년까지 태어난 7,200만명(미국)과 1947년에서 1949년 까지 출생한 806만명(일본)이 베이비붐 세대에 속한다. 그런데 2010년부터 우리나라의 베이비붐 세대가 본격적으로 은퇴를 시작하였다. 이들은 사회 산업에 어떤 변화를 줄 것이며, 어떤 창업의 기회가 있으며, 어떤 기업이 이들의 욕구를 잘 파악하여 마케팅에 성공 할 수 있을까?

역발상 서비스 – 노인의 일상을 거들어주는 노인 돌보미 서비스

1994년 폴 호건(Paul Hogan)은 노인 돌보미 서비스 회사인 홈인스테드시니어케어를 설립한다. 실버산업으로 불리는 노인 관련 서비스하면 대부분 노인 환자를 간화하는 모습을 떠 올린다. 하지만 폴 호건은 12년 동안 자신의 친 할머니를 돌 본 경험을 통해 노인은 아프지 않더라도 돌보는 사람이 있어야 한다는 것을 깨달았다. 노인은 원하는 서비스가 생각보다 다양했다. 식사준비, 시장보기, 병원가기, 주변 산책하기, 영화보기 등을 하는데 도움이 많이 필요했다. 물론 가족이 도와주면 좋겠지만 성년이 되면 모두 나가서 사는 것이 일반화된 미국에서는 거동이 불편하면 그만큼 힘든 세우러를 보내야 했다. 시장의 반응은 뜨거웠다. 회사 설립 4년만에 지점이 99개나 되었고, 미국에서 소규모 창업 전문 잡지로 유명한 <앙트레프레너>에서는 미국에서 가장 성장이 빠른 100대 프랜차이즈에 포함시켰다. 현재 홈인스테드시니어케어는 우리나라를 비롯 15개 국가에 지점이 800개인 기업으로 성장하였다.

노인이 된 베이비붐 세대의 욕구를 충족시킬 실버산업

노인이 된 베이비붐 세대를 위한 실버용품에 대한 수요도 늘어나고 있는 추세이다. 치아가 약한 노인을 위한 부드러운 과자, 고혈압이나 당뇨를 고려한 무설탕 식품, 치아예방을 위해 두뇌를 활성화 해주는 오락기기 등을 예로 들 수 있다. 무료한 노후를 의미있게 보내려는 노인을 위해 자원봉사 단체를 만드는 것도 하나의 방법이다, 노인은 경험이 많고 투자할 시간도 많으므로 자원봉사를 하기에 좋다. 나이가 들수록 몸을 자꾸 움직여야 한다는 것은 모두 아는 사실이다.

베이비붐 세대의 시니어 창업을 도와주는 창업 도우미

기업 평균 정년인 56세에 은퇴한 우리나라 베이비붐 세대는 노후를 즐기기보다 재취업이나 창업으로 눈을 돌리고 있다. 우리나라 사회구조로 볼 때 베이비붐 세대는 아직 자녀 학자금을 대거나 결혼자금을 준비해야 할 나이이기 때문이다. 그리고 의료기술이 발달함에 따라 일 할 수 있는 기본 체력도 뒷받침 되어 있다. 고령자 재취업은 현실적으로 어려운 만큼 많은 사람들은 '시니어창업(노년창업)'을 준비할 것으로 보인다. 그러나 오랜 직장생활 후 은퇴한 경우이므로 장사 경험도 없고, 이것저것 따져가며 조사하고 공부하기에는 체력에 한계가 있다.

노인을 위한 서비스나 사업으로만 생각하던 실버산업을 고령자를 위한 창업 도우미로 역발상을 해보는 건 어떨까 ? 예를 들어 고령자는 창업비용을 지불하고, 실제 경영은 전문경영자에게 위탁한 뒤 수익이 발생하면 배분하는 형태의 실버산업을 고려 해 볼 수 있다.

실버산업(Silver Industry)은 노년층을 대상으로 상품이나 서비스를 만들어서 판매하거나 제공하는것을 목적으로 한다. 의료기술의 발달로 고령인구가 급증하고 연금 확대로 경제력 있는 노년층이 증가하자 실버산업에 대한 수용가 역시 급증하고 있다. 대표적인 실버산업은 노인전용 의료 서비스, 보호시설 및 주간 보호 서비스, 유료 영로 및 요양 시설, 노인전용 식당, 재활센터, 홈케어 서비스, 노인대상 관광, 취미, 오락 프로그램, 노인용 식품, 의복, 생활용품의 제조 판매사업 등이다.

우리나라는 2009년 7월 1일부터 노인장기요양보험제도가 시행됨으로써 그동안 가족에게 맡겨져 왔던 치매, 중풍 등 65세 이상의 노인에 대한 장기요양 문제를 국가와 사회가 부담하게 되었다. 자세한 설명은 국민건강보험공단 노인장기요양보험 홈페이지(WWW.Longtermcare.or.kr)를 참고하기 바란다.

[자료 : 케빈 리, 마케팅 성공사례, 길벗, 2011 참조 수정]

제1절 창업아이템의 개념과 선정 절차

1. 창업아이템의 개념

창업기회는 매우 다양한 방법과 다양한 상황에서 발생한다. 일반적으로 창업기회는 창업아이템 즉, 창업 대상이 탐색되고 이에 대한 타당성 등이 검토되면서 추진되는 것이 상례이다. 창업아이템(사업품목, 업종, 아이디어)이란 경제 주체인 기업의 산출요소를 규정하는 것인데, 기업의 목적 달성을 위한 수단으로서의 최종목적물인 제품이나 서비스를 의미한다. 창업아이템은 물리적 제품뿐만 아니라 고객들이 제품이나 서비스로부터 얻는 혜택과 만족 즉, 제품의 효능에 그 가치가 있다. 그러므로 창업아이템은 고객의 욕구와 표적시장의 특성을 반영하면서 경쟁자와 다르게 제공하고 접근 할 수 있는 차별적인 경쟁우위 요소를 가지고 있을 때 성공 가능성이 높다.

2. 창업아이템 선정 절차

창업에 대한 관심을 가지면 실제적으로 가장 먼저 부딪히는 고민은 무슨 사업을 해야 할까? 하는 창업아이템 선정의 문제이다. 창업아이템의 선정은 창업의 성패를 좌우하는 중요한 문제이므로 창업자의 적성에 맞을 뿐만 아니라 성장가능성이 있는 아이템을 선정해야 시간과 돈을 낭비하지 않고 성공 할 수 있다. 따라서 창업하고자하는 업종의 환경과 소비자 동향은 물론 틈새시장과 표적고객에 대한 이해와 창업하였을 때 소비자에게 차별적으로 제공 할 수 있는 상품과 서비스의 가치와 혜택이 무엇인가를 고려한 아이템의 탐색이 필요하다. 그리고 두 세 개의 후보 창업아이템을 선정한 후 평가 단계를 거쳐 최종적인 창업아이템을 선정해야 한다. 일반적으로 창업아이템 선정은 다음과 같이 6단계로 이루어진다.

① 1단계 : 창업 희망 아이템에 관련된 다양한 정보 수집
② 2단계 : 2-3종의 창업 후보 아이템 선정과 이에 대한 정밀 분석 및 동종업체 방문 및 전문가, 친구, 친척 등과 상담, 창업 후보 사업의 순위결정.
③ 3단계 : 창업 후보 아이템별 사업의 시장성, 수익성, 성장성 등 사업타당성 검토
④ 4단계 : 창업아이템의 최종 확정
⑤ 5단계 : 동업종 및 관련업종 견습, 창업관련 경영 기술 습득 등 창업에 관한 경영 수업
⑥ 6단계 : 사업계획서 작성, 창업자금 조달, 창업 팀 결성, 사업장 선정 및 확보, 회사설립 등 구체적인 창업 준비

제2절 창업아이템 탐색

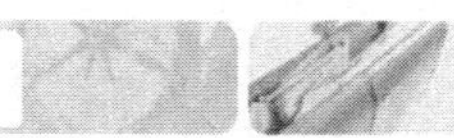

1. 창업아이템 탐색

창업아이템 탐색과정은 무엇을 가지고 창업을 할 것인가? 의 문제로서 창업의 가장 핵심단계라고 할 수 있다. 창업아이템 탐색은 자신의 경험이 있는 분야가 좋고, 또한 평소에 관심과 흥미가 있는 분야 중에서 선정하는 것이 좋다. 왜냐하면

창업자가 경험 있는 분야는 이미 축적된 기술과 지식을 바탕으로 자신감을 가지고 쉽게 사업을 추진할 수 있기 때문이다. 그리고 창업자가 관심과 흥미 있는 분야는 일을 하면서도 즐겁고 재미있게 일을 해 나갈 수 있기 때문이다.

기술을 가지고 창업하는 경우에는 해당 관련 기술·제품의 국내외 현재 수준(state of art)을 명확하게 파악하고, 기술이나 제품의 발전방향, 수요의 방향예측 등이 창업아이템을 선정하는데 매우 중요한 출발점이 된다. 창업자 본인이 관련 기술·제품 분야의 상세한 정보가 없는 경우에는 유사분야 또는 관련분야에 종사하고 있는 사람들의 기술동향 내지는 수요예측 등에 대한 객관적인 정보가 큰 도움이 된다.

2. 창업아이템 탐색요령

창업아이템은 매우 다양한 경로를 통해 탐색 할 수 있으나 직장·친구·가족 등 예비창업자의 주변 환경은 창업을 수행하는 기본 토양이 되므로, 자신의 주변에서부터 창업아이템을 탐색하는 것이 바람직하다. 구체적인 정보를 얻을 수 있도록 미리 준비하고 면담결과를 기록하는 것이 사업성 분석에 도움이 되는데, 비판적인 견해와 낙관적인 견해 모두가 유용한 것들이 될 수 있다.

창업아이템의 탐색을 위해 활용 할 수 있는 정보원천으로는 신문이나 TV 관련 프로그램의 시청, 주간 경제지, 창업관련 잡지, 민간컨설팅회사 등이 있는데, 이를 이용하여 창업에 관한 정보와 사업 및 소비자 동향을 이해하는 것이 좋다. 또한 지역 소상공인지원센터나 여성경제인연합회 등에서 개최하는 창업 강좌에 참석해 보는 것도 좋다. 최근에는 인터넷에 창업 전문 싸이트가 많이 개설되어 있으므로 관심 있는 업종의 동향과 전망에 관한 정보를 인터넷으로 검색하여 정보를 입수하고 나름대로 탐색해보는 것도 좋은 방법이 될 수 있다.

그리고 새로운 사업을 시작했을 때 매우 가까운 사람이 도와 줄 수 있는 분야와 프랜차이즈 사업 등 과 같이 상대적으로 실패율이 적은 사업을 고려하고, 국내외 동향과 소비자들의 추세를 파악하여 앞으로의 사업 전망이 매우 좋다고 판단되는 분야를 탐색해보는 것이 좋다. 또한 새로운 서비스와 가격인하, 품질개선, 신속한 서비스 등의 차별화된 가치와 혜택을 제공할 수 있는 시장경쟁력을 갖춘 창의적인 아이템을 선정하는 것이 좋다.

이런 과정을 거친 후 두 세 가지의 창업아이템으로 압축한 다음에는 직접 시장

현장과 동종 업소를 방문하여 장단점을 비교 분석하고, 벤치마킹 할 부분을 메모하며 정리해 본다. 가능하다면 그 지역뿐만 아니라 국내외여행을 통한 정보 수집과 업계 동향을 살피는 것도 좋은 방법이다. 특히 관심 있는 창업 후보 아이템 분야를 경영하는 친척이나 친지 등 인맥을 이용하여 보다 구체적인 정보와 사업의 전망 등에 대한 내용을 점검해보는 것이 필요하다.

3. 창업아이템의 예비탐색방법

창업아이템을 탐색하는 단계에서는 가급적 많은 아이템을 찾는 것이 좋다. 그러나 애써 찾아낸 아이템이 자신의 창업에 적절하지 못할 수도 있고 실현가능성이 희박한 경우도 있으므로, 사업타당성 분석 같은 심도있는 분석을 하기 전에 예비적으로 선별하는 방법 중 점수법과 지수법을 소개하면 다음과 같다.

1) 점수법

점수법은 어떤 내용을 가지고 아이디어를 선별할 것인지를 미리 정하여 이들 내용들을 설문문항으로 7점 또는 5점으로 점수화하고, 선택한 점수의 합계를 계산하여 아이디어를 선별하는 방법이다.

일반적으로 아이디어를 선별하는데 많이 이용되는 내용으로는 다음의 내용들이 있다.

① 제품관련내용 : 용도, 품질, 가격, 대체재, 진입장벽 등
② 시장관련내용 : 잠재수요, 경쟁자의 수, 유통경로의 이용가능성 등
③ 자원관련내용 : 자본조달능력, 인적자원의 활용가능성 등
④ 생산(원가)관련내용 : 기술수준, 설비수준, 특허유무, 원자재가격 등
⑤ 위험관련내용 : 경기나 계절에 따른 매출액 변동성, 법률의 개폐에 따른 위험, 기술·설비의 진부화 위험, 신제품 출현가능성 등

다음은 5점 점수법의 예이다. 여기서 평가하고자 하는 사업이 묻는 내용과 매우 가까운 경우는 5점, 비교적 가까운 경우는 4점, 그저 그런 편인 경우는 3점, 그렇지 않을 경우는 2점, 전혀 그렇지 않은 경우는 1점에 체크하여야 한다.

〈표 4-1〉 점수법 체크리스트

번호	질문 내용	응 답				
		1점	2점	3점	4점	5점
1	제품의 용도는 다양하며 광범위한가?					
2	제품의 품질은 우수한가?					
3	제품의 가격수준은 품질에 비해 낮은 편인가?					
4	제품의 대체(보완)재의 개발가능성은 낮은가?					
5	진입장벽이 높은가?					
6	제품에 대한 잠재수요가 큰가?					
7	경쟁자의 수가 적은가?					
8	기존의 유통경로를 쉽게 이용할 수 있는가?					
9	판매촉진활동의 필요성이 낮은 사업인가?					
10	자본을 조달하는데 큰 문제가 없는가?					
11	필요한 인적자원을 활용하는데 문제가 없는가?					
12	생산 기술상 큰 문제가 없는가?					
13	생산공정과 설비를 갖추는데 어려움이 없는가?					
14	특허권의 보호나 이용에 큰 문제가 없는가?					
15	원자재 가격은 비교적 안정적인가?					
16	인건비는 비교적 안정적인가?					
17	경기나 계절변화시 매출액변동이 크지 않은가?					
18	법률의 개폐에 따른 위험이 크지 않은가?					
19	기술과 설비의 진부화에 따른 위험이 낮은가?					
20	신제품의 출현가능성이 낮은가?					
합계	점					

[자료 : 이석규, "창업 및 사업성검토", 다산출판사, 1997.]

2) 지수법

지수법은 사업성공에 영향을 미치는 핵심 요인들의 중요도에 따라 가중치를 부여하고, 점수합계를 계산하여 계산된 점수의 범위에 따라 아이디어를 평가하는 방법이다. 이 방법의 절차는 다음과 같다.

① 사업의 성패에 영향을 미치는 요인 중 중요한 것을 선정한다. 예를 들어 제품요인, 시장요인, 자원요인, 연구개발요인, 인사요인, 재무요인, 생산요인, 입지와 설비 등 8가지를 선정할 수 있다.
② 요인별로 중요도에 따라 가중치를 달라 부여한다. 단, 가중치의 합은 반드시 100이 되어야 한다.
③ 각 요인을 평가하는 척도를 만들고, 해당하는 평가척도에 체크하도록 한다. 이때 평가척도는 0.0, 0.1, 0.2, …, 0.9, 1.0 등으로 한다.
④ 각 요인별로 두 번째의 가중치와 세 번째에서 체크된 척도를 서로 곱해 요인별 점수를 계산한다.
⑤ 네 번째에서 계산한 각 요인별 점수를 합계하여 총점수를 계산하고 평가를 한다. 평가의 기준은 어디까지나 상대적인 의미를 갖게 된다.

다음은 지수법을 이용한 아이디어 평가의 예이다. 위의 방법을 이용하여 본인이 창업하려고 하는 A안을 평가한 후 다음과 같은 평가표를 작성하였다.

지수법에 의해 A안을 평가한 결과 A안은 매우 매력적인 사업아이디어로 판명되었다. 그러나 지수법에 의한 평가도 중요 성공요인의 선정과 가중치의 부여과정에서 분석자의 주관이 개입될 수 있다는 한계점이 있다.

〈표 4-2〉 지수법 평가표 사례

사업의 성공요인	가중치(A)	요인에 대한 평가척도(B)	가중평가점수(A·B)
		0.0 0.1 ------------- 0.9 1.0	
제품요인	20점	V	18점
시장요인	20점	V	16점
자원요인	20점	V	16점
인사요인	10점	V	8점
연구요인	10점	V	5점
재무요인	10점	V	9점
생산요인	5점	V	5점
입지와 설비	5점	V	8점
합계	100점		85점

[자료 : 이석규, "창업 및 사업성검토", 다산출판사, 1997.]

제3절 창업아이템 선정

하나의 상품이 시장에 출시되어 성장기를 거쳐 성숙기를 지나 시장에서 사라져 가듯이 모든 업종에도 이러한 라이프싸이클(Life Cycle)이 있다. 업종이 출현하여 보급되는 도입기를 거쳐 다른 경쟁기업들이 급증하고 이익도 급증하는 성장기가 있으며, 기업간 경쟁이 격화되며 이익이 감소하기 시작하는 성숙기를 지나 점차 다른 업종으로 전환하거나 신규 업종이 시장에 등장하는 쇠퇴기가 존재한다. 그러므로 창업아이템을 선정 할 때에도 이러한 업종의 라이프싸이클을 고려해야 하는데, 신규창업의 가장 적합한 시기는 업종의 성장기이며, 성숙기 후반이후에 진입할 경우에는 실패 확률이 높다.

특히 기술이나 아이디어를 가지고 창업하는 경우에 간과하지 말아야 할 것은 기술의 특허관련 사항이다. 최근 들어 첨단제품이나 신기술과 관련해서는 그와 관련한 국내외 특허등록여부를 반드시 사전에 확인해 보아야 한다.

유망아이템이란 장래성과 성장성, 시장성, 수익성, 안정성, 성공가능성을 가지고 있는 아이템을 말하는데, 이 세상에 이러한 모든 요소를 갖춘 완전한 유망사업아이템은 없다. 그러므로 유망업종이란 성공이 보장되는 업종이라기보다는 기본적인 시장이 존재하여 비수기가 없고, 경기에 민감하지 않을 뿐만 아니라 수익이 지속적으로 발생하는 업종으로 실패율이 비교적 낮고 부가가치가 있는 업종으로 이해하는 것이 좋다.

1. 창업아이템 선정의 기본원칙

창업아이템에 대한 탐색이 끝나면 창업아이템 선정에 대한 구체적인 분석과 검토가 필요한데 다음과 같은 세 가지 질문을 해볼 필요가 있다. 이러한 기준들은 창업 시의 아이템 선정뿐 아니라, 신제품을 기획하는 데도 매우 중요한 판단 기준이 된다.

첫째, 기존에는 이와 유사한 것이 없는 새 것인가? (Something New)

둘째, 지속적으로 경쟁우위를 구현할 수 있는가? (Something Better)

셋째, 경쟁자보다 높은 가격을 받거나 낮은 원가에 생산할 수 있는가?(Something different Price)

창업아이템 선정 기본원칙을 정리해보면 다음과 같다.

① 자신의 적성과 성격, 경험과 지식, 요구하는 자격증 여부 등 사업 수행 능력에 적합한가?

② 창업아이템이 경쟁자와는 다른 차별적인 제품의 기능과 소비자에게 제공하는 혜택과 서비스는 무엇이며, 지속적인 경쟁우위가 있는가?

③ 창업에 필요한 구체적인 자금 규모와 동원 가능한 자금 규모는 어느 정도이며, 자금조달은 어떠한 방법으로 할 것인가?

④ 창업 업종에서 취급할 제품과 서비스에 대한 잠재수요층이 있는가?

⑤ 시장의 경쟁현황과 전망 및 성장가능성이 있는가? 사업 발전 단계상 도입기, 성장기 업종인가?

⑥ 상권분석과 시장분석 상 예상하는 입지 선정의 용이성과 적합성은 어떠한가?

⑦ 도매업을 할 것인가? 소매업을 할 것인가? 의 사업형태와 어떤 제품 및 서비스를 취급할 것인가? 프랜차이즈 형식으로 경영할 것인가? 독립사업 형식으로 운영할 것인가?

⑧ 투자비용의 2-3년 내 회수가 가능한가? 수익 전망과 손익분기점, 인테리어 공사비 등 고정비의 권리금화가 가능한가?

⑨ 상품 조달과 지속적인 공급의 용이성 등 상품성이 우수한가?

⑩ 해당업종 창업의 인・허가 절차?

⑪ 국내외 특허 관련, 기술, 유통 등의 분야에서 경쟁업체 및 거래업체와 분쟁의 소지는 없는가?

〈표 4-3〉 창업아이템 선정 시 고려사항

구 분	내 용
적성과 능력	해당업종에 자신감이 있는가?
	창업자의 선천적 적성/성격에 맞는가?
	사업자 건강 능력에 맞는가?
	해당업종의 경험 또는 사업수행 능력/지식이 있는가?
	해당업종 창업 자금 조달 능력은 양호한가?
시장성	해당지역에서의 시장분석상 입지가 해당업종에 적합한가?
	사업발전 단계상 도입기・성장기 업종인가?
	해당업종의 시장 규모가 커지고 있는가?
	시장의 경쟁현황과 전망은 양호한가?

수익성	투자비용에 비해 수익 전망은 양호한가?
	손익분기점은 얼마인가? 언제인가?
	일반금리보다 수익성이 좋은가?
	2～3년 이내 흑자실현이 가능한가?
	인테리어 공사비 등 고정비가 권리금화에 유리한가?
상품성	고객입장에서 가격에 비해 유용한 상품인가?
	고객에게 인기도/경쟁력은?
	영업 및 AS가능 여부?
	상품 조달 및 공급 용이성은?
	상품관련 기술을 터득하여 개선할 수 있는가?
위험성	해당업종 인·허가문제에서 미비한 점은 없는가?
	경쟁업체/거래 업체와의 분쟁소지 여부는?
	내적요소(종업원상품 조달·반품 등)에서 문제소지는 없는가?
	추후예비 자금 조달에서 막힐 염려는 없는가?

2. 층별 창업아이템 선정

창업 공간으로서 점포를 임대하거나 구입할 때 창업하고자하는 업종과 건물의 층별 특성을 고려해야한다. 창업 시 건물의 층별 특성과 적합한 업종을 소개하면 다음과 같다.

1) 지하 1층

(1) 지하 1층의 특성

창업 공간으로서의 지하 1층은 창업 가능한 업종이 한정되어 있으므로 이러한 특성을 고려하여 창업해야 한다. 또한 지하 1층의 적정임차비용은 일반적으로 지상 2층과 3층의 중간선이면 적절하다고 할 수 있다. 특히 지하 1층의 환기시설이 지하영업에 상당한 영향을 끼칠 수 있으므로 공기정화 시설, 환기시설이 잘 되어 있는지를 잘 살펴야 한다. 또한 내부 인테리어를 할 때에 조명을 이용하여 가상 창문을 만들어주면 지하라는 이미지를 조금 벗어날 수 있다. 지하로 내려가는 계단은 가능하면 일직선이어야 하며, 1층 입구에서 지하를 내려다 볼 때 바닥이 보이는 상태여야 좋은 지하층이라 할 수 있다. 어린이들과 나이 드신 분들이 오르내리기에 불편하지 않도록 한 계단의 높이는 15cm이하가 좋다. 또한 화재를 대비해 비상구 마련과 소화기 비치를 필수적으로 해야 한다.

(2) 지하 1층에 적합한 업종

위에서 언급한 특성을 가진 지하 1층에 적합한 업종으로는 커피전문점, 만화텔, 노래방, 비디오방, 실내골프연습장, 호프전문점, PC방, 포켓볼장, 주점, 컴퓨터 게임장, 중국집 등이다.

2) 지상 1층

(1) 지상 1층의 특성

지상 1층은 임대료는 지하 1층보다 평균적으로 비싼편 이기는 하지만 업종과 건물구조에 따라 앞마당을 활용할 수 있다는 장점이 있으며, 소비자들이 쉽게 접근할 수 있어 지하나 2층보다 일반적으로 30~50%이상의 매출이 발생한다. 업종과 아이템에 대한 선택의 폭이 넓고 다른 층에 비해 성공지수도 비교적 높은 편이다.

(2) 지상 1층에 적합한 업종

지상 1층에 적합한 업종으로는 음식점이나, 의류, 도소매업종은 반드시 1층인 것이 좋은데, 닭갈비, 레스토랑, 일식집, 피자・패스트푸드점, 분식, 아이스크림점, 커피전문점, 컴퓨터 게임장, 서점, 미용실, 팬시점, 한복집, 세탁체인점, 장난감 판매대여점, 우동 국수전문점, 편의점, 향수 및 화장품전문점, 수입품 전문점, 귀금속 전문점, 건강용품점, 언더웨어점 등이다.

3) 지상 2층

(1) 지상 2층의 특성

계단의 모양과 위치가 중요하다. 계단은 반드시 전면에서 경사가 완만해야 하고 계단별 높이 또한 지하와 마찬가지로 15㎝를 넘지 않는 것이 좋다. 입구 계단이 반드시 건물의 전면에 있어야 하며 옆에 있거나 뒤에 있는 경우는 피하는 게 좋다.

(2) 지상 2층에 적합한 업종

지상 2층에 적합한 업종은 미용실, 포켓볼장, 커피전문점, 전통찻집, 노래방, 비디오방, 인터넷 PC방, 만화텔, 호프집, 월셋방 임대사업 등이 적합하다.

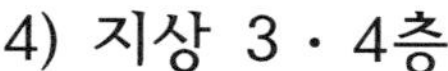

4) 지상 3 · 4층

(1) 3 · 4층의 특성

1 · 2층에 비해 임차 보증금이 30～50% 저렴해서 최초 투자비용이 줄어든다. 소비자들이 찾아가는 휴게, 오락, 독서실, 여가 공간, 임대관련업종에 적합하다.

(2) 3 · 4층에 적합한 업종

지상 3, 4층에 적합한 업종으로는 헬스 센터, 고시원, 독서실, 당구장, 포켓볼, 비디오방, 만화텔, 노래방 등이다.

3. 성격에 맞는 창업아이템 선정

창업아이템을 선정 할 때에 가급적이면 창업자의 적성과 성격에 맞는 아이템을 선정하는 것이 좋다. 창업자의 성격에 따른 적합한 업종이라는 것은 절대적인 기준은 아니라 창업 시 참고해볼 사항이며, 사람들의 성격은 다양한 기준에 따라 여러 가지 형태로 나눌 수 있지만 다음과 같은 7가지 성격에 따른 적합한 창업아이템을 제안해보면 다음과 같다.

1) 외향 · 사교형

외향 · 사교형의 성격을 가진 사람은 대인 접촉이 비교적 많은 업종이 적합하다. 예를 들면 유통판매업, 세일즈사업, 창업이벤트업, 웨딩이벤트업, 인력공급 및 고용알선업, 여행알선 및 여행보조업 등의 업종이다.

2) 내향 · 소극형

내향 · 소극형은 큰 영업활동 없이도 고객이 일상적으로 찾아오는 생활용품 및 신변잡화관련업종, 문화, 예술, 취미산업 분야가 적합하다. 아동의류 · 신발할인판매업, 완구 · 팬시전문점, 생활용품판매업, 꽃가게, 여성의류, 실내인테리어장식업, 홈패션업, 숙박업, 정보제공업, 전통찻집 등의 업종이다.

3) 침착 · 연구형

침착 · 연구형 성격은 아동 및 교육사업, 컨설팅 사업 등 지식업 분야에 적합하다. 예를 들면 도서 · CD · 학습교재대여점, 체인학원업, 독서실, 어린이놀이방, 컴퓨터 학습방, 컴퓨터 시스템 자문업, 창업 및 경영 컨설팅업 등의 업종이다.

4) 탐구 · 아이디어형

탐구 · 아이디어형의 성격을 가진 창업자는 발명사업가, 벤처사업가와 같은 모험성 있는 미래지향적인 업종에 적합하다. 예를 들면 정보통신업, 과학 모형기기 전문점, 부가통신업, 소프트웨어 개발 및 공급분야 등의 업종이다.

5) 우직 · 인내형

우직 · 인내형은 외식업이나 개인 서비스업이 적합한데, 예를 들면 전문음식점, 단체급식 전문업, 음식 출장조리배달 서비스업, 채소과일 택배업, 자료 전산처리업 등의 업종이다.

6) 고지식 · 원칙주의형

고지식 · 원칙주의형의 성격은 개인을 위한 공급자 중심형 사업에 적합하다. 예를 들면 사채금융, 전기 · 전자제품 및 주택관련 수리업 등 소규모 할부금융, 렌탈업, 컴퓨터 · 가전제품 수리업, 청소용역업, 가구리폼업, 자동차 수리 및 셀프세차업, 통신판매업, 무역오퍼업 등의 업종이다.

7) 저돌 · 추진형

사람의 성격에는 저돌적이고 추진력이 강한 성격도 있는데 이러한 사람은 종업원 통제와 고객접대 노하우가 필요한 사업에 적합하다고 할 수 있다. 예를 들면 건강 및 레포츠사업, 건설업, 주점업, 이삿짐센터 등과 같은 레포츠센터, 레저 · 오락이벤트업, 실내사격연습장, 이삿짐센터, 운동 및 경기용품 판매업, 전문건설업 등의 업종이다.

4. 21세기 유망아이템

21세기 우리나라의 창업 시장은 양적인 확대 과정에서 질적인 변화로 나아가는 전환기를 맞을 것으로 전망된다. 외환위기 이후 소자본창업 시장에는 구조조정의 결과로 대기업 등에서 풍부한 실무경험을 쌓은 퇴직자 그룹을 비롯해서 취업을 원천봉쇄 당한 신세대층과 추가적인 소득원이 필요해진 주부, 특정분야에서 경쟁력을 가진 전문가 그룹 등 다양한 계층이 유입되고 있다. 이들 신규 창업자들의 참여로 다양한 사업 아이디어와 풍부한 자금이 유입되어 활력을 유지하였고, 이들의 성공사례가 알려지면서 소자본 창업이 생활의 방편을 넘어 부를 축적할 수 있는 유력한 수단으로 인식되기도 했다. 또한 불과 2, 3년 전만 해도 창업 아이템의 40% 이상을 차지하던 외식업 비중이 약 25% 선으로 떨어지고, 가격 할인을 내세운 유통업과 사무지원 및 생활편의를 제공하는 서비스업이 주류로 떠오르고 있다. 독특한 아이디어를 무기로 한 신규 업종의 증가도 두드러진 현상이다. 창업투데이 등 창업관련전문지 및 단체가 제안한 21세기 유망업종을 정리해 보면 다음과 같다.

1) 건강관련 아이템

웰빙(well Being)의 붐을 타고 최근 건강에 대한 관심이 높아지면서 건강관련 업종이 급부상하고 있다. 한 끼를 먹더라도 이왕이면 몸에 좋은 자연건강식을 먹겠다는 소비심리가 확산되면서 '건강'을 테마로 한 외식업종이 꾸준한 인기를 끌고 있다. 건강에 관심이 많은 중장년 층 뿐만 아니라 10-20대의 젊은 층까지 흡수하는데 성공하면서 성장세가 이어지고 있다. 건강음식 전문점들의 최근 경향은 유통의 선진화, 차별화된 이벤트, 독특한 맛으로 고객의 입소문을 타고 있다는 점이다.

예를 들면 해초요리를 전문으로 하는 해초요리전문점, 온 가족이 함께 즐길 수 있도록 대형화·편의화된 감자탕전문점, 한국형 패스트푸드로 자리 잡은 보쌈전문점, 피자를 나무에 구워 기름을 뺀 장작구이 피자전문점 등이 계속해서 각광받을 것으로 전망된다. 또한 한국의 전통적이고 대표적인 건강관련 한식업종으로는 두부요리전문점과 버섯요리전문점을 들 수 있다. 두부는 우리 한국인의 식탁에 빠지지 않는 고유의 전통 음식이자 건강 보조 기능이 입증된 최고의 건강식품으로 두부정식, 두부부침, 두부보쌈, 두부전골, 콩비지찌개, 콩국수 그리고 아이들을 위한 두부버거 등 다양한 두부관련 메뉴가 개발되었다. 장작구이 피자전문점과 메밀

우동전문점은 건강과 다이어트에 관심이 많은 젊은 여성층을 공략해서 성공한 케이스이다. 이들 업종은 가격이 저렴하고, 단시간에 먹을 수 있다는 편의성과 신세대들의 건강지향이 맞물려 높은 인기를 얻고 있다.

2) 할인점

계획적이고 합리적인 소비경향을 보이는 소비자를 겨냥한 사업들이 높은 성장세를 보이고 있는데, 대표적인 업종으로 사무용품 할인점, 아동복 할인점 등을 들 수 있다. 사무용품 할인점은 판매 제품을 일반 점포보다 20~30% 저렴한 가격으로 제공함으로써 호황을 누리고 있다. 아동복 할인점도 품질이나 디자인 면에서 손색이 없는 제품을 중간유통단계를 없애고, 직접유통을 통해 거품을 제거해 의류비 지출에 부담을 느끼면서도 내 아이에게만큼은 남부럽지 않게 입히고 싶어 하는 신세대 주부들의 요구와 어린이 고객들의 취향을 만족시키면서 강세 업종으로 자리매김을 할 것으로 전망된다.

3) 어린이 교육 관련 사업

우리나라뿐만 아니라 전 세계적으로 가장 큰 시장을 형성하고 있는 사업 아이템 중의 하나는 어린이 교육 사업에 관련된 업종 들이다. 아무리 생활이 어렵다고 해도 자녀들을 위한 소비 지출은 쉽게 줄이지 않는 경향이 있다. 어린이를 둘러싸고 있는 부모, 조부모 등과 관련된 파생시장이 크게 형성되고 있을 뿐 아니라 어린이들의 소비성향이 개성화, 세분화되면서 관련 사업도 확대되고 있기 때문이다. 일반적으로 1세에서 14세의 어린이를 대상으로 하는 모든 사업을 일컫는 엔젤 비즈니스는 경기를 타지 않는 사업 분야 중 하나로 꼽히고 있어 예비창업자들이 높은 관심을 보이고 있다.

사실 14세 이하 국내 어린이 인구는 출산율 저하로 매년 감소추세를 보이고 있다. 통계청에 따르면 2000년 말 기준으로 전체 인구에서 0-14세 인구가 차지하는 비율은 21.1% 였는데, 2010년에는 16.1%로 감소하였고, 2030년에는 12.6%로 감소할 것으로 전망된다. 이처럼 어린이 인구의 지속적인 감소추세에도 불구하고 어린이 관련 사업은 오히려 호황을 누리며 질적, 양적으로 높은 성장을 보이고 있는 것은 핵가족화, 출생률 저하로 가족 내에서 아동의 영향력이 크게 상승된 데다 취향에 따른 아동의 선호가 뚜렷하고, 구매의사 결정권에 있어 아동들의 영향력이 점점 커지고 있기 때문인 것으로 분석된다.

이와 관련되어 최근에 부각되고 있는 몇몇 업종을 소개해보면 특수 장비를 이용하여 아이들의 사진을 화가의 스케치 작품으로 만들어주는 베이비디지털 포토전문점, 담당교사가 가정을 정기적으로 방문해서 어린이들에게 생활 음악을 1:1 방식으로 교육하는 사업, 바쁜 직장주부를 위해 영유아의 보호와 교육을 책임지는 학습놀이방 사업, 출산과 유아에 관련된 모든 용품을 판매하는 출산유아용품전문점 등이 높은 인기를 끌고 있다.

4) 생활편의 관련 사업

여성의 사회 진출 증가와 남녀평등 사상의 일반화 경향, 독신생활자와 맞벌이 부부의 증가 속에 소비자들의 바쁜 일상생활과 한정된 시간의 질적 소비에의 관심 등 소비자들의 라이프스타일이 변화하며 가정의 풍속도가 바뀌고 있다. 이에 따라 일상생활의 여러 가지 문제를 해결해주는 다양한 편의형 사업이 신종 사업으로 부각되고 있다. 과거 남편은 밖에서 일하고 아내를 가사와 육아를 맡아서 하던 라이프스타일이 추가적인 소득원이 필요하게 됨으로써 함께 나가서 일하고 집안일도 함께하는 방식으로 바뀌고 있는 것이다. 주 타겟층인 젊은 부부는 음식을 직접 만들어 먹거나 집안 청소를 하는데 서투른 것이 일반적이다. 이런 경향은 시간이 갈수록 강화될 것이기 때문에 청소대행업, 반찬전문점 등 생활편의형 사업의 전망은 매우 밝다고 할 수 있다.

5) 애완동물전문점

현재 미국과 일본에서는 애완동물을 키우는 사람들은 꾸준히 증가하고 있으며, 관련 사업도 다양해지고 있다. 우리나라에서도 애완동물 전문점이 소자본 창업 아이템으로 급부상하고 있으며, 이미 오래전부터 선진국에서 수익률이 높은 사업 중 하나로 인식되고 있다. 일본의 애완동물 산업 역시 경기불황 속에서도 시장규모가 줄지 않고 있으며, 전문·기업·브랜드화의 노력을 통해 새로운 애완동물 문화를 구축해 나아가고 있다.

우리나라에서도 핵가족화가 진행되고 독신생활자가 늘어나며, 고령화와 이혼율 증가 등의 흐름 속에, 도시와 가정의 삭막한 분위기를 부드럽고 따뜻하게 바꾸기 위해 애완동물을 기르는 사람들이 많아지고, 반려동물 수요 창출로 애완동물 비즈니스 산업 규모는 연간 4-5조원 정도로 추정되는데, 연간 10-15% 정도 확대될 것으로 예상되므로 충분한 성장 잠재력이 있다.

애완동물 전문점은 애완동물을 기르는데 필요한 각종 제품과 서비스를 제공하는 곳이다. 애완동물을 기르는데 그치지 않고 예쁘게 가꾸고 건강하게 관리하는데 필요한 모든 것을 갖추고 있다. 애완동물 전문점에서 취급하는 동물은 애완견과 고양이에 그치지 않고 새, 햄스터, 이구아나 등 희귀동물을 구비하고 있다. 애완동물의 교배와 분양, 사료 및 건강 식품 판매, 미용과 건강검진 서비스 등을 한 점포 내에서 종합적으로 제공한다. 일시적으로 동물을 맡기고자 하는 사람들을 위해 애완동물 호텔까지 겸하고 있다.

특히 이 사업을 하는 데는 특별한 기술이나 경험이 필요하지 않아 누구나 쉽게 시작해볼 수 있는 사업이다. 누구보다 애완동물을 사랑하는 마음을 가지고 있으면 된다. 그러므로 애완동물을 좋아하고 길러 본 경험이 풍부한 사람이 운영하기에 적합한 업종이라고 할 수 있다.

최근에는 동물 외에 곤충을 사육하는 사람도 크게 증가하고 있다. 애완곤충 시장의 국내 시장규모는 약 400억 원 정도로 추정되고 있다. 일본의 경우 사슴벌레 시장만 2,000-3,000억 엔 규모로 왕사슴벌레 취급점만 1,000여 개며, 8cm 사슴벌레가 1억원에 팔릴 정도로 큰 규모의 시장이 형성돼 있다. 아직 일본 수준에는 못 미치지만 우리나라 애완곤충 시장도 점차 커지고 있는 추세다. 함평 나비축제 및 무주 반딧불축제와 같이 지방자치단체의 관광 상품과 연계가 가능하며, 학습 생태원과 연계해 관광벨트화 할 수 있기 때문에 시장 확대 및 발전 가능성이 매우 높게 평가되고 있다.

표적시장에 맞는 브랜드네이밍으로 중국에서 성공한 초코파이

현재 중국, 러시아, 베트남 등에서 폭발적인 인기를 누리며 전 세계 60여국에 수출되고 있는 오리온 초코파이는 수많은 이야기를 몰고 다닌다. 2003년 제과업계 최초로 단일품목 누적 매출 1조원을 달성하였고, 2011년 1월 기준으로 총 140억개가 판매되었는데, 이를 한 줄로 늘어 놓으면 지구를 25바퀴 돈 89만Km이며, 전 국민이 1인당 먹은 개수는 280개나 된다. 오리온초코파이 전체 매출의 1/4 가량이 중국에서 거둔 성과다. 초코파이는 중국내 파이류 브랜드 가운데 인지도와 점유율 1위를 굳건히 지키고 있다. 비결은 '좋은 친구들' 이란 의미를 가진 중국식 이름 덕분이다. 초코파이는 중국에서 하오리요우(好雨友)라는 브랜드로 판매된다. 그 덕분에 오리온초코파이는 중국에서 우정을 상징하는 대표적인 상품이 되었다. 중국에서는 기업브랜드인

동양제과를 쓰지 않는데, '東洋' 이라는 단어가 일본의 군국주의를 연상시킬 수도 있기 때문이다. 상품의 이름을 잘 지으면 그 자체가 마케팅 수단이 된다.

회사나 상품, 서비스 이름을 지을 때는 어려운 단어를 선택하기 보다는 간결하고 친숙하게 느끼며, 기억하기 쉽고, 부정적인 의미가 담기지 않는게 좋다. 그런면에서 초코파이의 중국식 이름은 명작이라 할 수 있다.

[자료 : 케빈 리, 마케팅 성공사례, 길벗, 2011. pp.119-121. 참조 수정]

5. 해외 유망창업아이템

해외 유망 창업 아이템이라 하여도 우리나라와는 경제적, 문화적, 사회적으로 여러 가지 차이가 있어 우리나라에서의 창업 업종으로 꼭 적합하다고 할 수는 없다. 대체적으로 우리나라에 관련 업종이 소개되거나 성장업종으로 자리매김이 되기까지는 업종에 따라 차이가 있으며, 그 주기가 짧아지는 경향이 있기는 하지만 5년-20년 정도 업종의 라이프싸이클을 가지고 우리나라에 유입되고 있어 향후 창업의 추세를 이해하는데 도움이 된다. 미국의 재택근무협회(Home Office Association of American) 사이트와 창업 전문기관이 추천한 해외 유망 창업아이템 중 몇 가지를 소개하면 다음과 같다.

1) 건강음료전문점

건강음료전문점에 관련된 몇몇 아이템은 이미 국내에 소개되어 성업 중인 경우도 있다. 건강음료전문점은 예를 들면 천연주스와 스무디 등 건강음료와 다양한 종류의 비타민제, 영양보조식품 등을 전문적으로 취급 판매하는 업종이다.

2) 주택청소 서비스

우리나라의 주택 청소 서비스업은 아직 미국처럼 전문화되어 있지는 않다. 일부 건물청소 전문 업체들이 지역별로 영업을 하고 있으며, 가정 청소업은 YWCA 등 여성단체들을 중심으로 전화 예약에 의한 시간별로 청소서비스를 제공해주는 시스템이 운영되고 있는 정도이다. 그러나 취업 여성의 증가로 인한 맞벌이 부부의 증가와 편의성 추구 경향 등의 가사노동 시간에 투입할 시간적 여유가 없는 가정이 늘어감에 따라 주택청소 서비스업의 청소 분야별 전문화와 함께 시장은 점차 규모가 증가 할 것으로 전망 된다.

3) 체력단련 트레이너

사람들의 건강에 대한 관심이 지대해지면서 개개인의 체력을 전문적인 다양한 방법으로 단련시키는 개인 트레이너들은 운동이나 다이어트를 지도하여 많은 수입을 올릴 수 있다. 미국의 경우 일과시간 후에는 지역 학교의 체육관이나 커다란 교실에서 운영하며, 낮에는 일대일로 개인교습을 하기도 한다.

4) 소점포 컨설팅업

소점포 창업 및 운영과 관련, 점포 사업자에게 필요한 사업 계획의 수립과 시장조사 분석, 개점지원, 홍보 및 프로모션 지원 등 다양한 경영 컨설팅 서비스를 제공하는 것을 전문으로 하는 업종이다. 물론 이 분야의 자격증과 전문적인 기술과 지식을 필요로 한다.

5) 런치 데이팅

학업이나 바쁜 직장생활로 결혼적령기를 놓친 전문직 종사자를 표적시장으로 기존의 결혼상담소 기능을 특화하여 틈새시장을 대상으로 한 신종 아이템이다. 당사자들이 제공한 관련 정보를 바탕으로 데이트 상대자를 선정하고, 미리 약속한 점심식사를 하면서 맞선을 주선하는데 점심 값은 당사자 부담이다.

이외에도 건강, 사업지원, 생활관련, 실버분야, 대행, 대여, 교육, 각종 전문점 분야가 해외 유망 창업 아이템으로 추천되고 있다.

제4절 창업아이템 평가

창업아이템 평가 기준은 절대평가와 상대평가 기준이 있는데 보다 구체적인 창업아이템 평가 항목으로는 사업 수행 능력 및 적합성분석, 제품 및 기술성 분석, 시장성 및 판매 전망 분석, 수익성 및 경제성 분석, 자금 수지 및 성장성 분석으로

이루어지는데 이를 자세히 설명하면 다음과 같다.

1. 창업아이템의 평가기준

1) 절대평가 기준

경영이념 및 목표와의 부합도, 전략(방침)과의 일치성, 법률적인 제한, 공익에 대한 저해 여부, 과다한 소요자금, 기술 확보 여부, 마케팅 활동 저해 요인, 필요한 자격 조건의 유무 등이다.

2) 상대 평가 기준

시장규모, 시장성장성, 경쟁상태, 수요안전성, 산업 및 제품의 성숙도 등 업계의 매력도와 필요한 경영 노하우 및 전문기술, 투자액 조달, 자금운용능력 등의 진입가능성, 생산능력(규모), 품질, 연구개발력, 차별성, 마케팅능력 등의 경쟁력과 수익률, 매출, 투자회수기간, 손실가능성 등의 수익성과 위험, 기존사업+기업이미지 영향, 장래성장에의 영향 등의 사업 시너지(Synergy) 이다.

2. 사업수행능력 및 적합성분석

1) 사업의 목적과 범위

사업 목적이 창업자의 경영 이념과 일치하는지 여부와 정관 등에 표시할 사업의 목적과 범위, 창업자의 경력, 지식, 적성 등이 사업아이템과의 부합여부를 검토한다.

2) SWOT(Strengths, Weaknesses, Opportunities, Threats) 분석

경쟁자를 포함한 경영환경을 위협(threats)이나 기회(opportunities)로 분석하고, 조직의 내부적인 능력을 강점(strengths)과 약점(weaknesses)으로 파악하여 강점을 최대한 이용하고 약점을 보완할 수 있는 전략을 모색, 수립한다. 조직 내부의 강점과 약점은 경쟁사와의 비교를 통하여 분석될 수 있고, 목표와 관련하여 생각 해 볼 수 있다. 이러한 평가요인으로는 경쟁적 우위, 인력 수준, 기술적 능력, 재무능력, 경영자의 경영능력과 신념 등이다.

3) 사업 경영의 특징

경쟁회사 대비 조직, 생산, 마케팅 등의 차별화 전략과 소비자에게 해당 기업을 부각시킬 수 있는 경영전략 수립 가능성 여부를 검토한다.

3. 제품 및 기술성분석

1) 제품성

계획한 제품의 종류, 용도의 적합성 유무와 물리적·화학적 특징과 해결 가능성 유무 및 국내외 표준 규격품과의 품질 및 기술 수준을 비교해 본다.

2) 생산 시설의 적정성

각 제품별 적정 시설 규모 및 기존 시설과의 비교 및 국내외 최신 기술 동향을 검토한다.

3) 생산계획 검토

생산방식과 공정의 타당성 및 생산인력의 자격 요건 유무와 최대 생산시설 능력 및 기간별 가동률에 대한 생산 계획을 검토한다.

4) 입지조건

전력, 교통, 원재료 조달 용이성, 종업원 충원 용이성, 사업장 취득 상 제한 등 입지조건을 검토한다.

5) 기술성분석

기술성분석은 창업아이템 또는 생산제품의 개발, 설계, 생산을 추진하는데 있어 아이템의 성능과 기술 구현, 자체 개발과 아웃소싱 여부, 특허권, 차별화 구현을 위한 기술적인 항목, 제품의 용도, 제품의 물리적·기계적·화학적 특성에 관련된 사항, 제조공정에 대한 사항, 수요량을 생산할 수 있는 생산일정 및 공장규모의 결정, 구입할 기계의 규격, 공급가격, 입찰일정, 대금지불방식, 설비의 신뢰성과 성능, 예비부속품의 조달가능성 등이 포함된다. 이러한 사항을 고려하여 기계 선정, 기계의 장・단점을 충분히 비교・검토한 자료 및 기계의 배치(layout), 이용되는 기술로부터 예상되는 폐기품의 종류와 양, 처리방식 및 처리비용 등을 검토해야 한다.

특히, 기술적 타당성검토에서 최근 들어 중요한 것 중의 하나는 해외인증과 관련한 사항이다. 해외인증은 유럽지역뿐만 아니라 다른 나라에 수출하는 경우에는 거의 상품에 CE마크 인증을 요구하고 있으므로 이에 대한 준비를 사업초기부터 고려해야 설계변경 등으로 인한 추가원가상승, 인증부품 추가구입에 따른 시간적・물질적 손실을 막을 수 있다. 인증과 관련한 문제는 한국산업기술평가원(ITEP)등에서 컨설팅과 아울러 심사 등을 대행하는 서비스가 있어서 이를 이용하는 것이 비교적 편리한 방법이다.

4. 시장성 및 판매전망 분석

1) 시장분석

시장성 평가 시 고려해야 하는 항목으로는 업계 및 경쟁업체 현황과 성장률 분석 및 향후 전망, 시장의 지리적 위치, 수송 방법과 유통조직 거래조건 등을 포함하는 시장의 특성과, 주요고객, 국내외 잠재시장 규모 등의 수요분석이 있다. 또한 기존 기업의 공급능력과 기존 제품의 가격, 품질 및 판매전략 등을 포함하는 공급분석 등이 있다.

2) 판매전망 및 판매전략

시장별 예상 소비량, 시장점유율 추정과 시장점유율확보 가능성 및 확보전략, 판매 단가의 적정성, 광고 등 촉진전략과 예상되는 장애요인 등을 고려한다.

5. 수익성 및 경제성분석

수익성 및 경제성 분석은 재무분석(financial analysis)이라고도 하는데, 수익성이나 경제성을 측정하는 여러 가지 지수를 이용하여 사업안의 타당성 여부를 검토하는 것이다. 또한 창업 후에 창업아이템을 개발하고 제품화 및 상품화를 거쳐서 판매이윤이 돌아올 때까지의 자금 순환에 대한 분석을 해야 한다.

1) 재무분석에서 검토되어야 할 내용

사업비용의 총액, 초기 투자액, 시간에 따른 사업의 재무상태변동 등을 나타낸 재무제표작성, 총사업비의 명세, 초기 자본소요액 및 사업에 관련된 현금수지 분석 실시, 손익계산서, 대차대조표, 현금수지분석표에 기초를 둔 미래의 재무구조예측, 재무예측을 뒷받침하는 보조 자료로서 판매대금의 회수기간, 재고수준, 구매제품 및 경비의 지불기간, 생산원가의 항목, 판매, 관리, 재정적 비용과 수익에 관한 재무분석을 하기 위한 투자수익률, 주당수익률, 손익분기점, 생산량, 가격분석 등에 대한 것이다.

2) 손익분기점

손익분기점의 매출액은 순이익이 영(zero)이 되는 것이므로 손익분기점의 계산 방법은 다음과 같다.

매출액−변동비−고정비=순이익=0
손익분기점=고정비/(1−변동비/매출액)
=고정비/(1−변동비율)
=고정비/(공헌이익률)

여기서 사용되는 총비용에는 판매량에 비례하여 증감하는 변동비와 판매량과 상관없이 일정한 원재료 매입비용, 운임, 판매수수료 등이다. 고정비의 주요 내용으로는 감가상각비, 설비보험료, 임차료, 수선비, 임직원보수 등이 있다. 판매량 수준이 어느 정도이든 상관없이 월별 고정비용과 변동비용을 커버하는 것, 즉 손익분기점을 얻고자 하는 것이 손익분기점 분석의 기본적인 목표이다.

3) 투자안의 평가방법

투자안의 평가방법은 기업의 기본목표인 기업가치를 최대화시키는 데 기여할 수 있는 투자안을 선택 할 수 있도록 투자안의 가치를 분석 · 평가하여 경제적 타당성을 검토하는 방법이다. 투자안의 평가에 있어서는 투자안의 수익성과 위험분석의 초점이 되어야 하지만, 여기에서는 미래 현금흐름의 예측이 확실하다는 가정하에서 투자안의 위험은 고려하지 않는다. 투자안의 평가방법은 회수기간법, 회계적 투자수익률법의 전통적인 방법과 현금흐름의 추정, 내부수익률법, 순현가법, 수익성 지수법의 현금흐름할인법 등이 있다.

소호창업인 경우 위에서 언급한 전문적인 재무분석을 하기가 쉽지 않으나, 수익성이나 경제성 분석으로 간단하게 검토해 볼 수 있는 일반적인 기준은 2~3년 내 흑자 실현 가능 여부와 손익 분기점 매출액은 얼마이며, 언제 실현 가능한가 등이 있는데 이에 대한 검토는 반드시 해보아야 한다.

6. 자금 수지 및 성장성분석

1) 자금 수지 및 자금조달 능력 검토

소요 자금의 규모 및 조달 가능성 검토, 차입금 상환 조건에 따른 상환 재원 및 가능성 검토

2) 위험요소 분석

위험요소에 대한 대응전략, 기업 환경 분석 및 기업경영 위험요소 분석

3) 성장성 분석

성장 가능성, 성장의 정도 측정

요 약

창업아이템의 선정은 창업의 성패를 좌우하는 중요한 문제이므로 창업하고자하는 업종의 환경과 소비자 동향, 소비자에게 차별적으로 제공 할 수 있는 상품과 서비스의 가치와 혜택이 무엇인가를 고려하여 지속적인 성장 가능성이 있는 창업아이템의 탐색이 필요하다.

창업아이템 선정은 일반적으로 8단계로 이루어지는데, 첫째, 창업 희망 아이템에 관련된 다양한 정보 수집, 둘째, 창업하고자 하는 분야 등 경험자의 체험담 청취, 셋째, 창업 후보 사업 아이템에 관한 정보 수집, 넷째, 2-3종의 창업 후보 아이템에 대한 정밀 분석과 동종업체 방문 및 전문가, 친구, 친척 등의 지인과의 상담, 창업 후보사업의 순위결정, 다섯째, 창업 후보 아이템별 사업의 시장성, 수익성, 성장성 등 사업타당성 검토, 여섯째, 창업아이템의 최종 확정, 일곱째, 동업종 및 관련업종 견습, 창업관련 경영 기술 습득 등 창업에 관한 경영 수업, 여덟째, 사업계획서 작성, 창업자금 조달, 창업 팀 결성, 사업장 선정 및 확보, 회사설립 등 구체적인 창업 준비이다.

창업아이템 탐색은 자신의 경험이 있는 분야가 좋고, 또한 평소에 관심과 흥미가 있는 분야 중에서 선정하는 것이 좋다. 창업아이템의 탐색을 위해서는 신문이나 TV, 주간 경제지, 창업관련 잡지, 민간컨설팅회사, 창업전문 싸이트에서 관련분야 정보를 탐색 할 수 있다. 또한 지역 소상공인지원센터, 여성경제인연합회 등에서 개최하는 창업 강좌에 참석해 보는 것도 좋다. 또한 창업아이템 선정 시 체크할 포인트는 적성과 능력의 적합여부와 시장성, 입지적 전망, 수익성 양호 여부, 상품성 우수 여부 및 위험요소 여부 등을 고려해야 한다. 그리고 창업아이템 평가시 에는 계획사업 수행 능력 및 적합성분석, 제품 및 기술성 분석, 시장성 및 판매 전망 분석, 수익성 및 경제성 분석, 자금 수지 및 성장성 분석을 해야 한다.

연습문제 Exercises

1. 창업아이템 선정의 8단계
2. 창업아이템 탐색 방법
3. 창업아이템 선정 시 고려 할 사항
4. 창업아이템 평가기준
5. 유망아이템

[사례 4.2] 베스트 창업아이템

창업은 누구나 할 수 있다. 그러나 성공은 아무나 할 수 없다. 수많은 사람들이 자신의 사업을 통해 경제적인 풍요와 여유로운 삶을 누리고 싶어 한다. 하지만 막상 창업의 문을 두드리려고 하면 고민해야 할 것들이 넘쳐난다. 창업은 제 2의 인생이다. 그러므로 창업이라는 새로운 인생을 준비하기 위해서는 충분한 시간과 노력이 필요하다. 그중에서도 가장 어려운건 아이템과 업종선택이다.

한국창업전략연구소가 '2011 베스트 창업아이템 100'에서 추천한 자본금과 입지 환경, 개인의 성향을 고려한 맞춤형 최적 프랜차이즈 창업아이템 중에서 식당과 서비스뷰티 업종을 중심으로 소개해보면 다음과 같다.

• 저칼로리 건강식!

몸짱, S라인, V라인 등의 신조어가 끊임없이 생겨날 정도로 다이어트와 건강에 대한 관심이 높다. 이에 따라 국내 외식업계는 '저칼로리 건강식'을 앞 다투어 내세우며 소비자들의 마음을 사로잡고 있다.

대표적인 사례로 돈가스 전문점 <코바코>에서 최근 다이어트 열풍에 맞춰 출시한 구운 돈까스가 있다. 기름에 튀기지 않고 특수 제작한 파우더를 발라 오븐에 구운 신개념 돈까스로 20여가지의 한방약제를 첨가하여 건강식으로 재탄생 시켰다.

그리고, 베트남 쌀국수는 대표적인 저칼로리 음식으로 여성들에게 꾸준히 인기를 얻고 있는 업종이다. 베트남 쌀국수 전문점 <호아센>의 쌀국수는 칼로리가 1분 기준 180칼로리로 일반 칼국수나 스파게티 1인분과 비교할 때 눈에 띄게 낮은 수치이다.

또한 동의보감에 인체 독성 물질을 해독시키는 기능이 뛰어난 약콩으로 언급된 쥐눈이콩을 재료로 요리하고 유기농 채소와 저농약 채소를 사용하는 퓨전 한정식집 '쥐눈이콩마을'은 쥐눈이콩으로 만든 두부, 묵, 비지떡, 버섯탕수, 비지전 등 10여가지의 정식코스를 판매한다. 그리고, 화학조미료를 쓰지 않고 각종 채소와 허브 등 친환경 유기농 재료만을 쓰는 '채선당'은 신선한 야채와 쇠고기 등심, 샐러드, 삼색김치, 칼국수, 만두, 영양죽 등으로 구성된 푸짐한 메뉴를 샤브샤브 방식으로 저렴하게 즐길 수 있는 것이 특징이다.

• 생활편의 서비스와 환경이 최고 아이템!

서비스 업종의 경우 최근 고객과 소비자들의 생활을 편리하게 해주는 생활편의제공 서비스가 주목을 받고 있다. 예를들면, '세상을 깨끗하게 생활을 풍요롭게'라는 기업이념으로 선진형 세탁시스템을 처음 선보인 '크린토피아 멀티샵' 과 같은 세탁편의점, 청소, 수리, 보수, 인테리어 등 주거에 대한 모든 서비스를 원스톱으로 지원하는 '핸디페어', 실내 환경 관리 청소대행을 하는 전문업체인 '닥스리빙클럽', '반딧

불이'와 1995년 국내 최초로 향기 관리라는 개념을 도입하여 사업화한 향기관리 전문업체로 연간 24억원 정도 매출을 올리고 있는 '바이오미스트' 등의 업종이다.

• 여성 전용 업종과 틈새업종에 주목하라!

패션뷰티 시장에서 틈새업종으로 주목을 받으면서 꾸준히 고객의 사랑을 받고 있는 업종으로는 여성빈모 인구가 300만명으로 급증하는 가운데, 여성들의 부족한 머리숱에 대한 고민을 해결해주는 가발이 패션아이템으로 부상하고 있다. 패션가발 판매점 '모양'은 30-50대 여성을 타깃으로, 합리적인 가격의 명품 패션가발을 판매한다. 또한 탈모두피 토탈케어 시스템의 선구자인 '모발로'는 병원과 견고한 협력을 통해 모발분석과 맞춤영양요법의 학적인 진단과 분석을 바탕으로 서비스를 제공한다.

창업 실패와 성공의 가장 큰 차이는 얼마나 적극적이냐, 얼마나 치밀하고 철저하냐에 달려 있다고 해도 과언이 아니다. 또 얼마나 인내심을 갖고 학습하는 자세로 사업을 운영하느냐가 성패의 갈림길에서는 중요한 역할을 한다.

[자료 : 한국창업전략연구소, 2011 베스트창업아이템 100, 21세기북스, 2011 수정]

제 5 장
사업계획서

[사례 5.1] 스타벅스

스타벅스를 전 세계에 2,400여개의 매장과 4만 여명의 직원을 거느린 다국적 기업으로 키워낸 '하워드 슐츠(Howard Schultz)' 스타벅스 회장은 스타벅스를 커피 회사로는 처음으로 미국의 주식시장에 상장시키고, 세계 최고의 커피 브랜드로 탄생시켰다.

하워드 슐츠 빈민가의 아들

하워드 슐츠는 1953년 뉴욕 브루클린 빈민가에서 태어났다. 1975년 노던 미시건 대학교에서 비즈니스학으로 학사 학위를 받고, 제록스사에서 3년간 세일즈와 마케팅 분야에서 일했다. 그러던 중에 그는 우연한 기회에 스타벅스의 커피 맛과 경영방식에 반했다. 그는 1982년 오직 4개의 스토어를 갖고 있던 작은 커피 회사 '스타벅스'에 마케팅 책임자로 입사하였다. 1987년 8월 그는 드디어 스타벅스를 인수, 회장겸 최고 경영자가 되자 최고의 품질을 지닌 커피를 만든다는데 대해서 어떠한 타협없이 밀어붙였다. 일례로, 스타벅스는 인공향을 넣지 않고 프랜차이즈로 운영하지도 않으며, 슈퍼마켓에서 팔지도 않는다. 또 스타벅스의 성공 비결 중 하나는 '포장'인데, 커피가 상하지 않는 포장 법을 꾸준히 개발, 보관기간을 늘려왔다. 이 덕에 7년 전만 해도 보관기일이 7일 정도밖에 안됐던 것이 약 3달 정도로 크게 늘어났다.

슐츠 회장은 커피가 삶의 한 단면인 미국에서 후발주자로서 출발한 스타벅스가 무언가 다른 점이 있어야 한다고 생각했다. 그는 자신의 스타벅스 커피전문점은 단순히 커피만을 파는 장소가 아니라는 기존의 커피전문점과 다른 신 개념의 커피 하우스를 창조해 나갔다. 사람들이 커피를 마시면서 감성적으로 친밀하고 즐거운 분위기를 느낄 수 있도록 환경을 조성했다. 고객들이 스타벅스에 들르면 거기에서 공동체적인 느낌을 가지도록 만드는 감성적인 마케팅 방식을 선택했다.

스타벅스의 인적자원 관리

기업이 계속적으로 존재하려면 기업의 가장 중요한 구성 요소는 바로 그 구성원들이다. 슐츠 회장은 그런 점을 잘 알고 경영에 도입 실천한 인물이다. 스타벅스는 파트타임으로 일하는 직원들에게도 포괄적인 의료 서비스와 스톡옵션도 제공해 주는 독특한 프로그램을 마련했다. 이러한 프로그램은 스타벅스가 최초인 것으로 알려져 있으며, 매우 파격적이었다. 뿐만 아니라 스타벅스는 회사의 가치관과 경영 원칙을 CEO와 전 종업원들이 공유하고 있다. 그런데 이러한 가치관과 경영 원칙의 공유가 각 계층에서 유능한 직원들을 확보할 수 있었던 비결이 됐으며, 거대기업으로 성장했지만 안정적으로 회사를 이끌어나갈 수 있는 비결이 되기도 했다.

스타벅스는 회사의 일선 직원들을 의사결정에 참여시키고 그 배경을 일일이 설명해준다. 이에 따라 직원들이 자유롭게 회사의 정책이나 전략 방향에 대해서 비판할 수 있는 분위기가 만들어져 있다. 이 회사는 매 분기마다 공개 포럼을 열어서 회사의 경영 성과를 설명하고 계획, 결정 사항, 전략, 기타 관심사에 대해 공개적으로 토론을 벌이는 기업문화를 가지고 있다. 이러한 분위기는 10년이 넘게 이어져 오고 있는데 이는 직원들 간에 큰 신뢰감을 만드는데 일조했다. 직원들이 회사에 대한 소속감을 가지고 있기 때문에 좋은 기업이 될 수 있었던 것이다.

스타벅스의 감동마케팅

스타벅스는 1999년 국내에 처음 진출하였는데, 매년 30~40%의 성장률을 보이며, 2012년 2월 10일 468호점인 제주시에 신제주점을 오픈하였다. 스타벅스의 성공 뒤에는 고객의 감성을 제대로 파악하고 거기에 성공적으로 부응한 마케팅 전략이 있었다. 이른바 감성마케팅이 바로 그것이다. 스타벅스는 커피세대가 감성계층으로 바뀌고 있다는 것을 감지하고 이러한 소비계층을 공략하기 위해 이들의 생활습관, 소비패턴을 철저히 연구하였다. 이 회사는 감성마케팅의 일환으로 이 감성소비계층이 움직이는 동선을 중심으로 점포를 내고 그들의 입맛에 맞는 상품, 그들이 즐길 수 있는 시설, 그들의 눈높이를 고려한 서비스를 제공했다.

스타벅스가 감성마케팅을 펼치기 위해 초점을 맞춘 부분은 사람들이 언제 어디서나 손에 커피를 들고 다니며 고급 커피를 즐기고 싶어 한다는 점이다. 이 회사의 마케팅 담당자들은 기존의 인스턴트커피에 식상해 있던 소비자들은 이제 다른 커피브랜드에서 느낄 수 없었던 색다른 맛과 새로운 라이프스타일을 원하고 있다는 점을 놓치지 않았다. 이에 따라 스타벅스는 단순히 커피만을 팔기보다는 커피와 함께 이국적 분위기, 친절한 서비스, 그리고 문화적 공간을 제공함으로써 새로운 커피산업을 하나의 문화로 정착시켜야겠다는 생각에 도달했다. 확고한 브랜드이미지와 차별화된 마케팅전략, 그리고 경영자와 직원들 간의 신뢰를 바탕으로 스타벅스는 전혀 새로운 커피문화에 도전했다.

이후 스타벅스는 기존의 저가격 일용품 시장과 인스턴트식 커피시장에서 탈피, 커피제품의 고급스러움과 편안한 공간을 제공해 주는 차별화 전략을 추구하게 됐다. 또 이 회사는 이제까지 충족되지 못했던 소비자의 욕구를 만족시켜주는 제품과 서비스를 개발하기 위해 노력했다. 최상의 커피품질을 추구하는 스타벅스는 이를 위해 커피원료를 구매하는 단계부터 배송, 가공, 판매에 이르기까지 전사적인 관리체계를 두어 직접 관리하고 있다. 수많은 커피 바이어들이 세계각지를 여행하며 원산지보다 품질 위주의 커피를 찾아내고 수십 년 간의 원두 감정 경험을 토대로 그 중 가장 훌륭한 원두만을 선택, 소비자에게 양질의 커피를 제공했다.

이는 소비자의 증가된 만족도로 나타났고 결국, 강력한 브랜드 이미지를 구축하게 되었다. 이를 통해 스타벅스는 프랜차이즈 방식을 도입하지 않고 직영점 위주로 유통망을 구축할 수 있었다. 스타벅스의 신선도와 품질에 대한 기준은 엄격하기로 소문이 나있다. 최고의 원두만을 고집할 뿐만 아니라 구매한 양질의 원두일지라도 다시 검사를 거쳐 기준에 미달일 경우, 또 일주일 이상 경과된 원두는 자선단체에 기부하고 있다.

스타벅스는 신선도를 유지하기 위해 추출 후, 1시간이 지난 커피는 폐기 처분하는데, 이를 고객들이 확인할 수 있도록 원두메이커 앞에 타이머를 달아놓을 정도로 엄격하다. 아울러 스타벅스는 타인들과 다른 자신만의 개성을 표출하고자 하는 고객들의 입맛에 충실하도록 테이크아웃 즉, 들고 다니면서 언제 어디에서나 자유롭게 커피를 마실 수 있도록 했다. 뿐만 아니라 스타벅스는 커피와 함께 문화적 공간을 제공, 스타벅스를 통해 자신을 표현하고 자신만의 개성을 느끼고 남에게 표출할 수 있도록 만들었다. 미국과 영국 등 세계 각지에서 스타벅스를 소비하는 사람들은 자신의 개성을 표현하는 하나의 수단으로 스타벅스 커피를 마시고 있다고 생각할 정도로 이 전략은 대단한 성공을 거두었다.

[자료 : 조행만, CEO리포트 경영사례분석가]

제1절 사업계획서의 개념과 의의

1. 사업계획서의 개념

사업계획서(Business Plan)란 창업자가 기업을 설립하고 자신의 사업을 지속적으로 성장 발전시켜가고자 하는 창업자의 구체화된 의지를 합리적이고 체계적으로 기술한 계획서이다. 그러므로 사업계획서에는 기업의 상호, 업종, 창업자의 인적사항, 주소 등에 관한 일반사항과 사업의 내용과 목적, 기대효과 등의 사업의 개요, 생산제품의 소개, 제품의 시장현황, 생산계획, 판매계획, 설비투자계획, 인력수급계획 및 조직표, 소요자금 규모 및 조달계획 등의 재무계획, 사업계획 추진 일정표 등의 내용이 포함된다.

미국의 소기업 컨설턴트인 라류 호스머(Larue Hosmer)는 사업계획이란 회사를 경영하고, 운영자금을 조달하여 제품이나 서비스를 생산, 판매하며, 경쟁상의 우위를 유지하는데 필요한 여러 활동의 길잡이 지도(road map)를 만드는 것이라고 정의하였다. 그는 이를 통해 개인의 새로운 착상을 다른 사람들에게 확신시킬 뿐 아니라 아직 시험되지 않은 착상을 포착, 거기에 개인적 추진력과 노력을 보탬으로써 현실로 전환시키는 것이라고 하였다.

2. 사업계획서의 의의

1) 사업을 계획하는 도구

사업계획서는 사업을 계획하는 미래의 청사진과 경영의 가이드라인으로서, 이것을 작성하는 과정에서 창업자는 사업에 관한 여러 가지를 점검하고 살펴보게 된다. 그러므로 사업전반에 관한 내용인 사업과 경쟁 환경, 잠재시장분석과 성공가능성, 위험부담 등을 객관적으로 살펴볼 수 있는 기회가 된다.

2) 자본조달의 수단

사업계획서는 창업에 도움을 줄 제3자, 즉 동업자, 출자자, 금융기관, 매입처, 매출처, 더 나아가 일반 고객에 이르기까지 투자의 관심유도와 설득자료로 활용도가 매우 높다.

3) 체계적인 사업 준비

사업계획서는 사업성분석 내용의 실행계획을 구체화하기 위하여 작성하는 것으로써 창업자 자신의 내부 관리목적을 위한 내적 기능과 외부 투자자의 의사결정을 위한 외적기능을 수행한다. 그러므로 체계적인 사업준비에 유리하다.

4) 사업의 성공 가능성을 높여 줌

사업계획서는 계획적인 창업을 가능하게 하여 창업기간을 단축시켜 주고, 사업추진을 원활하게 할 뿐만 아니라 자원 및 경비를 절감할 수 있게 해주며, 계획 사업의 성취에도 기여 한다.

5) 창업자의 비전과 인격

사업계획은 자신과 다른 사람을 합리적으로 설득하기 위한 준비 작업으로 표현하기도 한다. 그러므로 사업계획서가 얼마만큼 잘 작성되었는지 여하에 따라 창업자의 비전과 능력, 상품의 공급 또는 수요관련 거래처들에게 사업목표, 경영방침 등을 효과적으로 알릴 수 있으며 창업자 자신의 경영철학과 경영방침을 알릴 수 있는 수단이 된다.

제2절 사업계획서 작성원칙

1. 사업계획서 작성원칙

기업을 창업할 때 필수적으로 해야 할 사업계획서 작성 시에는 객관성과 구체성, 타당성의 작성 원칙을 고려해야 한다.

1) 객관성

사업계획서는 비논리적인 추정을 피하고, 공공기관 또는 전문기관의 객관적 증빙자료 등의 확실한 근거와 함께 실현가능한 사실성에 근거하여 정확하게 작성하여야 한다. 특히 사업계획서의 구체적인 숫자의 예측으로부터 사업이 성공할 것이라는 객관적인 자료를 제시해야 한다. 특히 제품의 가격, 이윤, 판매량, 시장점유율 등을 예측할 때는 지나치게 낙관적인 관점에서 해서는 안 되며 예상되는 경쟁관계를 과소평가하지 않아야 한다.

2) 구체성

창업자가 가지고 있는 목표 아이템을 제3자에게 설득력 있게 납득시키는 것이 사업계획서를 작성하는 목적 중의 하나이다. 따라서 사업계획서는 해당 제품 자체의 설명에만 국한하지 말고 관련산업, 관련업종의 내용, 제품 생산공정, 각 사업운영 부문에 대한 기술에 대해 구체적이면서도 명료하게 기술해야 한다. 그리고 창업자 자신이 조달 가능한 자기자본을 구체적으로 현금과 예금, 부동산 담보 등에 의한 조달액을 표시함으로써 제3자로부터 창업자의 최소한의 자금조달능력을 신뢰하게 할 필요가 있으며 동업자, 금융기관 등으로부터의 조달계획을 구체적으로 표시해야 한다. 이를 통해 경영자나 투자자로 하여금 사업성공과 투자가치와 수익성에 대한 확신감을 가질 수 있도록 해야 한다.

3) 타당성

사업계획서는 이해관계자(자본투자자, 사업승인자)들에게 타당성 있고 신뢰감을 줄 수 있도록 작성되어야 한다. 이를 위해서는 시장분석, 기술분석, 재무분석, 공익성 분석 등을 실시해야 한다. 그리고 제품 및 기술성 분석 근거자료로서 공공기관의 기술타당성 검토보고서 또는 특허 등의 관련 증빙서류를 첨부함으로써 신뢰성을 높여줄 필요가 있다. 또한 사업계획서는 추정재무제표와 재무분석을 통해 계획사업의 적정수익성이 검증되어야 한다.

2. 사업계획서 작성 시 유의할 점

① 창업의 목적이 개인적인 이익을 추구하는 것뿐만 아니고 공공의 이익을 위한 것이어야 한다.
② 사업내용의 차별적 특징과 핵심내용을 강조하고 부각시켜야 한다.
③ 틈새시장을 집중적으로 공략할 구체적인 마케팅 전략을 제시해야 한다.
④ 사업이 성공할 것이라는 객관적이고 설득력 있는 자료를 제시한다.
⑤ 제품의 가격, 이윤, 판매량, 시장점유율 등에 대한 현실적인 수치를 제시한다.
⑥ 유능한 사람들이 모여 균형 잡힌 경영진이 되도록 인력을 구성한다.
⑦ 회사의 소요자본이나 운영비를 너무 적게 예측하지 않는다.
⑧ 문제점과 위험요소에 대한 다각적인 검토를 포함하고 예상되는 경쟁관계를 과소평가하지 않는다.
⑨ 일회용 히트 기술로는 회사가 지속될 수 없으므로 지속적인 기술진보와 품질 향상을 위한 내용을 포함해야 한다.
⑩ 투자자를 찾을 때는 어떤 형태(경영에 관여할 사람 또는 단순히 투자에만 관심이 있는 전문투자자)의 투자자를 원하는지에 대한 명확한 정의를 하여야 한다.

제3절 사업계획서 작성의 실제

1. 사업계획 수립

1) 사업규모 결정

사업규모 결정요소에는 적어도 같은 업종의 기존회사보다는 더 좋은 시설과 인력 확보에 관한 기업적 요소와 독특하고 차별적인 경영기업에 관한 경영자적 요소가 있다. 또한 사업규모 결정과정별 고려사항은 창업자의 자금조달 능력, 업종에 따른 사업규모와 동종 업계의 평균자본규모 파악, 취급하고자 하는 제품과 상품, 창업멤버와 조직구성이 있다.

2) 창업멤버와 조직구성

기업을 운영하는 주체는 사람이므로 인적 구성에 따라 기업의 이익 창출효과는 크게 달라지는데, 창업멤버 구성 시 우선 고려하여야 하는 사항은 다음과 같다.

(1) 창업멤버와 회사조직은 간편하게 구성하는 것이 유리하다

왜냐하면 조직구성 시 작은 조직이 비용부담이 적고 의사결정 등 추진력이 높기 때문이다.

(2) 업종에 맞는 조직을 구성하여야 한다

창업회사의 조직은 일반적인 회사조직을 중심으로 편성하되 해당 업종에 맞는 특색 있는 조직이 필요하다.

(3) 동업 시는 상호조건을 분명히 하여야 한다

가급적이면 동업을 피하되 동업이 꼭 필요한 경우에는 상호조건을 정확히 제시하여 합의가 된 후 창업 준비에 착수해야 한다.

3) 기업형태의 결정

회사형태를 개인기업으로 할 것인가? 법인기업으로 할 것인가의 선택의 문제인데 기업형태별 장·단점을 비교하고 창업하고자 하는 업종의 특성과 상황 등을 고려하여 결정한다. 현실적으로 외형이 커지면 소득세 부담 때문에 법인으로 전환하는 경우가 많은데 벤처기업을 창업할 생각이면 주식회사로 하는 것이 유리하다.

4) 사업계획수립을 위한 7가지 질문

효과적인 사업계획을 수립하기 위해 다음 일곱 가지 질문에 답변할 수 있어야 한다.

① 사업형성을 위한 기술능력, 경영기능, 새로운 착상, 실물자산, 재무자원, 사업계획, 개인적 추진력 등의 구성요소를 모두 지니고 있는가?(자원조달계획)
② 창업 초기에 성공할 수 있는 요건을 갖추고 있으며 장기적으로 경쟁상의 우위가 있는가?(업계의 동향분석)
③ 제품이나 서비스는 시장에서 판매가능한가?(마케팅 계획)
④ 제품이나 서비스는 생산가능한가?(생산계획)
⑤ 제품이나 서비스의 마케팅과 생산을 위한 자금마련은 가능한가?(자본계획)
⑥ 마케팅, 제조, 재무면의 여러 활동을 관리할 수 있는가?(조직계획)
⑦ 이해하기 쉽고 논리적으로 설득력 있는 사업계획을 작성할 수 있는가?(사업계획)

2. 사업계획서의 내용과 형식

1) 사업계획서의 형식과 종류

사업계획서는 목적에 따라 내용과 형식이 달라진다. 우선 창업자 자신을 위한 사업계획서는 형식이나 내용에 구애받을 필요가 없다. 그리고 정부기관, 창투사, 은행 등은 자체 서식에 따라 작성하면 되지만 개인 투자자 또는 동업자를 위한 사업계획서는 자신이 구상하고 수립했던 내용들이 목적에 부합되게 빠짐없이 기록되어져야 한다. 사업계획서 제출처에 따른 주요 포함내용은 다음과 같다.

〈표 5-1〉 사업계획서의 중점 내용

제출처	목 적	중점 내용
창 업 자	내부관리	자금조달 및 운영계획
은 행	금융지원	투자계획, 매출계획, 상환계획
보증기금	신용보증	기술개발계획, 매출계획
지방자치단체	인 · 허가	사업기대효과, 환경계획
창업투자사	금융지원	사업성분석, 이익계획,
개인투자자	자금융통	이익계획, 투자회수계획
동업자	사업참여	지분계획

2) 사업계획서의 작성항목

사업계획서를 작성하는데 있어서 가장 핵심적인 요소는 '무엇을 가지고 얼마나 투자해서 얼마를 벌 수 있느냐'하는 것이다. 그 외의 내용은 자신과 회사를 소개하고 효율적으로 돈을 벌기 위한 방법과 빌린 돈을 언제 갚고 투자한 돈을 어떻게 배분하는가 하는 내용을 포함해야 한다.

〈표 5-2〉 창업의 요소별 내용

구 분	창업요소	내 용
누 가	창업자	창업자 개요, 인원 및 조직계획
무엇을 가지고	아이템	개발계획, 상품계획, 서비스계획, 가격설비계획, 자재계획, 외주계획
얼마를 투자해서	자 금	투자계획, 자금계획
어디서	입 지	입지계획, 지사(대리점)계획
누구에게		판매계획, 매출계획, 수출계획
어떻게		마케팅계획, 촉진계획
언제		일정계획
얼마를 벌수 있을까		원가계획, 이익계획, 상환계획, 배당계획

3) 사업계획서의 세부내용

사업계획서는 창업에서 가장 중요한 서류로써, 창업자본 조달에도 필요할 뿐만 아니라 이 계획서에 의해 회사가 평가받고 또 이 계획서에 의해 일이 진행된다. 사업계획서는 일반적으로 다음과 같은 내용으로 구성된다.

(1) 사업개요

사업에 관한 전반적인 사항을 기술한다. 사업의 내용, 목적, 의의, 전망 등의 내용이 포함된다. 또한 사업제품의 특성, 기존제품과의 차이점, 향후의 기대효과, 즉 수입대체효과, 국민 경제적 효과, 고용창출효과, 지역개발효과, 신기술보급효과 등에 대하여 기술한다. 사업개요에 관한 부분은 벤처자본가들에게 매우 중요한 부분이므로 사업의 매력적인 점을 부각시킬 수 있도록 해야 한다.

① 사업목적
② 사업내용 및 범위
③ 계획제품의 특성
④ 개발동기
⑤ 기대효과

(2) 회사의 소개와 조직개요

회사의 소개와 조직개요에서는 사업을 하는 목적이 무엇인가를 밝히고, 회사를 성공시킨 다음의 궁극적인 목적은 무엇이며, 회사의 사회적인 목표는 무엇인가 하는 비전을 기술한다. 또한 창업자의 인적사항과 계획하고 있는 공장입지 등 향후 사업의 형태와 전개방향에 대한 개략적인 내용을 설명한다.

① 창업자(대표자) 현황
② 회사의 비전과 일반현황(비전, 연혁, 경영진, 기술진, 주주현황, 조직도 등)

(3) 상품성 및 기술성분석

창업자가 취급할 상품(서비스)의 성격 및 특징, 기술적 검토, 구입에서 수금에 이르는 과정 및 타사 또는 경쟁상품과의 관계를 분석 대상으로 하여 그 타당성을 검토한다.

① 기술의 개요
② 기술개발실적
③ 기술의 적용사례
④ 기술제품 적용사례
⑤ 향후 개발계획
⑥ 기술파급효과

(4) 시장성분석

창업아이템을 시장규모 또는 고객수요 현황을 조사하고 예상되는 매출액과 투자규모를 검토한다. 현재 생산 및 판매하고 있는 동종업계의 동향 즉, 업체별 매출액, 생산설비의 규모, 업체별 생산제품의 장단점, 업체별 시장점유율, 해외시장동향, 국내시장의 추세 등 경쟁기업의 관계를 분석한다. 새로운 회사가 기존경쟁자들의 틈새에 끼어들기 위해서는 어떤 어려움을 극복해야 하는가, 또 경쟁자들보다 상대적인 우위에 서기 위해서는 어떤 특성이 필요한가를 분석한다. 또한 다른 상품에 비해서 차별적 특성이 '무엇'인가를 정립해야 한다.

① 사업 및 동종업계 관련 산업 등의 현황
② 시장의 규모와 전망(국내 및 해외시장)
③ 시장점유율과 경쟁관계
④ 계획제품의 목표시장 침투가능성(고객분석)

(5) 생산운영계획

효율적인 생산시설계획과 확보 및 운용계획은 창업회사의 지속적 성공을 위해 중요하다. 새로 시작하는 회사라면 이런 시설과 자재들을 언제 어떻게 확보할 것인가? 이러한 것들을 구입할 것인가, 임대할 것인가? 예산액은 얼마나 예상되며 투자액의 몇 퍼센트가 이런 시설비에 투입되는가? 이런 시설이 얼마의 비용으로 언제 어떻게 확장하고 핵심적인 생산설비들을 어떻게 확대할 것인가? 에 대해서도 설명한다.

또한 생산공정과 애로사항, 생산계획과 공장이나 시설의 확보 및 배치계획, 생산시설에서 발생하는 환경과 공해문제, 공해방지시설 내역과 계획, 공장 설치허가와 인허가 사항, 원자재의 조달계획, 원자재의 시장 동향과 전망, 원자재의 가격변동 추이, 자체생산계획과 외주생산계획, 국내외조달 계획, 협력업체, 품질보증계획, 생산의 생산관리와 품질관리 계획, 생산현장의 재고관리(부품, 완제품) 등의 내용이 포함되어야 한다.

(6) 마케팅계획

마케팅 활동은 어떻게 고객의 욕구를 충족시켜 기업의 이윤을 지속적으로 창출할 것인가의 구체적인 마케팅 믹스요소인 제품과 유통, 가격과 촉진믹스 결정에 관한 내용이다. 즉 소비자가 제품을 사도록 만들기 위해서는 어떤 일을 해야 하는가? 그 일을 어떻게 수행할 것인가? 에 대해서 설명한다.

또한 제품을 어떻게 소비자에게 소개하고 어떻게 공급할 것인가도 결정해야 한다. 그리고 가격정책이 논의되어야 한다. 그리고 판매를 위한 소요비용, 판매사원, 제품의 출시와 주문과 배달, 판매사원관리, 판매수당과 월급, 대리점 또는 소매점과의 관계 등을 검토한다.

특히 기존 업체별 판매형태와 전략을 비교 평가하여 고유의 판매전략 및 광고전략, 판매형태를 기술하고 합리적인 판매가격을 설정하며 향후의 애프터서비스에 대한 계획을 설명해야 한다.

① 판매전략 및 판매형태
② 가격정책
③ 유통
④ 촉진(광고, 인적판매, 홍보, 판매촉진 등)
⑤ A/S 계획
⑥ 국내판매계획
⑦ 수출계획

(7) 인원계획

아무리 사업 아이템이 좋고 시장 전망이 좋아도 그 사업을 시작하고 성공으로 이끄는 가장 중요한 요소는 기업가와 팀 구성원이다. 그리고 핵심적인 사람이 있는 것도 중요하지만 무엇보다도 창업팀이 좋아야 한다.

투자자들은 창업자들의 인생관과 장래 목표에 대해서도 관심이 있다. 그러므로 투자자들은 창업할 회사와 관련된 분야에 경험이 있는 사람들에게 투자하기를 원한다. 이런 경험이 회사의 성공에 도움이 될 것이기 때문이다. 그리고 창업팀은 좋은 경력을 가진 사람들이 있는 것이 유리하다.

여기에서는 소요되는 인원 및 인건비를 산출하며, 우수 인력 확보 방안, 종업원 인센티브 등의 인력관리 방안에 관한 내용을 수립한다. 경력에 맞는 임원진의 구성과 초기의 기업에 적합한 적정인원의 산출 근거를 제시하여야 한다. 또한 해당 업종의 특성 또는 회사의 특성에 부합되는 조직체계도를 작성해야 한다.

① 조직체계도
② 경영진, 기술진현황
③ 총 소요인원
④ 급료 및 상여금계획
⑤ 조직별 업무분장

(8) 비용과 이익계획

인건비, 제조경비, 판매비 및 일반관리비, 차입이자 등의 비용을 매출액의 세분화한 기간과 일치하여 작성한다. 비지출비용인 감가상각비 및 충당금은 별도로 작성한다. 손익분기점을 산출하는 경우에는 비용항목을 세분화시켜 고정비와 변동비로 비용을 분해하고 기간별로 매출계획과 비용계획에 따른 이익을 산출한다.

① 인건비 계획
② 제조경비 계획
③ 판매비 및 일반관리비 계획
④ 영업외비용 계획
⑤ 감가상각비 계획

(9) 자본조달과 재무계획

투자계획금액을 자기자본과 타인자본으로 구분하며, 타인자본은 조달가능한 기관명을 명시한다. 투자비용과 영업비용 등의 자금의 지출과 출자 및 차입, 매출 등을 자금의 수입으로 구분하여 기간별로 자금수지를 계산한다. 자금 차입의 경우 은행, 리스, 사채 등 조달방법이 명시되어야 하며, 자금수지 산출 시는 차입금상환, 은행적금 등을 고려해야 한다. 또한 그동안의 재무관련 자료를 보여주고 앞으로 5년간의 계획서를 제시한다. 이미 설립되어 있는 회사라면 지난 5년간의 재무제표(손익계산서, 대차대조표 등)를 제공하는 것이 좋다. 새로 시작하는 회사라면 향후 3~5년 동안 예상되는 재무제표(추정 대차대조표, 추정 손익계산서 등)를 보여주는 것이 필요하다. 이때 손익계산서와 대차대조표 등은 물론이고 시간의 흐름에 따라서 예상되는 현금흐름도와 향후 수익에 관한 전망도 필요하다. 앞으로 5년간의 수익전망과 손익분기점 분석도 한다. 적어도 손익분기점에 이르기까지의 추정 재무제표를 준비하는 것이 좋다. 첫 1년 동안은 매월 자료를 준비하고 2년째는 분기별로 준비하고 그 다음 해에는 연도별로 작성하면 된다.

현금흐름도는 매우 중요한 자료인데 서류상의 흑자회사가 부도나는 경우는 현금관리를 잘못했기 때문이다. 따라서 재료나 부품의 대금 납부기간, 판매대금이 입금되는 기간, 운영비, 직원들의 월급제도 등을 고려하여 주의 깊게 작성해야 한다. 현금흐름도를 작성할 때 소비자 선호도의 변화, 제품의 가격, 시장점유율, 판매수량, 경쟁회사의 대응 등도 고려해야 한다. 이와 같이 작성하다 보면 추가투자 또는 부채를 통한 자금조달의 시점을 예상할 수 있다. 따라서 추가자본 조달계획도 나타난다.

한편 투자자들은 회사의 회계원칙을 알고 싶어한다. 여기에는 세금 관계나 부품 제공업자와의 대금결제 방식(현금 또는 어음, 어음의 기간) 등도 포함된다. 그리고 이자율, 감가상각 방법, 원가계산 및 원가관리 방법도 고려된다.

① 소요자금계획
② 자금조달계획
③ 차입금 상환계획
④ 추정손익계산서
⑤ 추정대차대조표
⑥ 현금흐름표
⑦ 제조원가 명세서

(10) 수익성분석

판매계획과 비용계획에서 산출된 금액으로서 향후의 이익과 자산의 흐름과 운용을 분석하는 과정으로 창업의 위험성을 검토한다. 자금조달을 목적으로 하는 경우에는 이익의 사내유보와 배당, 상장계획 등의 내용을 포함할 수 있다. 특히 투자자들이 가장 관심을 갖고 있는 것은 투자금의 회수에 관한 미래의 회사가치인데 일반적으로 투자자는 두 가지로 분류할 수 있다.

① 회사에 투자를 하면서 자신이 현재 소유하고 있는 사업의 다각화를 도모하는 경우이다. 또한 기존에 특별한 회사를 운영하고 있지 않지만 투자를 통해서 회사 경영에 관심이 있거나 기술습득에 관심이 있는 경우다. 이때는 투자자들이 회사 경영에 관심이 있기 때문에 이사회에 참여하려고 한다.
② 단순 투자자들인데 창업투자회사나 금융기관이 이런 부류에 속한다. 이런 투자자가 관심을 가지는 것은 언제 어떻게 투자금을 회수하느냐에 있는데 일반적으로 투자자는 10년 이내에 투자금의 10~20배의 이익을 내기 원한다. 투자자들이 자금을 회수하는 방법은 크게 세 가지로 나눌 수 있다.

첫째, 회사를 주식시장에 상장하는 것이다. 이때는 주식을 팔아서 투자금을 회수한다. 그러나 회사를 상장하기 위해서는 여러 가지 까다로운 조건을 만족시켜야 한다.

둘째, 회사를 다른 사람(회사)에게 파는 방법이다. 이때도 투자자는 성공적으로 투자금을 회수하게 된다.

셋째, 기존의 상장회사에 합병시키는 방법이다. 이렇게 하면 그동안 발행된 모든 주식이 새로운 회사의 주식으로 바뀌어 자연스럽게 상장되는 것이다. 여기에서는 위의 어떤 방법을 통해서 어느 시점에 투자자가 돈을 회수할 수 있도록 해주겠다는 방안이 제시되어야 한다.

(11) 일정계획

개발 및 마케팅, 사업장확보, 인허가, 자금조달 등에 관한 세부적인 일정을 기재하며, 개발에서 향후 1년간의 일정을 월별 또는 분기별로 수립한다.

(12) 부속자료

계획서 상에 나타낼 수 없는 내용이나 앞에서 삽입하지 못했던 자료 중에서 사업계획승인에 유리하게 작용하는 사항은 부속자료로 첨부하여 사업계획서에 기술하지 못한 사항을 참고로 기술 또는 첨부한다.

① 대표자 및 주요경영진 이력서
② 제품설명서
③ 제품관련 특허 및 실용신안 등의 각종 산업재산권 사본
④ 제품별 법에 의한 각종 허가와 무역업자 등록 등에 관한 내용 사본
⑤ 외부 차입 시 담보물권에 관한 감정서 사본
⑥ 설비 구입 시 견적서 사본 등
⑦ 회사의 정관
⑧ 사업자등록증 사본
⑨ 신기술보유관련 증빙서류
⑩ 시제품사진
⑪ 회사소개나 제품에 관련된 신문스크랩 등 자료

사업계획서란 자기가 하고자하는 사업을 성공적으로 추진하기 위해 사업에 필요한 구체적인 사항을 합리적인 방법과 내용에 따라 체계적으로 기술한 계획서이다. 사업계획서는 사업을 계획하는 도구이며 자본조달의 수단이다. 또한 사업계획서는 체계적인 사업 준비를 하는데 유리하고, 사업의 성공 가능성을 높여주며, 창업자의 비전과 인격을 보여준다. 벤처기업 창업 시 사업계획서가 가지는 의미와 기능을 고려하여 객관성, 구체성, 타당성의 작성원칙을 고려해야 한다.

사업계획서는 목적에 따라 그 내용과 형식이 달라진다. 우선 창업자 자신을 위한 사업계획서는 형식이나 내용에 구애받을 필요가 없다. 그리고 정부기관, 창투사, 은행 등은 자체 서식에 따라 작성하면 되지만 개인 투자가 또는 동업자를 위한 사업계획서는 자신이 구상하고 수립했던 내용들이 목적에 부합되게 빠짐없이 기록되어져야 한다. 또한 사업계획서에는 기업의 상호, 업종, 창업자의 인적사항, 주소 등에 관한 일반사항과 사업의 내용과 목적, 기대효과 등의 사업의 개요, 생산제품의 소개, 제품의 시장현황, 생산계획, 판매계획, 설비투자계획, 인력수급 계획 및 조직표, 소요자금 규모 및 조달계획 등의 재무계획, 사업계획 추진 일정표, 부속자료 등의 내용이 포함된다.

연습문제 Exercises

1. 사업계획서의 개념과 의의

2. 사업계획서 작성 원칙

3. 귀하가 관심있는 창업아이템을 중심으로 사업계획서를 작성해 보시오.

[사례 5.2] 사업계획서 작성사례(1)

사업계획서 사례(1)

(손칼국수와 야채 왕만두 전문점)

2011. 10. 20

Ⅰ. 업체 현황

1. 업체개요(설립예정)

업 체 명	대 치 손 칼 국 수		
대표자명	한 석 봉	주민등록번호	551231-1890000
자택전화번호	02-555-5555	휴 대 폰	010-123-4567
사업장소재지	서울특별시 강남구 대치동 000번지		
업 태	음 식 업	종 목	손칼국수
창업(예정)일자	2012. 2. 1	종업원 수(예정)	3명
특 기 사 항			

2. 창업자의 인적 사항

성 명	한 석 봉	주민등록번호	551231-1890000	
주 소	서울 강남구 대치동 000번지		전화번호	02-555-5555
학 력	기 간	학 교 명	전 공	수학상태
	1973-1975	대한고등학교		졸 업
	1976-1979	한국대학교	경영학과	졸 업
경 력	근무기간	근 무 처	담당업무	직 위
	1982-2011	한국물산(주)	영업관리	이 사

Ⅱ. 사 업 계 획

1. 사업의 개요

1) 사업 동기

2011년 5월 재직 중이던 회사를 명예퇴직 한 후 재취업을 하려고 해도 나이 때문에 여의치 않아 무엇을 하는 것이 좋을까 고민하던 중에 소상공인진흥원을 방문하여 상담을 하였다. 상담사의 조언 중에서 자신의 적성에 맞는 업종을 찾아보라는 것을 염두에 두고 부인과 아이들과 같이 창업아이템에 대하여 의논하는 중에 평소에 부인이 집에서 잘 해주던 잡곡을 섞은 손칼국수와 야채 왕만두에 생각이 미쳤다. 부인의 칼국수와 야채 왕만두 요리 솜씨를 더욱 발전시키기 위하여 요리학원을 다니며, 조리사 자격을 획득하기로 하여 부인이 주방을 맡고, 본인은 카운터를 보기로 업무를 정하고 우리만의 고유한 독특한 맛을 낼 수 있는 손칼국수와 야채 왕만두 전문점을 창업하기로 하였다.

2) 입지선정 및 메뉴선정

먹는장사는 입지가 무엇보다 중요하다는 것을 알기 때문에 소상공인지원센터의 상담사와 의논한 결과 직장인이 많이 있으며 집과도 가까운 테헤란로 주변의 먹자 골목으로 정하기로 하고, 부인과 같이 3개월 정도 관련 업종의 소문난 음식점을 계획적으로 돌아다녀 본 결과 역삼역 주변의 부동산 중개업자를 통하여 실평수 25평 규모의 점포를 구할 수 있었다.

메뉴는 여러 곳을 돌아다녀 본 결과 칼국수와 야채 왕만두를 전문으로 하기로 하고 주류는 피하기로 하였다. 예정 점포 주변의 유동인구를 조사해 보았더니 점심시간에는 주변의 직장인들을 소화 해 나갈 수 없을 정도의 규모였으며, 저녁시간에는 근처의 벤처 사업을 하는 업체의 젊은 종사원들이 밤을 세우는 일이 많아 저녁 10시까지는 꾸준히 손님들이 있을 것으로 판단되었다.

기존의 점포도 음식점을 하던 곳이라 일부의 집기를 이어서 사용할 수 있어 집기 구입비가 적게 들어가는 장점이 있었으나, 장소가 강남이라 권리금이 많이 들어가는 것이 문제점으로 들어 났다. 이는 그동안의 퇴직금으로 충당키로 하고 남의 자금을 최소한으로 하기로 하였다.

2. 자 금 계 획

1) 자금의 소요 판단

○ 임차 보증금	: 6,000만원
○ 권 리 금	: 8,000만원
○ 시설비(인테리어, 간판 등)	: 3,000만원
○ 초도물품구입비(재료비)	: 500만원
○ 운전자금(인건비, 관리비등 경비 2달분)	: 1,000만원
○ 개업비	: 500만원
계	19,000만원

2) 자금의 조달 방법

○ 자기자금(퇴직금)	: 15,000만원
○ 타인자금(소상공인자금, 부동산담보)	: 4,000만원
계	19,000만원

3. 생산(서비스)계획

- ○ 점심시간의 표적고객층은 주변의 대형(35층)빌딩에 입주한 직장인을 대상으로 한다.
- ○ 직장인의 바쁜 시간을 생각하여 메뉴를 손칼국수와 야채 왕만두로 전문화 한다.
- ○ 한국 사람의 빨리빨리 습성에 맞추어 가능한 조리된 음식물을 빠른 시간 내에 내 놓을 수 있도록 노력한다. 아울러, 이는 회전시간을 늘리는 효과를 가져 올 수 있다. 그러기 위해서는 미리미리 식판에 김치와 깍두기 등을 차려 놓는다.
- ○ 회전을 신속히 하기 위하여 조리된 칼국수를 내 놓기로 한다.

○ 왕만두는 빚는 모습을 보여 줌으로써, 영양가 있는 야채와 잡곡을 넣는다는 인식을 심어 주도록 한다.
○ 모든 종사원은 하얀 주방장 복장과 앞치마를 입어서 청결한 모습을 보여 주도록 한다.
○ 김치는 찢은 김치로 하고 항상 숙성된 것으로 독특한 맛을 낼 수 있도록 노력하며, 항아리에 내 놓아 적당한 량을 먹을 수 있도록 한다.
○ 공기밥을 원하는 손님에게는 잡곡밥으로 준비 해 준다.
○ 손님은 왕으로 친절하게 모시며, 최선의 서비스를 할 수 있도록 노력한다.
○ 건강을 생각하고, 원가를 줄이기 위하여 재료는 매일매일 가락동 농산물시장에서 새벽에 구입하는 것을 원칙으로 한다.
○ 한국 사람들의 앉아서 먹는 습성을 고려하여 홀 보다는 방을 많이 준비한다.
○ 시간을 내어 빌딩을 찾아 판촉물을 돌리면서 홍보한다.

4. 매출계획

1) 판매계획

○ 주변의 음식점의 객단가와 맞추어 양을 많이 주더라도 칼국수는 1인분에 5,000원으로, 왕만두는 1개에 1,000원으로 가격을 책정하여 싸고도 양을 많이 주며, 맛있는 곳으로 인식을 심어 주도록 한다.
○ 주변의 식당가에 맞추고 본인의 건강과 사회생활을 위하여 일요일은 휴업하는 것으로 정한다.
○ 이를 감안하여 매출계획은 보수적으로 산출한다.
○ 매출액 판단

- 1일 매출액 : 객단가(5,000원)×인원수(100명) = 50만원
- 1달 매출액 : 50만원×25일 = 1,250만원
- 1년 매출액 : 1,250만원 ×12월 = 15,000만원

2) 경비 집행계획

○ 인건비의 최소화를 위하여 주방장은 부인이 하고, 카운터는 본인이, 주방장 보조는 고정급으로, 서빙은 점심시간과 저녁시간을 나누어 아르바이트를 할 수 있는 아주머니를 고용하는 것으로 한다.
○ 관리비의 최소화를 위하여 전기와 수도사용을 효율적으로 할 수 있는 방법을 강구한다.
○ 실내의 청결을 유지하는 청소는 본인이 맡아서 한다.
○ 만일을 위한 권리금의 확보를 위하여 시설의 감가상각비를 계상한다.
○ 재료의 신선도 유지와 재료비의 절감을 위하여 가급적 재료는 본인이 구입하는 것을 원칙으로 한다.
○ 차입금의 지급이자는 기일을 놓치는 것을 방지하기 위하여 자동이체로 한다.

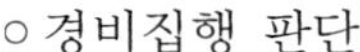

○경비집행 판단

- 원재료비 : 객단가의 30% 적용 = 4,500만원
- 급료 : · 주인(2명)×150만원×12월 = 3,600만원
  - · 고정종업원(1명)×120만원×12월 = 1,440만원
  - · 아르바이트(2명)×60만원×12월=1,440만원 = 6,480만원
- 임차료 : 월 100만원×12월 = 1,200만원
- 수도광열비등 기타경비 : 60만원×12월 = 720만원
- 감가상각비 : 3,000만원/4년 = 750만원
- 지급이자 : 4,000만원×5.9% = 236만원

계 13,886만원

3) 이익계획

○이익 : 매출액(15,000만원) - 비용(13,886만원) = 1,114만원

○이는 차입금 4,000만원의 상환금 적립과 세금으로 정산

5. 사업추진일정계획

1) 업종선택
2) 입지선정 및 요리학원 출강(조리실습)
3) 점포계약(등기부등본 등 확인)
4) 인테리어 및 오픈준비
5) 개 업 (개업이벤트행사)

6. 추정손익계산서 (2012. 1. 1～2012. 12. 31)

과 목	금 액 (천원)		비 고
Ⅰ. 매출액		150,000	매출계획 참조
Ⅱ. 매출원가		45,000	경비집행계획 참조
Ⅲ. 매출이익		105,000	Ⅰ - Ⅱ
Ⅳ. 판매관리비		91,500	
1. 급 료	64,800		발생 급료
2. 임 차 료	12,000		발생 임차료
3. 수도광열비등	7,200		발생 수도광열비외
4. 감가상각비	7,500		발생 감가상각비
Ⅴ. 영 업 이익		13,500	Ⅲ - Ⅳ
Ⅵ. 영업외 비용		2,360	
1. 지급이자	2,360		발생 지급이자
Ⅶ. 영업외 수익		0	
Ⅷ. 경 상 이 익		11,140	Ⅴ - Ⅵ
Ⅸ. 특별 손실		0	
Ⅹ. 특별 이익		0	
Ⅺ. 세전 순이익		11,140	
Ⅻ. 소득세 등		1,140	
Ⅻ. 당기순이익		10,000	Ⅺ - Ⅻ

사업계획서 작성사례(2)

벤처기업 평가를 위한

기 술 사 업 계 획 서

(주) 미래디지털

2011. 10. 15

대표자 : 홍 길 동 (인)

Ⅰ. 기업 현황

1. 대표자(창업자) 인적사항

성 명	홍 길 동	주민등록번호	600000-1000000
주 소	서울시 영등포구 여의도동 ○○○	전화번호 (휴대폰, 호출기)	02) 800-0000 011-400-0000

학 력	기 간	학 교 명	전 공	수학상태 (졸업,수료,중퇴)	비 고 (취득학위 등)
	1981.2	대한대	만화 애니메이션	졸업	
	~				
	~				

경 력	근무기간	근 무 처			담당업무 (최종직위)
		근무처명	주요생산품	전화번호	
	1983 ~ 1995	서양동화	만화영화	02-500-000	제작실장
	1995 ~ 2005	○○무비	만화영화	02-800-0000	대표
	2005.5 ~ 현재	(주)미래디지털	만화영화	02-800-0000	대표이사

재산보유 현황 (단위:백만원)	종목	내 역	금 액	종 목	내 역	금 액
	주택	양천구 목동 목동신시가지아파트(31평)	000	주식	(주)미래디지털 65만주	000

기타특기사항 (자격증, 상벌, 연수, 대외활동사항)	- 000년, 단편 〈00끈〉으로 96 SICAF(서울국제만화페스티벌) 애니메이션 공모전 대상 수상 - 현 애니메이션제작자협회 임원

연구개발 및 사업화실적	개발과제명 및 내용	근무처	개발기간	사업규모 (소요자금)	비고 (사업화현황 등)
	서양전래동화모음 (2D)	서양동화	1985.07 ~ 1987.10	300	사업화
	카레이서 (2D 및 3D 혼용)	00무비	1998.05 ~ 1999.10	800	사업화

2. 기업체 현황

▶ 회사 개요

(단위 : 백만원)

<table>
<tr><td colspan="2">기 업 체 명</td><td>(주)미래디지털</td><td colspan="2">대 표 자</td><td colspan="2">홍 길동</td></tr>
<tr><td colspan="2">설 립 일 자</td><td>2005.5.1</td><td colspan="2">상시 근로자수</td><td colspan="2">25명</td></tr>
<tr><td colspan="2">법인(주민)등록번호</td><td>110000-100000</td><td colspan="2">사업자등록번호</td><td colspan="2">200-15-00000</td></tr>
<tr><td colspan="5">소 재 지</td><td>전화번호</td><td>소유여부</td></tr>
<tr><td colspan="2">본 사</td><td colspan="3">서울 영등포구 여의도동000</td><td>02-800-0000</td><td>임차</td></tr>
<tr><td colspan="2" rowspan="2">사 업 장</td><td colspan="3">서울 영등포구 여의도동000</td><td>02-800-0000</td><td>임차</td></tr>
<tr><td colspan="3">-</td><td>-</td><td>-</td></tr>
<tr><td colspan="2">업 종</td><td colspan="2">제조 서비스</td><td>주 제 품</td><td colspan="2">만화영화</td></tr>
<tr><td colspan="2">관계회사</td><td colspan="2">없음</td><td>자 본 금
(납입자본금)</td><td colspan="2">500백만원</td></tr>
<tr><td colspan="2">공업소유권,
규격표시허가,
기술제휴 등</td><td colspan="5">※ 공업소유권(산업재산권 등) :
특허권, 실용신안권, 의장등록권, 상표권, 프로그램 저작권 등의 산업재산권 기재
※ 규격표시허가 : KS, UL 등의 국내외 규격표시 기재
※ 기술제휴 : 기술개발관련 대학 등 기술연구소 및 타 기업과의 기술제휴 관계 기재
※ 대외수상실적 : 장영실상 등 각종 기술관련 수상실적 기재
※ 선정내용 : KT, NT, ISO 9000 시리즈, 금융기관 유망중소기업 선정 등을 기재</td></tr>
<tr><td rowspan="2">연혁</td><td>년 월</td><td colspan="5">주 요 내 용</td></tr>
<tr><td>1995.11
2001.12
2005.5
2006.7
2007.5
2008.6
2010.7</td><td colspan="5">00무비 설립
디지털부 설치(제작공정 디지털화)
2D 애니메이션의 디지털 제작 전문회사 (주)미래디지털 설립
창작 TV시리즈 〈00왕자〉 00기획과 공동기획, 제작착수
00국 애니메이션제작사 Mad House의 지분참여, 자본금 00백만원 증자
전환사채(CB) 10억 발행(인수자:00은행)
△△무비 흡수통합(포괄 양수도)</td></tr>
</table>

※ 본사 및 사업장 약도 별지 첨부

▶ 경영진 및 주요주주 현황

(단위 : 백만원)

	직 위	성 명	주민등록번호	대표자 관 계	최종학력 (전공·학위)	주요경력	소유주식 (금액)
경영진	대표 이사	홍길동	600000-1000000	본인	대한대 만화 애니메이션	서양동화 제작실장 ○○무비 대표	65만 (000)
	이사	안○○	650000-100000	타인	백제대	○○영상사업단 영화사업부 과장	5만 (00)
	이사	김○○	740000-1000000	타인	고구려대	○○기획대리	
	감사	서○○	730000-1000000	타인	신라대	회계사	
주 주		김○○	700000-100000	타인	가야대	부산DR 실장	10만 (00)
		박○○	600000-1000000	타인	신라대	○○증권 부장	10만 (00)
		윤○○	600000-1000000	타인	조선대	○○무아 대표	10만 (00)
		○○사	10111-0000000		-	○○국 제작사	5만 (00)
합 계							105만 (000)

▶ 대표자의 경영철학 및 경영목표

1) 창립 동기

- 디지털제작 방식을 차별화 전문화할 목적으로 디지털부서 중심의 디지털애니메이션 제작사 (주)미래디지털을 창립함.

2) 경영 철학

- 고난이도 고품질 위주의 애니메이션 제작 전문회사
  : 고난이도 작품 중심으로 제작경험을 축적하여 한국의 '고품질 애니메이션 스튜디오의 대명사'로서, 해외 유력 제작사들로부터 상당규모의 신규 수주를 받고 있음.
- 장기적 안목의 인력 양성
  : 당사 인력의 00% 이상이 자체 양성인력으로서, 당사만의 독특한 제작노하우를 유지 발전시키는 핵심적 요인이 되고 있음

3) 경영 목표

- 신규 기술개발 및 자체 작품 개발을 통한 기업 고부가가치화 실현
  : 축적된 기술력을 바탕으로 애니메이션 제작 전부문의 디지털화 전개

▶ 금융거래 현황(2011. 10. 15 현재)

(단위 : 백만원)

대출기관	운전/시설	대출금액	대출금리	대출기한	담보제공 내용 등
00은행	운전	100	6.5%	2012.12.21	00보증기금 보증(85)
00은행	시설	1,000 (전환사채)	6.0% (만기 6.5%)	2013.09.01	00보증기금 00특별보증(850)
합 계		1,100			

▶ 재무사항

(단위 : 백만원)

구분	직전전년도	직전년도	당해년도 실적 및 예상		차기년도	차차기 년도
			(6월말 기준)	예 상		
총 자 산	–	600	2,200	3,000	6,700	7,200
자기자본	–	450	525	650	900	1,000
고정부채	–	100	1,100	1,100	3,000	2,500
유동부채	–	–	500	500	800	500
총매출액	–	51	1,900	6,500	9,000	12,000
신청기술 (제품)매출액	–	51	584	2,275	3,150	3,600
지급이자	–	–	0.29	36.75	180	150
법 인 세 차감전 이익	–	–	–	1,100	1,540	2,400
법 인 세	–	–	–	154	215.6	336
당기순이익	–	-50	–	946	1,324.4	2,064

▶ 연구개발 인력 및 시설현황

연구개발조직	디지털컨텐츠 기술개발연구소 ※ 기술부설연구소 인증여부 등을 기재			
개 발 인 력	13명(박사 1명, 석사 2명, 대졸 10명, 고졸 명)			
개 발 방 법	단독개발 ※ 공동개발의 경우 공동개발상대처명을 별도로 기재			
주요 연구시설	CG 합성용, Scan & Trace & Coloring ,Server용 PC 및 스캐너, Recorder, EditBox 등			
산업재산권 보 유 현 황	{특허 건, 실용신안 건, 프로그램 건, 기타( )}			
연구개발실적	개발과제 및 내용	개발기간	사업규모 (소요자금)	비 고 (사업화현황등)
	게임엔진개발	2008.08 ~ 2010.03	800	

※ 연구개발조직은 연구개발 전담부서의 형태를 기술

※ 개발방법은 신청대상기술(제품)의 개발형태를 중심으로 기술

▶ 보유 생산시설현황

시설명	규 격		수 량		용 도
컴퓨터	MAC	G4 500Mhz(Dual)	00	00set	CG 합성용
		G4 450Mhz	00		
		G4 350Mhz	00		Scan & Trace & Coloring
	IBM	Pentium3 850Mhz(Dual)	00	00set	CG 합성용
		Pentium2 350Mhz	00		Server용
스캐너		Epson A3 스캐너	00	0set	입력장비
		Epson A4 스캐너	00		
Recorder	Betacam PVW2800		00set		출력/편집장비
Edit Box	Targa 2000 SDX		00set		
HDD	Array HDD 400GB		00et		저장장비
S/W	Retas Pro(TP & Core)		00set		T/P & CG 합성용 Software
	GIGA Concept		00set		

Ⅱ. 사업내용 및 추진계획

▶ 평가신청기술

<table>
<tr><td>기술 및 제품명</td><td colspan="7">애니메이션 제작을 위한
3D 컴퓨터그래픽 합성기술 및 디지털화 기술</td></tr>
<tr><td>개 발 기 간</td><td colspan="2">2008.12~10.12</td><td>개발비용</td><td>350백만원</td><td>제품화여부</td><td colspan="2">與</td></tr>
<tr><td>개 발 방 법</td><td colspan="7">단독개발
※ 공동개발의 경우 공동개발상대처명을 별도로 기재</td></tr>
<tr><td>권 리 구 분</td><td colspan="7">프로그램 등록 출원</td></tr>
<tr><td rowspan="2">권리자</td><td>성명</td><td>홍길동</td><td>주민등록번호</td><td>600000-1000000</td><td rowspan="2">비고</td><td colspan="2" rowspan="2">대표이사</td></tr>
<tr><td>주소</td><td colspan="3">서울시 영등포구 여의도동 0000</td></tr>
<tr><td>기술 용도
및 기능</td><td colspan="7">- 극장용 장편 애니메이션 및 00애니메이션의 고품위 영상 개발
- 애니메이션 제작공정(채색,촬영)의 00% 디지털화</td></tr>
<tr><td rowspan="4">대체 또는 경쟁 제품과의 차별성</td><td>구분</td><td colspan="3">셀 제작(기존)</td><td colspan="3">디지털 합성 제작(신기술)</td></tr>
<tr><td>공법</td><td colspan="3">- 동화 작화 이후 셀룰로이드비닐 및 셀촬영기를 통해 필름화</td><td colspan="3">- 작화 작업 이후, 컴퓨터 이용 00% 디지털 Data로 전환 후 CG합성 과정을 통해 필름화</td></tr>
<tr><td>핵심기술</td><td colspan="3">- 셀 촬영 기술</td><td colspan="3">- 작화작업 그림의 DB화
- 3D CG 합성기술
- 특수효과(SFX) 합성기술</td></tr>
<tr><td>기능상의 차이</td><td colspan="3">- 색상 구현에 한계(000색 이하)
- 3D Animation에 국한
- 특수효과 표현의 한계
(10종 이하의 평면적 효과)
- 화면합성의 한계(0매 이상의 화면합성은 불가)</td><td colspan="3">- 무한대의 색상 표현 가능
- 3D CG 합성 가능(고품질 제작)
- 무한대의 화면합성 가능(고품질 제작)
- 입체적인 특수효과 합성 가능</td></tr>
<tr><td>기술의 파급효과</td><td colspan="7">- 영상품질의 획기적 향상으로 고품위TV(HDTV)시대에 대응
- 애니메이션 산업의 구조개혁 촉진
: 전공정의 All Digital화로 전송망을 통한 글로벌 협력 제작 가능
: 노동집약적 산업구조에서 기술집약적 첨단 지식산업화</td></tr>
<tr><td>기대효과</td><td colspan="7">- 제작 기간, 인력, 비용의 고효율화 (기존 제작방식 대비 00% 이상 생산성 개선 및 제작기간 단축 효과가 있음)
- 애니메이션 제조 부문의 수출 매출 증대
(디지털 합성기술은 일본 등 선진기술과 동등하거나 기술우위에 있으며 제조비 경쟁력이 있어, 가공수출에 유력)</td></tr>
</table>

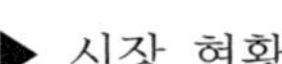

▶ 시장 현황

구분	내용		
시장현황 및 특성 (단위 : 억원) * 달러의 경우 1$당 1,170원으로 환산	- 시장규모(총 제작부문 중 디지털 제작공정 제작비 시장)		

구 분	직전년도	당해년도	차기년도	차차기년도
세계시장	2,136	2,392	2,679	3,000
국내시장	57.2	76.3	95.4	119.2

※ 작성근거
- 애니메이션 제작비 시장 기준
- 정보통신연구원 〈정보통신산업동향 2011.2〉의 세계 애니메이션 제작현황 자료를 근거로 2011년도 전세계 애니메이션 제작비 시장규모를 30억불로 산출, 여기에 디지털 제작공정(채색, 촬영)부문의 평균적 제작비포션인 20%를 곱하고, 문광부의 〈통계로 보는 문화산업〉 중 전세계 애니메이션 연평균 성장률 12%를 더하여 각 년도의 세계시장규모 산출.
- 국내시장의 경우, 금년도 방송편성작(390편*85백만 원) 및 극장 개봉 예정작(2편*25억원) 산출을 통한 총 제작비 규모를 가정하고, 여기에 디지털 제작공정의 평균적 제작비 포션인 20%를 곱하고, 하나경제연구소에서 추정한 국내 애니메이션 연평균 성장률 25%를 더하여 각 년도의 국내 시장규모 산출.
- 시장특성(향후 3년간 자료로 판단)

구 분	국 내	국 외
시장상태(독점/경쟁)	주요 업체 과점	경쟁
안 전 성	고	고
지 속 성	고	고
성 장 성	고	고

주요 수요처 (2011.1~2011.6) (단위 : 백만원)

수 요 처 명	수요처의 총수요규모	당사 납품
○○국 Mad House	8,000	200
○○국 Digimation	6,800	197
○○국 Matrix	4,600	129
○○국 Film Roman	3,600	58

경쟁업체 현황
- 국내시장
  : 부산○○무비 - Full 3D animation 제작 추진
- 국외시장
  : ○○국도에 이동화 - 원동화 디지털화도 추진 중, 해외 전송망을 통한 네트웍 제작 추진

▶ 향후 판매전략 및 판매계획

(단위 : 백만원)

판매전략
- Hi-tech & Hi-return(고난이도 고수익성) 기술 체제로 역량 집중화
  : TV물 중심의 디지털 제작공정 및 CG 합성기술은 성장 한계 예상
  : 이에 따라 극장용 중심의 고급화 합성기술에 인력 및 시스템을 집중, 단위 작업당 고수익성 실현
  : CF 및 극장 작품 전문 합성 S/W tool인 ANIMO system으로 점진적 장비 교체 추진(0000년 중 적용기술 및 장비 완비 예정)
- 미국, 유럽 등 해외 거래선 추가 확보로 일본식의 부분 작업에서 탈피 대규모의 시리즈 작품 중심 수주 제작
  (2011년 현재 2개 시리즈 수주 완료, 2012년 5개 시리즈 수주 목표)

판매계획

제 품 명(상 품 명)	직전년도	당해년도	차기년도	차차기년도
디지털 제작(애니메이션)	1,810	2,275	3,150	3,600
디지털 제작(게임용)	1,200	1,560	2,950	3,200
기 타	1,500	2,665	2,900	5,200
계	4,510	6,500	9,000	12,000

※ 판매전략은 경쟁제품과의 비교 등을 통한 신청기술(제품)의 판매전략 위주로 기술
※ 판매계획은 현재 생산중이거나 계획 중인 제품 중 신청기술(제품)을 포함한 주력 제품 위주로 기술

▶ 추진계획(상세기술요망)

구분	내용
향후 추진 계획 (일정)	- 단위 공정별 작업 생산성 제고(2011.7 ~) : 합성기술 인력의 장비를 인당 2대 체제(Dual Com.)로 설비 보강 : 제작 Capa. 월 00편에서 월 00편 수준으로 증강 - 합성 신기술 개발 T/F팀 운용(2011.9 ~ 2012.3) : 극장용 고품위 영상 합성기술 개발(2D&3D 합성SFX, Cel-look 3D SFX etc.) : Hi-tech S/W 'Animo'의 적용기술 시험(독자 매뉴얼 개발) - 극장용 및 HDTV용 콘텐츠 전문 제작팀 구성, 운용(2006.3 ~) : S/W 'Animo' 운용팀 각 0인 0팀 구성 : S/W 'Animo' 본격 도입(00~00set) : 고품위 작품의 제작 역량 강화를 통해 기업 Credit Up-grade - 일본 외 미,유럽 디지털 작품 수주 확대(2006년 이후) : 연간 미,유럽 작품 0개 HDTV시리즈 00~00편, 극장용00편 물량 확보 : 연 매출 30억대 수준 달성 (인력, 생산성 대비 최적의 경상수익률(00%) 시현 규모) - 자체 창작 콘텐츠 본격 개발, 판권비지니스 전개(0000년 이후) : 연간 극장용 0편, TV시리즈 00편(약00편) 제작, 저작권 확보 : 고부가가치 창출

인력 수급 계획	인력구분	현재	2011(하)	2012(상)	2012(하)	2013(상)	2013(하)
	디지털컬러	00	26(+3)	30(+3)	33(+3)	35(+2)	35
	디지털합성	00	15(+3)	20(+5)	20	25(+5)	25
	3D SFX	00	4(+2)	5(+1)	5	5	5
	비 고	- 각 0팀 체제		- 장편 0팀, HDTV 0팀 운용		- 장편0팀, HDTV 0팀 운용	
		* 합성기술 관련 팀 인력운용 기준					

소요자금 및 조달계획 (단위 : 백만원)	구 분	2011	2012	2013
	연구개발비	60	50	50
	장비구입	58.5	576.5	45
	S/W 구입	72.5	220	70
	계	191	846.5	165
	조달계획	- 수익 잉여금으로 재투자	- 유상증자분(20억) 中 60% 투입	- 자체 투자

설비 투자 계획 (단위 : 백만원)	설비명	내역	단가/set	2011	2012	2013
	합성용 컴퓨터	IBM PC(1Ghz~)	00	13set(00)	17set(00)	10set(00)
	합성용 S/W	Animo(Full)	00	5set(00)	20set(00)	5set(00)
	HD 출력/편집장비	모니터, HD Recorder 외	00	-	1set(00)	-
	계		-	00	00	00
	* 주요 설비 중심. S/W에는 그래픽용 기타 S/W는 미포함.					

제 6 장
창업 및 경영지원제도

[사례 6.1] 총각네 야채가게

"대가 없는 성공은 있을 수 없습니다."

총각네 야채가게 이영석 대표

"성공의 비결을 배우려면 치열하고 고통스럽고 포기하고 싶었던 성공의 과정을 배워야 합니다." 대한민국에서 가장 유명한 채소가게, '총각네 야채가게' 이영석 대표의 말이다. 성공하고 싶으면 제발 하고 싶은 일을 하라는 이 대표의 '성공 바이러스'를 전한다.

오징어 팔던 총각

고등학생 시절, 사람들을 재밌게 해 주고 싶다는 꿈을 안고 전문대 레크레이션과에 진학한 이영석 대표는 졸업 후 이벤트 회사에 취업했다. 사회 초년생의 불같은 열정과 이 대표 특유의 재치로 만들어낸 아이디어를 선배에게 빼앗긴 후, 회사를 그만 두었다. "친한 선배에게 기획안을 검토해 달라고 했는데, 선배는 영 탐탁찮아 하시더라고요. 그런데 며칠 뒤에 그 선배의 승진 파티가 열렸어요. 제 기획안을 가로채 가셨더군요." 선배와의 다툼 뒤 백수가 된 이 대표는 자신의 처지에 마음 아파할 어머니 생각에 매일 양복을 입고 한강으로 출근을 했다. 한강을 보며 깡소주를 들이키는 것이 하루 일과였던 그의 눈에 보인 것은 오징어 행상이었다.

"안주를 사러 가는데 오징어 행상이 저처럼 쭈그리고 앉아 있는 걸 봤어요. 오징어는 한눈에 봐도 싱싱하고 좋은 물건인데 주인은 영 재미없게 팔고 있었어요." 나라면 재미있게 팔겠다는 마음에 가진 돈 2만원으로 오징어를 사 한강변에서 오징어를 팔기 시작했다. 마치 시골 장터가 된 양 춤추고 노래하며 오징어를 파는 이 대표의 주변에 주부들이 몰렸다. "춤추고 노래하다 사람들이 많이 몰리자 퀴즈를 냈어요. 맞히면 오징어 1마리를 무료로 주겠다고 했죠." '오징어 다리 중에 손 역할을 하는 다리가 하나 있다. 몇 번째 다리일까?'라는 질문의 답을 맞히는 사람은 없었다. "정답 아시는 분 없으니까 제가 말씀드릴게요, '오징어 머리를 때렸을 때 가장 먼저 올라오는 다리가 바로 손입니다'했더니 아주머니들이 우스워서 어쩔 줄 몰라하셨어요. 그걸 계기로 2만원어치 오징어도 순식간에 다 팔았죠."

사람들이 웃고, 이 대표 자신도 즐거웠던 오징어 판매. 그 길로 오징어 행상을 쫓아다니며 2년간 일을 배우기 시작했다.

성공을 위한 수업료

이 영석 대표는 성공을 위해서는 반드시 배움의 대가를 지불해야 한다고 말한다. "저는 돈도 없고 지식도 없었습니다. 단지 젊고 열정만 갖고 있었죠. 2년 동안 오징어 행상을 따라다니며 돈은 한 푼도 받지 않았습니다."

모두가 이 대표를 이해할 수 없다고 말했지만 그는 '일을 배우는 대가를 지불하는 것'이라 말하며 뜻을 굽히지 않았다. 비가 오면 장사를 쉬었지만, 그는 오히려 사장에게 장사를 해야 한다고 부추길 만큼 주인의식을 갖고 있었다. "내가 주인이 되었을 때 가지는 의식이 주인의식이 아닙니다. 주인이 아닐 때 주인보다 열심히 하는 것이 진짜 주인의식이에요." 그리고 이러한 의식이 있어야만 진정한 주인이 될 수 있다.

그렇게 2년간 열정이라는 수업료를 지불했던 그는 마침내 1998년, 총각네 야채가게를 열었다. "요즘은 창업을 위해 준비할 것들을 교육해주는 시스템이 많지만 제가 창업할 당시에는 그런 제도들이 없었습니다. 다만 제가 트럭행상을 하며 직접 알게 된 상권에 대한 이해가 창업에 가장 큰 도움이 되었습니다." 그가 처음 창업한 자리는 그 당시 강남 대치동에서 유일하게 권리금이 없던 자리였다. 이 자리의 상권을 직접 검증하기 위해 열흘 동안 그 자리에서 유동인구를 직접체크했다.

차별화, 그리고 극복

총각네 야채가게가 타 가게들과 가장 차별화 되는 점은 바로'상품'이다. 항상 싱싱한 야채만을 팔고 과일은 맛이 있다. 기본에 충실해야 한다는 원칙은 변함이 없다. 그 다음은'총각'들이 일한다는 것이다. 일하는 총각들의 주인정신은 그의 교육에 의한, 총각네 야채가게의 지속적인 성공 비결이다. 그의 경영 원칙은 늘 초심으로 지켜졌지만 사업에는 어려움이 뒤따랐다. "지금도 계속되고 있는 경쟁업체의 견제와 가격, 마케팅전략은 사업을 하는 동안은 늘 과제로 따라올 것입니다. 막대한 자본을 등에 업은 SSM의 동네 상권 진입, 편의점의 과대 출점으로 인한 영업시간의 연장, 대형 할인마트의 인터넷 배송 서비스 등과 경쟁해야 하는 것은 저 뿐만 아니라 다른 소상공인 분들도 마찬가지겠지요." 세월이 지날수록 더욱 치열해 지는 경쟁보다 더욱 고민스러운 것은 직원을 구하고 교육시키는 일이다. "제일 힘든 것은 좋은 사람들과 일하는 것입니다. 채용도 어려울 뿐 만 아니라 채용을 한 뒤에도 직업에 대한 선입견으로 금방 그만두는 사람들이 많습니다. 그만두지 않더라도 직업에 대한 자부심과 긍지가 없어서 서비스 마인드를 갖지 못하는 경우도 많아요."이러한 점을 극복하기위해 이영석 대표는 지속적으로 강력한 교육 프로그램을 운영하고 있다. "경기가 좋지 않아 힘이 들더라도 교육만큼은 절대로 포기하지 않을 생각입니다."회사에 대한, 야채장수로의 자부심이 가장 우선시 되어야 한다는 그의 각오다.

절실한 마음으로'솔선수범'

"참 부럽습니다. 제가 창업할 땐 이렇게 좋은 기관도 없었고 정보, 교육도 전무했거든요." 이영석 대표는 예비창업자들이 소상공인진흥원의 시스템을 잘 이용하길 권했다. "전문가들이 상권을 분석해주고 경영을 지도해주고 때 때로 직무교육을 해주니 창업을 하기에 더할 나위 없이 좋지요. 물론 이러한 기회가 정말로 어려운 소상공인들에게 더 많이 돌아가 함께 상생했으면 하는 바람입니다."정보, 지원 모두가 중요한 조건이지만 창업을 위해선 점주의 마음가짐이 가장 중요하다."솔선수범. 이 절실한 마음이 가장 중요합니다. 점포에 점주가 자리를 비우면 무조건 망합니다. 대표는 무조건 솔선수범해야 합니다."

변함없는 마음으로 더 큰 꿈을 향해

'총각네 야채가게'의 이야기를 주제로 한 드라마가 12월 말 방영이 예정되어 있다. 이미 뮤지컬을 통해 선보였던 총각네 이야기는 청년실업으로 신음하는 시대에 정직하게 땀 흘리며 미래를 개척해 나가는 총각들을 응원하는 이야기로 흥행, 연장공연도 예정되어 있다.

"총각네 야채가게는 서울과 수도권을 중심으로 신선식품전문매장이라는 테마를 가지고 더욱 집중할 계획입니다. 지방출점도 계획하고 있고요. 이미 진행 중인 총각네 쥬스 사업과 더불어 제2의 브랜드 런칭도 앞두고 있습니다."

사업 확장과 함께 총각네 야채가게를 주제로 한 교육도 지속된다. 이미 삼성, 엘지, SK, 만도위니아, 농협 등 전국의 대기업, 공기업, 지자체에서 1만 명이 교육을 수료한 이영석 대표의 강의의 인기는 식을 줄 모른다. '총각네'의 현재 모습은 이영석 대표의 젊음, 열정, 초심이 낳은 꿈의 실현이다.

"시련, 좌절 그리고 끊임없는 시행착오가 있었습니다. 하지만 저는 꿈이 있었기 때문에 포기하지 않았고, 지금의 모습으로 성장할 수 있었습니다."그리고 그는 여전히 꿈의 실현을 위해 여전히 열정을 품고 있다. "꿈을 성취하는 가장 행복한 총각네 문화를 만들기 위해 늘 새로운 모습으로 변화하려 합니다."

이 대표는 이제 기업을 이끄는 대표가 되었다. 수십 개의 공동 브랜드 점들, 이 18평의 작은 점포들이 우리나라에서 손꼽히는 매출액을 올린다. 하지만 그는 여전히 장사와 서비스를 쑥스러워 하지 않는 뜨거운 청년이다. 장사가 곧 매일 매일의 축제인 이 대표의 젊은 열정은 여전히 귀감이 된다.

[자료 : 소상공人 2011년 겨울호, pp. 24-27 인용]

본장에서는 중소기업의 창업과 경영지원제도를 설명하고자한다. 그런데 최근에 관련법규들이 개정되어 중소기업이 중기업과 소기업으로 분류되고, 소기업에서 다시 소상공인이 분리되었다. 중소기업의 범위는 「중소기업기본법」 제2조 1항을 보면 상시 근로자 수가 1천명 미만인 기업, 자산총액이 5천억원 미만인 기업, 직전 3개 사업연도의 평균 매출액이 1천 5백억원 미만인 기업 등으로 규정하고 있다.

이를 구체적으로 살펴보면「영리를 목적으로 사업을 하는 기업으로서 업종별로 상시 근로자 수, 자본금, 매출액 또는 자산총액 등이 대통령령으로 정하는 기준에 맞을 경우, 지분 소유나 출자 관계 등 소유와 경영의 실질적인 독립성이 대통령령으로 정하는 기준에 맞을 경우, 그리고 사회적기업 육성법 제2조제1호에 따른 사회적기업 중에서 대통령령으로 정하는 사회적기업을 중소기업으로 규정하고 있다.

「중소기업기본법」 제2조 2항을 보면 중소기업을 대통령령으로 정하는 구분기준에 따라 소기업(小企業)과 중기업(中企業)으로 구분하고 있으며, 소기업 및 소상공인 지원을 위한 특별조치법 2조 2항을 보면 '소기업은 상시 근로자가 10명 이상인 사업자로서 업종별 상시 근로자 수 등이 대통령령으로 정하는 기준에 해당하는 자를 말한다.'라고 규정하고 있다. 그리고 소기업 및 소상공인 지원을 위한 특별조치법 시행령 제 2조 1항 소상공인의 범위 등을 보면 광업·제조업·건설업 및 운수업의 경우에는 10인 미만, 그 밖의 업종의 경우에는 5인 미만을 소상공인이라고 규정하고 있다.

중소기업의 성공적인 창업과 효율적 경영을 지원하기 위해서 정부나 여러 기관들은 다양한 창업 및 경영제도를 운영하고 있다. 따라서 중기업과 소기업을 창업하거나 운영하는 경영자들이 중소기업청과 정부산하 관련기관에서 시행하는 지원제도를 숙지하여 효과적으로 잘 활용하는 것은 창업과 기업성장에 큰 유익이 되는 경우가 많다. 본장에서는 중기업과 소기업에 대한 정부의 지원제도 및 소상공인에 대한 지원제도에 대해 살펴본다. 현재 우리나라의 중소기업을 위한 지원제도는 창업입지지원, 창업자금지원과 기술·인력지원과 판로·수출지원, 법률 서비스지원 및 정보화지원제도 등 분야별로 지원제도가 있으며, 소상공인지원제도는 소상공인 경영안정자금 지원제도, 소상공인 교육컨설팅 지원제도, 창업 및 경영정보지원제도 등이 있다.

〈중소기업기본법 시행령 상의 중소기업의 범위〉

제3조(중소기업의 범위) ①「중소기업기본법」(이하 "법"이라 한다) 제2조 제1항 제1호에 따른 중소기업은 다음 각 호의 기준을 모두 갖춘 기업으로 한다.

1. 해당 기업이 영위하는 주된 업종과 해당 기업의 상시 근로자 수, 자본금 또는 매출액의 규모가 별표 1의 기준에 맞는 기업. 다만, 다음 각 목의 어느 하나에 해당하는 기업은 제외한다.
   가. 상시 근로자 수가 1천명 이상인 기업
   나. 자산총액이 5천억원 이상인 기업
   다. 자기자본이 1천억원 이상인 기업
   라. 직전 3개 사업연도의 평균 매출액이 1천 5백억원 이상인 기업
2. 소유와 경영의 실질적인 독립성이 다음 각 목의 어느 하나에 해당하지 아니하는 기업

가. 「독점규제 및 공정거래에 관한 법률」 제14조제1항에 따른 상호출자 제한기업집단에 속하는 회사

나. 제1항제1호나목에 따른 법인(외국법인을 포함하되, 제3조의2제2항 각 호의 어느 하나에 해당하는 자는 제외한다)이 주식등의 100분의 30 이상을 직접적 또는 간접적으로 소유한 경우로서 최다출자자인 기업. 이 경우 최다출자자는 해당 기업의 주식등을 소유한 법인 또는 개인으로서 단독으로 또는 다음의 어느 하나에 해당하는 자와 합산하여 해당 기업의 주식등을 가장 많이 소유한 자를 말하며, 주식등의 간접소유 비율에 관하여는 「국제조세조정에 관한 법률 시행령」 제2조제2항을 준용한다.

1) 주식 등을 소유한 자가 법인인 경우: 그 법인의 임원

2) 주식 등을 소유한 자가 1)에 해당하지 아니하는 개인인 경우: 그 개인의 친족

다. 관계기업에 속하는 기업의 경우에는 제7조의4에 따라 산정한 상시 근로자 수, 자본금, 매출액, 자기자본 또는 자산총액(이하 "상시근로자수등"이라 한다)이 별표 1의 기준에 맞지 아니하거나 제1항제1호 각 목의 어느 하나에 해당하는 기업

② 법 제2조제1항제2호에서 "대통령령으로 정하는 사회적기업"이란 영리를 주된 목적으로 하지 아니하는 사회적기업으로 다음 각 호의 기준을 모두 갖춘 기업으로 한다.

1. 상시 근로자 수 300명 미만 또는 매출액 300억원 이하일 것
2. 제1항제1호가목 또는 라목에 해당하지 아니할 것
3. 제1항제2호가목 또는 나목에 해당하지 아니할 것[전문개정 2011.12.28]

제1절 창업입지 지원제도

1. 창업보육센터(BI : Business Incubator) 확장 및 운영지원

창업입지 지원제도에는 기술과 사업성은 있으나 자금·장소 및 시설확보에 어려움이 있는 창업자 또는 창업 예비자에게 개인 또는 공동작업장 등의 시설을 저렴하게 제공함과 아울러 경영, 세무, 기술지도 등의 지원을 통해 창업에 따른 위험부담을 줄이고 원활한 성장을 유도하여 성공 가능성을 높이기 위하여 설치된 시설을 말하는 창업보육센터 확장 및 운영지원에 관한 제도가 있다.

2. 시니어 창업기업 특화 창업보육센터 지원제도 등

40세 이상 전문경력자인 시니어 창업기업을 대상으로 사업화, 보육센터 입주 등의 지원을 통해 안정적으로 성장할 수 있는 기반을 제공하기 위하여 시니어 창업기업 특화 창업보육센터를 신규지정하고 건립 및 운영을 지원하는 시니어 창업기업 특화 창업보육센터지원제도가 있다.

그 외에도 전국의 장애인 창업기업을 종합적이고 체계적으로 지원하기 위하여 전국 단위의 장애인 특화 창업보육센터를 중기청 창업보육센터로 신규 지정하는 제도가 있다. 그리고, 농림수산업과 제조업을 연계하는 융합기술분야 예비창업자 및 창업 초기기업을 대상으로 사업화, 보육센터입주 등 일관지원을 통해 농공상 융합기술분야 창업기업을 육성하기 위하여 농공상 융합기업 특화 창업보육센터의 확장건립 및 운영을 지원하는 제도가 있는데, 세부사항은 중기청 홈페이지(www.smba.go.kr) 정책마당 또는 BI-Net (www.bi.go.kr) 참고하기 바란다.

제2절 자금지원제도

1. 창업기업 지원 자금

1) 지원내용

우수한 기술력과 사업성은 있으나 자금력이 부족한 중소·벤처기업의 창업을 활성화하고 고용창출을 도모하기 위해, 창업기업지원자금, 1인 창조기업지원자금, 재 창업자금, 청년 전용 창업자금으로 구분 지원한다.

2) 융자범위와 조건

융자 범위는 생산설비 및 시험검사장비 도입 등에 소요되는 자금, 정보화 촉진 및 서비스 제공 등에 소요되는 자금, 공정설치 및 안정성평가 등에 소요되는 자금, 유통 및 물류시설 등에 소요되는 자금, 사업장 건축자금(토지구입비 제외), 임차보증금, 사업장 확보자금(매입, 경·공매), 부지매입비 및 조성공사비(협동화 및 협업사업 승인기업에 한함) 등의 시설자금과 창업소요 비용, 제품생산 비용 및 기업 경영에 소요되는 자금 등의 운전자금이다.

융자조건은 대출금리(변동금리)는 공자기금 대출금리에서 0.45%p차감(기준금리) 기준이며, 청년 전용 창업자금은 연 2.7%(고정금리)이다. 대출기간은 시설자금 8년 이내(거치기간 3년 이내 포함), 운전자금은 5년 이내(거치기간 2년 이내 포함), 청년전용창업자금은 시설 · 운전 구분 없이 3년 이내(거치기간 1년 이내 포함)이다. 대출한도는 기업당 연간 30억원(운전자금은 5억원 단, 20억원 이상 시설투자기업의 운전가금은 7억원)이고, 1인 창조기업지원자금 및 재창업자금(생산지원금융)은 회전한도내에서 계약금액의 90% 이내(최대 5억원), 청년 전용 창업자금은 기업당 5천만원(융자상환금 조정형) 또는 7천만원(민간금융 매칭형)인데, 단, 제조업은 기업당 1억원이다.

융자방식은 창업기업지원은 중진공이 자금 신청 · 접수와 함께 기업평가를 통하여 융자대상 결정 후, 중진공(직접대출) 또는 금융회사(대리대출)에서 신용, 담보부(보증서 포함) 대출하며, 1인 창조기업지원은 중진공이 자금 신청 · 접수와 함께 기업평가를 통하여, 융자대상 결정 후 직접대출하는 방식이고, 재창업의 경우는 중진공이 자금 신청 · 접수와 함께 기업평가 및 도덕성 평가를 통하여 융자대상 결정 후 직접대출(단, 기업편의에 따라 금융회사(대리대출)에서 신용, 담보부 보증서 포함 대출 가능)하며, 청년전용창업은 중진공이 자금 신청 · 접수와 함께 교육 · 컨설팅 실시 및 사업 계획서 등에 대한 평가를 통하여 융자대상 결정 후 직접대출(융자상환금 조정형) 또는 취급은행(기업은행, 우리은행)이 자금 신청 · 접수와 함께 평가를 통하여 융자 대상 결정 후 대출한다.

2. 개발기술 사업화 자금

1) 지원대상

중소기업이 보유한 우수 기술의 사장을 방지하고 개발기술의 제품화 · 사업화를 촉진하여 기술기반 중소기업을 육성하기 위한 자금이다. 신청대상은 전략산업을 영위 또는 영위하고자 하는 중소기업으로서, 전략산업(녹색 · 신성장동력산업, 뿌리산업, 부품 · 소재산업, 지역전략 · 연고산업, 지식서비스산업, 문화콘텐츠산업, 바이오산업, 융복합 및 프랜차이즈산업) 중 하나에 해당되는 기술을 사업화하고자

하는 기업 또는 자체 기술을 사업화하고자 하는 Inno-Biz기업이 해당된다.

그러나 최근 3년 이내 개발기술사업화자금을 2회 이상 지원받은 기업은 융자 제외되며 지식경제부, 중소기업청 등 정부출연 연구개발사업에 참여하여 기술개발에 성공(완료)한 기술, 특허 또는 실용신안 등록 기술, 정부 및 정부 공인기관이 인증한 기술, 신기술(NET), 전력신기술, 건설신기술, 보건신기술(HT) 등과 국내외의 대학, 연구기관, 기업, 기술거래기관 등으로부터 이전 받은 기술, 『기술의 이전 및 사업화 촉진에 관한 법률』상 기술평가기관으로부터 기술평가인증을 받은 기술, 기업부설연구소(한국산업기술진흥협회 인정) 보유 기업이 개발한 기술이 해당된다.

2) 융자범위 및 조건

융자범위는 시설자금(개발기술 사업화에 소요되는 생산설비, 시험검사장비 도입 등에 소요되는 자금)과 운전자금(개발기술 사업화에 소요되는 원부자재 구입비용, 시장 개척비용 등)이다. 대출금리(변동금리)는 공자기금 대출금리에서 0.45%p 차감(기준금리)이며, 대출기간은 시설자금 8년 이내(거치기간 3년 이내 포함), 운전자금은 5년 이내(거치기간 2년 이내 포함)이며, 대출한도는 기업 당 연간 20억원(운전자금은 5억원)이다.

3. 신성장 기반자금

1) 지원대상

사업성과 기술성이 우수한 성장유망 중소기업의 생산성향상, 고부가가치화 등 경쟁력 강화에 필요한 자금을 지원하여 성장 동력을 창출하기 위한 자금이다. 신청대상은 최근 3년 이내 신성장 기반자금을 2회 이상 지원받은 기업은 융자대상에서 제외되며, 중소기업기본법상의 업력 5년 이상 중소기업인데(업력 5년 미만 기업 중 창업 요건에 해당되지 않는 기업은 신성장 기반자금으로 융자), 3개 이상의 중소기업이 규합하여 협동화실천계획의 승인을 얻은 자 또는 2개 이상의 중소기업이 규합하여 협업사업계획의 승인을 얻은 자이다. 단, 업력 5년 미만 중소기업 중 창업기업 지원자금 융자대상에 해당되는 기업은 창업기업 지원자금으로 융자받을 수 있다.

2) 융자범위 및 조건

융자범위는 시설자금으로, 생산설비 및 시험검사장비 도입 등에 소요되는 자금과 정보화 촉진 및 서비스 제공 등에 소요되는 자금, 공정설치 및 안정성평가 등에 소요되는 자금, 유통 및 물류시설 등에 소요되는 자금, 사업장 건축자금(토지구입비 제외), 임차보증금, 기타 생산성 향상, 생산 환경 개선 및 후생복지시설 등에 소요되는 자금, 부지매입비 및 조성공사비(협동화 및 협업사업 승인기업에 한함) 등이다. 또한 운전자금은 위 시설자금을 융자받은 기업 중 시설도입 후 소요되는 초기 가동비(시설자금의 30% 이내)인데, 혁신형기업, 협동화 및 협업사업 승인기업은 시설자금의 50% 이내에서 초기가동비 지원이 가능하고 지식서비스산업, 문화콘텐츠산업 영위 기업, 협동화(협업화) 및 협업사업 승인 기업의 경우에는 제품생산비용, 제품개발비용, 시장개척비용에 소요되는 운전자금을 시설자금과 별도로 융자 가능하다.

융자조건으로 대출금리(변동금리)는 공자기금 대출금리에서 0.05%p가산(기준금리)하며, 대출기간은 시설자금은 8년 이내(거치기간 3년 이내 포함, 협동화 및 협업사업 승인기업은 10년 이내로 거치기간 5년 이내 포함), 운전자금은 5년 이내(거치기간 2년 이내 포함)이다. 대출한도는 기업 당 연간 30억원(운전자금 5억원)인데, 단, 20억원 이상 시설투자기업의 운전자금은 7억원이다. 협동화 승인기업의 경우에는 추진주체 50억원(운전 5억원), 참가기업 45억원(운전 5억원)이며 단, 협업화는 추진주체 40억원(운전 30억원), 참가기업 30억원(운전 5억원)이다. 협업사업 승인기업은 추진주체는 45억원(운전자금 5억원), 참가기업은 40억원(운전자금 5억원)이다.

4. 긴급 경영안정 자금

1) 융자범위

생산 및 판매활동에 소요되는 자금을 지원하여 중소기업의 안정적인 경영기반 조성을 위한 자금으로, 긴급 경영안정사업, 수출금융 지원사업으로 구분하여 지원하고 있다. 긴급경영안정자금 지원사업에는 제품생산비용, 제품개발비용 및 시장개척 비용, 원부자재 구입에 소요되는 비용, 자연재해 또는「재해중소기업 지원지침」(중소기업청 고시)에 따라 지원이 결정된 인적재난으로 피해를 입은 중소기업(재해중소기업)의 직접피해복구비용, 일시적 경영애로 기업 중 회생가능성이 큰 기업의 경영애로 해소 및 경영정상화에 소요되는 경비가 포함된다. 수출금융지원사업은 수출계약(L/C, D/A, D/P, Local L/C, T/T, M/T, 구매확인서, O/A, 해외조달계약에 따른 P/O) 또는 수출실적에 근거한 수출품 생산비용 등 수출 소요자금이다.

2) 융자조건 및 방식

긴급경영안정사업자금의 융자조건 및 방식은 대출기간이 5년 이내(거치기간 2년 이내 포함)이며, 대출한도는 기업 당 연간 5억원 이내(3년간 10억원 이내, 재해중소기업 및 일시적 경영애로 기업은 연간 10억원 이내)이며, 대출금리(변동금리)는 공자기금 대출금리에서 0.35% p가산 기준금리인데, 재해중소기업은 연 3% 고정금리를 적용한다.

수출금융지원 사업은 대출기간 180일 이내이며, 대출한도는 기업 당 10억원 이내이다(해외조달시장 참여중소기업 및 글로벌강소기업은 기업당 30억원 이내이다. 여기서 해외조달시장 참여중소기업이란은 UN 및 UN산하기구, WTO정부조달협정 양허기관, FTA정부조달 협정 양허기관의 조달계약에 입찰하여 낙찰 받는 기업을 말하며, 글로벌강소기업은 수출성장 잠재역량이 높은 수출중소기업을 집중 지원하여 수출 5천만불 이상의 글로벌강소기업으로 육성하기 위하여 중소기업청장이 선정한 기업을 말한다). 수출계약기준은 수출실적 및 계획을 근거로 산정한 회전한도(일반기업은 최대 10억원, 해외조달시장 참여중소기업 및 글로벌강소기업은 최대 30억원)내에서 수출계약액의 90%이내이며, 수출실적기준은 최근 1년간 수출실적의 1/2 이내(수출실적 기준 이용기업은 10억원(해외조달시장 참여중소기업 및 글로벌강소기업은 30억원) 한도 내에서 수출계약기준과 병행대출 가능하다. 대출금리(변동금리)는 공자기금 대출금리에서 0.35%p가산(기준금리)이며, 융자방식은 중진공이 자금 신청·접수와 함께 기업평가를 통해 융자대상 기업을 결정한 후, 순수 신용 또는 보증서부(한국무역보험공사) 직접 대출한다.

5. 신용보증서에 의한 자금대출 지원 제도

1) 신용보증제도의 개념

신용은 있으나 담보력이 부족하여 자금조달에 애로를 겪는 중소기업이 금융기관 등으로부터 원활히 자금 대출을 받을 수 있도록 중소기업의 각종 채무이행에 대하여 보증을 해주는 제도로 이러한 신용보증서를 발급하는 신용보증기관으로는 신용보증기금(신보), 기술신용보증기금(기보), 지역신용보증재단연합회가 있다. 이러한 신용보증기관들은 중소기업에게 부족한 신용력을 보완함으로써 기업이 필요한 사업자금을 금융시장에서 원활하게 조달할 수 있도록 하는 금융중개시스템이다.

2) 신용보증 신청자격

(1) 신용보증기금

개인기업의 경우 신용보증자격자란 영리를 추구하고 사업자등록증을 소지한 자이고, 법인기업은 영리 추구를 목적으로 하는 상법상 회사(주식, 유한, 합자, 합명회사) 및 재단 · 사단법인중 수익사업부문인 경우이면 신청 자격이 있다. 그리고 기업단체인 경우에는 중소기업협동조합법에 의해 설립된 중소기업협동조합이 해당된다.

(2) 기술신용보증기금

기술신용보증 보증신청자격은 신기술사업을 영위하는 기업으로서 상시종업원이 1,000인 이하이고 총 자산액이 1,000억 원 이하인 기업, 산업기술연구조합이면 자격이 있다. 일반신용보증의 경우에는 상시종업원 1,000인 이하이고 총자산액이 1,000억 원 이하인 기업이면 자격이 있다.

(3) 지역신용보증재단

각재단의 관할지역에 사업장을 둔 개인기업 또는 법인기업으로서 사업성이 있고 신용상태가 양호한 기업이면 신용보증신청 자격이 있다. 그러나 소기업, 소상공인, 재해복구자금을 추천받은 기업, 중소기업청장 또는 시 · 도지사가 지역경제의 활성화 또는 지역특화산업의 육성을 위하여 필요하다고 인정하는 자금을 추천받은 기업인 경우에는 우선적 보증대상이 될 수 있다.

4) 보증금지 기업

보증기관(신보, 기보, 지역신보)이 보증채무를 이행한 후 채권을 회수 못한 기업이거나 위에서 언급한 대상기업의 경영실권자, 법인기업인 경우 과점주주인 이사, 이사 또는 업무집행사원 중 무한책임사원이 대표자로 되어있는 기업, 개인기업인 경우 그 개인이 대표자로 되어있는 기업은 보증이 금지된 기업이다. 그리고 기술신용보증은 거래은행간 협의를 통해 대출부적격으로 판명된 기업도 보증금지 기업으로 정하고 있다.

5) 보증제한 기업

- 휴업중인 기업
- 금융기관의 대출금을 빈번히 연체하고 있는 기업
- 금융기관의 금융거래확인서 기준일 현재 연체중인 기업
- 전국은행연합회의 '신용정보 관리규약'에 의한 신용불량정보 해당기업
- 보증기관이 보증채무를 이행한 후 채권을 회수하지 못한 기업의 연대보증인인 기업 및 연대보증인이 대표자로 되어 있는 기업

이 외에도 사업전환자금, 투융자복합금융자금 지원제도가 있는데, 자세한 내용은 중기청 홈페이지(www.smba.go.kr)를 참고하기 바란다.

제3절 중소기업 인력지원제도

현재 중소기업청과 중소기업중앙회 등 중소기업 관련 기관에서 시행하고 있는 중소기업 인력지원제도에는 다양한 지원제도가 있다. 예를 들면, 선정된 특성화고와 중소기업간 맞춤훈련 협약을 체결하고, 기업의 직무분석을 통해 협약학생 훈련 훈련종료 후 협약 학생을 채용하는 산학연계 맞춤형 인력양성사업이 있다. 또한 지역산업과 연계한 교육과정 운영, 교사 학생연수 등 현장인력 양성에 필요한 예산을 지원하는 중소기업 특성화고 육성사업, 선정된 사업단(특성화고, 전문대학)의 협약 중소기업 직무분석을 통해 특성화고와 전문대학 연계 교육과정을 마련하여 직업훈련을 실시하며, 훈련 수료 후 협약기업에 학생이 취업하는 기술사관육성사업이 있다. 그리고, 현장 우수기능인이 특성화고 학생, 교원에게 기술을 전수하는 우수기능 전수사업, 특성화고생에게 기업 현장연수 기회 제공을 위해 연수프로그램이 우수한 기업을 선발하여 2년간 지원, 3년 이후 기업이 자체적으로 연수를 실시하는 연수업체 인증제도, 참여 중소기업의 요구를 반영한 학위과정을 개설 운영하며, 학위 취득 후 재직 기업에 일정기간 의무복무를 하도록 하는 중소기업형 계약학과 제도 등이 있다.

여기에서는 중소기업 인력구조 고도화사업과, 디자인설계 1인 1사 지원 사업, 중소기업 해외인턴사업을 중심으로 관련 내용을 소개한다.

1. 중소기업 인력구조 고도화사업

1) 세부 지원내용

보조사업자가 중소기업에 수요 맞춤형 공동 훈련 프로그램을 추진 시 훈련비(정부 60%, 중소기업 및 보조사업자 40% 부담, 단, 비수도권 지역 보조사업자인 경우에는 정부지원 비율 80% 수준까지 확대)와, 운영비(훈련비 총액의 15% 이내 보조, 인건비는 운영비의 70% 이내로 제한)를 지원하는 제도이다.

2) 신청방법

신청방법은 인력구조고도화사업 홈페이지(http://hrd.kbiz.or.kr)의 공지사항에 게재된 사업신청 서류(사업신청서, 서약서, 사업계획서, 수요조사결과표 및 조사표 사본 각 1부)를 작성하여 중소기업중앙회 산업인력팀으로 우편 또는 메일(서울시 영등포구 여의도동 16-2, 02-2124-3387)로 제출하면 된다.

3) 선정절차

- 사업평가 : 업계 및 학계 전문가로 구성된 「사업평가위원회」가 사업계획 타당성을 평가 (기존 사업자는 추진실적 평가를 병행)하는데, 평가기준은 사업계획의 목적성, 효과성, 실현가능성 및 사업자 수행 능력 등이다.
- 사업선정 : 기존, 신규 사업자 구분 없이 평가 점수 상위 순으로 60개 프로그램 선정 (선정 사업자가 추진 포기 시, 차 순위 프로그램 추진)
- 사업추진 : 선정 후 각 프로그램별로 참여 중소기업 모집하여 추진

2. 디자인설계 1인 1사 지원사업

1) 세부 지원내용

참여 특성화고생, 대학(원)생들의 금형, 설계 디자인분야 등과 연계된 업무를 3~6주간 수행(최대 6개월)하게 하고 활동수당을 지급하는 제도인데, 기본 3개월은 정부가 75%, 참여기업은 25%를 분담지원하며, 추가 3개월은 정부 50%를 참여기업 50% 분담 지원하는 사업이다.

2) 신청방법

디자인설계 1인1사 지원사업을 추진하고자 하는 중소기업기본법상의 중소기업(지역제한 없음)은 지방중소기업청(www.smba.go.kr) 홈페이지에서 참여 신청을 하면 된다.

3) 선정절차

지방중소기업청 지정 전담기관(1인1사 지원사업의 학생 등과 중소기업간 매칭, 국고보조금 집행관리 등의 업무를 수행하는 업종별 조합 · 단체를 말함)에 신청서류 제출 → 전담기관 서류검토→ 신용거래 불량 여부 확인 → 학생, 중소기업간 매칭 → 협약체결 → 사업개시의 절차를 거친다.

3. 중소기업 해외인턴사업

1) 사업목적

현지 언어소통이 가능하고 자질이 우수한 대학생(전문대 포함) 및 졸업 후 3년 이내인 미취업자를 선발하여 국내에서 전문교육실시 후 해외 현지법인에 파견하는 사업으로, 우수 전문인력 양성 및 공급을 통한 청년실업난 및 중소기업의 인력난 완화로 중소기업 수출확대를 돕는데 목적이 있다.

2) 지원내용 및 추진절차

(1) 지원내용

〈표 6-1〉 중소기업 해외인턴사업 지원 내용

구분	내용
국내교육 (총 4주)	○ 해외시장조사, 파견 지역별 특성, 해외마케팅, 신입사원 교육, 바이어상담 기법 등 무역 전문교육 및 소양교육 - 사이버 교육 2주, 집합교육 2주
국내 인턴쉽 (1개월 내외)	○ 파견법인 현황 파악 및 중소기업 실무경험 습득을 위해 국내 본사(지사) 등에서 현장인턴 수행 - 수용기업 및 인턴 희망 시
해외인턴쉽 (3개월*)	○ 국내기업의 해외현지법인, INKE, 교포기업 등 한인기업, 해외민간네트워크 등에 파견하여 자사의 현지 마케팅 수행

* 추후 파견기간 연장 가능 여부에 따라 3개월까지 심사 후 연장 가능

(2) 지원방법

가. 교육훈련비 및 교육수당 지원

- 전문교육기관을 통한 전문훈련비 및 수당 지급
  * 4주 교육, 교육수당(2주 집합교육에 대하여 주당 5만원(정액)

나. 해외현지법인 국내 본사(지사) 근무수당 지원

- 파견법인 현황 파악 및 중소기업에 대한 인식개선
  * 4주 근무수당(월 25만원 : 점심 및 교통비)

다. 인턴 현지 체재비

- 인턴 현지 체재비는 아래 지급기준에 따라 지급하되, 체재비중 일정부분 (20%)은 참여기업이 부담
  * 참여기업이 인턴 현지숙소 제공 시 참여기업 분담금(20%) 면제
  * 체재비는 정부에서 지원하는 생활지원금임
- 단, 중진공의 해외산업기술협력센터 및 코리아데스크 등 공공 기관의 경우, 체재비 분담금을 면제하고, 기타 해외인턴사업 참여의지가 있는 기업 및 단체로서 중소기업청장이 인정하는 경우 중기청장의 승인을 거쳐 체재비 분담금의 조정 가능
  * 저소득층에 대해서는 등급별 체재비의 30% 범위내에서 상향 조정
  ○ 취업취약계층 : 차상위계층(소득1~3분위), 여성가장
    * 건강보험료 납입액, 여성가장 증명서 제출
  ○ 기초생활수급자 : 소득인정액이 최저생계비 이하인 자
    * 보건복지부장관 고시 최저생계비 기준, 기초생활수급자 증명서 제출

라. 왕복항공료, 비자발급비용 및 여행자 보험 등 실비 지원

3) 신청자격 및 접수

(1) 국내 및 교포 중소기업, 외국기업, 중진공 해외산업기술협력센터 및 코리아데스크

가. 신청자격

① 국내 및 교포기업

○ 매출액 5억원 이상 또는 종업원 5명 이상으로서 해외법인을 보유한 국내 및 교포 중소기업 중 다음 요건에 부합하는 자

(i) 중기청 소관 중소기업정책자금 융자계획공고 별표1의 융자제외 대상업종(사행성, 숙박음식점, 부동산임대업 등)에 해당되지 않을 것

(ii) 3개월이상 금융기관 연체 등 신용불량기업, 여행사, 학원, 골프장 등은 제외

② 외국기업

○ 국내 수출중소기업의 해외 거래선인 외국기업

(i) 해당 해외 거래선 외국기업에 대한 수출액이 연간 50만불이상일 것

(ii) 해당 해외 거래선 외국기업의 업종이 중기청 소관 중소기업정책자금 융자계획공고, 융자제외 대상업종(사행성, 숙박음식점, 부동산임대업 등)에 해당되지 않을 것

③ 중기청 등록 민간해외네트워크, 수출BI 입주기업, 중진공 해외산업기술협력센터 및 코리아데스크, 기타 해외인턴사업 참여의지가 있는 자로서 중소기업청장이 인정하는 기업 및 단체

〈참가기업 신청자격 필수사항〉

- 일정한 사무공간(사무집기, 인터넷선, 컴퓨터, 전화, 팩스 등) 확보
- 인턴 현지 적응 실무교육 실시(현지교육기간 : 1~2일)
- 조기정착을 위한 각종 현지 정보 제공(숙소, 교통, 마케팅정보 등)
- 인턴기간동안 활동상황 관리(근무태도, 출장관리 등)
- 교포기업 및 해외지사는 현지 사업자등록이 되어 있을 것

나. 신청 · 접수

○ 신청 · 접수방법 : 온라인 접수(정부해외인턴사업 홈페이지)

- 온라인 접수(www.ggi.go.kr)

* 정부해외인턴사업 홈페이지(www.ggi.go.kr) 접속, 기업회원가입 후 마이페이지 → 인턴업체모집참여 → "중소기업 해외인턴사업" 보기 → 지원하기 → 기업기본정보 입력 후 신청서를 다운로드 받아 기재 후 업로드

- 기업당 해외인턴 5명까지 신청가능

○ 첨부서류 제출 : 스캔後 이메일 제출

〈표 6-2〉 중소기업 해외인턴사업 참가기업 제출 서류

구분	제출서류	비고
국내 법인	• 사업자등록증 1부	필수
	• 재무제표 1부(현장방문실사시 제출)	필요시 현장방문 실사
	• 해외인턴 활용계획서 1부	필수
	• 해외법인(지사) 현지 등록 증명서 1부	
	• 기업 소개자료, 제품사진 등	
교포 기업	• 재무제표 1부	필수
	• 해외인턴 활용계획서 1부	
	• 해외법인(지사) 현지 등록 증명서 1부	
	• 기업 소개자료, 제품사진 등	

* 해외법인 등록 증명서 : 현지정부 및 관련기관에서 발급한 사업자 등록증

(2) 인턴 희망자(대학생 및 졸업 후 3년 이내 미취업자)

가. 신청자격

○ 대학(전문대 포함) 재학생 및 대학 졸업 후 3년 이내인 자

- 6학기(전문대 2학기) 이상 이수, 평균 성적 B° 이상

  * 언어능력에 대해서는 성적서 및 시험·면접으로 판단

○ 저소득층, 취업취약계층, 여성가장, 지방출신 대학생, 미취업자, KOICA 경험자, 무역, IT·웹, 디자인, 광고 전공자, 언어 능통자의 경우 우대

나. 신청·접수

○ 신청·접수방법 : 온라인 접수

- 온라인 접수(http://www.ggi.go.kr)

  * 정부해외인턴사업 홈페이지(www.ggi.go.kr) 접속, 개인 회원가입 후 "중소기업 해외인턴사업" → 지원하기에서 온라인 신청

- 최대 5개국까지 신청 가능하되 우선순위 기재

○ 첨부서류 제출 : 스캔後 이메일 송부 또는 면접 시 원본 제출

〈표 6-3〉 중소기업 해외인턴신청자 제출 서류

구 분	제출 서류	비 고
인턴 신청자	• 의료보험증 사본 1부	필수
	• 경력증명서 1부	해당시
	• 성적증명서 1부	필수
	• 어학성적서 1부	해당시
	• 최종학력졸업증명서 1부(재학생의 경우, 재학증명서)	필수

다. 선정절차 및 평가

○ 선정 절차

○ 참여신청(인턴 및 기업) ⇨ 서류 및 실태조사 ⇨ 파견자 면접 ⇨ 최종발표 ⇨ 참가기업 및 인턴희망자 상호매칭(개별) ⇨ 교육실시(4주) ⇨ 국내인턴쉽(4주, 교육 수료자에 한하며 수용기업 희망 시) ⇨ 해외 현지지역 배정 및 파견(3개월, 상호합의시 3개월 연장 가능)

* 참여기업과 인턴희망자 간 상호매칭은 완료시까지 지속 실시

라. 주요 평가사항

○ 신청기업 평가

- 국내기업 : 원칙상 현장 실태조사(1인1사) 방식 진행
- 교포 및 외국기업 : 원칙상 유선 실태조사 방식 진행
  단, 중기청과 협의하여 필요하다고 판단시 현지 실태조사 실시(해외민간네트워크, Kotra KBC 등 활용)
- 단, 중기청 등록 해외민간네트워크 및 수출BI 입주기업, 중진공의 해외산업기술협력센터 및 코리아데스크, 기타 해외인턴사업 참여의지가 있는 자로서 중소기업청장이 인정하는 기업 및 단체 등은 실태조사 생략

○ 인턴희망자 평가

- 1차)서류심사 → 2차)필기시험(적성검사) 및 면접(Free Talking 포함)

제4절 중소기업 기술지원제도

1. 중소기업 창업성장 기술개발 사업지원

1) 사업목적

○ (창업과제) 잠재역량은 보유하고 있으나, 기술개발 자금의 부족으로 어려움을 겪고 있는 창업 초기기업에 대한 기술개발지원을 통해 기업의 생존율 및 경쟁력 제고

○ (성장과제) 사업화 역량과 성장 가능성이 높은 성장기 중소기업들의 자율적 기술개발과제 지원을 통해 틈새시장 발굴 등 新시장 개척 유도

○ (재도약과제) 신규 R&D과제 발굴이 필요한 성장도약기 기업에 맞춤형 기술개발을 지원하여 기업의 지속적 R&D 환경조성 및 재도약 유도

2) 지원대상 및 분야

창업성장기술개발사업은 자유응모형 지원 사업으로 신청대상 및 자격에 따라 아래와 같이 구분한다.

○ (창업과제) 성장 잠재력은 우수하지만 사업화 능력 및 경험이 부족한 창업 5년 이하의 중소기업을 지원하는 사업

○ (성장과제) 사업화 역량과 성장 가능성이 높은 창업 5년 초과 중소기업을 지원하는 사업

○ (재도약과제) 창업 후 5년 초과기업 중 재도약 수요(지속성장을 해오던 기업이 후속 기술개발 아이템 부재 등으로 최근 성장 속도가 둔화된 기업)가 있는 기업을 지원하는 사업

3) 신청자격

(1) 기본 신청자격

○ 중소기업기본법 제2조의 규정에 의한 중소기업 다만, 숙박 및 음식점업, 부동산업 및 임대업, 오락업 및 문화업 공공, 수리 및 기타서비스업 업종에 해당하는 기업은 제외

(2) 과제별 신청자격

○ 창업과제 : 창업 5년 이하의 중소기업

○ 성장과제 : 창업 5년 초과 중소기업

〈신청제외〉

① 1인 창조기업 : 1인 창조기업은 '1인 창조기업 기술개발과제'로 신청

* 1인 창조기업 : 1인 창조기업 육성에 관한 법률 제2조의 규정에 의한 중소기업을 의미

② 앱기술개발분야 : 앱 관련 분야는 '앱 기술개발과제'로 신청

○ (재도약과제) 창업5년을 초과하고, 다음 조건을 충족하는 기업

최근 3개년 평균 매출액영업이익율이 업종별 평균을 상회하고,
최근 3개년 평균 매출액성장률이 5% 이하~-5% 이상 구간에 있는 기업

※ 창업 및 업력 산정기준 : 중소기업창업지원법 제2조의 규정 적용, 창업 성장기술개발사업 접수마감일을 기준으로 판단

(3) 지원금액 및 한도

○ 정부출연금 : 총사업비의 75%이내

○ 민간부담금 : 중소기업은 총사업비의 25%이상을 부담
(민간부담금의 20% 이상은 현금으로 부담)

〈표 6-4〉 중소기업 창업성장 기술개발 지원 금액 및 한도

과제구분		개발기간	지원금액	비 고
창업과제		최대 1년	2억원 한도	자유응모
성장과제		최대 1년	2억원 한도	
재도약과제	신규과제 발굴*	최대 3개월	1천5백만원 한도	
	R&D지원	최대 1년	2억원 한도	

* 신규과제 발굴 : 정부출연금은 총사업비의 65%이내, 민간부담금은 사업비의 35%이상 부담(민간부담금의 30%이상은 현금으로 부담)

(4) 신청방법

○ 온라인(인터넷)을 통한 사업계획서 접수

※ http://www.smtech.go.kr → 회원가입 → 로그인 → 과제관리 → 과제신청 → 지원사업(창업성장기술개발) 선택 후, 온라인 내용입력 및 사업계획서 등록

(5) 구비서류 및 선정절차 문의

중소기업기술정보진흥원 R&D 콜센터 1661-1357, 내선 2

2. 중소기업 기술개발 지원사업

○ 「중소기업 기술개발 지원사업」은 중소기업의 신기술 · 신제품 개발 및 공정혁신 등에 소요되는 기술개발 비용을 지원하여 기술경쟁력 향상을 도모하는 사업

○ 사업수행 방식에 따라 「중소기업 기술개발사업」과 「중소기업 산학연협력사업」으로 구분하는데, 반드시 신제품의 개발 또는 기존제품의 고도화(계량화 · 기능 추가 등 포함)에 한정하며, 단순한 기술개발을 위한 연구성 과제는 지원대상에서 제외 됨.

○ 신청자격은 중소기업기본법 제2조의 규정에 의한 중소기업을 원칙으로 하되, 한국표준산업분류 중 아래의 제외업종에 해당하지 않는 기업

1) 중소기업 기술개발사업

(1) 중소기업 R&D기획역량혁신사업

가. 사업개요

○ 중소기업이 개발하려는 신기술에 대한 기술성, 사업성, 시장성 등을 사전검증하고, 시장동향 및 개발전략 등을 수립 · 제공

○ 조합 · 단체 등을 중심으로 연구회를 구성, 기술기획 활동을 통한 유망기술과제 발굴

○ 중소기업 차원의 기술로드맵 수립을 통해 기업의 중장기 R&D전략 수립 · 제공

나. 지원내용

① 중소기업 R&D기획지원사업 : 35억원

  * 검증결과 우수한 기술과제는 연계지원심사를 통해 차년도 R&D사업에 연계 지원

② 과제발굴연구회 지원사업 : 10억원

③ 개별기업 기술로드맵 지원사업 : 10억원

다. 지원조건

○ 사업별 총 소요비용의 75% 이내에서 최대 22.5백만원 지원

(2) 중소기업 기술혁신개발사업

가. 사업개요

○ FTA 등에 따른 중소기업의 글로벌 역량 제고를 위해 미래 성장 유망 분야에 대한 중소기업의 기술개발을 지원

나. 지원내용

① 글로벌 강소기업 육성과제(170억원) : FTA활용을 제고할 수 있는 수출전략분야

② 투자연계과제(120억원) : FTA에 체결에 따라 수입 증가가 예상되는 등 대응이 필요할 것으로 판단되는 분야

③ 미래선도과제(820억원) : 저탄소 녹색성장 등 핵심국정과제를 뒷받침하는 4대 중소기업형 유망기술

* 4대 유망기술 : 녹색기술, 첨단기술, 제조기반기술, 신규정책 분야

다. 지원조건

〈표 6-5〉 중소기업 기술개발사업 지원조건

구 분	개발기간 및 금액	정부출연금 비중	비 고
글로벌 강소기업 육성과제	최대 2년, 8억원	60%이내	지정공모
투자연계과제	최대 2년, 8억원	60%이내	지정공모
미래선도과제	최대 2년, 5억원	75%이내	지정공모

(3) 창업성장기술개발사업

가. 사업개요

혁신역량은 부족하나 성장잠재역량을 보유하고 있는 기업군에 대한 기술개발 지원을 통해 기업의 생존율 제고 및 성장기반 강화

나. 지원내용

① 창업과제(620억원) : 창업 초기기업(5년 이하)의 기술개발 지원

* 건강관리프로그램 연계(200억) 및 첫걸음 기업(200억) 전용 지원

② 성장과제(345.6억원) : 창업 5년 초과 중소기업의 기술개발 지원
   * 건강관리프로그램 연계(100억) 및 첫걸음 기업(100억) 전용 지원
③ 재도약과제(50억원) : 신규 개발과제 발굴과 함께 기술개발 패키지 지원
④ 1인 창조기업 과제(50억원) : 1인 기업의 창의적 기술개발 지원
⑤ 앱(APP) 기술개발 과제(70억원) : 고부가가치를 창출하는 스마트 앱에 대한 기술개발 지원

다. 지원조건

〈표 6-6〉 창업성장 기술개발사업 지원조건

구 분		개발기간 및 금액	정부출연금 비중	비 고
창업과제		최대 1년, 2억원	75%이내	자유응모
성장과제		최대 1년, 2억원	75%이내	
재도약과제		최대 1년, 2억원 (신규과제 발굴 자금 1,500만원 별도)	75%이내 (신규과제 발굴 : 65%이내)	
1인 창조기업 과제		최대 1년, 5천만원	75%이내	
앱(APP) 기술개발 과제	앱 개발	최대 1년, 5천만원	75%이내	
	앱 관련 요소기술개발	최대 1년, 1.5억원	75%이내	

(4) 중소기업 서비스 연구개발사업

가. 사업개요

○ 서비스산업 분야의 신규 비즈니스 모델을 발굴하고 실현기술을 개발함으로써 중소기업의 일자리 창출 및 서비스산업 활성화를 유도
   * 서비스 R&D는 제조업 R&D 개념을 서비스로 확대한 것으로서 새로운 서비스의 개발과 서비스 전달체계 혁신을 위한 연구개발 활동을 지원

나. 지원내용

○ 자유응모과제
   혁신성, 도전성 서비스모델 발굴이 가능한 서비스 R&D 과제

다. 지원조건

〈표 6-7〉 중소기업 서비스 연구개발사업

구 분	개발기간 및 금액	정부출연금 비중	방 식
서비스혁신실용과제	최대 1년, 2억원	75%이내	자유응모

* 중소기업은 총사업비의 25%이상을 부담

이 외에도 대기업, 공공기관등과 같은 수요처가 구매의사를 밝히고 개발을 제안한 과제에 대해 중소기업의 기술개발을 지원하며, 개발단계부터 제품의 판로확보를 통해 중소기업의 기술개발 의욕을 고취하고 경영안정을 지원하기 위한 '구매조건부 신제품 개발사업' 지원제도가 있다. 그리고 글로벌 기업이나 해외수요처(바이어)에서 구매의사를 밝히고 개발을 제안하였거나, 신제품 개발 요청을 받은 중소기업의 시제품 개발비를 지원하고, 글로벌 무대에서 통하는 신제품 개발을 촉진하여 중소기업의 글로벌 역량을 강화하고 해외시장 진출을 확대함은 물론 중소기업의 기술개발 의욕을 고취하고 경영안정을 지원하는 '해외수요처 연계 기술개발사업'이 있다.

또한 정부와 투자기업(대기업, 공기업 등)이 공동으로 중소기업의 기술개발에 투자하는 지원자금(협력펀드)을 미리 조성한 후, 투자기업은 국산화 또는 신제품 개발과제를 발굴・제안하고 정부는 개발에 적합한 중소기업을 선정하여 개발비를 지원하고, 중소기업이 개발에 성공하면 투자기업에서 수의계약으로 구매를 이행하는 '민・관 공동투자 기술개발사업'이 있다.

2) 중소기업 산학연협력사업

(1) 산학연 공동기술개발사업

가. 사업개요

우수한 연구기반을 갖춘 대학・연구기관과 기술력이 취약한 중소기업의 공동기술개발을 지원

나. 지원내용

① 지역사업(445억원) : 지역의 대학과 협력을 원하는 중소기업으로 하며, 국비와 지방비를 매칭 지원(창업과제 225억원, 일반과제 220억원)

* 정부R&D 첫걸음기업 전용 지원(220억원)

② 전국사업(163억원) : 전국의 대학 및 연구기관과 협력을 원하는 중소기업 지원
③ 국제사업(58억원) : 해외 대학 및 연구기관과 협력을 원하는 중소기업 지원
④ 중점사업(40억원) : 산학 협력 우수 대학을 선정하여, 대학이 기업 수요에 맞는 과제기획-기술개발-사업화 등 기술개발 전주기적 지원

다. 참여조건

〈표 6-8〉 중소기업 산학협력사업 참여조건

구분	지역사업		전국사업	국제사업	중점사업
	창업과제	일반과제			
업력	5년이하	5년초과	–	–	–
매출액	100억원 이하				

라. 지원조건

〈표 6-9〉 중소기업 산학협력사업 지원조건

구 분	개발기간 및 금액	정부출연금 비중	방 식
지역사업	최대 1년, 1억원	정부 50%, 지자체 25% 이내	지자체 매칭
전국사업	최대 2년, 4억원	75% 이내	–
국제사업	최대 2년, 4억원	75% 이내	–
중점사업*	최대 2년, 20억원	75% 이내	–

* 2년 지원을 원칙으로 하되, 당해 연도 예산 및 중간평가를 통해 차년도 계속 사업 지원금액 확정

(2) 산학연협력 기업부설연구소 지원사업

가. 사업개요

연구개발 활동의 원천인 기업부설연구소를 대학 · 연구기관과 공동으로 설치 · 운 영하도록 지원하여 중소기업의 R&D역량을 제고

나. 지원내용

① 신규설치 과제(187억원) : 중소기업이 대학 · 연구기관의 인적 · 물적 자원을 활용하여 기업부설연구소를 설치 · 운영하도록 지원
② 업그레이드 과제(41억원) : 기존에 운영 중인 기업부설연구소의 연구역량 강화를 위해 인프라 구축비용 및 사업화 비용 지원

다. 지원조건

〈표 6-10〉 산학협력 기업부설연구소 지원조건

구 분	개발기간 및 금액	정부출연금 비중	방 식
신규설치 과제	최대 2년, 5억원	75% 이내	자유응모
업그레이드 과제	최대 2년, 5억원	75% 이내	자유응모

(3) 출연연-중소기업간 공동기술개발지원사업

가. 사업개요

중소기업지원 전담조직을 보유한 출연연이 주관기관이 되어 출연연-중소기업간 공동기술개발을 집중 지원

나. 지원내용 : 출연연이 주관기관이 되어 산연간 공동기술개발 지원

* 아래 4개의 과제를 주관기관 지원한도 범위내 자유롭게 설계

① 연구장비활용기술개발과제 : 연구기관에 보유한 첨단 연구장비를 활용하여 중소기업의 기술개발지원

② 제조현장녹색화기술개발과제 : 중소기업의 제조현장의 녹색화 및 녹색생산성 향상을 위한 공정기술개발 지원

③ 융복합기술개발과제 : 신성장 등 미래 기술 수요 및 트렌드에 부합하는 중소기업형 융・복합 기술개발 지원

④ 이전기술개발과제 : 연구기관이 보유한 우수 기술의 중소기업 이전 및 실용화 기술개발 지원

다. 지원조건

○ 주관기관 조건 : '중소기업지원전담조직'을 보유한 출연연

* 동 사업에 참여하는 출연연은 기존 산연R&D사업의 지정공모과제는 참여제한되나, 자유응모과제는 참여가능

○ 기관당 지원 한도 : 연간 최고 50억원

라. 과제별 지원한도

〈표 6-11〉 출연연-중소기업간 공동기술개발지원사업 지원한도

구　분	개발기간 및 금액	정부출연금 비중
연구장비활용기술개발과제	최대 2년, 5억원	75%이내
제조현장녹색화기술개발과제	최대 2년, 6억원	75%이내
융복합기술개발과제	최대 2년, 6억원	60%이내
이전기술개발과제	최대 2년, 5억원	75%이내

(4) 중소기업 융 · 복합기술개발사업

가. 사업개요

중소기업과 연구기관(산-연) 또는 중소기업간(산-산) 공동기술개발을 지원함으로써 중소기업의 융 · 복합형 신제품개발 촉진, 융 · 복합기술 개발역량 강화 및 개방형 R&D 활성화를 지원

나. 지원내용(신규)

① 산연협력과제(80억원) : 중소기업과 연구기관(산-연) 공동기술개발 형태의 첨단 융합기술과제

② 기업제안과제(49억원) : 중소기업 간(산-산) 공동기술개발 형태의 일반 융 · 복합기술과제

③ 센터연계형과제(50억원) : '중소기업기술융 · 복합지원센터'에서 발굴 · 기획된 과제중에서 추천된 우수 과제(산-산, 산-연)

④ 융합사업승인과제(50억원) : '중소기업융합사업승인제도(`12.2월 별도 공고 예정)'에서 융합사업승인을 받은 기업이 지원하는 자유응모形 첨단 융합기술과제(산-산, 산-연)

⑤ 농공상융합형과제(20억원) : 농어민 또는 농어업번인과 중소기업간 공동기술개발을 지원하는 자유응모形 일반 융 · 복합기술과제(산-산)

다. 지원조건

〈표 6-12〉 중소기업 융복합 기술개발사업 지원조건

구 분	개발기간 및 정부출연금	총사업비				신청방식
		정부 출연금	민간부담금			
			현금		현물	
			기업 자부담금	기보 보증금		
산연협력과제	최대 2년, 6억원	60%이내	2%이상	18%이상	20%이내	지정공모
기업제안과제	최대 1년, 2.5억원	60%이내	2%이상	18%이상	20%이내	자유응모
센터연계형과제	최대 2년, 5억원	60%이내	2%이상	18%이상	20%이내	자유응모
융합사업승인과제	최대 2년, 6억원	60%이내	2%이상	18%이상	20%이내	자유응모
농공상융합형과제	최대 1년, 2억원	60%이내	2%이상	18%이상	20%이내	자유응모

* 단, 민간부담금 중 현금(자부담금+보증(융자)금)은 민간부담금의 50%이상

(5) 중소기업 이전기술개발사업

가. 사업개요

중소기업이 공공연구기관 등의 보유기술을 이전받아 상용화하는데 소요되는 추가 개발비를 지원하여, 중소기업 경쟁력 강화 도모

나. 지원내용

① 산연협력과제(10억원) : 공공연구기관(대학 포함)의 상용화되지 않은 특허 기술 이전

* 주관기관이 기술이전 공공연구기관, 공동개발기관이 중소기업으로 R&D 수행

② 기업제안과제(30억원) : 국내 연구기관·기업 등의 특허 기술 이전

* 주관기관이 중소기업, 기술이전 공공연구기관은 위탁연구기관으로 R&D 수행

③ 해외기술이전과제(10억원) : 해외기술도입지원사업 우수과제 연계 및 해외 선진기업의 기술 이전

다. 지원조건

〈표 6-13〉 중소기업 이전기술 개발사업 지원조건

구 분	개발기간 및 금액	정부출연금 비중	비 고
산연협력과제	최대 2년, 5억원	75%이내	지정공모
기업제안과제	최대 1년, 2억원	75%이내	자유응모
해외기술이전과제	최대 1년, 2억원	75%이내	자유응모

그 외에도 중소기업 제조공정의 고효율 · 친환경 시스템 구축을 위해 에너지 · 자원의 절감, 온실가스 · 폐기물의 저감, 생산성 향상 등의 공정기술개발을 지원하는 '제조현장 녹색화기술개발사업'이 있고, 연구기관이 보유한 우수인력 및 첨단장비를 효율적으로 활용하여 중소기업의 고부가가치 신기술 · 신제품 창출을 지원하는 '연구장비 활용 기술개발사업'이 있다.

또한 대학 · 연구기관이 보유한 연구장비의 중소기업 공동 활용을 지원하여 국가장비 활용도 제고 및 중소기업 기술경쟁력 향상을 위한 방안으로 R&D장비 이용료에 대해 60~70% 범위내 최대 5천만원까지 온라인 바우처(쿠폰) 방식으로 지원하는 '연구장비 공동이용지원사업' 등이 있다.

녹색생활을 돕는 모바일 애플리케이션사업

2011년 7월 기준으로 스마트폰 사용자가 1,500만 명을 넘어서면서 다양한 애플리케이션이 출시되면서 친환경을 실천할 수 있는 다양한 애플리케이션이 출시되고 있다.

환경부와 그린스타트 전국네트워크에서 만든 '녹색은 생활이다'는 캘린더, 다이어리, 만보기 등을 한 가지 애플리케이션 안에 넣음으로써 이름 그대로 녹색을 생활 속에서 실천할 수 있도록 돕고 있다. 미국에서 제작된 'Green Gelie' 애플리케이션의 경우처럼 유료(0.99$)임에도 애플스토어에서 2년 연속 필수앱의 자리하고 있는 점을 감안하면 국내에서도 사업성을 충분할 것으로 평가된다.

'녹색생활 실천을 돕는 모바일 애플리케이션 사업'은 유료로 판매하는 방법과, 무료 배포 후 광고를 통해 수익을 창출하는 방법이 있다.

유료로 판매하는 방법은 미국의 'Green Gelie'와 같이 0.99$를 받고 판매하는 것이다. Green Gelie 애플리케이션은 Techcrunch.com에서 그린앱 1위로 뽑히고, 애플스토어에서 2년 연속 필수앱의 자리를 유지하고 있는 인기앱이다. 0.99$의 비용을 지불하지만 나와 함께 녹색생활을 실천하고 있는 사람들과 정보도 나누고, 직접 참여하는 방식으로 좀 더 재미있게 녹색생활에 접근해볼 수 있다.

무료 배포 후 광고를 통해 수익을 창출하는 방법은 스마트폰이나 태블릿PC의 '애플리케이션(앱)' 안에 들어가는 광고이다. 앱 화면의 아래 혹은 위에 노출되는 터치스크린의 광고를 누르면 해당 웹 페이지로 이동하고, 사용자의 터치 횟수나 광고의 노출 횟수에 따라 광고주가 앱 개발업체에 광고비를 지급하는 사업모델이다. 국내 모바일 광고시장은 2011년 3억5000만 달러(약 3800억 원)로 2010년 대비 25% 성장할 전망이고, 2012년에는 4억5000만 달러(약 5000억 원)로 추정된다.

☞ 업체 정보

- 업체명 : 그린스타트전국네트워크, 환경부
- 주소 : 경기도 과천시 새술막길 10-13 태양빌딩 5층 502호
- 전화번호 : 02-503-2284
- 이메일 : gsn@greenstart.kr
- 홈페이지 : www.greenstart.kr, FAX : 02-503-2283

☞ 이미지

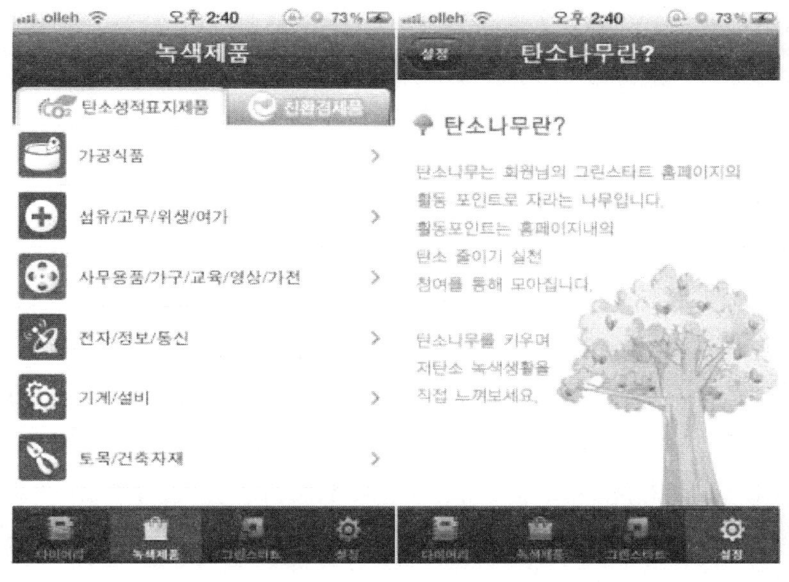

[자료 : 소상공인진흥원, "준비된 소상공인 창업 이런 아이템에 주목하라 !", 발췌 인용]

제5절 판로 · 수출지원제도

1. 판로지원제도

판로지원사업 달리 말해 『마케팅촉진지원사업』은 중소기업 중 판로애로를 겪고 있는 중소기업을 대상으로 공동 A/S센터 운영, 공동 상표지원, 중소기업제품 홍보지원, 구매 상담회, 마케팅 기반조성, 대한민국 공예품대전 등을 통하여 판로 개척을 지원하는 제도이다. 신청자격은 「중소기업기본법」 제2조에서 정하는 중소기업의 범위기준에 해당하는 기업이며, 세부사업으로는 공동 A/S센터 사업, 중소기업제품 홍보지원사업, 중소기업 구매상담회, 중소기업 마케팅기반 조성사업 등이있다(참조 : 중소기업청 홈페이지 www.smba.go.kr, 마케팅정보시스템 홈페이지 www.bizfinder.go.kr, 중소기업유통센터 홈페이지 www.sbdc.co.kr, 한국공예협동조합연합회 홈페이지 www.kohand.or.kr)

1) 중소기업 공동A/S센터사업

우수한 제품을 생산하고도 자금, 인력 등이 부족해 자체적으로 A/S시스템을 갖추기 어려운 중소기업을 대상으로 콜센터 및 141개 A/S지점망의 연계지원을 통해 중소기업 제품에 대해 A/S를 지원하는 제도이다.

지원 대상은 국내 공장에서 일반소비재 완제품을 생산하는 중소기업으로서 자체 A/S 시스템을 갖추지 못한 기업이며, A/S 지원 대상 6개 제품군은 웰빙가전(정수기, 공기청정기, 비데, 음식물처리기 등), 일반가전(LCD-TV, 냉장고, 에어컨, 보일러 등), PC군(컴퓨터, 프린터, 복합기 등), 멀티미디어군(PMP, DMB, MP3 등), 차량용 A/V군(네비게이션, 하이패스단말기, GPS 등), 조명기기군 등이다.

지원내용은 전국적 A/S서비스망 구축 지원, 콜서비스 지원, 업체별 제품에 대한 자료분석 제공 및 A/S관련 교육지원인데, 신청방법은 중소기업공동A/S센터 홈페이지(www.askorea.or.kr)를 참고하면 된다.

(문의 : 중소기업유통센터마케팅지원팀 02-6678-9312)

(2) 중소기업제품 홍보지원

가. 사업목적

품질과 성능이 우수한 중소기업제품을 발굴하여 방송 및 신문 등의 매체에 홍보함으로써 중소기업 인지도 개선 및 판로개척 지원

나. 지원대상

국내 중소기업 제조제품(개성공단 입주기업제품 포함)

다. 지원내용

○ TV, 신문 등 언론매체에 우수 중소기업제품을 소개하는 프로그램을 통해 제품 홍보지원

○ 소셜커머스 전용관을 통한 중기제품 홍보 및 SNS, 소셜커머스, 모바일 웹 마케팅 등 신규 마케팅 실무교육을 통해 홍보 역량확보 지원

※ 홍보지원 사업은 개별기업에게 광고비를 지급하거나 광고를 제작해주는 것이 아니라, 홍보매체에 우수제품을 선발하여 제품을 홍보할 수 있도록 간접지원

라. 신청방법

마케팅정보시스템을 통한 온라인 접수(www.bizfinder.go.kr)

마. 문의 : 중소기업유통센터 마케팅지원팀(02-6678-9322~3)

그 외에도 중소기업과 대형 유통업체간 상담의 장을 마련하고 중소기업제품을 직접 판매할 수 있는 특별판매전을 개최하여 중소기업의 판로를 지원하는 '중소기업 구매상담회'(참조 : www.bizfinder.go.kr, 문의 : 중소기업유통센터 마케팅지원팀 (02-6678-9313)와 마케팅 능력이 부족한 중소기업 CEO를 대상으로 마케팅에 대한 인식제고, 활용 전략실습 및 컨설팅, 판로연계지원 등 체계적이고, 종합적인 현장 중심의 마케팅 역량강화를 지원하는 '중소기업 마케팅기반 조성사업'이 있다. 또한 그 외의 지원사업으로는 우수공예품을 발굴·시상함으로써 공예산업의 발전을 도모하고, 우수공예품의 수 출 및 판로기반 조성하는 사업인 '대한민국공예품대전'이 있고(한국공예협동조합연합회, 02-2698-0003), 대기업에 비해 열악한 중소기업 공동브랜드와 지역적 판로한계를 겪고 있는 지자체 브랜드의 우수성을 소비자들에게 홍보하고, 중소기업 생산제품의 신규시장 개척과 안정적인 판로확보를 위한 종합전시 및 박람회 개최, 판로확대 우수기업 및 유공자를 포상하는 '대한민국 판로지원 종합대전' 등이 있다(문의 : 중소기업유통센터 마케팅지원팀, 02-6678-9312).

2. 수출지원제도

수출지원제도에는 크게 중소기업 수출역량 강화사업과 무역촉진단 파견 사업으로 대별되고 각각의 사업에는 세부 지원 사업들이 여러 개 있다.

1) 중소기업 수출역량 강화사업

중소기업의 수출규모와 역량에 따라 내수 및 수출초보기업, 수출유망기업, 글로벌 강소기업 등 3단계로 구분하여 수출역량별 맞춤형 프로그램을 통해 해외 시장 개척을 지원하는 제도

(1) 지원 대상

제조업, 제조관련 서비스 및 지식기반 서비스업을 영위하는 소기업으로

- ○ 내수 및 수출초보기업은 직전년도 직수출 실적이 100만불 이하인 기업
- ○ 유망기업은 수출유망중소기업으로 지정된 기업 중 수출 100만불 초과 ~ 500만불 미만 기업
- ○ 강소기업은 직수출실적이 500만불 초과 ~ 5,000만불 이하인 중소기업. 단, 벤처기업, 이노비즈, 메인비즈 기업은 100만불로 예외요건 부여

지원이 안 되는 기업

- ○ 2011년까지 참여하고자 하는 사업과 같은 수출역량별 각 단계별 사업에 3회 참여한 기업
- ○ 휴·폐업 또는 금융기관으로부터 불량거래처로 규제중인 기업 등
- ○ 금융기관으로부터 불량거래처로 규제중인 기업, 채무불이행이 확인된 경우
- ○ 부채비율이 600% 이상인 경우
- ○ 기업이 완전자본잠식 상태에 있는 경우
- ○ 중소기업지원사업 참여제한 업체 등

(2) 지원내용

〈표 6-14〉 중소기업 수출단계별 맞춤형 해외마케팅 지원내용

구 분 (지원비율)	항 목	내 용	정부지원한도
초 보 (90%)	수출교육	무역실무, 온라인 무역실무 기초과정, 전략시장 진출과정, FTA 교육과정, 환리스크 관리과정	2,000만원
	홍보용 디자인 개발	외국어 전자 · 종이 카탈로그 등 제작지원	
	해외시장정보제공 및 홍보지원	해외시장조사, 온라인 수출지원, 전자무역서비스 제공, 해외신용조사, 국내외 홍보전문지 활용 상품홍보, 공중파 해외광고, 중소기업플러스 보험	
	해외시장 개척활동 지원	해외전시회 참가, 검색엔진마케팅, 해외전시회 마케팅 대행	
유 망 (70%)	수출교육	국제무역 전문가 과정, FTA교육과정	3,000만원
	홍보용 디자인 개발	외국어 포장디자인, 제품디자인	
	해외시장정보제공 및 홍보지원	해외심층조사, 온라인 수출지원, 전자무역서비스 제공, 해외신용조사, 국내외 홍보전문지 활용 상품홍보, 공중파 해외광고	
	해외시장 개척활동 지원	해외전시회 참가, 검색엔진 등록지원, 글로벌 브랜드 개발	
글로벌강소기업 육성 (50%)	글로벌 브랜드 개발	글로벌 브랜드 개발 지원	5,000만원
	제품 및 홍보용 디자인 개발	외국어 포장디자인, 제품디자인	
	해외시장 정보제공 및 홍보지원	온라인 수출지원, 전자무역서비스 제공, 국내외 홍보 전문지 활용 상품홍보, 공중파 해외광고	
	해외시장 개척활동 지원	해외전시회 참가, 검색엔진 마케팅 지원, 글로벌 브랜드 개발	

(3) 글로벌 강소기업 연계지원 프로그램

○ 수출 R&D 연계지원(중소기업청 기술혁신 개발사업내 글로벌 강소기업 육성 과제 선정 시 참여자격 부여, 참여횟수 제한 완화 등 우선 선정 지원)

○ 해외민간 네트워크 활용, 수출 인큐베이터, 글로벌 브랜드 육성, 글로벌 검색엔진 마케팅 지원 등 중소기업청 해외마케팅 지원사업과 연계지원

○ 기업, 우리은행 민간금융 우대지원(대출한도 및 금리우대, 외환 취급수수료 감면 등)

(4) 신청 · 접수 및 문의

○ 중소기업 수출지원센터 홈페이지(www.exportcenter.go.kr)에 게재된 양식을 활용하여 온라인 신청

○ 중소기업청 홈페이지(www.smba.go.kr), 전화상담은 국번없이 1357, 정책정보는 비즈인포(www.bizinfo.go.kr)

○ 문의처 : 중소기업청 국제협력과(042-481-4369)

우수 사례

충남 아산시 인주면에 소재, 선박용 기자재를 생산하는 (주)T사는 35년간 한진중공업에 근무하셨던 사장을 중심으로 적극적인 기술개발에 전력함과 아울러, 2007년부터는 수출영업에도 관심을 가지고 해외마케팅에 힘써왔다.

지난 2010년 수출기업회사업 참여를 계기로 무역교육, 외국어 동영상 제작, 국내외 유명 홍보잡지 광고 등 수출기반을 조성하여 노르웨이에서 개최된 Norshiping 전시회 참가, 그리스 아테네에서 개최한 Posedonia 전시회 참가 및 독일의 HMM 전시회 참가 등 다양한 시장개척 활동을 통해 그간 소극적 반응을 보였던 바이어로부터 신뢰관계가 쌓이면서 적극적인 상담을 진행했다.

그 결과 일본 및 중국의 조선사로부터 기술력을 인정받아 대량주문을 수주하는데 성공하여 '09년 50만불에 불과하던 수출이 1년만에 540만불에 이르는 수출성과를 시현하였다. 이는 초기 해외진출 시 리스크 극복을 위한 정부의 체계적인 수출지원 시책 프로그램을 적절히 활용한 점에 크게 기인한 것으로 보여진다.

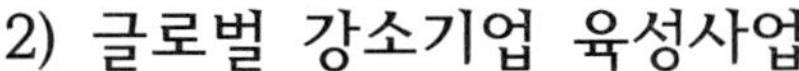

2) 글로벌 강소기업 육성사업

(1) 지원대상 및 내용

수출 500만불 이상 기업 중 수출잠재력이 우수한 기업을 선정하여 글로벌 역량진단부터 R&D, 해외마케팅, 수출금융을 지원하여 수출 5천만불 이상 글로벌 강소기업으로 육성하는 프로그램으로, 지원대상은 제조업, 제조관련 서비스 및 지식기반 서비스업을 영위하는 소기업으로 직전년도 직수출 실적이 500만불 이상 5천만불 이하인 기업인데, 단 벤처기업, 이노비즈, 메인비즈는 수출 100만불 이상으로 신청자격을 완화함.

지원이 안 되는 기업

○ 휴ㆍ폐업 또는 금융기관으로부터 불량거래처로 규제중인 기업 등
○ 금융기관으로부터 불량거래처로 규제중인 기업, 채무불이행이 확인된 경우
○ 수출유망 중소기업 지정시 정하는 업종별 부채비율을 초과한 경우
○ 기업이 완전자본잠식 상태에 있는 경우
○ 중소기업 지원사업 참여제한 업체 등

(2) 지원내용

○ 글로벌역량진단 결과에 따라 맞춤형 직접 및 연계 지원

(3) 글로벌 강소기업 전용 프로그램

전용 프로그램(수출역량진단 및 시장조사, 전용 해외마케팅)

○ (기초진단 및 시장조사) 선정기업은 해외마케팅 전략수립을 위해 기업현황 진단 및 타깃시장조사, 해외진출 전략컨설팅을 지원

○ (전용해외마케팅) 3년간 총 1억원 규모의 전용 해외마케팅 프로그램 제공

※ 2012년부터 수출역량강화사업에서 글로벌 강소기업 전용 해외마케팅 프로그램 제공 (글로벌 브랜드 및 제품 디자인 개발, 홍보용 디자인 개발, 개별전시회 참가 등)

(4) 글로벌 강소기업 연계지원 프로그램

가. 수출 R&D 연계지원(중기청 기술혁신개발사업 글로벌강소기업육성과제

○ 정부출연금 : 총사업비의 65% 이내에서 최대 2년, 8억원까지 지원
(개발기간 : 1년 초과 ~ 2년 이내, 년 4억원 이내)

○ 우대내용 : 신청자격 부여, 가점부여, 참여횟수 제한(4회) 예외 인정

나. 중소기업청 해외마케팅 연계지원(총 1억원 규모 전용 바우처 제공)

〈표 6-15〉 중소기업 해외마케팅 연계지원

구 분	사업명	우대사항	지원한도
1	해외민간네트워크 활용	우선선정	2천만원
2	해외규격인증 획득지원	우선선정	인증비용의 60% 지원
3	글로벌 검색엔진 마케팅	우선선정	600만원
4	수출 인큐베이터 입주지원	가점(5점) 부여 * 단, 공실규모 및 신청기업수 등을 감안 우선 입주 추진	임대료 지원 1년차 80%
5	무역촉진단 파견지원 (해외전시회, 시장개척단)	가점(6점) 부여	1천만원

* 3년간 지원횟수 제한 없이 정부지원금 기준 최대 1억원 이내에서 자율 선택

다. 정책금융 및 민간금융 우대 지원

○ 중소기업진흥공단 '수출금융' 대출한도 확대 : 10억원 → 30억원

○ 기업은행, 우리은행 대출한도 확대 및 금리 우대

○ 향후 타 금융권 등과 협약을 거쳐 추가 우대 상품 제공 추진

(5) 문의처

○ 중소기업청 국제협력과 : 042-481-4471

○ 각 지방중소기업청 수출지원센터(www.exportcenter.go.kr)

○ 중소기업청 홈페이지(www.smba.go.kr)

○ 전화상담은 국번 없이 1357, 정책정보는 비즈인포(www.bizinfo.go.kr)

그 이외에 성장가능성이 높은 중소기업을 수출유망 중소기업으로 지정하여 자금 및 보증, 해외마케팅을 지원하는 사업으로, 수출실적이 500만불 이하인 기업이 참여할 수 있으며, 중기청, KOTRA, 무역보험공사 등 23개 수출지원 유관기관을 통해 지원서비스를 제공하는 '수출유망중소기업 지정사업'(중소기업수출지원센터 홈페이지, www.exportcenter.go.kr)를 참조), 해외 전시회 참가, 시장개척단 파견 및 수출컨소시엄 구성을 통해 중소기업의 해외 바이어 발굴 및 수출 기회를 제공하는 사업으로, 사전시장조사, 바이어 발굴 비용, 전시부스 임차료부터 장치비, 운송료, 통역비, 간담회비, 홍보비, 바이어 초청비용 등 관련 비용을 지원하는 '무역촉진단 파견사업'(해외전시 포털은 www.sme-expo.go.kr을 통한 온라인 및 오프라인 신청은 중소기업중앙회 접수)이 있다. 무역촉진단 활동을 주관하는 단체로 중소기업협동조합, 업종별 협회 및 수출유관기관을 대상으로 또한 상담장 및 현지 차량 임차료, 바이어 섭외비, 통역비, 광고비, 기업 IR 비용, 왕복 항공료(주관단체 1인에 한), 사전 간담회비 등 운영경비 50만원 등을 지원하는 '시장개척단 파견 사업'이 있고(중소기업해외전시홈페이지,www.sme-expo.go.kr), 글로벌전략품목(52개 품목 지정)의 주관단체로 선정된 28개 단체, 무역·컨설팅 전문기관, 선도기업 등(코디네이터형 컨소시엄의 경우)을 대상으로 수출컨소시엄별 1.5억원 이내, 사전준비·사후관리 단계는 70%, 현지 활동 단계는 100% 이내에서 지원하며, 시장조사, 현지 바이어 및 유통망 발굴, 사전홍보 등과 같은 사전준비와 현지활동사업(해외로드쇼, 수출상담회 등 타깃시장 현지마케팅 활동 추진), 사후관리(바이어 초청·관리, 수출 계약 협상 등 사후관리)를 지원하는 '수출 컨소시업사업'이 있는데, 접수는 중소기업 해외전시 포털(www.sme-expo.go.kr)에서 온라인 신청을 받고 서류 제출은 중소기업중앙회로 하면 된다. 신청양식은 중소기업청(www.smba.go.kr)에 있으며, 문의는 중소기업청 국제협력과(042-481-4465)나 중소기업중앙회 통상진흥부(02-2124-3226/8)로 하면 된다.

그리고, 해외에서 중소기업 제품의 신뢰도를 높여 수출을 원활히 할 수 있도록 수출대상 국가에서 요구하는 해외규격 인증마크 획득에 드는 비용의 일부를 지원하는 사업으로 CE, NRTL 등 세계 160개 인증획득 비용의 40-60%를 지원하는 제도인 '해외규격인증획득지원사업'이 있는데, 중소기업기본법 제2조의 규정에 의한 중소기업(개성공단입주기업 포함)이 대상이며, 글로벌 강소기업 참여 기업, 당해 연도 수출 컨소시엄 참여기업(주관단체 확인서 첨부)은 우선대상이 된다(신청접수 각 지방중소기업청).

또한 구체적인 해외진출 계획이 수립되어 있는 제조업 및 지식서비스업 영위 중소기업을 대상으로 독자적으로 해외마케팅 활동을 수행하기 어려운 중소기업에게 민간의 전문서비스를 제공하는 사업으로, 해외 현지 컨설팅에 소요되는 비용의 50~70%를 지원하는 '해외민간 네트워크 활용사업'이 있다(신청접수 : 수출지원센터 홈페이지, www.exportcenter.go.kr).

해외인증 성공 사례

(주)세연테크는 TCP/IP 네트워크를 이용해 보안감시 시스템(monitoring system and surveillance system)을 보다 쉽게 구성할 수 있도록 다양한 솔루션을 제공하고 있는 기업이다. 2000년 멕시코, 홍콩, 중국, 브라질을 시작으로 일본, 동남아 등지에 판매망을 구축했으며 2001년 (주)세연테크 미국지사(현지 법인)를 설립하여 현재는 전 세계 100여 개국에 판매망을 구축하고 있다.

초기에는 바이어의 요구에 의해 해외 인증을 진행해 왔으나 현재는 자발적으로 제품 개발 단계에서부터 해외 인증을 고려하여 제품을 설계하며, 인증을 획득함으로써 공인된 제품의 이미지를 심어주고 고객에게 제품의 신뢰성을 향상시켜 제품 판매 향상에 도움을 준다는 추진 목표를 세워 2007년 중기청의 해외인증 획득사업에 참여, CE와 FCC 등 해외규격인증을 획득하였다.

인증 획득 이전에 비해 수출 지역이 40여 개국에서 50여 개국으로 25% 증가했으며, 수출 계약건수는 156건에서 250건으로 60% 증가하였다

- CE : 유럽 내에서 유통되는 상품 중 소비자의 건강, 안전, 위생 및 환경보호 차원에서 위험성이 내포되어 있다고 판단되는 제품에 적용되는 인증
- NRTL : 미국의 산업현장에서 사용되는 산업용품에 대하여 작업자의 안전을 위하여 27개 분야에 대해 공인시험소의 인증이 요구됨

세계 주요 교역거점에 설치된 수출 인큐베이터에 저렴한 비용으로 입주할 수 있는 사무공간을 마련하여 현지진출을 희망하는 중소기업의 조기정착 및 수출 경쟁력 배양을 지원하는 사업으로, 지원규모는 2012년도 257개 기업을 대상으로 11개국 17개 지역에 수출인큐베이터를 운영하고 있다. 수출인큐베이터가 있는 곳은 미국(뉴욕, 시카고, 워싱턴, LA) 브라질(상파울루), 독일(프랑크푸르트), 일본(도쿄), 중국(베이징, 상하이, 광조우, 청두), 베트남(호치민), 싱가포르, 러시아(모스크바), UAE(두바이), 인도(뉴델리), 멕시코(멕시코시티) 등이며, 지원대상은 해외시장 개척을 위하여 현지법인 또는 지사를 설치코자 하는 제조업 전업률 30% 이상인 중

소제조업, 지식서비스업(정보통신서비스, 소프트웨어, 광고 및 디자인 등) 영위 중소기업이다(수출 인큐베이터 홈페이지, www.sbc-kbdc.com 참조).

또한 정보 및 네트워크 부족으로 해외 녹색시장 진출에 애로를 겪고 있는 국내 녹색컨소시엄 및 개별중소기업의 해외진출을 촉진하기 위해, 녹색프로젝트 타당성 조사 및 글로벌 기업 벤더참여(납품공급) 컨설팅을 지원하는 제도인 '녹색중소기업 해외진출 지원사업'이 있는데, 지원대상은 녹색 프로젝트 수주 컨소시엄 또는 개별 중소기업이다(중소기업그린넷 홈페이지(www.greenbiz.go.kr 참조).

제6절 정보화지원제도

1. IT기반 경영혁신 강화사업

1) 경영정보시스템구축지원사업

(1) 사업 개요

중소기업의 경영혁신을 목적으로 기업별 맞춤형 경영정보시스템 구축을 위한 비용의 일부 지원

(2) 지원 내용

업무의 통합, 의사결정의 정보화, 생산성 제고 등의 성과를 가시화할 수 있는 ERP, CRM, GW, MIS, 전자무역솔루션, 원산지증명시스템 등의 정보시스템 구축 지원, 네트워크와 DBMS를 활용한 정보시스템 구축 지원(홈페이지, 솔루션 패키지 설치 등은 제외)

(3) 세부 과제

가. (신규과제) 동 사업을 통한 정보시스템 구축 실적이 없는 기업을 대상으로 신규 정보시스템 구축 지원 : 총 사업비의 50% 지원(최대 6천만원)

나. (개선과제) 기 구축된 정보시스템의 노후화로 인한 보수 또는 활용도 제고를 원하는 기업을 대상으로 업그레이드 지원(1회에 한함)

- 총 사업비의 50% 지원(최대 4천만원)

다. (연계과제) 경영정보시스템구축지원사업 및 생산현장디지털화사업에서 지원하는 정보시스템 중 각 1개 이상을 구축하려는 기업을 대상으로 2년에 걸쳐 정보시스템 구축 지원
- 총 사업비의 50% 지원(2년간 최대 1억 2천만원, 연도별 6천만원)
  ※ 단, '원산지증명시스템'의 경우 총 사업비의 50%를 지원하되, 최대 지원한도는 7백만원

(4) 신청 자격 : 「중소기업기본법」 제2조 제1항에 의한 중소기업으로서 상시 종업원 수 50인 이하인 중소기업

2) 클라우드형 정보화지원 사업

(1) 사업 개요

중소기업의 IT기반 경영혁신 확산 및 정보화 저변 확대를 위하여 저비용으로 이용 가능한 중소기업형 클라우드 기반 맞춤형 정보시스템 지원

(2) 지원 내용

○ 중소기업의 경영지원 및 생산혁신에 필요한 정보시스템을 SaaS, IaaS 등 가상화된 서비스 형태로 제공하고 기업맞춤형(Customizing)까지 지원
- 중소기업의 생산성 향상과 경영 효율화를 위한 클라우드 기반의 SaaS 지원(서비스모듈별 이용 가능)
  * SaaS(Software as a Service) : 소프트웨어를 제품 구매형태가 아닌 서비스 임대 형식으로 활용하고 대가를 지불하는 서비스
  ** 경영/회계관리, 영업/마케팅/고객관리, 홈페이지/메일관리, 세무/회계관리, 보안관리 등
- 중소기업의 정보화에 필요한 인프라 환경을 가상화하여 필요한 만큼 임대하여 사용할 수 있는 IaaS 지원
  * IaaS(Infrastructure as a Service) : 서버, 스토리지, 네트워크 등이 클라우드 환경(가상화)으로 제공된 인프라 자원을 활용하고 대가를 지불하는 서비스

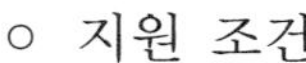

○ 지원 조건

〈표 6-16〉 클라우드형 정보화 사업 지원조건

구 분	정부지원금 비율
1차년도	서비스 사용료의 50% (최대 1,300만원, 커스터마이징비용 포함)
2차년도	서비스 사용료의 50% (최대 700만원)

(3) 신청 자격 : 「중소기업기본법」 제2조 제1항에 의한 중소기업으로서 상시 종업원 수 20인 이하인 중소기업

그 외에도 조합(단체) 및 회원사의 현실과 특성을 반영한 공동사업 관리・운영 시스템, 공동구매・판매를 위한 전자상거래 시스템 등의 구축을 지원하는 제도로, 총 사업비의 50%를 (최대 2억원, 정보화지원 기 수혜 조합(단체)은 최대 1.5억원) 지원하는 '공동네트워크화 공동지원사업'이 있다.

2. 생산현장 디지털화사업

(1) 사업 개요

생산공정의 비효율적 요소 제거 및 생산성 향상을 목적으로 기업별 맞춤형 정보시스템 구축을 위한 비용의 일부 지원

(2) 지원 내용

주조, 금형, 열처리, 표면처리, 소성가공, 용접접합 등 6개 업종 제조기반 산업(뿌리산업)의 생산공정에 IT결합, 기술융합 및 확산 등 新생산기법 확산 지원

* 유해・위험 작업공정의 원격장비 도입, IT 기반 공정 자동화・최적화 시스템 구 축 등 생산현장 및 공정의 IT화를 통해 생산 효율성 제고

(3) 세부 과제 ※ 신규과제, 개선과제, 연계과제로 구분하여 지원

가. (신규과제) 동 사업을 통해 정보시스템 구축 실적이 없는 기업을 대상으로 신규 정보시스템 구축 지원

- 총 사업비의 50%(최대 6천만원) 지원

나. (개선과제) 기 구축된 정보시스템의 노후화로 인한 보수 또는 활용도 제고를 원하는 기업을 대상으로 업그레이드 지원(1회에 한함)
 - 총 사업비의 50%(최대 4천만원) 지원

다. (연계과제) 생산현장디지털화사업 및 경영정보시스템구축 지원사업에서 지원하는 정보시스템 중 각 1개 이상을 구축하려는 기업을 대상으로 2년에 걸쳐 정보시스템 구축 지원
 - 총 사업비의 50%(2년간 최대 1억 2천만원, 연도별 6천만원) 지원

(4) 신청 자격

○ 「중소기업기본법」 제2조 제1항에 의한 중소기업으로서, 「뿌리산업 진흥과 첨단화에 관한 법률」 제2조 제1호에 의한 '뿌리산업'(주조, 금형, 열처리, 표면처리, 소성가공, 용접접합 산업)에 해당하는 기업

○ 「산업집적활성화 및 공장설립에 관한 법률」에 따라 공장을 등록하고 생산·제조 관련 설비를 2대 이상 보유한 기업
 * 「중소기업기본법」 제2조 및 동법 시행령 제8조 상의 소기업이거나, 사업장 면적이 500m2미만인 기업은 공장등록증을 사업자등록증으로 대체 가능

3. IT전문인력양성 지원사업

1) IT전문인력지원사업

(1) 사업 개요

IT전문인력 활용을 통한 정보시스템 활용도 제고 등을 위하여 인건비의 일부(고용 보조금) 지원

(2) 지원 내용

○ IT분야 전문 인력을 신규 채용하여 전산부서 내지 전산담당자로 배치하고 활용하고자 하는 중소기업에 대하여 고용보조금을 지원

○ 지원조건 : 최대 8개월 동안 지원인력 월급여액(연봉의 1/12)의 50% 이내에서 최고 월 80만원까지 지원

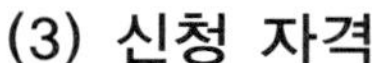

(3) 신청 자격

○ (지원대상 기업) 「중소기업기본법」 제2조 제1항에 의한 중소기업
  * 단, IT기업은 지원대상 기업에서 제외

○ 지원대상 IT 전문인력

〈표 6-17〉 IT 전문인력 양성 지원사업

자격 요건	제외 대상
• 정보시스템 교육기관의 IT전문인력과정 교육수료생 • 전문대학 이상 정보통신 관련학과 졸업자 및 졸업예정자 • IT관련 업무 2년 이상 경력자 • 기타 위와 동일한 자격으로 인정될 수 있는 자	• 신청일 현재 취업중인 자 • 최근 3개월 이내에 신청기업에서 근무한 경력이 있는 자 • 지원인력이 정부에서 시행하는 각종 고용지원 사업을 통해 이미 지원을 받고 있거나 받을 예정인 미취업자(이중수혜금지)

(4) 신청 기간 : 연중 상시(예산 소진 시까지)

2) 정보화교육사업

(1) 사업 개요

정보화지원사업의 효율적 추진 · 관리, 기 구축된 시스템의 효과적 활용, 중소기업 재직자의 정보화역량 향상 및 CEO의 정보화 마인드 제고 등을 위하여 사업참여자, 중소기업 재직자등을 대상으로 정보화 교육 실시

(2) 지원 내용

가. (정보화사업관리과정) 당해 연도 정보화지원사업 선정기업 및 지원기관(IT기업)에 대한 사업관리 및 개발방법론 교육

나. (정보시스템 운영능력향상과정) 정보화지원사업을 통하여 시스템을 기 구축한 중소기업의 시스템 운영관리 및 사용자 매뉴얼 교육

다. (정보시스템 활용과정) 중소기업 재직자의 정보시스템(ERP 등), 솔루션(CAD 등) 및 신기술(앱 등) 등의 활용능력 향상을 위한 교육 지원

* 교육기관이 전담기관(중소기업기술정보진흥원)의 승인을 받고 교육을 실시하면 이에 대한 교육비를 지원

라. (중소기업 CEO 정보화특강) 정보화 흐름, 성과사례 등 중소기업 정보화 전반에 대하여 중소기업 CEO를 대상으로 정기적인 특강 실시

3) 중소기업정보화역량강화사업

(1) 사업 개요

중소기업의 정보화 및 IT중소기업의 사업역량 강화를 위해 전문상담, ISP수립, 기술지도, 전문교육 지원

(2) 지원 내용

가. (전문상담) 중소기업의 정보화 수준 진단 및 정보화 관련 애로사항 등에 대한 전문상담 실시

나. (정보화전략계획 수립 지원) 전문가를 활용한 개별 중소기업의 정보화 환경 분석, 정보화 추진방향 설정, 세부 추진계획 수립 등 정보화전략계획(ISP) 수립 지원

다. (기술지도) 기술단계별 1:1 맞춤형 상담을 전문가를 통해 On/Off 라인으로 지원

라. (IT중소기업 전문교육) IT중소기업을 대상으로 실무위주의 맞춤형 교육과정을 개설하여 전문가를 통해 On/Off 라인으로 제공

그 외에도 기술유출 사전예방 및 신속한 사후대응 등을 위해 보안(기술), 법률 등 분야별로 전문상담을 지원하는 '기술유출방지사업'과 중소기업이 개발한 핵심기술자료를 신뢰성 있는 기관(대 · 중소기업협력재단 기술자료임치센터)에 등록 · 보관함으로써 기술보호를 위한 증빙자료로 활용하고, 임치기업의 도산 · 폐업 시 사용기업의 안정적인 기술사용을 보장하는 '기술자료임치사업', 중소기업 전산망의 실시간 모니터링을 통해 온라인을 통한 기술유출이나 해킹, DDoS 등 외부 공격에 대한 방지 및 대응 지원제도인 '중소기업 기술지킴서비스' 시험이 있다.

제7절 소상공인 지원제도

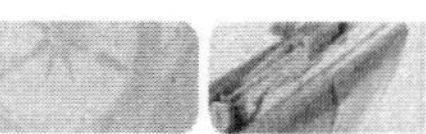

소기업 및 소상공인 지원을 위한 특별조치법 시행령 제2조(소상공인의 범위 등) 제1항을 보면 소상공인의 범주를 주된 사업에 종사하는 상시근로자의 수가 광업·제조업·건설업 및 운수업의 경우에는 10인 미만, 그 밖의 업종의 경우에는 5인 미만을 규정하고 있다.

1999년 IMF 사태 이후 직장을 그만둔 사람들이 소자본으로 창업을 하는 사례가 급증했고, 이로 인해 예전에 비해 소상공인 종사자가 크게 증가했다. 이러한 상황에 부응해서 정부에서는 이들 소상공인의 성공적인 창업 및 경영을 위해서 다양하고 실제적인 지원책을 마련해서 소상공인들을 적극적으로 지원하고 있다.

이에 따라 본절에서는 소상공인보다는 규모가 큰 중소기업과 분리해서 소상공인에 대한 지원제도를 상세히 설명하고자 한다. 이들 소상공인을 위한 창업과 경영지원 제도를 분야별로 크게 나누어 보면 첫째, 소상공인 일반지원제도, 둘째, 창업 및 경영정보 지원제도, 셋째, 중소 소매업 지원제도 등 세 분야로 분류할 수 있다.

1. 소상공인 일반지원제도

1) 소상공인 경영안정자금 지원제도

(1) 소상공인 정책자금(융자)

소상공인의 경영개선을 위한 필요자금을 최대 5,000만원(장애인기업, 나들가게, 소공인은 최대 1억원)까지 저리로 대출해주는 제도로 소상공인자금과 소공인특화자금으로 구분하여 지원하며, 소상공인자금은 제조업, 건설업, 운송업, 광업의 경우에는 상시 종업원 10인 미만 업체와 도·소매업 등 각종 서비스업은 상시 종업원 5인 미만 업체를 대상으로 지원한다.

가. 소상공인자금

소상공인자금은 중소기업청장이 정한 교육 이수 또는 자영업 컨설팅을 받은 후 6개월이 경과한 소상공인을 대상으로 하는 우선지원자금과 프랜차이즈 가맹점 사업자, 신사업개발 창업자, 장애인기업, 물가안정모범업소 등 정부의 정책적 지원 사업에 참여한 소상공인 및 재해피해 소상공인을 대상으로 지원하는 정책목적자금과 중소기업청 나들가게 선정 기업을 대상으로 지원하는 나들가게 지원자금이 있다.

나. 소상공인특화자금

제조를 기반으로 하는 상시 근로자수 10인 미만 소공인(단, 융자공고 상 융자제외 대상 업종 및 중진공 신용위험평가등급 CR6 등급에 해당되지 아니할 것)에게는 '소상공인특화자금'을 지원하는데, 지원 내용으로는 대출금리(변동금리)는 공자기금 대출금리(기준금리)인데, 단, 재해 소상공인, 창업 7년 미만 장애인기업의 경우 연 3% 고정금리를 적용하고, 대출한도는 5천만원이다(단, 창업 7년 미만 장애인기업의 대출한도는 1억원임). 대출기간은 5년 이내(거치기간 1년 포함)인데, 창업 7년 미만 장애인기업의 경우 대출기간 7년 이내(거치기간 2년 이내 포함)이며, 상환방식은 1년 거치 후 4년간 대출금액의 70%는 3개월(또는 1개월)마다 균등 분할 상환하고, 30%는 상환기간 만료 시에 일시상환이다.

(문의 : 소상공인자금은 소상공인 지원센타(1588-5302), 소공인특화자금은 중소기업진흥공단 지역본부로 연락)

(2) 소상공인 일반 · 특례 보증 지원

은행 이용이 어려운 저신용 자영업자는 물론 무등록·무점포 사업자가 제도권 은행을 이용할 수 있도록 보증을 지원하는 제도로 햇살론 자영업자 지원과 소상공인 일자리 창출 및 성장산업 특례보증, 금융기관 협약보증, 희망대출사업(희망드림론), 일반보증이 있다.

가. 햇살론 자영업자 지원

지원대상은 신용 6-10등급 또는 연소득 2천6백만원 이하의 저소득 자 영업자(무등록 · 무점포 소상공인 및 보험설계사 등 인적용역제공자, 농림어업인 포함, 저신용자의 경우 연소득 4,000만원 이하의 경우에만 지원 가능) 및 근로자로 대출금액은 사업운영자금(최고 2천만원), 창업자금(최고 5천만원), 긴급생계자금(최고 1천만원), 대환대출(최고 3천만원)을 해주며(동 금액은 최고 대출가능 금액으로 보증심사결과에 따라 대출금액이 차등), 시행기간은 2010년 7월부터 2016년까지이고, 취급은행은 지역농협, 수협, 신협, 산림조합, 새마을금고, 저축은행 등이다.

나. 소상공인 일자리 창출 및 성장산업 특례보증

지원대상은 신용도 "CCC"(7등급) 이상인 일자리창출 소상공인(최근 3개월간 상시근로자수 감소 사실이 없으며, 전년대비 1명 이상 상시근로자수가 증가한 소상

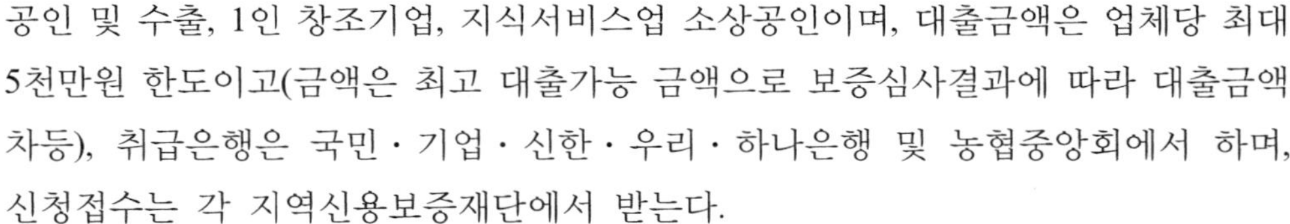

공인 및 수출, 1인 창조기업, 지식서비스업 소상공인이며, 대출금액은 업체당 최대 5천만원 한도이고(금액은 최고 대출가능 금액으로 보증심사결과에 따라 대출금액 차등), 취급은행은 국민·기업·신한·우리·하나은행 및 농협중앙회에서 하며, 신청접수는 각 지역신용보증재단에서 받는다.

다. 금융기관 협약보증

지원대상은 영세자영업자 및 시설보수·리모델링을 위한 시설자금이 필요한 자영업자로 협약 금융기관으로부터 추천된 자영업자이며, 대출금액은 1개 업체당 최대 8억원 이내 보증대출(동 금액은 최고 대출가능 금액으로 보증심사결과에 대출금액 차등)이다. 취급은행은 농협중앙회, 국민은행, 신한은행, 기업은행, 우리은행, 하나은행에서 하며, 신청접수는 협약금융기관 추천이후 각 신용보증재단 신청·접수한다.

라. 희망대출사업(희망드림론)

지원대상은 6대 뿌리산업 및 농수축산 가공·유통업, 영리 사회적 기업으로, 대출금액은 업체당 최대 5,000만원 이내 보증대출(시설자금은 1억원 이내)이다. 취급은행은 새마을금고이고, 각 신용보증재단에 신청·접수하면 된다.

마. 일반보증

지원대상은 6개월 이상 사업을 영위중인 신용6등급 이상 등록사업자(사업실적 필요)이고,대출금액은 1인당 최대 8억원까지 보증대출(동 금액은 최고 대출가능 금액으로 보증심사결과에 따라 대출금액 차등)한다. 취급은행은 전 금융기관이고, 신청접수는 각 지역신용보증재단이 받고, 지역신용보증재단의 보증심사를 거쳐 시중은행이 대출하는 제도이다(문의처 전국 대표전화 : 1588-7365).

(3) 소기업·소상공인 공제제도

소기업 및 소상공인 대표자가 매월 일정부금을 납부하여 폐업, 사망, 노령 등의 위험으로부터 생활안정을 기하고 사업재기를 지원하는 제도로,가입 대상은 소기업 및 소상공인 대표자이며, 광업, 제조업, 건설업, 운수업은 상시근로자 50인 미만(출판·영상·방송통신 및 정보서비스업, 사업시설 관리 및 사업지원 서비스업, 보건업 및 사회복지 서비스업, 전문·과학 및 기술서비스업 포함), 도매 및 소매업 등 상기 업종외 기타 업종은 상시근로자 10인 미만이다.

공제금 지급 사유는 폐업, 사망, 법인대표자의 질병 또한 부상으로 인한 퇴임과 노령(가입 후 10년이 경과하고 가입자 연령이 만 60세 이상인 경우)인 경우로 공제금 지급 수준은 지급사유 발생 시 매년 적립부금에 연 복리이자율을 적용한 금액으로, 지급이자율은 3.3%수준 ('12년 연 이율, 폐업 · 사망 기준)이다.

대출, 세제 등 지원으로 공제금은 압류가 금지되어 부도 등 사업 실패 시에도 안전하며, 납부 부금은 타 소득공제 상품과 별도로 연 300만원까지 소득공제 혜택이있고, 12개월 이상 납부 시 납부 부금 내 대출 가능하고, 가입 후 2년 내 상해 사망 및 후유장해 발생시(3-100%) 월부금의 150배까지 상해보험금을 지급한다. 가입금액은 최저 5만원부터 1만원 단위로 70만원까지 납부 가능하고, 해약 시 불이익으로는 중도 해지시에는 원금손실이 발생할 수 있으며, 관련 세법에 따라 소득공제받은 금액에 대해서는 기타소득세가 부과(조세특례제한법 제 86조의3)된다(전국 대표 콜센터 : 1666-9988, 홈페이지 : www.8899.or.kr, 중소기업중앙회 노란우산공제사업팀 02-2124-3240-6)

2) 소상공인 교육 및 컨설팅 지원제도

(1) 소상공인 창업직업 교육

업종전환자를 대상으로 업종전환에 필요한 특화교육과 예비창업자를 위한 창업에 필요한 내용을 6단계로 나누어 종합적인 교육을 제공하여 성공적인 창업을 지원하는 제도로, 지원 대상은 자영업 예비창업자 및 업종전환자이며, 교육생 부담금 : 직업전환교육 3만원, 실전창업교육 5만원(업종전환교육은 무료)이다. 지원 내용은 업종전환교육은 업종전환자 · 폐업자를 대상으로 부가가치가 높은 업종으로의 전환 및 재창업을 위한 특화교육으로 교육시간은 8시간이다. 직업전환교육은 폐업 후 재창업이 어려운 소상공인의 기능습득을 위한 교육을 제공하여 재창업 및 취업지원을 위한 교육으로 교육시간은 40시간이며, 실전창업교육 창업 전 과정을 6단계로 나누어 창업 준비에 필요한 기본적인 내용을 종합적으로 교육하는 과정으로 교육시간은 80시간이다. 신청 방법은 소상공인교육정보시스템(eduinfo.seda.or.kr)에서 하며, 교육수료후 혜택은 소상공인정책자금 융자 우선지원 대상자로 선정되고, 추가적인 현장실습이 필요한 교육생은 2주간의 현장실습기회를 별도로 제공한다.

(참고 : 소상공인교육정보시스템 eduinfo.seda.or.kr, 소상공인진흥원 042-363-7761-2, 중소기업청 소상공인정책과 042-481-4430)

〈그림 6-1〉 실전창업교육 단계

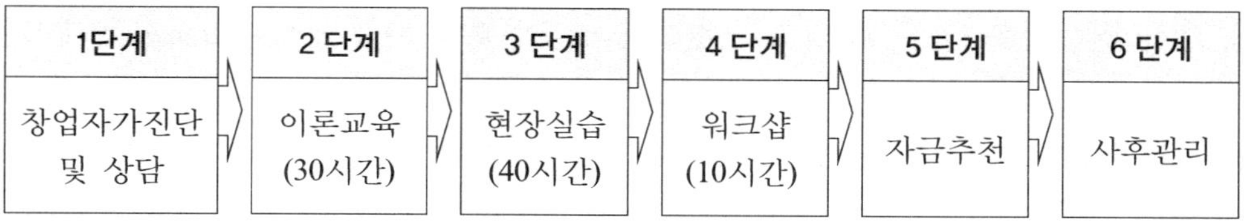

1단계	2 단계	3 단계	4 단계	5 단계	6 단계
창업자가진단 및 상담	이론교육 (30시간)	현장실습 (40시간)	워크샵 (10시간)	자금추천	사후관리

(2) 소상공인 경영개선 교육

소상공인이 경영환경 변화에 대처하고 경영능력을 갖춰 경쟁력을 높일 수 있도록 업종별로 특성화된 교육을 무료로 실시하는 지원제도로 지원 대상은 소상공인 및 종사자이며, 교육 참가비는 무료(단, 20시간 이상 교육비 3만원)이다. 지원 내용은 기초교육으로 알기 쉬운 세법, 경영자 마인드, 친절서비스 등 경영개선 동기부여를 위한 교육 (회당 200명 내외, 2시간 이내 교육)이며, 전문교육과정은 음식, 서비스 등 업종별 전문기술 실습, 성공업체탐방 등 업종 · 기능별로 특성화된 소그룹 교육 (회당 20명 내외, 6-20시간 교육)을 시행한다(참조 : 소상공인교육정보시스템eduinfo.seda.or.kr, 소상공인진흥원 042-363-7763-4, 중소기업청 소상공인지원과 042-481-4430)

(3) 소상공인 e-러닝 교육

생업에 바쁜 소상공인이나 예비창업자들이 점포경영에 필요한 지식을 습득할 수 있도록 지원하는 인터넷 무료교육 서비스 지원제도로, 교육 사이트인 소상공인 e-러닝센터(edu.seda.or.kr)를 통해, 예비창업자 및 업종전환 예정자 등 소상공인 등을 대상으로, 창업 및 경영교육을 시행하는 제도이다. 신청 기간은 연중 수시이며, 신청 방법은 소상공인 e-러닝센터(edu.seda.or.kr)에서 회원가입 후 수강 신청하면 된다(참조 : edu.sosang.or.kr, ☎ 1577-5302).

(4) 자영업컨설팅 지원제도

소상공인에게 경영개선, 업종전환, 창업준비 등에 관해 전문인력 및 전문기관을 활용한 컨설팅을 지원하여 경영역량을 강화해주는 자영업컨설팅 지원제도가 있는데, 근로자 5인 미만의 음식, 도소매 등 생활형 서비스업을 영위하는 자영업자 및 예비창업자(광업 · 제조업 · 건설업 및 운수업의 경우는 근로자 10인 미만, 지원제외 : 소상공인 정책자금 지원제외 업종)를 대상으로, 자영업 건강진단 및 컨설팅

코디네이터를 통한 고객맞춤형 컨설팅 유형 처방과 경영 · 업종전환 등 제반 분야에 대한 컨설팅을 받을 수 있도록 컨설팅 전문인력을 사업장에 파견하고 컨설팅 비용을 지원하는 제도이다. 컨설팅 일수는 1-5일이며, 컨설팅 지원횟수는 동일 자영업자에 대해 연간 1회 지원(컨설팅 지원비용은 전체비용의 75%이상을 정부에서 지원하고, 자영업자 부담금은 컨설팅 수행일수에 따라 차등적용하며, 전체 사업비의 25% 이내에서 부담한다. 물가안정 모범업소로 지정된 소상공인 우선지원, 도덕적 해이 및 부실 컨설팅의 경우에는 지급비용 환수, 자격 박탈 등 제재 조치함)한다. (문의처 : 소상공인진흥원 홈페이지 http://www.seda.or.kr, 또는 자영업컨설팅 홈페이지 http://con.seda.or.kr).

〈표 6-18〉 자영업 컨설팅 지원사업

구분	수행	일수	컨설팅 내용	지원조건
기 초 컨설팅	상담사	1	• 입지선정, 아이템선정, 전단지 작성, 인 · 허가 절차, 권리관계 분석, 자금 상담 등 단순애로 컨설팅	• 무료상담
심 화 컨설팅	컨설팅 기 관	3-5	• 경영진단, 상권 및 입지분석, 마케팅, 점포운영 등 종합 컨설팅 지원	• 1일 2.5만원 자부담금(7.5~12.5만원) • 정부지원한도 : 총 사업비의 89.6% 이내 (총사업비 80~120만원) • 사업기간 : 3개월 이내 • 사후관리 1회지원(무료)
비법전수 지원단	비법전수 전문가 · 상담사	1-2	• 업종별 기능장 · 명장 등의 기술 및 비법 전수 및 경영개선 컨설팅 지원 (1:1)	• 1일당 4만원 자부담금(여비발생시 본인부담) • 정부지원한도 : 총 사업비의 90% 이내 (총사업비 80~120만원) • 사업기간 : 2개월 이내 • 사후관리 1회지원(무료)
미소금융 컨설팅	상담사	3	• 상권 및 입지분석, 사업타당성 분석 등 미소금융대출 신청자에 대한 컨설팅 지원	• 1일당 1만원 자부담금

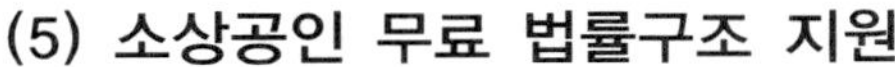

(5) 소상공인 무료 법률구조 지원

영세 소상공인의 경영활동 중에 발생한 법률적 분쟁에 대하여 사건해결 비용을 무료로 지원하여 자영업자의 신속한 경영안정을 도와주는 제도로, 지원대상은 월 소득 260만원 이하 소상공인(일반과세자 포함)이다. 지원 내용은 소상공인의 상행위 관련 민사사건으로 예를들면, 물품대금, 상가보증금, 상가임대차, 신용불량자 개인회생 및 파산, 기타 상거래 관련 소송사건(단, 승소가액 2억원 이상 및 근로관계와 대응된 사건은 제외)에 대한 제반 소송비용인 변호사비용, 인지대, 송달료 등을 지원해주는 제도이다(문의 : 대한법률구조공단 국번없이 132, 소상공인진흥원042-363-7621~3, 또는 홈페이지 www.seda.or.kr, 중소기업청 소상공인지원과 042-481-4430)

그 외에도 소상공인의 교육, 회의 및 각종 행사 등을 위해 시청각 설비 등 최신 교육 기자재를 갖춘 소상공인진흥원의 대전, 서울, 광주, 부산, 대구, 청주, 충주 교육센터를 소상공인 전용교육장으로 무료로 지원하는 '교육장제공서비스'가 있다(참조 : 소상공인종합정보시스템 www.sbdc.or.kr).

2. 창업 및 경영정보 지원제도

1) 상권정보시스템 운영

창업을 준비 중인 예비창업자의와 전업을 준비하는 소상공인의 성공적인 입지와 업종선정을 돕기 위해 인터넷을 통하여 무료로 상권분석 정보를 제공하는 제도인 창업 및 경영정보 지원제도가 있으며(상권정보시스템 sg.smba.go.kr, 소상공인종합정보시스템인 www.sbdc.or.kr, 비즈인포, www.bizinfo.go.kr, 소상공인진흥원 042-363-7645, 중소기업청 소상공인정책과 042-481-4565참조).

2) 소상공인 방송 운영

국내 유일의 소상공인을 위한 전문방송 채널로 케이블TV나 IPTV, 온라인 홈페이지를 통해 24시간 시청 가능하도록 소상공인 전문방송을 운영하며, 연간 4,160편의 다양한 업종별 창업 및 경영정보 프로그램 방영하고 있는데(지역별 채널번호는 소상공인방송 yestv 홈페이지 시청안내 참조), 인터넷, 모바일 VOD(다시보기 : 모바일 이용은 앱스토어, 안드로이드 마켓에서 '소상공인방송' 검색 후 전용 어플 다운

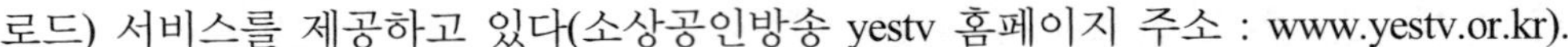

로드) 서비스를 제공하고 있다(소상공인방송 yestv 홈페이지 주소 : www.yestv.or.kr).

3) 소상공인 신사업 업종전환 지원사업

소상공인 신사업 업종전환 지원사업은 국내・외에서 성공적으로 창업 중인 유망 신 사업아이템을 발굴하여 각종 온・오프라인을 통해 보급하며, 특히, 발굴된 아이디어 중 전문가 자문을 통해 선정한 우수 아이템을 책자로 제작・배포하는 사업이다. 정보제공의 현장감을 높이기 위해 매년 전국 설명회도 동시에 추진하고 있으며, 또한, 다양한 유망아이템이 사장되지 않고 소상공인 창업시장에 접목될 수 있도록 유망아이템의 수익모델링화, 코칭, 교육 및 창업비용까지 다양한 지원하고, 예비창업자 및 기존 소상공인에게 새로운 블루오션 개척의 기회 제공을 위해 국내・외의 신사업아이템 발굴부터 사업화까지 지원한다. 온라인 게재는 소상공인 신사업아이디어 정보제공 전용사이트(www.newbiz.or.kr)에 주당 5~7개 아이디어를 게재하며, 책자 발간은 발굴된 아이디어 가운데 수익성, 차별성, 성장 가능성 등이 우수한 아이디어를 선정하여 창업전문가의 세부 분석 내용과 함께 테마별로 구성하여 제작・보급하고 있다(문의 소상공인진흥원 : 042-363-7602)

4) 소상공인종합정보시스템운영

예비소상공인의 성공적인 창업과 소상공인의 경영활성화를 지원하기 위해 실질적이고 체계적인 창업・경영 정보를 제공하는 제도인 소상공인 종합정보시스템을 운영하고 있는데, 소상공인 지원정책 정보로는 연간 진행되는 교육, 자금, 정보, 컨설팅, 특화사업 등 각종 소상공인 정책지원별 대상, 일정, 절차 등의 정보제공과 창업・경영 정보로 아이템별 창업가이드, 조사연구자료(경기동향 조사결과 등), 국・내외 신사업 아이디어, 우수지원사례, 성공사례(방송, 수기 등) 등의 정보를 제공한다(소상공인종합정보시스템, www.seda.or.kr, 비즈인포www.bizinfo.go.kr를 통해 이용가능)

3. 중소 소매업 지원제도

1) 나들가게 육성 지원사업

소상공인 경영안정자금 지원제도 중에 나들가게 육성 지원사업이 있는데 나들가게란 이웃처럼 친근감이 있는 동네수퍼마켓의 정서를 담은 이름으로「정이 있어 내집 같이 편하고, 나들이하고 싶은 마음으로 가고 싶은 가게」라는 뜻을 가지고 있다. 나들가게 지원사업은 SSM 등 기업형 수퍼마켓의 출현으로 어려움을 겪고 있는 동네수퍼마켓이 스스로 변화와 혁신을 통하여 경쟁력을 갖출 수 있도록 컨설팅 및 시설 개체 등을 지원하는 사업이다.

지원 대상은 개선 또는 (이전)확장하려는 점포의 총면적이 $300m^2$ 이하 소매점(지원업태류 : 슈퍼마켓, 음식료품 위주의 종합소매업 등)이다. 대기업 운영 프랜차이즈 가맹점이나, 동일점포 내 겸업 등으로 종합소매업에 의한 매출이 60% 미만, 점포 총면적이 300㎡를 초과하거나, 나들가게 전용 POS 시스템 수용이 곤란한 경우, 그리고 신청일 기준 2년 이내에 나들가게로 선정된 사실이 있는 경우는 제외된다.

지원 내용은 점포개선(개량)을 위한 상권분석, 점포 및 상품기획 등 컨설팅과 점포를 개선 후 5개월간 경영지도(컨설팅만을 원하는 경우 자영업 컨설팅 활용 가능)하며, 현대식 점포로 탈바꿈(점포 개량)하는데 필요한 자금을 1억원 이내 저리(3.55%) 융자지원하고, 점포개량과 관련 상품재배열 필요경비의 일부를 보조(100만원 이내) 한다. 그리고 나들가게 전용 POS를 무상 설치지원(150만원 상당)하고, 간판교체 필요경비의 일부를 보조(200만원 이내)해 준다.

선정 기준은 신청이후 점주 혁신의지, 경영개선 가능성 및 예상효과, POS 수용능력 등을 현장평가 후 별도 선정위원회를 통해 최종선정하며, 신청접수는 각 지역 소상공인지원센터 우편 및 방문접수 또는, 온라인으로 신청(www.nadle.kr)하면 된다.(수퍼마켓협동조합, 체인사업자 접수분은 점포 관할지역 소상공인지원센터로 송부하면되고, 문의처는 전국 소상공인지원센터이며 국번 없이 1588-5302, 소상공인진흥원 유통기획팀 042-363-7782 ~ 88, 지원정책 관련 문의는 중소기업청 소상공인지원과 042-481-8939)

2) 유망 소상공인 프랜차이즈화 지원사업

유망 소상공인에게 프랜차이즈 시스템 구축을 지원하여 성공 노하우를 공유할 수 있는 프랜차이즈 기업으로 육성하고, 이를 통해 유망 소상공인 분야에 안정적 일자리를 찾는 분에게 기회를 제공하는 사업으로 프랜차이즈 가맹본부로의 발전을 희망하는 사업자, 또는 노동부 인증의 사회적 기업 중 가맹점이 10개 미만인 사업자에게 지원하는 유망 소상공인 프랜차이즈화 지원 사업이 있다.

지원규모는 시스템 구축(총사업비의 70%, 20백만원 한도 : 기존 사업모델 분석 및 체계화 내용을 바탕으로 표준화 매뉴얼을 작성하여, 프랜차이즈 시스템 구축 및 프랜차이즈 가맹점 매뉴얼 작성), 디자인 개발은 총사업비의 70%, 20백만원 한도인데, 업체의 비즈니스 모델을 반영할 수 있는 CI(Corporate Identity)와 BI(Brand Identity), 포장, 캐릭터, 인테리어 등 디자인개발 필요자금이다.

〈표 6-19〉 유망 소상공인 프랜차이즈화 지원사업

업 종	직영점* 업력
외식업	직영점포가 2개 이상이며, 2호점 업력이 최소 1년 이상
서비스업 및 도소매업	직영점포가 1개 이상이며, 1호점 업력이 최소 1년 이상

* 직영점포 : 직영 1호점 사업주 본인, 2호점 이상 본인 또는 가족이 사업주
(가족의 범위 : 민법 제779조에서 정한 가족의 범위에 한정)

개발회사의 모집은 업력 2년 이상, 상근 컨설턴트 2인 이상, 최근 2년 이내 사업실적보유, 프랜차이즈 본사 시스템 구축 유경험자이며, 사업 참여를 희망하는 업체는 개발회사와 1개의 팀을 구성하여 신청하면 1차 제출서류 평가(사업개요 및 수행계획서), 2차 PT평가(팀별 사업설명 및 면접위원 질의 · 응답)을 통해 선정한다. 신청 · 접수는 소상공인진흥원 금융지원팀으로 하면되고, 신청서식은 소상공인진흥원(www.seda.or.kr) 홈페이지 사업 공고 참조하면 된다(문의처 : 소상공인진흥원 금융지원팀 042-363-7747, 중소기업청 소상공인정책과, 042-481-4414)

3) 기타 지원사업

그 외에도 중소유통업체가 공동구매 및 공동물류를 통하여 상품조달가격을 낮추고 필요한 상품을 원활히 공급받을 수 있도록 중소유통공동물류센터(이하 “물류센터”라 한다) 건립을 지원하는 ‘중소유통 공동도매 물류센터 건립지원사업’(문의 : 중소기업청 소상공인지원과 / 042-481-4490, 비즈인포 홈페이지 www.bizinfo.go.kr)가 있다.

또한 프랜차이즈 가맹본부의 시스템을 평가하여, 가맹본부의 수준을 4등급으로 구분하여 각 등급에 맞는 연계지원을 통해 가맹본부와 가맹점이 win-win 할 수 있는 프랜차이즈 가맹본부를 육성하기 위한 사업으로 ‘프랜차이즈 수준평가사업’이 있다. 그리고 프랜차이즈 수준평가를 통해 발견된 각 가맹본부의 취약점을 보완하기 위해 프랜차이즈 시스템을 구축하고, 가맹점 경영개선을 위한 컨설팅을 지원하는 제도인 ‘프랜차이즈시스템 구축 및 컨설팅사업’이 있는데, 지원대상은 프랜차이즈 수준평가 결과, II등급 이하로 평가된 프랜차이즈 가맹본부 및 가맹점이며, 지원내용은 업체당 총 사업비의 70%이내, 2,000만원 한도이다(소상공인진흥원 www.seda.or.kr 홈페이지 사업공고 참조)

요 약

중소기업의 창업과 경영지원을 위한 제도를 분야 별로 보면 창업입지지원, 자금지원, 기술 · 인력지원, 판로 · 수출 지원, 정보화지원사업 등으로 분류할 수 있다.

먼저 창업입지 지원기관으로는 창업보육센터, 시니어 창업기업 특화 창업보육센터, 장애인 특화 창업보육센터, 농공상 융합기업 특화 창업보육센터 등이 있다.

중소기업의 창업 및 경영자금을 지원하는 제도로는 창업기업지원자금, 개발기술 사업화자금, 신성장기반자금, 긴급경영안정자금, 사업전환자금, 투융자복합금융자금, 소상공인지원자금 등이 있다. 담보력이 취약한 중소기업을 위한 신용보증제도로는 신용보증과 신용보험제도가 있다.

기술경쟁력을 키워주는 기술개발지원제도로는 중소기업 기술혁신개발사업, 창업성장 기술개발사업, 구매조건부 신제품개발사업, 해외수요처 연계 기술개발사업, 민 · 관 공동투자 기술개발사업, 대학 · 연구기관 보유기술 직접사업화 지원사업, 중소기업 서비스개발사업, 중소기업 디자인역량강화사업, 중소기업 R&D기획역량사업, 의료기기 비교임상 및 성능평가 지원사업, 친환경설계제품 기술개발 지원사업, 뿌리산업 기술협력 강화사업 등이 있다.

또한 중소기업 연력 양성을 지원하는 인력지원제도로는 산학연계 맞춤형 인력

양성사업, 중소기업 특성화고 육성사업, 기술사관 육성사업, 우수기능 전수사업, 연수업체 인증제도, 중소기업형 계약학과, 중소기업 인력구조 고도화 사업, 디자인 서례 1인 1사 지원사업, 중소기업 해외인턴사업 등이 있다.

판로지원제도로는 중소기업 공동A/S센타사업, 중소기업 공동상표지원, 중소기업제품 홍보지원, 중소기업 구매상담회, 중소기업 마케팅기반조성, 대한민국 공예품대전, 대한민국 판로지원종합대전 등이 있다. 그리고 수출지원제도로는 중소기업 수출역량강화사업, 글로벌 강소기업 육성사업, 수출유망 중소기업 지정, 무역촉진단 파견, 해외유명규격 인증획득지원, 해외 민간네트워크 활용사업, 수출인큐베이터 운영, 녹색중소기업 해외진출 지원제도 등을 통해 해외 수출기업으로서의 성장을 촉진하고 있다.

중소기업 정보화지원제도로서는 IT기반경영혁신강화사업, 생산현장디지탈화사업, IT전문인력양성지원사업, 기술유출방지사업 지원제도가 있어서 중소기업의 정보화를 통해 중소기업의 성장을 꾀하고 있다.

소기업 및 소상공인 지원을 위한 특별조치법 시행령 제2조(소상공인의 범위 등) 제1항을 보면 주된 사업에 종사하는 상시근로자의 수가 광업 · 제조업 · 건설업 및 운수업의 경우에는 10인 미만, 그 밖의 업종의 경우에는 5인 미만을 소상공인으로 규정하고 있다.

이러한 소상공인을 위해 정부에서 운영 중인 창업과 경영지원제도를 분야 별로 대별하면 첫째, 소상공인 일반지원제도, 둘째, 중소 소매업 지원제도가 있다.

먼저 첫 번째 분야인 소상공인 일반지원제도를 자세히 살펴보면 소상공인 정책자금(융자), 소상공인 일반 · 특례보증지원, 소기업 · 소상공인 공제 사업등을 포함하는 소상공인 경영안정 자금지원제도가 있다. 그리고 소상공인의 역량강화를 위한 교육 및 컨설팅 지원제도에는 소상공인 창업직업교육, 소상공인 경영개선교육, 소상공인 e-러닝교육, 교육장제공서비스, 자영업 컨설팅 지원, 소상공인 무료 법률구조지원사업 등이 포함되어 있다. 창업과 경영혁신을 위한 다양한 정보제공 지원제도에는 상권정보시스템 운영, 소상공인방송 운영, 소상공인 신사업업종전환 지원, 소상공인 종합정보시스템 운영 등이 있다.

두 번째 분야인 중소 소매업 지원제도를 자세히 살펴보면 나들가게 육성 지원사업, 중소 유통 공동도매 물류센터, 유망 소상공인 프랜차이즈화 지원사업, 프랜차이즈화수준평가 사업, 프랜차이즈화 시스템구축 및 컨설팅 사업 등이 있다.

연습문제 Exercises

1. 중소기업의 창업과 경영을 지원하는 기관들은 ?

2. 중소기업의 창업 및 경영에 도움을 주는 자금지원제도를 설명하라.

3. 중소기업의 판로와 수출지원제도에 대해 구체적으로 설명하라.

4. 중소기업의 기술개발과 인력지원제도를 상세히 설명하라.

5. 중소기업의 정보화지원사업에 대해 상세히 설명하라.

6. 소기업 및 소상공인 지원을 위한 특별조치법 시행령에서 소상공인의 범주를 어떻게 규정하고 있는가?

7. 소상공인의 창업과 경영을 지원하는 일반지원제도를 설명하라.

8. 소상공인의 창업과 경영을 지원하는 중소 소매업 지원제도를 설명하라.

[사례 6.2] 석봉토스트 성공사례

초등학교 졸업 후 아이스크림 장사, 자동차정비소 직원, 세차장, 리어카 행상, 막노동, 합판공장, 외판원 등 할 수 있는 일이라면 뭐든 다 했던 남자. 야학으로 중고등학교 검정고시를 마치고, 신학대학도 마쳤다. 배움의 한을 풀기 바쁘게 생계를 위해 시작한 토스트 노점 3년 만에 연매출 1억 원을 달성하면서 '훈훈한 성공스토리'의 주인공이 된 석봉토스트 김석봉(54) 대표를 만났다.

어려웠기 때문에 더 열심히 살다

"어릴 적 집안 환경이 어려웠어요. 6남 2녀 중 네 번째로 초등학교를 마치고 중학교 진학은 못했습니다." 친구들이 등교하는 모습을 보고 뒷산에서 눈물을 훔쳐야 했던 어린아이는 그때부터 돈을 벌기 위해 세상으로 나갔다. 14살에 아이스크림을 팔기 시작한 뒤로 일을 할 수 있는 곳이라면 어디든 갔다. 하지만 소년이 자라 청년이 되어서도 할 수 있는 그리 많지 않았다. 바로 학력 때문. 배움에 대한 한을 풀고자 야학을 다니기 시작했고, 검정고시로 고등학교를 마쳤다. 야학 시절 은사님의 중매로 유치원 선생님이었던 와이프와 결혼을 했다. 부인은 김 대표가 대학을 마칠 때까지 놀이방을 운영하며 생계를 책임졌다고 한다. 김 대표가 대학을 마치자마자 IMF가 터졌고, 수중에 가진 돈은 200만 원이 전부였다. 가족의 생계를 책임져야겠다 생각했지만 할 수 있는 것은 많지 않았다. 그래서 시작하게 된 것이 토스트 노점이었다. "부끄러웠습니다. 사람들이 혀를 끌끌 차며 지나 갈 때는 정말 숨고 싶었지요. 그래서 더 모자를 눌러썼고, 깡패들에게 돈을 뺏기지 않기 위해 옷도 더 초라하게 입었습니다. 그러니 더 손님들이 오질 않았어요."

길거리 노점의 설움이 어떠했을까? 노점 때문에 장사가 안 된다며 내쫓는 매장상인에서부터 구청 단속반 등 노점을 처음 시작하는 김 대표에게는 힘들 수밖에 없는 상황들뿐이었다.

마음을 바꾸는 순간, 희망이 보이다

"그런데 문제는 그것이 아니었어요. 창피하게 생각하는 저한테 문제가 있었던 겁니다." 마음가짐이 문제라는 것을 아는 순간 그대로 있을 수가 없었다는 김 대표. 얼굴을 가리지 말고 확실히 알려야겠다고 마음을 바꿔 먹었다. 길거리지만 대한민국 최고의 토스트를 만들어야겠다는 목표도 세웠다. 김 대표는 먼저 유니폼을 갖춰입었다. 위생을 위해 요리용 모자를 쓰고 조미료와 설탕이 아닌 계란과 신선한 야채가 들어간 웰빙 토스트를 만들기 시작했다. 길거리 노점상에 유니폼이 등장하자 손님들이 관심을 가지기 시작했다. 웰빙 토스트의 맛을 본 손님은 꼭 다시 찾았다. 그렇게 입소문으로 손님이 늘고 외국인도 즐겨 찾는 관광명소가 되었다.

"실천이 성공의 열쇠였습니다."

바뀐 것은 외형뿐만이 아니었다. 그는 토스트를 팔면서 고객이 원하는 것을 수첩에 적었다. 그리고 이를 개선하기 위해 행동으로 옮겼다. 메모는 고객을 위한 자신과의 약속이었고, 행동은 그 약속의 실천이었다. 김 대표는 자신과의 약속을 지키는 과정에서 변화가 시작되었다고 한다. "가난 때문에 게을렀고, 잠도 많고, 남의 것을 얻어먹는 것을 당연하게 생각했습니다. 저는 그것을 깨고 싶었지요. 습관은 행동으로 바꾸어야만 깰 수 있었습니다."

손님이 하나 둘 늘면서 메뉴도 늘었다. 계란 말고 다른 재료는 없느냐는 손님의 질문에 아이디어를 더해 햄과 치즈 등 다양한 재료를 추가해 새 메뉴를 만들었다. 늘어나는 외국인 손님을 위해 영어, 불어, 일본어, 중국어 인사말도 준비했다. 어떤 재료를 사용하고 있는지를 외국어로 표기한 외국인 전용 메뉴판도 만들었다. 일본의 한 방송사의 취재 덕에'무교동 봉사마'로 불리기까지 하면서 하루 최고 300명의 손님이 그의 노점을 찾았다. 하지만 그의 영업시간은 언제나 오전 6시에서 11시를 넘지 않았다. 5시간 동안 김대표는 화장실 한번 가지않고 고객을 맞았고, 매일 영업이 끝나면 30분간 주변 청소로 일과를 마무리 했다. 그렇게 노점을 운영한 3년째 매출이 1억원을 넘었다.

함께 나눌수록 커지는 희망

김 대표의 성공이 언론을 통해 소개되자 이번에는 노하우를 알고 싶다는 사람들이 줄을 섰다. 김 대표가 본격적인 프랜차이즈 사업을 시작한 2004년은 IMF 때보다 경제상황이 더 어려웠다.

김 대표를 찾아오는 이들이 대부분 어렵고 힘든 사람들이라 김대표는 자신의 노하우를 100% 공개하기로 마음먹었다고 한다. 소자본으로 창업을 하기 위해 찾아오는 분들에게 희망을 주고 싶었습니다. 제가 어렵고 힘들 때 구운 것이 토스트인데, 그 속에서 찾았던 희망을 함께 나누고 싶었습니다. 2011년 4월 현재 300여 개의 가맹점이 개설된 지금까지도 김 대표는 가맹비를 받지 않는다. 4일간의 교육과 유니폼 비용을 요구할 뿐이다. 4일간의 교육은 언제는 김석봉 대표가 직접 한다. 가맹점에게 최고의 재료를 공급하기 위해 협력업체도 생겼다. 그리하여 어느새 석봉토스트의 소스만 전문으로 생산하는 제조공장이 생길 정도로 성장했다.

봉사를 실천하는 토스트맨

사실 김 대표가 토스트 노점을 선택한 이유는 또 하나 있다. 바로 6시부터 11시까지 영업을 하고 난 오후시간을 봉사에 쓸수 있다는 점 때문이다. 가정 형편이 어려웠던 어린 시절 김대표의 아버님은 '걸인이 오면 빈 손으로 보내지 말라'고 가르쳤다. 오늘의 그를 이끌어 준 종교도 '봉사'를 가르쳤다. 까닭에 영업이 끝난 오후 시간에 그는 언제나 '봉사'를 다녔다. 노점 인근 노숙자들에게 토스트를 나누어주거나 고아원과 독거노인을 찾아 계란을 나누어주고 토스트를 구웠다. 유치원교사였던 부인과 함께 인형극 공연도 했다. 토스트를 굽지 않는 지금도 그의 '봉사'는 계속되고 있다. 더 큰 계획도 세웠다. 어린이들에게 희망을 만들어주고 싶다는 생각에서 시작된 그 꿈은 바로 어린이들이 마음껏 뛰어놀며 꿈을 키울 수 있는 어린이 캠프장을 만드는 것이다. "꿈이 있다는 것은 이것을 이루어 갈 힘도 함께 가지고 있는 것이라 생각합니다. 혼자 꿈을 꾸고 있는 줄 알았는데 그 꿈을 나누려 하는 분들도 많아졌어요. 그러니 제 꿈의 청사진도 2년 안에 나오지 않을까 기대하고 있습니다."

행동으로 옮길 때만 실현 가능한 꿈

"저는 성공하는 사람들은 저절로 그렇게 되는 줄 알았습니다. 성공하는 습관도 저절로 만들어지는 줄 알았죠. 하지만 곧 꾸준히 노력해야만 성공하는 습관을 만들 수 있다는 것을 알게 되었습니다." 김 대표는 '잠을 제대로 못 잤다'는 말을 달고 다니던 습관을 바꾸기 위해 얼마를 자든 소리 내어 '잘 잤다'고 말하기 시작했다. 이것이 습관이 되니 4시간을 자도 '잘 잤다'고 생각하게 되었다고 한다. 고객을 위해 메모하고 행동하는 것이 습관이 되고, 약속을 지키는 습관도 생겼다고 한다. 플래너를 활용하는 습관도 이때 생겼다.

몇 해 전부터는 김 대표의 성공담이 화제가 되어 강의 요청이 쇄도하여, TV 출연과 강의, 경영, 가맹점 관리에다 교육까지 토스트를 구울 때보다 더 빡빡한 일정을 소화하고 있지만, 아직까지 그의 일정은 비서가 아니라 10년째 사용하고 있는 플래너가 관리한다. 김 대표의 일정관리 실력은 한국 프랭클린플래너의 '플래너 잘 쓰는 20명의 CEO'에 선정될 정도로 수준급이라고 한다.

김 대표는 이제 직접 토스트를 굽지는 않는다. 안타깝게도 김 대표의 무교동 노점은 청계천 복원과 함께 사라졌다. 대신 그는 프랜차이즈 '석봉토스트'의 CEO로서 전국 300여개의 가맹점에 희망을 배달하고 있다. 힘이 들 때면 언제나 스스로를 돌아보고, 발전하기 위해 그 고민하고 고민을 행동으로 옮기는 사람. 그의 성공 뒤에는 '실천'이라는 두 글자가 있었다.

[자료 : 소상공인지원센터, 소상공人, 2011 봄호, pp. 15-17 인용]

제 7 장
인터넷 비즈니스의 창업

[사례 7.1] 이메일 발송시장의 빅브라더 '에이메일'

비씨카드 600만 명 회원, 국세청 2000만 명 회원, 옥션 1800만 명 회원, G마켓 1500만 명 회원, GS홈쇼핑 1200만 명 회원, Hmall 400만 명 회원 같은 수많은 e-메일 회원의 공통점은 무엇일까? 사람들은 잘 모르지만 이 대기업이나 정부기관들은 한결같이 특정한 회사의 e-메일 대량발송 서비스 도움을 받아서 정기적으로 자사 회원들에게 대량으로 e-메일을 보내주고 있다.

이 특정한 회사가 바로 에이메일(대표 백동훈, www.amail.co.kr)이다. 올해로 창립 14년 주년을 맞이한 이메일마케팅 소프트웨어회사로 종업원 60명이 넘고, 자본금이 7억원인 회사로, 일반인들은 잘 모르지만 업계에서는 다 아는, 독보적인 기술력을 자랑하는 e-메일 발송 전문업체다. 이 회사의 주력 사업내용을 보면 1998년에 설립된 이 회사의 성장과정과 기술력을 한눈에 이해할 수 있다. 현재 주력 사업 중 하나는 'eMs 사업'이다. 쉬운 말로 하면 대기업들이 자사 홈페이지에 가입한 회원들에게 대량으로 e-메일을 보내고 싶을 때 이 회사가 나서서 도와주는 사업을 말한다.

회원 수는 우리 인구 10배인 5억

백동훈 대표는 "eMs는 원래 e-메일 마케팅 솔루션의 약자로 에이메일에서 처음 사용한 말인데, 지금은 eMs가 e-메일 대량발송 서비스를 통칭하는 보통명사가 됐다"고 전한다. 이 회사는 2000년에 eMs 사업을 선보인 뒤 곧바로 외국산 소프트웨어를 물리치고 국내시장을 평정했다. 초창기에 50여 개 업체에서 이용했지만 지금은 대기업 숫자가 무려 700여 곳으로 불어났다.

국내 10대 그룹을 비롯해 주요 대기업, 금융회사, 행정 각부, 주요 대형 포털, 글로벌 기업 같은 곳에서 모두 이 회사 도움을 받고 있다고 보면 틀리지 않다. 에이메일 기술력을 통해 받아보는 e-메일은 사실 우리 생활의 일부가 된 지 오래다. 예를 들어 e-메일을 통해 매달 받아보는 카드대금 청구서나 휴대전화요금 청구서 같은 것이다.

국세청 발송 e-메일도 마찬가지다. 쇼핑몰에서 보내주는 상품안내 e-메일, 할인쿠폰 e-메일도 여기에 속한다. 이와 관련, 백동훈 대표는 "700여 개 대기업이 갖고 있는 회원 수는 적게 잡아도 우리 인구의 10배가 넘는 5억 명이 될 것"이라며 "에이메일은 eMs 시장의 70% 정도를 쥐고 있는 절대강자"라고 자부했다. 설립 초창기부터 에이메일은 차별화된 기술력과 마케팅을 무기로 꾸준하게 성장해온 회사라는 게 백 대표의 자랑이다. 그래서 그는 사람을 무엇보다 중시한다. IT회사의 모든 것도 결국 사람이고 그 사람이 갖고 있는 기술력이 곧 회사의 모든 것이란 말을 늘 강조한다. 그는 학점이수제를 도입해서, 각 직원들이 연 80시간 이상 자신의 전문분야 강의를 듣게 지도하고 있다.

에이메일 14년의 역사는 기술력의 역사라고 해도 과언이 아니다. 1999년 벤처기업으로 지정된 이래, 2000년 8월에 eMs를 처음 선보였고, 2005년에는 모바일 서비스가 결합된 eMs 5.0을 내놓았다. 2008년 11월에는 eMs 6.0까지 나왔는데 이는 e-메일

수신자들이 홈페이지에서 어떻게 움직이고 있는지 일목요연하게 분석할 수 있다. 백동훈 대표는 e-메일 기술력을 바탕으로 국내 대기업을 비롯한 중견기업의 e-메일 발송 시장까지 한 손에 장악하려는 포부를 감추지 않는다. 즉 중견기업들이 마케팅이나 홍보를 위해 e-메일 대량 발송을 하려고 할 때 언제든지 에이메일을 이용할 수 있게 유도한다는 전략이다. 그래서 그가 심혈을 기울여 2004년 4월에 선보인 게 임대형 e-메일 발송 상품인 '포스트맨(www.postman.co.kr)'이다.

대기업처럼 정기 대량 발송을 하지 않는 기업들에 적합한 상품이다. 초창기 300여 개 업체가 이용했지만 지금은 5만여 개 기업이 이용하고 있으며, 이 기업들이 보내는 e-메일 발송량도 매달 1억 통이 넘는다. 에이메일이 올해 주력으로 삼고 있는 분야는 사실 컨설팅 사업이다. 그래서 백 대표는 이 컨설팅을 캐시카우(돈을 많이 버는 수익원)로 키우겠다는 복안을 이미 굳혔고 "에이메일을 컨설팅 전문업체로 거듭나게 한다는 전략도 이미 세웠다"고 밝혔다. 에이메일만이 할 수 있는 컨설팅 상품으로는 우선 'eMs 이레이저'가 있다. 대기업에서 대량 발송한 e-메일 중에서 틀린 게 있으면 이미 보낸 상태의 e-메일을 대기업이 앉아서 다시 고쳐주는 첨단 기술집약형 상품이다.

고객 맞춤형 컨설팅에 기대

금융회사에서 개인정보를 담은 정보가 e-메일에 잘못 첨부되어 발송되는 경우가 가끔 있다. 예를 들어 카드대금 청구액이 원래는 50만원인데 500만원으로 찍혀 e-메일로 나갈 수도 있다. 이런 게 나가면 회원들의 불만은 하늘을 찌르게 된다.

이 불상사가 언론에 제보라도 되면 금융회사의 위신은 땅에 떨어질 수밖에 없다. 바로 이럴 때 요긴하게 쓸 수 있는 기술이 'eMs 이레이저'다. 에이메일은 이미 2008년 6월에 이 기술에 대한 등록까지 해둔 상태다. 백 대표의 기술력 자랑은 여기에 머물지 않는다.'eMs 웹트랙'도 기술력이 돋보인다는 얘기다. 물론 이 기술 역시 2008년 2월에 이미 특허등록까지 마친 상태다. 대기업들이 eMs 웹트랙을 이용하면 이런 혜택을 얻을 수 있다. 즉, 대기업이 보낸 e-메일을 열어본 고객들이 대기업 홈페이지로 들어가서 어떤 상품을 샀으며, 어떻게 결제했고, 홈페이지 어느 곳에 가서 얼마나 많이 구경을 했는가를 단박에 알 수 있다. 올해 준비해둔 유망 컨설팅 사업 중 하나는 대기업들이 보내는 e-메일의 도달률을 높여주는 사업이다.

e-메일을 받아보는 사람들 숫자 비율을 높여주는 것이다. 도달률이 높아지면 당연히 이를 통한 상품매출이나 회사홍보 효과가 올라간다. 에이메일 도움을 받아서 A생명보험사는 기존 76%이던 e-메일 도달률을 92%로 높였다. B화재보험사는 기존 73% 수준을 94%로 올렸다. 금융업계는 e-메일 도달률이 10% 올라가면 회사 매출은 1% 증가하는 것으로 분석하고 있다. 에이메일은 이외에도 e-메일 열어보는 비율을 높여주는 기술집약형 상품도 선보였다. 이를 '오픈율 서비스'라고도 말하는데, 이런 서비스를 받은 C사는 오픈율이 기존 9.8%에서 16.9%로 73%나 증가했다고 백 대표는 소개한다. 회사의 모든 연락처 자료를 하나로 묶어 고객이나 회원 명단에 따라서 맞춤형 e-메일을 보내주는 '얼라이브 디비' 사업도 주력 사업으로 키우고 있다.

이메일마케팅에서 꼭 기억해야 할 것은 스팸성 말은 금기사항이고, 수신자 호기심 자극해야하는데, 오픈율 높여주는 e-메일 제목 정하는 4대 법칙을 소개하면 다음과 같다.

1. KISS 법칙을 지켜라
정보통신부에 따르면 1인당 하루 평균 5통의 스팸메일을 받는다. 그래서 사람들은 e-메일 제목을 꼼꼼하게 읽어보는 게 아니라 직관적으로 훑어보고 e-메일을 열지 말지를 결정한다. 따라서 e-메일 제목은 짧고 간결하게(KISS : Keep It Short and Simple) 하는 게 좋다.

2. e-메일 수신자에게 돈이 되는 내용을 표시하라
e-메일을 받는 사람에게 이익이 되는 내용이라면 더욱 더 e-메일을 읽어보고 싶어할 것이다. 예를 들어 캘러웨이골프 회사에서 e-메일을 받는 회원이라면 골프에 매우 관심이 높은 사람이다. 따라서 골프 전시회 무료 입장권을 준다는 제목으로 보내면 회원들은 e-메일을 더 많이 열어볼 것이다.

3. 스팸성 말을 사용하지 말아라
최근 스팸메일을 열어보면 금전사기를 당하거나 바이러스 피해를 입는 경우가 많다. 수신자들은 그래서 스팸메일을 매우 싫어한다. e-메일을 발송하는 회사들은, 예를 들어 '(홍보)아주 놀라운 어린이부흥회@' 같은, 스팸메일처럼 보이는 제목을 사용하지 말아야 한다.

4. 수신자의 호기심을 자극하라
세계경영연구원에 발송한 e-메일 제목인 '마이크로소프트와 구글이 싸우면 누가 이길까요?'는 회원들 관심을 끌기에 충분하다. 질문 형태의 제목은 마침표로 끝나는 문장보다 더 강한 호기심을 자극한다.

[자료 : 유상원기자 블로그 (wiseman@joomgang.co.kr), 2009.4.28 참조 수정]

제1절 인터넷 비즈니스의 개념과 동향

1. 인터넷 비즈니스의 개념

최근 Web 환경의 발달과 함께 인터넷마케팅(internet marketing), 인터넷비즈니스(i-business), 이-비즈니스(e-business) 등의 용어들이 사용되고 있는데, 이 개념들 간의 정리된 개념적 정의와 구분이 쉽지 않다. 인터넷 비즈니스란 "인터넷을 전략적 도구로 활용하여 다양한 경영활동을 수행함으로써 인터넷으로부터의 수익창출이나 원가 절감을 달성하고자 하는 비즈니스"라고 할 수 있다. 또한 인터넷 구축과 관련된 대규모 장비 및 각종 솔루션 개발을 비롯하여, 인터넷 접속 서비스, 인터넷 활용서비스 등과 같이 인터넷을 기반으로 하는 사업을 말한다.

2. 인터넷 비즈니스의 동향

인터넷 비즈니스의 기획과 개발이 강조되는 단계인 1세대(1998~1999)에서 운영을 통한 입증이 중요시되는 2세대 단계(2000년 이후)로 진입하여 급속도로 성장하고 있다. 인터넷비즈니스는 더 이상 "only 수익 모델"은 의미가 없으며 미래의 "수익모델"+현재의 "성과"가 요구된다. 성공하는 인터넷 비즈니스의 필수조건 중의 하나는 전문적인 인력과 적절한 역할 분담이다. 정보전문가는 온라인의 분별력을 제시하고, 오프라인의 경영에서 주도적 역할, 특히 운영에서의 노하우를 담당하게 된다. 특히 인터넷비즈니스는 컨텐츠 비즈니스를 제대로 준비해야 한다.

인터넷 비즈니스 성공의 첫 번째 관문은 비즈니스 아이템인데, 최근 인터넷 비즈니스는 Total(one-stop service)로 움직여 가고 있다. 또한 순수한 온라인 비즈니스(pure on line business)는 한계가 있어 오프라인과 온라인의 통합모델이 필요하다. 그러므로 오프라인은 현재의 황금젖소(cash-cow)역할을 하면서 온라인을 통해 강조되고, 온라인은 미래형 비즈니스의 비전을 제시하면서 오픈라인을 지원하거나 지배한다. 그리고 인터넷 비즈니스는 이제 국내시장만으로는 한계가 있으므로 국제적 모델(international model)이 국내용보다 각광 받는다.

인터넷 비즈니스의 3요소는 모델, 기술, 마케팅인데 인터넷 비즈니스는 모델과 기술에서 출발하여 마케팅으로 성공한다. 그러므로 마케팅 인텐시브 모델(marketing intensive model)이 부각되고 있다. 인터넷 비즈니스의 성공 모델 도출(business model develoment)은 수확체증의 법칙을 따르는 모델(수확 체증이 확실히 뒷받침되는 사업 모델), 상호 이해와 수혜를 원칙으로 하는 모델(각 플레이어들 간의 상호 수혜적인 관계정립이 가능), 네트워킹(온라인과 오프라인)과 개별화에 기반을 둔 모델, 신뢰획득(철저한 반품보장, 브랜드 상품에 주안)과 브랜드화(각종 경품이나 서비스 품목에 fashion plus로고 : URL삽입)가 가능한 모델, 보완관계의 정립이 가능한 모델(상호 보완관계가 성립하여 win-win가능), 가상사회로의 성장이 가능한 모델(각종 chatting, meeting, event 서비스)이어야 한다.

3. 인터넷 비즈니스의 수익모델

인터넷 비즈니스를 수행하는 데는 안정된 수익창출 모델이 설정되어야 한다. 요즘의 인터넷 비즈니스를 경영하는 닷컴 기업들이 고심하고 있는 점도 성장성은 있지만 수익구조는 불투명하다는 사실 때문이다. 아마도 이러한 수익 모델을 설정하는 부분은 많은 컨텐츠 기업들이 난제로 가지고 있는 부분이라고 생각된다. 발 빠르게 변화하는 환경에 대처하기 위해서는 장기적이고 계획적인 수익 창출모델에 대한 계획이 세워져 있어야 한다. 최근의 인터넷 비즈니스 상의 수익모델을 소개하고자 한다.

1) 광고 수입형

아마도 많은 사람들이 인터넷에 수익 창출구조로서 가장 많이 생각하는 부분이 이 부분일 것이다. 하지만 우리가 생각하는 것처럼 광고로 수입을 얻는다는 것은 쉽지 않다. 우리나라 뿐만 아니라 대부분의 나라들도 사이트의 트래픽이 많이 몰리는 검색엔진, 신문사, 포탈사이트에 광고가 집중되고 있는 것이 현실이다. 일본의 경우, 우리나라와 달리 인터넷 메일을 통한 정보 제공 콘텐츠가 매우 발달되어 있다. 이러한 메일을 통한 광고 수입구조도 기존의 웹을 활용한 광고 수익 창출부분과 차별화된 매출을 올릴 수 있는 시장구조를 가지고 있기 때문에 국내에서도 고려해 볼만한 전략이라고 생각된다.

2) 유료 과금형

국내에서 어려운 수익 창출 모델이 유료 과금에 관한 매출 구조일 것이다. 국내에도 와이즈 디베이스, 네오넷, 천리안 CP(Contents Provider)와 전문취업퍼털인 건설워커 등이 컨텐츠에 관한 유료화로 매출을 올리고 있다. 또한 아이오션(www.iocean.net)은 웹상에서 자동 페이지를 구축해주는 db 연동형 프로그램을 개발 공급하고 있다.

3) 마케팅형

마케팅 모델형 수익 사업은 무료 서비스를 제공하여 사용자들을 끌어 모은 후 데이터베이스화하여 사용자들에게 다양한 상품 광고 및 마케팅 리서치, 상품 판매 등을 통하여 수익을 창출하는 모델이다. 수백만, 수천만 통의 e-메일을 어떻게 발송할까? 에이메일이 바로 그 일을 해결해주는 e-메일 발송 전문업체이다. 이러한 에이메일(www.amail.co.kr)과 한메일(www.daum.net) 등이 마케팅 수익 창출형 모델의 비즈니스업체라 할 수 있는데, 이러한 마케팅 수익 창출에서 가장 중요한 것은 온라인과 오프라인의 비즈니스 연동과 철저한 통합 마케팅 전략을 짜야만 성공할 수 있다는 것이다.

4) 판매형

판매형 수익 기반은 다양한 상품을 소비자가 구매하여 가격을 지불하면서 얻는 수익과 구매를 대행해 주면서 얻는 중개 수수료 등으로 구분 할 수 있다. 국내의 삼성 쇼핑몰이나 롯데백화점 같이 인터넷 상에서 소비자가 직접 상품을 구매한 후 현금을 지불하는 방식으로 얻는 수익 모델과 인터파크처럼 상점에 다양한 입점 업체를 모집하여 입점 업체에서 판매되는 거래의 수수료를 챙기는 Mall & Mall 방식이 그 대표적인 것이다.

그리고 최근 소비자가 직접 판매자와 소비자 역할을 수행하는 인터넷 경제의 시장 원리를 이용한 인터넷 경매나 공동 구매의 거래를 대행해 주면서 얻는 수익 모델도 점차 인터넷 비즈니스 수익 모델의 한 부분을 차지하고 있다.

제2절 인터넷 비즈니스 창업의 실제

1. 인터넷 비즈니스의 창업환경

1) 시장규모의 확대

인터넷 비즈니스는 컴퓨터의 보급증대와 인터넷 사용인구의 급증, 인터넷 비즈니스에 대한 관심의 고조로 시장규모가 확대되고 있다. 인터넷 비즈니스에서는 더 많은 고객을 대상으로 할수록 사업의 효과와 효율이 기하급수적으로 증가하게 된다. 인터넷이 갖는 사용의 편리성과 접속의 용이성은 시장의 확대를 가능하게 하며, 인터넷 사용 비용의 저렴함과 정보의 풍부함으로 인한 거래비용의 감소는 고객 규모의 확대에 따라 더욱 커지기 때문이다.

2) 고객중심 시장으로의 변환

인터넷 비즈니스에서는 인터넷의 접속성 및 사용의 편의성 등에 기인한 낮은 전환비용, 그리고 거래의 불완전성과 고객확보의 어려움 등으로 인하여 기존의 물리적 시장에서보다 고객의 중요성이 더욱 강조된다. 인터넷에 많은 공급자들이 치열하게 경쟁하면서 소비자들은 높은 가치를 제공받음에 따라 고객이 기대하고 있는 가치는 더욱 커지고, 보다 저렴하고, 보다 효율적이고, 보다 용이한 거래방식을 요구하는 고객중심으로의 시장변환이 이루어지고 있다.

3) 경쟁심화

인터넷 비즈니스 시장은 많은 사업자들이 참여하여 치열한 경쟁양상을 보이고 있다. 이러한 원인은 인터넷 매체를 통한 사업은 누구나 가능하여 많은 공급자가 존재하는 공급과잉 현상이 발생하기 때문이다. 이러한 경쟁의 확대는 고객 중심적 시장 속성과 결합하여 사업자의 초과 수익 창출을 어렵게 한다. 기존에는 공급자가 더 많은 정보를 갖고 있으므로 초과 수익의 창출이 가능하였으나, 이제는 소비자들이 제품의 특성이나 가격에 대한 충분한 정보를 갖게 되어 공급자가 더 큰 이익을 얻기 어려워지고 있다.

4) 고객과의 비 대면성

인터넷 비즈니스에서는 늘 고객확보의 어려움이 존재한다. 인터넷 매체의 수동적 특성으로 인하여, 고객유치를 위한 많은 노력이 필요하며, 인터넷의 비 대면성은 처음 방문객을 진정한 고객으로 만들기를 어렵게 한다. 또한 많은 공급자가 존재하여 선택적 대안이 많아지고 공급자가 정보의 제공을 독점할 가능성이 급격히 하락함에 따라, 구매자의 교섭력이 증가하고 있다.

5) 사업모델의 모방 용이성

독창적인 사업모델을 이용한 사업이라 하더라도, 경쟁자가 사업모델을 모방하기 쉬우므로 장기적으로 지속적인 경쟁우위를 보장하기가 어렵다.

6) 부단한 혁신성

인터넷 비즈니스에서 새로운 시장은 최상의 강자만이 살아남게 되는 특성을 갖고 있다. 인터넷 비즈니스에서의 경쟁은 점점 심화되고, 인터넷 매체의 사용 편의성과 접속 용이성, 그리고 정보의 풍부성에 기인한 고객 정보의 획득력 향상은 고객의 전환비용을 감소시키게 된다. 따라서 인터넷 비즈니스는 기존의 사업에서처럼 정보의 불균형이나 지리적 제약 요건에 의한 불완전경쟁이 어려워지고 거의 완전한 경쟁에 가까워지면서, 최상의 서비스와 고객을 만족시키는 경쟁우위를 갖춘 업체만이 생존하며 성장할 수 있는 부단한 혁신성을 요구하는 분야이다.

2. 인터넷 기업의 사업 유형

인터넷 기업이란 인터넷을 바탕으로 비즈니스에 참여하고 있는 기업으로 정의할 수 있다. 인터넷 기업을 서비스의 구현과정과 활용체계를 기준으로 구분해 보면 다음과 같다.

1) 인터넷 구축사업

인터넷 구축사업은 인터넷 구축과 관련된 대규모 장비 및 각종 솔루션 개발 등과 같은 네트워크 하드웨어와 소프트웨어로 구성된다. 여기서 네트워크 하드웨어는 인터넷 구축에 필요한 서버, LAN, ISDN, 라우터, 브리지, 이더넷 스위치 등의 장비와 PC, PDA, 인터넷 TV, 인터넷폰 등 인터넷을 통하여 정보서비스를 교환할 수 있는 정보통신기기를 포함한다. 그리고 네트워크 소프트웨어는 OS(Operating System), 데이터베이스소프트, 암호기술 및 결재시스템 관련 소프트, 유해정보 차단 소프트웨어 등을 포함하는데 인터넷 구축사업은 네트워크 하드웨어의 구축 및 운용에 직접적인 역할을 하는 다양한 소프트웨어를 개발, 판매하는 비즈니스를 말한다.

최근 전자상거래와 관련된 소프트웨어 등과 같은 인터넷 활용 분야가 보편화되면서 지불결재시스템, 보안솔루션, 새로운 웹사이트 구축 등 웹 활용과 관련된 툴(tool) 시장이 급속히 성장하고 있다.

2) 인터넷 접속사업

인터넷이 구축되면 고객과 연결시켜야 하는데, 이와 관련된 비즈니스가 인터넷 접속사업이다. 인터넷 접속은 인터넷의 회선을 공급하는 넷 커뮤니케이션(Net Communication)과 ISP(Internet Service Provider)라는 인터넷 서비스 제공사업으로 이루어져 있다. 넷 커뮤니케이션은 세계적인 통신서비스사업자인 AT&T, MCI월드컴, NTT, BT, 도이치텔레콤 등과 국내의 한국통신 등이 대표적인 기업들이다. ISP는 온라인 서비스 사업자, PC통신사업자 등이 사업을 주도하고 있는데, 미국의 AOL, 우리나라의 천리안, 하이텔, 유니텔 등이 대표적인 기업들이다. 그러나 ISP 사업 분야의 경우, 최근 넷 커뮤니케이션을 담당하는 통신 서비스 사업자들이 대부분 참여하여 자사의 인터넷 회선을 제공하면서 동시에 인터넷 접속서비스를 제공하고 있다.

3) 인터넷 활용사업

인터넷을 활용하는 비즈니스는 인터넷을 기반으로 다양한 컨텐츠와 서비스를 편집, 처리, 가공하여 인터넷상에서 주고받을 수 있게 해주는 비즈니스를 총칭하는 사업 분야를 말한다. 인터넷 활용분야는 기업간 네트워크, 판매서비스, 중개서비스, 금융서비스, 문화, 예술, 교육서비스, 오락 서비스, 방송 및 통신서비스로 구분할 수 있다. 인터넷 활용분야는 새로운 사업 아이템이나 독창적이고 흥미를 유발할 수 있는 다양한 컨텐츠가 위력을 발휘하게 되는 사업영역으로써, 인터넷의 보급과 함께 새롭게 급부상하고 있는 비즈니스이다. 특히 이 분야는 새로운 사업 아이템이나 독창적이고 흥미를 유발할 수 있는 다양한 컨텐츠가 위력을 발휘하게 되는 사업분야이다.

3. 인터넷 비즈니스 창업 성공 전략

1) 창업성공을 위한 원칙

인터넷 비즈니스 분야에서 창업에 성공하려면, 정확한 시장예측과 창의성, 상품성과 협력자, 인적구성원의 전문성을 고려해야 한다. 또한 인터넷 비즈니스의 창업을 위해서는 무한한 가능성만을 믿지 말고, 업종 선택에 유의해야 한다. 경쟁업체가 적은 아이템을 선택하는 것이 중요하며, 대기업과의 경쟁을 가급적 피하는 것이 좋다. 특히 많은 자금이 드는 업종 투자는 신중히 해야 하며 시대적 흐름을 파악해야 한다.

가급적 외부자금에 의존하지 않고 단기효과는 기대하지 않는 것이 좋다. 또한 혼자서 창업하기보다는 관련분야의 기술력과 능력을 갖춘 팀 멤버를 구성하여 함께 창업하는 것이 유리하며, 새로운 아이템이라면 바로 모방하는 인터넷 비즈니스의 특성과 경쟁심화의 환경에서 자만은 금물이다. 그러므로 인터넷 시장의 환경과 고객, 경쟁업체 등의 동향 분석을 통해서 정확한 시장 예측을 해야 한다. 그리고 사업영역과 아이템 선정 시 차별적이고 독특한 창의성이 성공의 관건이 된다. 또한 고객의 욕구를 충족시킬 수 있는 내재가치와 고객이 필요로 하는 것을 가장 빠르고 편리하게 제공하느냐에 따라서 성공이 좌우된다. 그 뿐만 아니라 좋은 협력자와 공존해야만 인터넷 세계에서 살아남을 수 있으며, 자신의 사업과 같은 마음으로 일해 줄 인적구성원이 인터넷 비즈니스에 있어 사업승패의 관건이 된다.

(1) 시작은 작게하라

일정 기간 꾸준히 고객들과 접촉하기 위해서는 작은 규모에서 출발해 내실을 다지는 게 중요하다. 사무실을 택배회사 안에 마련하면 택배 이용 건수에 따라 임대료가 저렴해질 수 있으며, 혹은 아예 무료로 이용할 수도 있다. 사이트의 경우 처음부터 완벽하게 갖추고 시작하기보다 돈이 모일 때마다 단계적으로 업그레이드하는 게 좋다. 직원도 신규 채용하는 것보다 동원 가능한 가족과 함께 시작하는 것이 위험 요인을 줄이는 방법이다.

(2) 잘 아는 분야의 틈새시장을 파고들어라

자신이 가장 잘 아는 분야를 살펴보면 분명 생각지도 않던 시장이 보이기 마련이다. 여기서 중요한 건 '성공적인 대중화'다. 전문 영역의 지식을 나눠 사업화 단계로 가기 위한 필수적인 조건은 바로 대중적인 '공감'이다.

(3) 고객감동이 무기다

소규모 인터넷 쇼핑몰을 론칭했다면 가장 시급한 과제는 안정적인 소비자 신뢰도를 확보하는 일이다. 이를 위해서는 상당한 장벽을 뛰어넘어야 한다. 대형 쇼핑몰보다 친절하고, 세심하게 고객의 요구 사항을 반영해야 한다. 맞춤형 일대일 마케팅만이 대형 쇼핑몰과 경쟁할 수 있는 유일한 방법이다. 고객 만족이 아니라 고객 감동으로 이어져야 대형 몰과의 경쟁에서 승리할 수 있다.

(4) 전문가가 돼야한다

전문 인터넷 쇼핑몰은 단순히 세분화된 업종의 상품을 파는게 아니라 해당 업종의 전문가적 식견을 바탕으로 운영되기 마련이다. 자동차용품 전문 인터넷 쇼핑몰이라면 관련 업계 뉴스의 흐름을 주도할 정도의 전문가적인 지식이 뒷받침돼야 한다. 이는 결국 해당 업종의 상품 질을 끌어올릴 수 있는 요인이 되기도 한다.

(5) 온 · 오프라인을 연계하라

인터넷 쇼핑몰만으로는 '2%' 부족하다. 소규모 인터넷 쇼핑몰의 신뢰성을 높이려면 오프라인에 작은 공간을 확보, 매장을 여는 것도 중요하다. 보수적인 소비자는 온라인에서 물건을 점찍은 뒤 오프라인 매장에서 최종적으로 구매한다. 반대로 오프라인이 온라인 활성화의 전초기지가 되기도 한다.

(6) 매니어들이 모이게하라

매니어들에게 전문 인터넷 쇼핑몰은 커뮤니티 소통의 한 장이 되기도 한다. 해당 상품의 지식 정보 공유에서부터 다양한 취미 활동을 지원하는 중심에 쇼핑몰 사업자가 자연스럽게 자리 잡는 게 바람직하다.

(7) 돈보다 꿈을 갖고 살아라

단순히 매출 증대에만 관심을 갖기보다 인생의 꿈을 실현하는 한 과정으로 생각하는 사업자들이 늘어나고 있다. 꿈을 좇다 보니 자연스레 부도 따라왔다는게 그들의 성공 비법이다.

2) 네티즌 유인방법

(1) 검색엔진 등록

검색엔진에 등록하는 것은 자사의 주소와 특징 등을 검색엔진의 검색어를 통해서 자사로 찾아가게 만드는 것을 말한다. 아무리 많은 사람들이 자사의 사이트를 찾아가려고 해도 주소를 모른다면 아무런 소용이 없으며, 한번 찾아온 네티즌들이 자사의 주소를 확실히 기억하고 다시 찾아온다는 기대는 금물이다. 이러한 한계점을 극복하기 위해서는 자사의 주소를 검색엔진에 등록해야 하는데, 검색엔진에 등록하기 위한 가장 쉬운 방법은 무료로 검색엔진에 등록시켜 주는 서비스를 찾으면 된다.

(2) 전자메일 발송

전자메일 발송은 일대일 마케팅의 핵심부분으로 가장 적극적인 마케팅 방법이다. 이는 인터넷을 이용하여 표적고객을 선정하고, 선정된 표적고객에게 전자메일을 보내는 것으로, 개인 전자메일 주소는 검색엔진에 등록되어 있는 개인의 홈페이지를 찾아가면 쉽게 알 수 있다. 그러나 메일을 보내고 불평의 메일이 온다면 즉각적인 사과메일을 보내고 메일 리스트에서 그 사람의 전자 메일 주소를 삭제해야 한다.

(3) 유즈넷에 등록 및 게재

유즈넷은 PC통신의 토론 광장이나 동호인 모임과 유사한 개념이다. 서로 같은 취미나 관심을 가진 사람들이 모여서 만든 곳으로 무한한 주제를 가지고 수백만 명이 참가하고 있는 커다란 모임이다. 유즈넷만을 검색하는 데자뉴스(http://www.dejanews.com)를 활용하면 자신이 관심 있는 사항에 대해서 토론을 벌이는 유즈넷을 쉽게 찾을 수 있다. 주의 깊게 볼 항목은 News-group란으로, 가장 눈에 많이 띠는 유즈넷은 신변잡기에 대해서 논의하고 있는 그룹이다. 데자뉴스를 이용하면 직접 관련된 유즈넷에 전자메일을 보낼 수 있는데, 이것을 유즈넷에 등록하거나 게재한다고 한다.

3) 성공적인 창업을 위한 인터넷 광고

인터넷 광고는 적은 비용으로 많은 효과를 기대할 수 있다는 점에서 새롭게 인식되고 있는 분야이다. 인터넷을 이용한 성공적인 인터넷 광고를 시행하기 위해서는 확실한 목적을 갖고, 매력 있는 컨텐츠를 제공하는 것이 기본임은 물론, 다양하고 특성화된 정보를 제공해야 하며, 사용자의 욕구를 정확하게 파악하여 인터넷 광고에 반영하는 것이 중요한데, 다음과 같은 점을 고려해야 한다.

(1) 사용자가 원하는 정보제공

(2) 그래픽이 고려된 웹 사이트

(3) 차별화된 사이트

(4) 인터넷만의 기능 활용
(5) 검색엔진 등록
(6) 배너 광고
(7) 배너 교환
(8) 경품제공이나 이벤트 개최

4. 인터넷 비즈니스의 창업 시 고려사항

1) 고객위주의 웹사이트 구축

인터넷 비즈니스는 그 특성상 웹사이트를 방문한 고객이 마음에 들지 않으면 바로 다른 사이트로 쉽게 이동할 수 있는 특징이 있다. 그러므로 인터넷 비즈니스를 성공적으로 수행하기 위해서는 고객에게 최적의 경험과 최고의 가치를 제공할 수 있도록 고객위주의 웹사이트를 제작해야 한다. 인터넷비즈니스에 대한 모든 결정은 비즈니스를 이용하는 고객이 결정하므로 고객의 필요와 욕구를 파악해야 한다.

2) 프로세스중심의 웹사이트 구축

고객에게 최적의 경험을 제공하기 위하여 웹사이트를 프로세스 중심으로 설계해야 한다. 인터넷 비즈니스가 가진 무한한 가능성과 성장성으로 인해 않은 사람들이 인터넷으로 사업을 시작하려고 뛰어들고 있다. 하지만 현재의 인터넷 시장은 단기적으로 수익을 얻을 수 있는 시장이 아니다. 꾸준히 사업에 관한 장기적인 전략을 짜고 시장에 능동적으로 대처 할 수 있도록 장기적인 관점에서 시장을 바라보아야 한다.

3) 컨셉(Concept)의 재확인

인터넷 비즈니스에서 중요한 것은 자신이 취급하고 있는 상품과 서비스의 컨셉을 명확히 분석하여 사업에 필요한 철저한 준비 과정과 장기적인 안목으로 시장에 대처하는 것이다. 지금 인터넷 비즈니스 시장에는 기술적인 속도와 외국의 비즈니스 모델을 그대로 따라서 적은 투자와 좀 더 쉬운 마케팅 전략을 가지고 단기적으로 승부하려고 하는 사람들이 대부분이다. 그러나 인터넷 비즈니스는 자신이 가지고 있는 비즈니스 컨셉과 전략을 장기적인 안목을 가지고 꾸준히 대처하는 자만이 결실의 열매를 맺을 수 있다.

4) 명확한 시장 포지셔닝

인터넷 업계의 경우, 매출 순이익이 적기 때문에 한 분야에 중점적으로 투자하기보다 많은 부분에 사업을 확장하여 수익을 극대화하는 모델을 가진 업체들이 많이 있다. 흔히 업계에서 인터넷 업체는 많은데 "전문 업체"가 없다는 말을 많이 한다. 이러한 실정은 인터넷 업체 대부분이 사업을 다각화 모델로 이끌고 있기 때문이다. 앞으로 인터넷 비즈니스의 시장 전개는 각 분야의 전문화된 서비스 및 상품 브랜드 강화에 힘써야 할 것이다.

5) 시장경제의 원리 파악

인터넷 또한 엄연한 시장경제 원리가 가미되어야 한다. 많은 인터넷 비지니스 창업기업들이 기술과 아이디어로 인터넷 시장에 승부하려고 덤벼들고 있지만, 대부분이 시장 경제 원리인 "이익창출"에 관한 구체적인 대안을 가지고 있지 않다. 많은 인터넷 회사들이 무수히 쓰러지는 것은 단발적인 기술과 아이디어로 단기적인 이익창출에만 눈을 돌리고 있기 때문이다.

6) 비즈니스 수익 구조모델 설정

인터넷 비즈니스에 관한 다양한 수익구조 모델을 설정해야 한다. 흔히 하는 말로 "땅만 파면 돈 나오냐"는 말이 있듯이, 인터넷 사업 또한 현재는 수익 구조가 불투명하기 때문에, 최소한 6개월에서 2년 사이의 장기적인 투자 계획과 수익 구조 창출에 관한 자세한 계획서가 작성되어야만 발 빠르게 변화하는 비즈니스 시장에서 대응할 수 있고 안정적인 비즈니스를 전개할 수 있다.

5. 인터넷 비즈니스 창업분야

인터넷 비즈니스의 창업분야로는 인터넷 쇼핑몰과 정보 및 서비스판매, 각종검색엔진, 엔터테인먼트 분야, 인터넷 방송, 출판, 인터넷 컨설턴트, 인터넷 광고, 인터넷 금융, 인터넷 교육, 인터넷 무역, 웹사이트 제작 분야 등이 있다.

1) 인터넷 쇼핑몰

인터넷에서 쇼핑몰이 등장하게 된 배경은 인터넷 보편화와 시간이 없는 많은 사용자, 그리고 구축비용이 저렴하다는 이유에서 찾아볼 수 있다. 인터넷 쇼핑몰은 크게 백화점식 대단위 쇼핑몰과 전문쇼핑몰이 있다. 백화점식 대단위 쇼핑몰은 여러 가지 제품을 구비하고 있으며, 전문쇼핑몰은 한 가지 제품만을 전문적으로 판매하고 있다. 특히 인터넷쇼핑몰은 PC보급증대에 의한 접근의 용이성과 고객과의 직접적인 커뮤니케이션, 원가 및 비용절감, 새로운 잠재고객에의 접근이 가능하다는 특징을 갖추고 있다.

만만한 쇼핑몰 사업 ???

요즘 월급쟁이들이 '인생역전'을 위해 가장 만만하게 보는 창업 수단이 바로 인터넷 쇼핑몰이다. 무엇보다 초기 투여 자본이 적고, 무점포라는 장점 때문이다. 그러나 '쉽다'고 생각하는 사람이 너무 많다는 건 그만큼 상상을 초월한 무한 경쟁이 뒤따른다는 것을 의미한다. 인터넷 쇼핑몰은 무점포이긴 하지만 인터넷에 매장을 두고 하는 사업이다. 오프라인처럼 상품 공급 · 유통 · 광고 · 프로모션은 그대로 해야 한다. 만만한 사업 영역이 아니라는 것이다.

2011년 국내 전자상거래 시장 규모는 999조원으로 2010년 대비 21.2%가 성장하였으며, 기업 간 전자상거래가 22.1% 증가하였으며, 기업과 개인 간은 15.7% 증가하였으며, 소비자간 거래는 14.8% 증가하였다. 특히 인터넷 쇼핑몰을 통한 거래액은 29조 1,620억원으로 전년대비 15.3%가 증가하였으며, 음식료품은 30.5% 증가하였고, 농수산물도 20.4%가 증가하였다. 또한 인터넷 쇼핑몰을 통해 거래 규모가 가장 큰 업종은 의류, 패션상품 이였는데, 전체 매출에서 차지하는 비중이 18.7%까지 상승하였으며, 생활, 자동차용품, 스포츠 레저용품, 여행 및 예약서비스 도 계속 증가하고 있다. 바야흐로 인터넷 쇼핑몰 전성시대다. 그러나 전문가들은 '착시효과가 있다'고 말한다. 성장의 과실을 기업들이 운영하는 대형 쇼핑몰이 대부분 가져가고 있기 때문이다. 개인이 운영하는 쇼핑몰들은 고군분투하고 있다는 게 전문가들의 분석이다. 전문가들은 인터넷 쇼핑몰 창업으로 성공하기 위해서는 남들이 하지 않는 특화 · 전문화된 쇼핑몰을 지향해야 한다고 말한다.

예전에는 인터넷에서 나만의 쇼핑몰을 구축한다는 것은 매우 전문적인 지식이나 많은 돈이 필요하여, ASP, JSP, PHP 등 웹프로그래밍 언어로부터 플레시, 포토샵으로 시작되는 웹디자인 까지 할 수 있어야 했는데, 이를 홈페이지 제작업체에 의뢰하거나 쇼핑몰 개발 할 수 있는 직원을 고용하여도 초기에 많은 비용이 필요하였다. 하지만 근래에 들어와서는 익그프레스엔진(구 제로보드)을 중심으로 그누보드, 킴스보드 등을 이용하여 쇼핑몰을 구축하거나 카페24, 고도몰 등의 임대몰을 분양받아 사용하면, 작은 지용과 노력으로 쇼핑몰을 구축 할 수 있음에도 불구하고 시작단계부터 의욕으로만 뭔가를 이루려는 사람들이 많다.

그러나 성공적인 쇼핑몰 창업을 위해서는 꼼꼼히 사업 아이템을 정하고, 철저한 시장조사를 한 뒤, 사업자등록증과 통신판매업 신고를 하고, 고효율 저비용의 웹 호스팅 등을 찾아 가입하고 등록하는 등의 절차가 필요하고, 신중하게 시작하는것이 좋다. 특히 인터넷 쇼핑몰 관련 전문 서적들을 미리 정독하고 전문가의 조언을 꼭 받는것이 좋다.

[자료 : 통계청(2012), 나영균, 만원으로 성공하는 쇼핑몰 창업 운영, 혜지원, 2010 참조]

2) 정보 및 서비스의 판매

인터넷을 통하여 양질의 논문이나 레포트를 수집하고 수집된 논문이나 레포트를 가공하여, 레포트를 해야 하는 학생들에게 일정한 대가를 받고 레포트를 다시 파는 사업이나 양질의 정보를 제공받아서 다시 판매하는 사업을 말한다. 이러한 사업을 IP사업이라고 하는데, 이러한 사업은 자신의 사이트가 타사보다는 양질의 서비스를 제공하고 고객들에게 충분한 설득력이 있어야 하며 많은 관련 데이터베이스가 구축되어야 한다.

3) 각종 검색엔진

인터넷에서 자신이 원하는 정보에 해당하는 사이트를 검색해주는 일을 하고 있는 것을 말한다. 정보검색엔진의 사업성에 가장 큰 특징은 인터넷 광고라는 부분과 상호 밀접한 관계에 있다. 광고를 하는 목적은 많은 사람들이 해당 사이트를 봐주기를 바라기 때문이라고 할 수 있을 것이다. 그만큼 많은 사람들이 찾아가는 곳에 자신의 사이트를 알리는 배너 광고를 하는 것은 광고주에게 많은 긍정적인 효과를 제공하고 있기 때문이다.

4) 엔터테인먼트

인터넷 엔터테인먼트 산업은 앞으로 부각될 인터넷 산업분야 중의 하나로써, 사람들에게 즐거움을 주는 산업, 즉, 영화, 연극, 게임, 만화 등 헤아릴 수 없을 정도로 많은 수의 사이트가 생겨나고 있는 분야이다.

5) 인터넷 방송

인터넷 발전의 새로운 분야가 인터넷 방송인데 인터넷 전문 방송국은 컴퓨터와 네트워크 시설만으로 운영되고 있기 때문에 소자본으로 창업이 가능하다. 우리나라의 방송국 3사 이외에도 인터넷 전문 방송국은 엠투 TV와 Q넷 온라인 시에스소스 등이 대표적인 곳으로 기존 공중파 방송으로 대변되던 방송의 개념을 파괴하고 개인 방송국 시대를 예고하였다고 할 수 있다.

6) 인터넷 컨설팅

자신의 독특한 아이디어 하나만을 가지고 각 개인이나 기업이 필요로 하는 것을 제공할 수 있는 분야로 초기 투자비용이 들지 않아 앞으로 많은 발전이 있는 사업이라 할 수 있다.

7) 인터넷 출판

인터넷 출판은 광고의 영역과 바로 연결될 수 있다는 점에서 황금 알을 낳는 시장으로 변할 수 있는 영역으로, 인터넷을 이용하여 신문이나 서적 등의 내용이 디지털화 되어서 다운로드하여 구독하거나 구입할 수 있게 될 것이다.

8) 인터넷 광고

인터넷 사이트를 이용한 광고거래는 웹 페이지 화면 곳곳이 바로 광고 영역이 되는 것으로, 일반 홈페이지를 가지고 있는 사람이라면 누구나 할 수 있다. 인터넷이 새로운 광고매체로 부상하면서 인터넷 웹사이트에 광고를 내보내줌으로써 수입을 올리는 사업 외에도, 같은 분야의 뉴 비즈니스가 나타나고 있다. 웹 사용자 수가 증가함에 따라 많은 상업 사이트에서는 트래픽을 추정할 필요성을 느끼게 되었다. 그 이유는 사이트의 방문자가 누구이며, 주로 어디에 관심이 있으며, 어떻게 접속하는가 등을 파악하여 그 결과를 사이트 수정 및 갱신에 반영하기 위해서이다. 또한 광고주들에게 광고 효과를 제시해주기 위해서 시행하기도 한다. 왜냐하면 방문자들이 얼마나 되고, 그들이 누구이며, 광고에 대해 어느 정도의 관심을 보였는가를 알아보는 것은 광고 수익과도 직결되기 때문이다. 이러한 트래픽 관리에 사용하는 통계를 작성하고, 광고대행사나 광고주가 웹 광고를 효과적으로 관리하게 해주는 전문 프로그램이 개발되고 있다. 이들 전문 프로그램에는 카운터(counter), 트랙커(tracker), 배너 관리 소프트웨어(banner management software) 등이 있다.

카운터는 사이트의 첫 웹페이지에 위치해 단순히 방문자의 접속횟수만을 카운트한다. 다시 말하자면, 이 프로그램은 카운터가 있는 웹페이지의 전송요구 횟수를 세는 것이다. 따라서 트래픽 정도를 추정할 수는 있으나, 정확하고 세부적인 통계와 보고서를 만들어내지 못한다.

반면, 트랙커는 카운터 기능 외에 추가적인 기능을 갖고 있다. 각 제품에 따라 조금씩 다른 기능을 가지고 있지만, 각 웹 페이지 전송횟수, 방문자 수, 전송오류 횟수 등을 통계와 보고서로 작성해준다.

9) 인터넷 금융

현재 인터넷에는 인터넷에만 존재하는 가상은행과 증권회사가 있으며, 인터넷 가상은행과 증권사는 모든 거래가 인터넷을 통해서 이루어지고 있다. 현재 우리나라에는 인터넷에만 존재하는 은행이나 증권사는 국내법으로 인한 문제로 존재하지 않으나, 향후 생길 것으로 예상된다.

10) 인터넷 교육

학원이나 교육기관을 직접 찾아가는 수고를 하지 않고도 가정에서 인터넷을 이용하여 교육을 받을 수 있는 장점을 갖고 있으며, 교육장소가 인터넷이므로 학원을 설립할 비용이 절감되는 장점도 가지고 있다.

11) 인터넷 무역

인터넷의 상업화로 인하여 인터넷 무역이 점차 자리를 잡고 있는 추세이다. 아직은 거래 알선 수준에 미치고 있지만 점차 활동 영역이 확대되고 있는 실정이다.

12) 웹사이트 제작 관련

(1) 서버구축

실 서버를 구입에서 관리까지 대행해 주는 업체와 실 서버가 아닌 가상 서버를 임대해 주는 웹 호스팅 업체로 나누어 볼 수 있다. 웹 호스팅 사업은 자신이 가지고 있는 서버를 일정 공간을 할애하여 타인에게 임대해주는 사업을 말하며, 소규모 창업을 하는 사람들에게 매우 합리적인 것으로 웹하우징과는 달리 일반사용자가 웹 호스팅을 하여 사업을 영위하는지 아니면 자신의 서버를 가지고 사업을 영위하는지 알 수 없다는 장점을 가지고 있다.

(2) 웹사이트 제작

인터넷 창업을 위해서 좋은 아이템은 가지고 있지만, 웹 사이트제작에 대해서는 아무 것도 모른다고 해도 웹사이트를 전문적으로 제작하는 회사들이 많이 있기 때문에 걱정을 하지 않아도 된다. 웹사이트를 제작하는 회사들은 대부분 웹 디자인에서부터 서버에 올리는 작업까지를 하게 되며 이에 따라 가격 차이가 천차만별이다.

검색 광고

검색광고는 타켓 소비자에게 구매정보 제공 및 행동을 유도하는 핵심 마케팅 채널이다. 검색은 브랜드 인지에서부터 구매까지의 전 과정에 영향을 준다. 소비자의 정보탐색과 비교과정에서 적극적인 검색광고를 통해 소비자의 액션을 유도할 수 있다. 인터넷 이용자들이 가장 많이 이용하는 서비스가 바로 검색이라는 점도 기억해야 한다. 검색의 경우 86%의 이용자들이 최근 1개월 이내에 이용한 적이 있는 것으로 나타나 뉴스, 이메일 등 다른 주요 서비스들의 이용률을 크게 앞서고 있다. 또한, 20대의 90% 가량이 인터넷을 통해 상품구매를 위한 정보를 얻고 있으며, 대학생>사무직>고등학생> 전문 관리직의 순으로 인터넷 상품 정보 이용 비율이 높다.

키워드 검색광고란?

키워드 검색광고란 네이버, 다음과 같은 검색사이트에 특정 키워드를 검색하는 사람들을 대상으로 광고주의 사이트가 노출되도록 하는 광고 방법이다. 키워드 검색광고는 '찾아오는' 고객에게 광고를 노출한다는 점에서 적중률이 매우 높다. 키워드 검색광고는 비용지불방식에 따라 클릭당 비용을 지불하는 CPC(종량제) 방식과 일정한 기간에 일정한 비용을 지불하는 CPT(정액제) 방식으로 나눌 수 있다. 키워드 검색광고를 이해하기 위해서는 다음의 광고 용어들에 대해서 확실히 이해해야 한다.

- 조회수 : 네이버, 다음, 네이트, 야후 등과 검색포털에서 해당 키워드를 얼마나 조회(검색) 하였는지를 나타내는 수치
- 노출수 : 검색포털에서 해당 키워드를 검색 하는 경우에 광고가 얼마나 표시되었는지를 나타내는 수치
- 클릭수 : 검색포털에서 해당 키워드를 검색한 후에 표시된 광고 중에서 광고를 얼마나 클릭하였는지를 나타내는 수치.
- 클릭률(CTR) : (클릭수/노출수)×100, 노출수 대비 클릭수 백분율
- (구매)전환수 : 쇼핑몰에서 클릭한 후에 방문한 고객이 구매한 수치
- (구매)전환율(CVR) : (구매전환수/클릭수)×100, 클릭수 대비 구매전환수 백분율
- 광고비 : 지불한 광고비용으로 클릭당 단가(CPC)x클릭수=광고비
- 대표 키워드 : 조회수가 많고 더욱 포괄적인 의미를 담고 있는 키워드. 정보 검색 단계에서 많이 사용되므로 구매 전환율은 세부 키워드에 비해 떨어짐
- 세부 키워드 : 조회 수가 작고 보다 구체적인 의미를 포함하는 키워드로, 상품 구매 단계에서 많이 사용되므로 구매 전환율은 대표 키워드에 비해 높은 편임
- 기본 검색 : 정확한 키워드 검색뿐 아니라 단/복수의 변화나 일반적인 맞춤법 오류가 있는 단어 검색에 대해 광고 문구가 노출 됨
- 확장 검색 : 키워드, 제목, 설명 및 웹사이트 컨텐츠까지 포함하여 보다 광범위한 검색에 광고 문구가 노출 됨
- 정보성 : 정보 검색의 성격이 강한 키워드, 예를 들어 "컴퓨터 수리법"이라고 한다면 구매 보다는 수리하는 정보를 검색하는 성격이 강함.
- 상업성 : 구매 성격이 강한 키워드, 예를 들어 "컴퓨터 싸게 파는 몰"이라고 한다면 구매를 위한 구매 성격이 강함.

일반적으로 대표 키워드 정보성이 많이 섞여 있어, "컴퓨터"라고 검색했다면 정보성과 상업성이 공존하는 경우가 많은데, "컴퓨터 싸게 파는 몰"과 같은 세부 키워드는 상업성이 강하므로 구매 전환율이 높게 나온다.

Note: 일반적으로 키워드 광고 시에 너무 세부 키워드로만 광고를 진행하면 노출과 클릭이 적어지고, 너무 대표 키워드로만 광고를 진행하면 노출과 클릭은 많으나 광고비는 많이 나가고 전환율은 낮아지게 된다. 키워드 광고시에 대표 키워드, 세부 키워드의 황금비율은 어떤것일까? 광고 수행 경험 상 10% 개수의 대표 키워드가 90% 노출을 담당하도록 하는 것이 황금비율이라고 생각된다.

[자료 : 전진수, 쇼핑몰마케팅, 가메출판사, 2010]

제3절 전자상거래

1. 전자상거래의 개념

전자상거래는 '인터넷(컴퓨터네트워크)을 통한 상품의 구매와 판매'로 정의된다. 즉, 전자상거래란 실물시장체제를 그대로 인터넷이라는 네트워크 위에 옮겨놓은 것으로써, 기업이나 고객이 인터넷에서 행하는 모든 경제활동을 의미한다. 그러나 좁은 의미의 전자상거래는 기업과 고객이 인터넷을 통해 상품과 서비스를 사고파는 행위를 말한다.

2. 전자상거래의 유형

1) 기업과 개인간 거래(Business-Consumer : B2C)

사이버 쇼핑몰을 개설해 최종 소비자와 전자적으로 상품과 서비스를 판매하는 유형이다. 전자 소매업에 해당되는 것으로써 상업적으로 가장 많이 활용하고 있다.

2) 기업 간 거래(Business-Business : B2B)

원료 공급자와 수요자인 기업 간 거래 및 기업과 금융기관의 자금결제를 포함하는 기업과 기업 간의 거래유형이다. 기업 간 거래에 있어 성장요소는 구매비용 절감, 재고물량 감소, 회전주기 단축, 효율적인 고객관리, 판매 및 판촉비용절감, 새로운 사업기회 창출 등 많은 분야에서 강점을 보이고 있다.

3) 기업과 행정기관 간 거래(Business-Administration & Goverment : B2G)

조달청과 같은 정부기관과 전자매체를 이용하여 일반 기업체와 거래하는 정부기관과 기업 간의 거래유형이다.

"요즘 인터넷 쇼핑몰 너무 복잡해요"

국내 최초, 최대 온라인 경매사이트인 옥션의 공동 창립자인 이준희 대표가 새로운 개념의 인터넷사업을 들고 다시 나타났다. 지난해 4월 그가 만든 인터넷 쇼핑몰 원어데이는 하루에 단 한 가지 제품만 판매한다. 옥션 창립 당시 '인터넷 만물상'을 자임하며 국내에 인터넷 쇼핑몰 바람을 일으켰던 그가 "요즘 인터넷 쇼핑몰은 너무 복잡하다"며 자신이 탄생시킨 사업 아이템에 반기(反旗)를 들고 나타난 셈이다.

1997년 개인 사업을 하던 이 대표는 우연히 접한 외국의 인터넷 경매 사이트를 본 후, 국내에서도 이 같은 사업이 성공할 수 있다는 판단을 내렸다. 친구 송완호, 후배 이재훈과 함께 자본금 5000만원으로 인터넷 경매 사업에 뛰어 들었다. 초고속 인터넷이 본격적으로 보급되고, IMF 사태 이후 값싼 제품에 대한 관심이 높아지면서 사세(社勢)가 커졌다. 때마침 벤처 열풍이 불면서 투자금도 몰려 들었다.

이 대표는 2001년 국내 사업진출을 모색하던 미국계 경매업체 '이베이'에 옥션 지분을 매각하면서 온라인 쇼핑몰 사업에서 손을 뗐다. 이후 동영상 전문 사이트 '디오데오'를 설립하는 등 IT관련 사업을 벌였다. 하지만 '옥션'처럼 큰 성공을 거두지는 못했다. 그리고 "가장 잘 할 수 있는 분야에서 다시 승부를 내겠다"며 꼭 10년 만에 인터넷 쇼핑몰 사업으로 다시 돌아왔다.

원어데이는 0시~24시까지 한 가지 상품을 시중 최저가로 판매한다. 최저가가 아닐 경우 포인트나 쿠폰 등을 지급한다. 제품의 품질을 확인하기 위해 직원 15명이 직접 사용해 본 후, 판매 품목을 결정한다. 모든 상품이 단 한 가지이기 때문에 가능한 일이다. 출범 당시 200만~300만원 수준이던 월 거래액은 최근 7억원 수준으로 뛰어 올랐다. 올해 거래액 목표는 150억원. 인기를 끌자, 최근 일주일 동안 한 가지 품목을 판매하는 '원어위크' 서비스도 시작했다.

이 대표는 당분간 '한 가지 상품 전략'을 고수할 예정이다. 대신 성별(性別)과 시간대에 따라 판매 품목을 차별화하는 서비스를 제공할 예정이다. 예컨대, 남성과 여성 사이트를 구분하고, 낮과 밤에 판매하는 상품을 다르게 하는 방식이다. 또 소비자가 매일 한 번씩 방문하도록, 다음날 판매하는 상품을 공개하지 않는 전략도 유지할 계획이다.

[조선일보 2008.03.23]

3. 전자상거래의 특징

인터넷은 커다란 새로운 기회를 제공 할 뿐만 아니라 기존 상거래의 위협이 되기도 한다. 인터넷은 언제 어디에서 누구에게나 항상 직접 연결이 가능하며 기업이 고객 및 공급자와 양방향으로 교류가 가능한 관계를 구축할 수 있게 해주고, 새로운 상품과 서비스를 저렴한 비용으로 제공해 준다.

전자상거래는 기존 상거래의 영역보다 훨씬 넓고 질적으로 완전히 다른 영역으로 확대되고 있다. 보통 일대일 마케팅(one-to-one marketing)이라고 말하는 분야가 대표적인 것으로써, 과거의 통신판매나 TV쇼핑과 같은 다이렉트 마케팅(direct marketing) 수단과는 비교할 수 없을 정도로 깊고 적극적인 방식으로 고객과의 일대일 대응을 가능하게 만들어 준다. 전자상거래는 상거래는 물론 광고, 대고객 마케팅, 조달, 발주 등의 다양한 영역까지 질적인 변화를 가져오고 있다. 전자 상거래가 이렇게 활성화되고 주목받게 된 이유는 인터넷의 폭발적인 확산이 한 몫을 했다. 시간적, 공간적 제한을 극복한 새로운 경제활동을 제공함으로써 세계 각국의 국가 경쟁력 제고를 위한 핵심수단으로 전자 상거래가 인식 되고 있다. 따라서 보다 많은 노력과 투자를 통해서 디지털경제시대에 지식기반 산업을 구축하고 사이버 공간의 '제2의 국토'를 개척하여 디지털 시대의 새로운 강자를 위한 준비를 해야 한다. 전자상거래의 특징을 정리해보면 다음과 같다.

① 사용하기 편하다.
② 24시간, 365일 항상 열려 있다.
③ 비용을 절약할 수 있다.
④ 구입하고자 하는 제품을 싼 가격에 쉽게 구할 수 있다.
⑤ 시간적, 공간적 제약이 없다.
⑥ 전세계 네티즌을 구매자로 삼을 수 있다.
⑦ 유통비용과 건물 임대료 등 기타 부대비용을 크게 줄일 수 있다.
⑧ 고객은 한 곳에서 여러 가지 제품을 다양하게 구입할 수 있다.

그밖에 마케팅적인 측면에서 얻을 수 있는 이익도 매우 많다. 먼저 온라인 매체를 이용한 광고료는 인쇄매체나 방송매체보다 훨씬 저렴하다. 그리고 교통이나 계절, 기후조건과는 무관하게 하루 24시간, 1년 365일 내내 고객들과 긴밀하게 대화, 고객의 요구에 즉각적으로 대응할 수 있다는 점 또한 곧바로 매출신장에 중요한 영향을 미치는 마케팅 전략 중 하나다.

〈표 7-1〉 전자상거래와 실물시장의 차이점

내 용	실물시장	전자상거래
유통채널	기업→도매상→소매상→고객	기업↔고객
거래대상지역	일부지역으로 제한	전세계 글로벌 마케팅
거래시간	제약된 영업시간	24시간
고객수요 파악	온라인으로 수시 획득, 재입력이 필요없는 디지털데이터	영업사원이 획득, 정보 재입력 필요
마케팅 활동	구매자의 의사에 상관없는 일방적인 마케팅	쌍방향 통신을 위한 1:1 마케팅
고객대응	고객요구의 포착이 어렵고, 대응도 지연	고객요구의 신속한 포착, 즉시 대응
판매거점	별도의 판매공간 필요	사이버스페이스

요 약

인터넷 비즈니스란 "인터넷을 전략적 도구로 활용하여 다양한 경영활동을 수행함으로써 인터넷으로부터의 수익창출이나 원가 절감을 달성하고자 하는 비즈니스"라고 할 수 있다. 또한 인터넷 구축과 관련된 대규모장비 및 각종 솔루션 개발을 비롯하여, 인터넷 접속서비스, 인터넷 활용서비스 등과 같이 인터넷을 기반으로 하는 사업을 말한다. 인터넷 비즈니스의 수익모델은 광고 수입형, 유료 과금형, 마케팅형, 판매형 등이 있다. 인터넷 비즈니스의 최근 창업환경 동향은 시장규모의 확대, 고객중심시장으로의 변환, 경쟁심화, 고객과의 비대면성, 사업모델의 모방 용이성, 부단한 혁신성으로 정리할 수 있다.

인터넷 비즈니스 창업의 성공을 위해서는 인터넷 시장의 환경과 고객, 경쟁업체 등의 동향 분석을 통해서 정확한 시장예측을 해야 한다. 또한 사업영역과 아이템 선정 시 차별적이고 독특한 창의성이 성공의 관건이 된다. 그리고 고객의 욕구를 충족시킬 수 있는 내재가치와 고객이 필요로 하는 것을 가장 빠르고 편리하게 제공하느냐에 따라서 성공이 좌우된다. 특히 좋은 협력자와 공존해야만 인터넷 세계에서 살아남을 수 있으며, 자신의 사업과 같은 마음으로 일해 줄 수 있는 인적구성원이 인터넷 비즈니스에 있어 사업승패의 관건이 된다.

인터넷 비즈니스의 창업 시 고려사항으로는 고객위주의 웹사이트 구축, 프로세스중심의 웹사이트 구축, 컨셉의 재확인, 명확한 시장포지셔닝, 시장경제의 원리 파악, 비즈니스 수익구조모델을 설정해야 한다. 인터넷 벤처 비즈니스의 창업분야로 고려해 볼 수 있는 것은 인터넷 쇼핑몰과 정보 및 서비스의 판매, 각종검색, 엔터테인먼트 분야, 인터넷방송, 출판, 인터넷 컨설턴트, 인터넷광고, 인터넷 금융, 인터넷교육, 인터넷무역, 웹사이트 제작 분야 등이 있다.

전자상거래는 '인터넷(컴퓨터네트워크)을 통한 상품의 구매와 판매'로 정의된다. 전자상거래의 유형은 기업과 개인간 거래, 기업간 거래, 기업과 행정기관간 거래가 있는데, 사용하기가 편하고, 24시간, 365일 항상 열려 있으며 비용을 절약할 수 있는 특징이 있다. 또한 구입하고자 하는 제품을 싼 가격에 쉽게 구할 수 있으며, 시간적, 공간적 제약이 없고 전세계 네티즌을 구매자로 삼을 수 있는 장점과 유통비용과 건물 임대료 등 기타 부대비용을 크게 줄일 수 있고, 고객은 한 곳에서 여러 가지 제품을 다양하게 구입할 수 있는 다양한 특징이 있다.

연습문제 Exercises

1. 인터넷 비즈니스의 개념과 수익모델

2. 인터넷 비즈니스 창업 시 고려 사항

3. 전자상거래의 유형과 특징

4. 인터넷 비즈니스 창업성공사례 3가지를 조사하라.

5. 인터넷 비즈니스 창업아이템을 구상하여 사업계획서를 작성하여보라.

[사례 7.2] 플라워 몰(flowermall) 성공사례

www.FlowerMall.co.kr

주소창에 한글로 "플라워몰"을 치세요!!
주소(D) 플라워몰 이동
중/앙/콜/센/타 1588-1542

웰빙의 중요성이 나날이 강조되고 있는 현대인에게, 향기로운 꽃과 자연의 싱그러운 공기를 마음껏 즐길 수 있는 곳, 그런 천혜의 자연과 함께 온라인 사업으로, 꽃배달 업계의 선두를 달리고 있는 업체가 있다. 2003년 년 매출 9억 8천, 순위정보검색사이트 '피앙'에서 '꽃배달'검색 순위 전국 1위, 대한민국 TOP 1000 인증마크 획득, 2005년 제주발전연구원 성공사례기업 선정, JIBS방송 '민생경제 희망찾기, 성공의 열쇠' 소개, 소상공인지원센타 '창업세미나' 발표, 2007년 플라워몰 전국경영자협회 창립(FKMA), 2007년 한국인터넷전자상거래학회 '경영정보대상' 수상, 2010년 한국소비문화학회 '뉴프론티어상' 수상 등의 업적을 갖고 있다. 현재 업계의 선두주자를 달리고 있는 플라워몰에는 대표 이광직, 이경옥 부부의 남다른 이야기가 숨어 있다.

서울 ⇨ 완도 ⇨ 제주 상륙

1995년 8월 5일 서울에서의 복잡함을 뒤로하고, 연고도 없는 제주로 무단 입도를 선택했다. 승용차 한 대에 살림을 가득 싣고, 서울에서 완도를 향해 출발했고 드디어 제주로 향하는 여객선에 올랐다. 노을이 지는 바닷가에 갈치 배들이 하나 둘 불을 밝히며 어둠이 깔릴 때, 선상에서 제주도를 바라보며, '그래 제주를 한번 탈환해 보자' 라며 이광직 대표와 그의 아내는 섬 생활의 거치른 미래를 포용하며 제주에 첫 발을 내디뎠다. 그때 다짐의 효과였을까? 플라워몰은 결과적으로 제주도 뿐 만아니라 전국적으로 꽃 배달 브랜드인지도 1위 업체로 성장했다.

처음 제주에 도착했을 때 궁여지책으로 신문방송학을 전공했던 이광직 대표는 서울에서 언론사의 발행인을 한 경험을 토대로 여행뉴스를 담은 조그만 정보지를 창업하려고 했다. 제주의 정보지 시장은 인구대비 이미 포화 상태였고, 더욱이 가지고 온 돈 1,450만원은 자금의 한계였다. 제주에 온 후, 소득이 없는 생활로 돈은 소진되어가고, 앞날은 더더욱 막막해져 갔다. 활어 장사가 돈벌이가 된다고 해서 일을 배우러 새벽마다 활어차를 따라 다녀보기도 하고. 아내는 생선가게에서 생선 다듬는 일을 배워보기도 했다. “아내가 고등어 손질을 하는데 고기하고 손이 따로 놀더군요, 그래서 도저히 생선가게는 아니구나! 하고 포기 했습니다”. 그 후로 이광직 대표는 공사판에서, 철근 나르는 일을 비롯해 막 일을 전전하며, 몸이 성할 날이 없었다. 하루는 용접보조를 했는데 용접봉 불꽃을 하루 종일 들여다보는 바람에 눈을 다쳐 그마저도 일을 못하게 되었고, 결국 보다 못한 아내는 일거리를 찾다가 ‘꽃집’ 이라는 광고 글귀를 보게 되고. 그것을 계기로 ‘플라워몰’의 씨앗이 된 ‘조천 화원’을 창업하게 되었다.

창업자금 단돈 300만원

가지고 있는 돈, 300만원으로 가게 자리를 찾다보니, 제주시내권에서는 찾기 힘들었고 그래서 금액에 맞추다 보니 제주시 외곽지역인 조천읍 조천리에 자리를 잡게 되었다. ‘가게, 방, 부엌 포함 8평, 년세 180만원’ 제주에 와서 알게 된 지인이 관광기념품 가게를 폐업하며 준 진열장들을 얻어 인테리어를 했고, 간판과 전화 설치로 80만원을 지불하고 나니 상품 대금이 없었다. 제주에 와서 잠시 알고 지낸 ‘그린꽃방’ 사장님과의 인연으로 생화 도매점을 소개받게 되었고, 그 도매점 사장님을 찾아가 사정을 이야기 하고, 외상으로 상품을 받을 수가 있게 되었다. 상품대금 결재는 한 달 후부터 하기로 했다. 인심 좋은 제주 도매점 사장님 덕택에 꽃집 문을 열 수 있었다.

조천리는 작은 동네였지만, 읍사무소, 소방서, 농협, 예식장, 한국통신지점, 조천중학교, 초등학교 등 관공소가 모여 있었다. 부부가 마케팅이라고 처음 한 일은 꽃바구니 들고, 어른들 찾아 ‘인사 다니기’ 였다. 동네 읍장, 이장님을 비롯한 교장선생님 등이 대상이었고, 각종 마을 행사와 애경사에 참여 하는 등, 마을 사람들과 자연스레 어울리는 일이 많았다. 또한 이광직 대표의 유연하고 사귐성이 좋은 성격은 한두 번 만난 마을 사람들과 금방 친구가 될 수 있도록 해주었다.

원래 조천이라는 동네는 제주에서도 텃세가 심하기로 유명한 동네다. 특히 육지에서 온 사람들을 ‘육지 것’ 이라고 말하면서 적대시하는 경향이 있었다. 물론 세계 7대 자연경관지로 선정되고, 특별자치도가 된 지금은 많이 달라졌지만, 그때 만해도 조천에서는 육지 사람이 일 년을 버티지 못하고 이사를 가는 사람들이 많았다. 그런데 ‘조천화원’엔 오히려 도움을 주려는 사람들로 북적거렸다. 시골에서 나는 각종 채소와 과일 등을 싸들고 화원을 찾는 동네 아줌마들이 많아서였다.

KT 인터넷 단말기와 제주 꽃 배달 전문점

1997년 당시에는 인터넷 보급이 대중화 되지 않았을 때다. 그런데 이광직 대표는 그 무렵 한국통신에서 인터넷 대중화를 위해, 무료로 빌려주던 컴퓨터 단말기를 빌려와 컴퓨터를 익히고 홈페이지도 만들게 되었다. 그리고 조천화원에서 ‘제주 꽃 배달 전문점'이라는 상호를 만들고, '전화1통화로 카드결재 OK! 꽃배달 OK!'라는 광고 문안으로 일간지 신문에 광고를 게재하게 되었고 그 효과는 대박이었다. 제주시 외곽지역인 조천에서 제주 전 지역을 배달하리라고는 아무도 생각을 못했다. 그런데 이들 부부는 제주 전 지역 꽃배달서비스를 시작했다. 꽃은 주로 남자들이 여자들에게 선물하는 경우가 많다. 우리나라 남자들은 꽃을 들고 다니는 것을 쑥스러워 한다. 그런데 전화 한 통화로 꽃 배달도 해주고, 전화상으로 카드결재가 가능하다고 하니, 주문이 많아지는 것은 당연했다. 또한 그 당시 정부에서 IMF 이후 경기회복을 위해, 신용카드 활성화를 하고 너나 할 것 없이 카드를 만들게 하여 소비를 촉진 시킬 때였다. 당시만 해도 카드결재라고 하면 매장에 와서 카드단말기에 카드를 긁어야만 가능하던 때였다. 그런데 카드번호만 말해주면 결재가 되도록 카드사와 '수기특약' 계약을 체결한 것이다. 카드회사에서는 당시에 개인 업체에 '수기특약' 계약을 잘 해주지 않았다. 그런데 이광직 대표는 서울에 있는 삼성카드 본사에 여러 번 찾아가 수기특약을 맺고, 더 나아가 삼성카드 고객들에게 매달 보내지는 카드 청구서에 '삼성카드꽃배달서비스' 라는 꽃배달 업체로 입점하게 되고 카드고객들의 꽃배달 주문을 전국적으로 받게 된다. 삼성카드와의 계약이 성사되자 비씨, 엘지, 국민, 외환, 제주 등 다른 카드사의 꽃배달도 체결되어, 플라워몰의 발전에 중요한 모티브가 되었다.

인터넷마케팅 '플라워몰'

조천에서 2년 장사를 하고, 제주시 연동에 100평 대지의 꽃집으로 확장 이전 했다. 아내 이경옥씨는 "가게에 딸린 작은 방에 살다보니 딸아이 누울 공간이 없었어요, 그래서 남편은 틈만 나면 넓은 곳으로 옮길 생각을 했죠, 그런데 100평 부지에 하우스로 된 가건물 속의 30평 정도의 살림집으로 이사를 하고 나니, 세상을 다가진 기분이었어요, 정말 행복했죠" 100평 매장으로 이전했을 때가 제주에 와서 가장 행복했던 시절이었다고 말한다. 그런데 사업이 확장되긴 했지만 제주라는 지역적 한계가 있었다. 그래서 전국을 대상으로 한 인터넷쇼핑몰의 활성화을 위해서, '플라워몰'이라는 이름으로 상호를 변경하고, 홈페이지도 업그레이드했다. 그리고 본격적인 인터넷마케팅에 들어갔다.

그 당시 '몰'이라는 이름이 생소해, 브랜드 홍보에 어려움이 있었지만, 삼성몰, 현대몰, CJ몰등, 여러 대형 기업에서 '~몰'이란 이름으로 쇼핑몰이 오픈되면서 플라워몰에 대한 인지도도 향상되기 시작하였다. 더욱이 공격적인 마케팅으로, 네이버, 다음, 야후 등 포털사이트에꽃배달 검색 1위로 랭크되었다. 이렇게 성장한 플라워몰은 전국 네티즌들에게 꽃배달 분야에서 브랜드인지도 1위를 인정받게 되었고, 2006년에는 창업 10년 만에 5층 사옥을 건축해서 사업장을 확장 이전하고 전국꽃배달서비스를 더욱 활성화하기 위하여 꽃 배달 체인화 작업에 착수했다.

한편, 아내 이경옥씨는 바쁜 가운데도 제주대학교 경영학과에 입학하여 경상대학 전체 수석졸업의 영광을 안았다. "처음엔 고졸학력의 콤플렉스와 꽃집 경영의 어려움 등이 이유가 되어 학교에 들어가게 되었죠. 그런데 경영학을 공부하며 많은 경영 서적을 접한 것은 실무에 도움이 되었다"고 말한다. 그것을 계기로 경영학 석사과정을 졸업하고, 박사과정도 밟고 있다.

플라워몰의 성공비결은, 시대적 환경과 변화에 맞춰서 적절한 마케팅으로 밀어붙이는 이광직 대표의 도전적인 열정과 리더쉽 그리고 끊임없이 공부하기를 멈추지 않는 아내 이경옥씨의 배움의 자세에 있는 것이 아닐까? 단 돈 300만원으로 시작한 제주도 시골의 작은 꽃가게가 전국 500여 가맹점을 둔 체인 본부가 되기까지는 결코 쉽지만은 않았다. 그러나 이광직 대표는 앞으로 전국 1,000개 가맹점과, 100억 유통 물량 확보를 비전으로 제시한다.

꽃시장의 전반적인 흐름의 대세는 도매 및 상인영업에서 온라인 중심으로 바뀌어 가고 있다. 화훼시장에 온라인 영업이 필요해진 이유는 아파트 주거 문화 등장과 구매패턴의 온라인화를 들 수 있다. 연간 꽃 소비시장(2조원) 중 3~4%, 연간 600억원이 온라인 꽃 배달 쇼핑몰에서 판매되고 있다. 온라인쇼핑몰 내 0.3%의 비중으로 단일 품목으로는 큰 비중을 차지하고 있으며, 연간 약 20% 정도의 성장이 지속되고 있다. 3~5월 최대 성수기 및 연말시즌이 성수기이고, 여름이 비수기인데, CTR은 2.5%로 평균 수준이며, 평균 CPC는 금융/보험(대출), 건강/미용(병원)업종 다음으로 전체 3위로 비교적 높은 편이다. 주 방문자는 20~40대 남성 및 주부들인데, 주로 구매력 있는 연령대의 남성이 많으며(약 70%), 화이트칼라 직업군(남성) 및 주부(여성)이다. 연령별로 남성은 20~40대, 여성은 20~30대가 다수 이용하고 있다.

[자료: 제주발전연구원 '민생경제희망찾기 성공스토리' 2005.12, JIBS방송 '민생경제 희망찾기 성공의 열쇠' 2005.12, 소상공인지원센타 창업세미나 '소자본성공사례' 발표자료, 2008.6, 참조 수정, www.flowermall.co.kr]

제 8 장

사회적기업과 1인창조기업

[사례 8.1] 쇼가와(小川) 마을과 코코팜 와이너리

노인 일자리 커뮤니티 비즈니스: '쇼가와(小川) 마을'

일본의 쇼가와마을은 1989년 설립되어 야채가 들어간 전통 떡인 오야키를 생산 판매하는 회사이다. 고령자 중심으로 종업원이 구성되어 있고, 고도공업화사회에 적응하지 못한 사람(노인), 원재료(지역 농산물), 유휴시설(양잠업 농장과 농협건물)을 활용하여 운영하고 있다. 7인의 사무라이가 모여 시작한 사업으로 현재는 전국적 브랜드를 구축하여 연간 수억엔의 수익을 창출하는 기업으로 발전하였다. 이곳의 사원 100명의 80%가 60세 이상의 할머니로 구성되어 있으며, 참여자들의 거주지 인근 내 작업장 설치, 낮잠 및 담소시간 배려로 고령자의 편리성을 증진 시키고 있다. 더욱이 해외 외식업엑스포 참여를 계기로 참여자들의 자부심이 강화되기도 하였다.

〈일본의 쇼가와 마을의 작업 모습〉

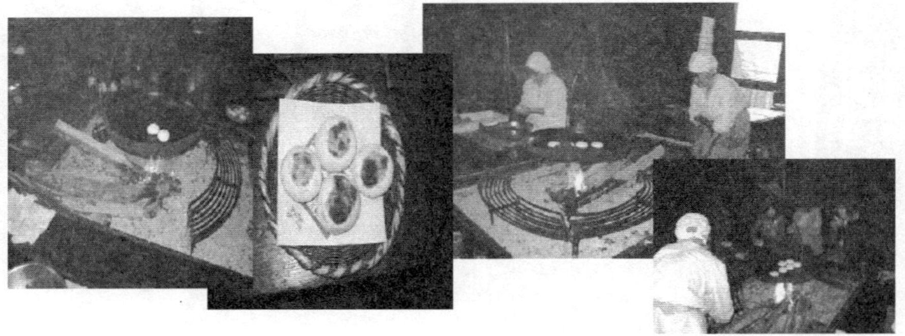

코코팜 와이너리

일본의 '코코팜 와이너리'는 도이치현 아시카가시 교외에 있는 정신지체인 시설 '고코로미 학원'을 모체로 하여 태어난 유한회사이다. 일본의 지적장애인 시설인 코코로미 학원에서 장애인들의 직업재활(일본에서는 授産(수산)이라고 직업재활을 지칭함)을 위하여 1950년대부터 포도나무를 재배하고 그것을 활용하여 와인을 생산하고 있다.

일본의 지적장애인 시설인 코코로미 학원의 원생들이 일하고 있으며 묘목관리 및 포도재배 및 수확, 선별 등의 와인제조 작업을 직접수행하고 있다. 코코 팜 와이너리의 와인은 2000년 오키나와 G7 정상회담에 건배용으로 사용되는 등 와인의 품질이 높기로 유명하다.

코코팜 와이너리는 일본에서 지역경제에 공헌하는 바가 큰데, 우선 와인을 도시에 출하하여 판매함으로써 도시에서 지방으로 자금이 유입되고, 지역 내 경제순환이 발생함으로써 4억원의 매상과 직원 20명분의 고용창출 효과를 내고 있다. 게다가

공적 보조금을 전혀 받지 않고 장애인 고용을 확보하고 자립을 촉진시키는 것은, 결과적으로 행정의 복지 부담비용 절감에 크게 공헌하고 있다고 볼 수 있다.

코코팜 외이너리의 성공요인은 와인제조시장의 일류를 지향하는 프로의식과 보조금없이 사업을 추진한다는 독립심, 부정을 긍정으로 바꾸는 발상으로 급경사인 자연조건을 활용하고, 장애인 재활훈련차원으로 인적자원을 매칭한점을 들 수 있다. 그러나 와이너리 특성상 신제품 개발과 홍보, 시장호가보 등이 매우 중요한 문제이기 때문에, 참여자들이 가지는 기술적 경영적 한계를 극복하는것과 대외적으로 인정 받는 요소가 큰 과제이다.

〈일본 코코팜 외이너리 모습〉

[자료: (재)함께일하는 재단, 사회적기업의 이해와 경영사례, 2009.10.15]

제1절 사회적기업

1. 사회적기업의 정의와 육성배경

1) 사회적기업의 정의

최근 사회적으로 많은 관심을 끌고 있는 사회적기업은 저소득자, 고령자, 장애인, 성매매피해자, 경력단절여성 등 취약계층에게 일자리 또는 사회서비스를 제공하고, 지역사회 발전 및 공익증진, 수익 및 이윤 발생 시 사회적 목적 실현을 위한 재투자, 서비스 수혜자, 근로자, 지역주민 등 이해관계자가 참여하는 민주적 의사결정 구조 실현 등의 사회적목적을 우선적으로 추구하면서 비영리법인, 단체, 조합, 상법상 회사 등 다양한 조직형태를 가지고, 유급근로자를 고용하여 영업활동을 통한 수입이 노무비(인건비)의 30% 이상 되도록 영업활동을 수행하는 기업 및 조직이다(한국사회적기업진흥원, 2012).

사회적기업에 대해서는 다양한 개념적 정의가 있는데, 우리나라의 경우 사회적기업육성법 제2조에 의하면, 사회적기업이란 취약계층에게 일자리 또는 사회서비스를 제공하거나 지역사회에 공헌함으로써 지역주민의 삶의 질을 높이는 등의 사회적 목적을 추구하면서 재화 및 서비스 생산, 판매 등 영업 활동을 하는 기업으로 노동부장관의 인증을 받은 기업으로 정의하고 있다. 즉, 협의적 정의로서 사회적기업육성법에 의하여 인증받은 조직만을 의미하여, 광의의 개념으로서 실업과 빈곤에 대처하고, 부족한 사회서비스 전달과 대안적인 지역개발을 위해 활동하는 비영리 민간 영역의 다양한 운동의 총칭이라고 언급하여 공익의 측면을 강조하고 있다. 하지만, 임혁백 외(2007)는 비영리 추구적인 사회적 경제를 운영하는 기업만을 사회적기업으로 보고 있다. 유럽에서는 사회적 목적 차원에서 정의하여, 사회적기업을 '사회적 목적을 가진 기업', '시민기업', '커뮤니티 복지기업'으로 표현하고 있으며(Evers, 2001), 미국에서는 비영리 조직으로서 이윤분배의 제한을 강조하고 있는데, 로버츠기업개발재단(REDF: Roberts Enterprise Development Foundation)은 저소득자에게 경제적인 기회를 제공하기 위해 모험적인 사업으로 수입을 창출하는 것이 사회적기업이라고 정의하고 있다(Sutia Kim Alter, 2004). 또한 사회적기업 컨설팅 업체인 버추벤처스(Virtue Ventures LLC)는 사회적기업을 사회적 목적과 사회가치를 발생시키기 위해 만들어진 모험적인 사업으로 보고 있다. 여기서 사회적 목적이란 시장실패나 사회문제를 감소시키거나 완화시키는 것이고, 사회가치는 민간부문의 사업에서 재정적인 훈련, 변혁, 결정 등을 통하여 생성된다고 보고 있는데(Suita Kim Alter, 2004), 국가마다 그 법적 형태는 다르다(OECD, 1999).

한편, 최근에 사회적기업을 제4섹터로 구분하여 정의하려는 시도도 있다(김봉화 외, 2010). 즉 제4섹터는 민간기업(제2섹터)처럼 시장에서 경쟁하여 영리를 추구하되 정부(제1섹터)나 시민사회(제3섹터)처럼 수익을 공익에 사용하는 새로운 유형 기업과 이를 지원하는 조직이라는 것이다(유병선, 2008). 이와 같은 맥락에서 무함마드 유누스(Muhammad Yunus, 2008)도 사회적기업이 특정한 개인의 이익 달성이 아니라 명확한 사회적 목표를 추구하기 위해 만들어진 것이라고 하였다.

이상의 내용을 종합해보면 유럽과 영미, 우리나라의 사회적기업에 대한 정의에서 공통적으로 사회적 목표, 사회적 목적 측면을 강조하고 있으며, 사회복지와의 관련성을 보이고 있다.

2) 육성배경

정부에서 사회적기업을 적극적으로 육성하게 된 배경에는 1997년 외환위기 이후 급속히 증가하는 실업률과 심화된 양극화 문제 속에 지속가능한 일자리창출 노력과 고령화와 저출산 문제, 전통가족 구조의 해체 등으로 사회서비스에 대한 수요가 증가하면서 사회서비스 부문의 고용확대의 필요성이 제기되었기 때문이며, 또한 기업 이익의 사회 환원과 나눔 경영 등 기업의 사회적책임, 사회공헌활동의 관심 증가가 중요한 배경이다.

[그림 8-1] 사회적기업의 영역

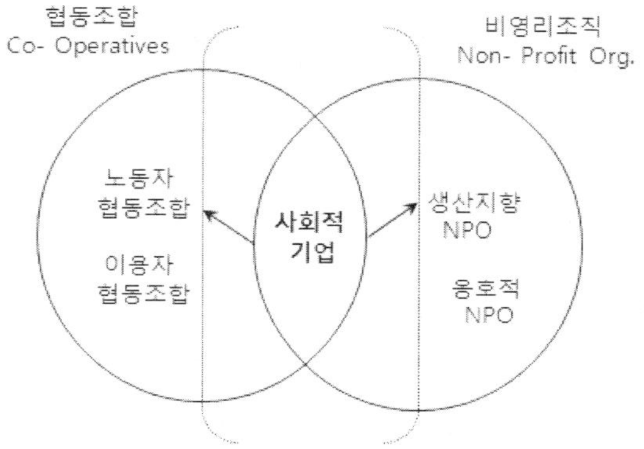

협동조합
Co- Operatives
비영리조직
Non- Profit Org.
노동자
협동조합
이용자
협동조합
사회적
기업
생산지향
NPO
옹호적
NPO

[자료 : Jacques Defourny(2001), p.22.]

[그림 8-2] 사회적기업의 특징

"비영리 조직과 영리기업의 중간형태"
목표
사회적 목적을 추구
취약계층에 대한 일자리
사회서비스 제공 등
수단
영업활동 수행
수익창출

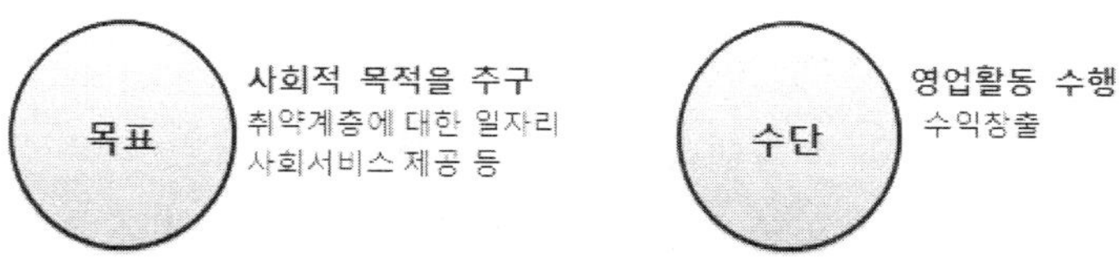

〈표 8-1〉 사회적기업과 순수 비영리 단체 및 일반 영리 기업의 조직원리

구분 \ 조직유형	순수 비영리 단체	사회적기업	일반 영리 기업
조직의 미션	고유의 목적 달성	사회적 목적 추구	사적 영리 추구
조직 목표	조직이 추구하는 고유의 가치 실현	사회적 가치 실현+ 경제적 성과 창출	경제적 성과 창출
전략적 경로	자체 해결+외부 지원	외부지원+ 시장에서의 경쟁우위	시장에서의 경쟁우위
수익 처분방법	고유의 사업에 재투자 (사적 배분 배제)	수익의 사적 배분을 일정 주분 허용(법에 따라 배분 가능한 이윤의 2/3는 사회적 목적에 사용해야 함)	수익의 사적 배분을 크게 허용(배당, 급여인상, 보너스)

[자료 : 우인회, 성공하는 사회적기업의 9가지 조건, 황금고래, 2010. p.32.]

2. 사회적기업의 유형

사회적기업의 유형은 관점에 따라 다양한 구분 할 수 있는데, 우리나라의 사회적기업육성법에 따르면, 사회적목적에 따라 일자리 제공형, 사회서비스 제공형, 혼합형, 지역사회공헌형, 기타형 5개 유형으로 분류하고 있다. 유럽은 보통 3개의 범주로 사회적기업을 구분하고 있는데, 협동조합(cooperative enterprises), 상호공제조합(mutual societies), 민간단체(organization)로 구분하고 있다(Defourny, 2001: 4-5, OECD, 1999). 또한 사회적기업을 연혁에 따라 전통적 사회적기업과 새로운 사회적기업(엄형식, 2008)으로 분류하기도 하며, 발생 원인과 연계 형태별(노동부, 2007: 65-68), 사회적기업의 성격・형태・포괄 대상에 따라 공공부조형, 지역사회친화형, 시장친화형(김경휘 외, 2006)으로 나누기도 한다. 이외에도 조직형태에 따라 민법상 법인, 조합, 그리고 상법상 회사 또는 비영리단체로 구분할 수 있고, 정부 지원형태에 따라 정부지원형인가, 독립형인가 등의 여러 가지 분류기준이 존재할 수 있다(김봉화 외, 2010).

〈표 8-2〉 사회적기업의 유형

구분기준	유 형
목 표	노동통합형, 사회통합형, 혼합방식형
사명지향성	사명중심형, 사명관련형, 사명과 무관한 형
사업과 프로그램의 통합성	내재형, 통합형, 외재형
사회복지모델	사회민주주의모델(스웨덴), 조합주의 모델(독일), 자유주의 모델(영국), 제31부문 지배적 모델(이탈리아)

(1) 일자리 제공형

'일자리 제공형 사회적기업'이란 조직의 주된 목적이 취약계층에게 일자리를 제공하기 위한 것으로 즉, 일반 노동시장에서는 노동력의 시장경쟁력이 약하여 사용자로부터 쉽게 선택되지 못하기 때문에 취업이 사실상 어려운 사회적 취약계층에게 직업을 가질 수 있는 기회를 제공하고자 하는 사회적기업의 유형이다. 이와 같이 사회적 가치의 실현을 목적으로 설립되어 운영되는 사회적기업이 바로 '일자리 제공형 사회적기업'일 할 수 있다. 그러나 일자리 제공형 사회적기업이 생산하여 판매하는 상품의 구매대상이 반드시 취약계층일 필요는 없다.

〈표 8-3〉 취약계층의 기준

취약 계층의 기준 (사회적기업 육성법 시행령 제 2조)		비고
저소득층	가구 월 평균 소득이 전국 평균의 60% 이하인 자	
고령자	고령자 촉진법 제2조 제1호에 따른 고령자	• 만 55세 이상인 자
장애인	장애인 고용촉진 및 직업재활법에 따른 장애인	• 중증장애인 포함
성매매 피해자	성매매 방지 및 피해자 보호 등에 관한 법률에 따른 성매매 피해자	
기타	장기 실업자등 노동부장관이 취업 상황 등을 고려하여 취약계층으로 인증한 자	• 실업 기간 6개월 이상인 자 • 탈북자, 조손 가정, 모부자 가정, 다문화 가정, 여성가장, 경력 단절 고학력 여성, 신용불량자, 갱생보호 대상자, 노숙자

(2) 사회서비스 제공형

사회적기업 육성법과 동 시행령에서 가정하고 있는 사회서비스분야는 교육, 보건, 사회복지, 환경, 문화, 보육, 예술, 관광, 운동, 산림의 보전 및 관리, 간병 및 가사지원, 기타 '사회적 육성위원회'에서 심의 인정하는 서비스 등 사실상 사회 전반에 걸쳐 있다. 이런 사회서비스에 대해 구매능력이 없는 취약계층에게 필요한 사회서비스를 무상으로 제공하거나 저가로 판매하는 것을 주된 미션으로 하는 기업을 '사회서비스형 사회적기업이라 한다.

(3) 혼합형

'혼합형 사회적기업'은 해당 사회적기업의 사명이 일자리 제공과 사회적 서비스 공급을 동시에 추구하는 기업을 의미한다. 대부분의 사회적기업은 사실상 혼합형으로 운영되는데, 이는 일자리 제공형이라도 사회서비스를 일부 취약계층에게 제공할 수 도 있으며 사회서비스형이라도 취약계층을 고용하기 때문이다. 따라서 사회적기업의 분류와 유형은 해당기업이 제시하는 비전에 따라 좌우될 수도 있고 최종적으로 고용노동부 장관의 인증으로 확인된다.

(4) 기타형

위에서 언급한 사회적기업의 유형이외에도 사회적으로 꼭 필요하고 유익한 가치를 추구하는 기업의 경우 국가는 '기타형 사회적기업'으로 인증해 주고 있다. 사회적기업육성법에는 '사회적기업 육성위원회'의 심의를 거쳐 고용노동부장관이 인정하는 사회적 목적을 추구하는 기업일 경우 기타형으로 분류할 수 있다. 이에 대한 사례로서 아름다운 가게, (주)에코그린, (주)늘푸른자원, (주)다산환경, (주)미래이엔티, (주)함께 일하는 세상 등이 있다. 특히 (주)백두식품의 경우 북한산 느릅으로 냉면이나 빵 혹은 차를 생산 판매하여 탈북자 지원사업을 하고 있으므로 탈북자라는 취약계층은 지원하는 역할을 인정하여 기타형으로 인증된 사례이다.

(5) 지역사회 공헌형

고용노동부는 사회적기업 육성법 시행령을 개정하여 사회적기업의 '지역사회 공헌형'을 추가할 예정이다. '지역사회 공헌형' 사회적기업은 지역 거주 취약계층 고용비율이나 사회서비스 수혜대상 지역 취약계층의 비율이 100분의 20 이상일 것을 요구하고 있다.

3. 사회적기업 인증 요건

우리나라에서 사회적기업을 지향하는 모든 조직은 다음의 조건을 충족하여 노동부 장관의 인증을 받아야 '사회적기업'이라는 명칭을 사용할 수 있다.

(1) 조직형태

사회적기업이 되려면 사회적기업 육성법 제8조의 ①-1에서 규정하는 '민법상의 법인 조합, 상법상의 회사 또는 비영리 민간단체 등 대통령령이 정하는 조직 형태'를 갖추어야 한다.

〈표 8-4〉 사회적기업 인증 대상 조직 유형

<table>
<tr><td>민법상 법인과 조합</td><td>사단법인, 재단법인, 조합</td><td rowspan="4">(증빙 서류)
1. 법인 설립 허가증, 비영리 단체 등록증, 법인 등기부 등본 중 하나

2. 사업단의 경우에는 공증받은 모법인 정관추가

3. 사업자 등록증, 고유번호증, 장애인 복지시설 신고증, 자활공동체 인정서 등은 인정하지 않음</td></tr>
<tr><td>상법상 회사</td><td>주식회사, 유한회사, 합명회사, 합자회사, 유한책임회사</td></tr>
<tr><td>비영리 단체</td><td>• '공익법인의 설립운영에 관한 법률'에 따른 공익법인
• '비영리 민간단체 지원법'에 따른 비영리 민간단체
• '사회복지사업법'에 따른 사회복지법인
• '소비자 생활 협동 조합법'에 따른 생활협동조합
• 그 밖에 다른 법률에 따른 비영리 단체</td></tr>
<tr><td>법인 내 사업단</td><td>• 모법인의 정관에 사업단의 명칭이 명시적으로 규정되어 있을 것
• 구체적인 명시가 사실상 어려운 단체의 경우 사업단을 운영하는 내용이 포함된 이사회 회의록 제출</td></tr>
</table>

(2) 고용 및 영업활동

사회적기업으로 인정받기 위해서는 유급근로자를 고용하여 재화와 서비스를 생산 판매하는 영업활동을 하여야 한다. 또한 법이 인정하는 예외의 경우를 제외하고 모든 유급근로자는 4대 보험에 가입해야 하고 최저임금 이상의 급여를 받아야 한다.

영업활동을 통한 수입기준은 사회적기업 육성법 시행령 제 10조에서는 '사회적기업의 인증을 신청한 날이 속하는 달의 직전 6개월 동안에 해당 조직의 영업활동을 통한 총수입이 같은 기간에 그 조직에서 지출되는 총 노무비[1]의 100분의 30이상에 해당하는 경우'라고 규정하고 있다.

(3) 사회적 목적

사회적기업이 되기 위해서는 분명한 사회적 목적을 가지고 영업활동을 하여야 한다. 사회적기업 육성법 제8조의 ①-3에서는 '당해 조직의 주된 목적이 취약계층에게 일자리나 사회서비스를 제공하여 지역주민의 삶의 질을 높이는 등 사회적 목적을 실현하는 것'이어야 한다고 명문화하고 있으며, 동법 시행령 제9조에서는 다음의 <표 8-5>과 같이 규정하고 있다.

〈표 8-5〉 사회적 목적의 실현에 대한 판단 기준(사회적기업 육성법 시행령 제 9조)

일자리 제공형	전체 근로자 중 취약계층의 고용비율이 100분의 50(2011년 6월 30일 까지는 100분의 30) 이상일 것
사회 서비스형	전체 서비스 수혜자 중 사회서비스를 제공받는 취약계층의 비율이 100분의 50(2011년 6월 30일까지는 100분의 30)이상일 것
혼합형	전체 근로자 중 취약계층의 고용비율과 전체 서비스 수혜자 중 사회서비스를 제공받는 취약계층의 비율이 각각 100분의 30(2011년 6월 30일 까지는 100분의 20) 이상일 것
기타형 (지역사회 공헌형)	사회적 목적의 실현 여부를 위 요건에 따라 판단하기 곤란한 경우에는 '사회적기업 육성위원회'의 심의를 거쳐 노동부장관이 사회적 목적 실현 여부를 판단한다.

4. 사회적기업에 대한 지원

〈표 8-6〉 사회적기업에 대한 지원제도

지원 내용	근거 법규	비 고
경영지원	사회적기업 육성법 제10조	• 경영, 기술, 세무, 노무, 회계 등의 분야에 대한 전문적인 자문 및 정보 제공

1) 서비스나 생산에 투입되는 인력에 대한 비용

시설비 등의 지원	사회적기업 육성법 제11조	• 부지 구입비 시설비 지원 및 국공유지 임대
공공기관의 우선 구매	사회적기업 육성법 제12조	• 중소기업 진흥 및 제품구매 촉진에 관한 법률 제2조
조세 감면 및 사회보험료 지원	사회적기업 육성법 제13조	• 사회적기업 인증 후 4년간 법인세, 소득세 50퍼센트 감면 • 사업주 부담 4개 보험료 지원
사회서비스 제공 사회서비스기업에 대한 재정 지원	사회적기업 육성법 제14조	• 신규채용 근로자 월 83만 7천원 지원 • 전문인력 고용시 월120만원 인건비지원
연계 기업에 대한 조세 감면	사회적기업 육성법 제16조	• 비영리 사회적기업에 대한 연계기업의 기부금에 대하여 법인소득의 5퍼센트까지 손금처리
사회적기업에 대한 인식 제고 및 홍보활동 지원	노동부 주관	• 사회적기업가 시상, 박람회 개최 • 우수 사회적기업 밑 연계 기업 표창

사회적기업이 추구하는 가치와 목적은 국가나 지자체는 물론 우리사회 전체가 마땅히 해야 할 일들 중의 일부분이다. 국가나 지자체의 사회적기업에 대한 지원은 자유로운 경쟁시장에서 일반 영리기업과 경쟁할 수도 있는 사회적기업에게는 일정한 인센티브이며 영리기업과의 경쟁에서 전략적 무기가 될 수 있다.

5. 예비사회적 기업

사회적목적 실현, 영업활동을 통한 수익창출 등 사회적기업의 대체적인 요건을 갖추고 있으나, 수익구조 등 법상 인증요건의 일부를 충족하지 못하고 있는 곳을 지방자치단체장이 지정한 기업(조직) 장차 요건을 보완하는 등으로 향후 사회적기업으로 전환이 가능한 예비 사회적기업제도가 있다.

기간은 1년이고 재심사를 통해 1년 연장할 수 있으나 최대 2년을 초과할 수 없다. 지방자치단체에서 사회적기업 육성 · 지원을 위한 조례를 제 · 개정하여 지정 근거를 마련, 공모를 통해 지정 · 운영 할 수 있다. 예비사회적기업이 되기위해서는 민법에 따른 법인 · 조합, 상법에 따른 회사, 비영리민간단체, 공익법인의 설립 · 운영에 관한 법률제2조에 따른 공익법인, 비영리민간단체지원법 제2조에 따른 비영리민간단체, 사회복지사업법 제2조 제2호에 따른 사회복지법인, 소비자생활협동조합법 제2조에 따른 생활협동조합, 그 밖에 다른 법률에 따른 비영리단체이어야 한다. 조직의 목적에 따라 다음의 요건을 구비해야 한다.

1) 취약계층에게 일자리를 제공

전체 근로자 중 취약계층의 고용비율이 100분의 50(2011년 6월 30일까지는 100분의 30) 이상일 것이라는 조건에 부합되어야 하며, 조직의 주된 목적이 취약계층에게 법 제2조제3호에 따른 사회서비스(이하 "사회서비스"라 한다)를 제공하는 것인 경우에는 전체 서비스 수혜자 중 사회서비스를 제공받는 취약계층의 비율이 100분의 50(2011년 6월 30일까지는 100분의 30) 이상이어야 한다.

2) 취약계층에게 일자리와 사회서비스를 제공

전체 근로자 중 취약 계층의 고용비율과 전체 서비스 수혜자 중 사회서비스를 제공받는 취약계층의 비율이 각각 100분의 30(2011년 6월 30일까지는 100분의 20) 이상되어야 한다.

3) 지역사회에 공헌

지역(고용노동부장관이 정책심의회의 심의를 거쳐 사회적기업에 의한 지역사회 공헌이 필요하다고 인정하는 지역을 말한다)의 인적·물적 자원을 활용하여 지역주민의 소득과 일자리를 늘리는 것으로서 해당 조직의 전체 근로자 중 해당 조직이 있는 지역에 거주하는 취약계층(이하 "지역취약계층"이라 한다)의 고용비율이나 해당 조직으로부터 사회서비스를 제공받는 사람 중 지역취약계층의 비율이 100분의 20 이상이어야 한다.

4) 사회적 목적의 실현 여부를 판단하기 곤란한 경우

고용노동부 지정 권역별 지원기관 등 전문가의 의견을 들어 지역형 예비사회적기업 지정을 위한 심사위원회에서 판단(단, 위 사회적목적 실현 판단 기준은 지자체별로 조례, 시행규칙, 지침 등으로 기준을 별도로 정할 수도 있음)한다.

사회적목적 실현을 위해 최소 1인 이상 근로자를 고용(유급)하여 재화·서비스 생산 등 영업활동을 통해 수익을 창출해야 하며(매출액의 규모는 상관없으나, 자원봉사 활동은 영업활동으로 볼 수 없음), 상법상 회사인 경우에는 정관에 배분 가능한 이윤의 2/3 이상을 사회적 목적에 사용한다는 내용을 포함하고 있어야 한다.

6. 사회적기업 인증 절차

사회적기업으로 인증 받기 위해서는 다음의 절차를 거쳐야 한다.

1) 상담 및 컨설팅(한국사회적기업진흥원. 민간지원기관)
2) 인증신청서 제출(한국사회적기업진흥원)
3) 형식적 요건 심사 및 현장실사(한국사회적기업진흥원, 민간지원기관)
4) 광역자치단체/중앙부처 추천(광역자치단체, 중앙부처)
5) 인증심사소위원회 사전심사(고용노동부)
6) 사회적기업육성전문위원회 심의(고용노동부)
7) 고용노동부 장관 인증(고용노동부)
8) 인증서 교부(고용노동부)

(문의 : 한국사회적기업진흥원 사회지원팀 031.697.7841-6
경기도 성남시 수정구 태평2동 수정로 157 대한생명빌딩 8층)

〈표 8-7〉 사회적기업 권역별 지원기관

권 역	지원기관명	연락처	비 고
서울	사람사랑	02-508-4006	
경기	민생경제정책연구소	02-734-6503	의정부, 고양, 성남 관할
경기	경기복지재단	031-267-9342	수원, 평택, 부천, 안양, 안산 관할
인천	인천광역자활센터	032-437-4053	
강원	강원도사회적기업협의회	033-645-1059	
대전	한국창업경영컨설팅협회	042-253-1072	
충남	호서대학교 산학협력단	041-560-8124	
충북	충북대학교 사회과학연구소	043-249-1701	
광주	순천대학교 산학협력단	061-750-5343	
전남	목포대학교 산학협력단	061-450-6343	
전북	전라북도 경제통상진흥원	063-711-2073	
제주	제주경상학회	064-721-1988	
대구/경북	대구사회연구소	053-956-5001	
부산/울산	사회적기업연구원	051-517-0266	
경남	창원대학교 사회적기업 지원센터	055-213-2931	

7. 사회적기업의 역할과 순기능

국가적 관점에서 사회적기업이 취약계층에 대한 사회서비스공급을 확대 한다면 당연히 사회 안전망은 더 탄탄해질 것이고, 이러한 사회적기업의 역할이 결과적으로 사회 통합에도 매우 긍정적으로 기능할 것이다. 또한 국가 사회의 적극적인 지원과 관심으로 많은 사회적기업이 육성되고, 기업 활동을 성공적으로 수행한다면 새로운 사회서비스의 영역은 나날이 확대될 것이다. 많은 비영리단체와 NGO 그룹들이 주로 사회적기업을 주도하고 있는 점을 감안한다면 사회적기업의 창업과 성장은 이들 비영리단체와 NGO 그룹의 활동 공간을 효과적으로 확대하는 결과도 초래된다(우인회, 2010).

〈그림 8-3〉 사회적기업의 효과

제2절 1인 창조기업 창업전략

1. 1인 창조기업 창업 개요

1인 창조기업에 대한 중소기업청의 정의에 따르면, “개인이 사장이면서, 직원인 기업으로 지식서비스업 및 제조업 분야에서 창의적 아이디어, 전문기술 지식

등을 사용하여 지식재산권을 사업화하는 개인과 개인사업자 또는 법인으로 대표자를 포함한 종사자가 1인인이며, 창조적인 서비스를 제공하는 기업(프리랜서 포함)을 의미한다. 현재 1인 기업은 세계적으로 증가추세에 있으며 특히 미국이나 유럽의 국가는 1인 기업 비중이 상당히 높다.

〈표 8-8〉 1인기업의 분류

구 분	내 용
기업규모	창의성 있는 특정인에 의행 운영되는 '1인 중심기업' • 제3자가 아닌 가족을 고용하는 '가족기업', 스승과 제자관계로 운영되는 '도제기업' 등을 포함
기업형태	영리를 주목적으로 경제활동을 하는 법적인 기업 • 미취업 청년인력, 유휴인력 등을 경제활동 인구로 유입하기 위해 사업자 등록 없이 활동하는 프리랜서는 잠재적 기업으로 분류 *법적인 기업: 사업자 등록을 한 개인사업자와 회사(유한회사, 주식회사)
대상업종	국민의 창조적 아이디어 등이 발현되어 경제적 부가가치 및 일자리 창출이 타 업종에 비해 높은 업종 • S/W, 인터넷서비스, 컨설팅, 디자인, 전시 등 제조관련 서비스업 • 영화, 예술, 관광, 저술, 시나리오 등 문화관련 서비스업 • 제조업(전통식품 제조, 공예품 등 일부업종)

이와 같이 1인 기업의 증가는 경제 시스템의 변화와 맥을 같이 한다. 경제 시스템에 유연성이 더해지고 아웃소싱이 증가하면서 전문성을 가진 1인 기업, 즉 프리랜서들을 필요로 하기 때문이다. 또한 상당수의 젊은이들은 회사에 묶여 있는 것보다 자유롭고, 자기만족도가 높으며 성취감을 느낄 수 있다는 매력으로 인해 프리랜서 선호도가 높은 편이다. 이러한 분위기 속에 각국 정부도 실업률을 낮추고 경기를 활성화하기 위해 1인 기업을 적극 지원하고 있다.

우리나라의 경우 1인 창조기업에 대한 관심이 높아지면서 사회적·경제적으로 관련 분야의 발전이 지속되고 있다. 다만 우리나라의 환경에 맞추어 특징을 나타내고 있는데, 우리나라에서 지칭하는 1인 창조기업이란 아이디어, 기술, 전문지식 등을 가진 자가 운영하는 1인 중심 기업을 뜻하는 것으로 정부에서는 기업규모, 기업형태, 대상업종 등으로 구분하고 있다.

1인 창조기업 "플라스콘(스마트폰 게임 개발회사)"

1인 창조기업 플라스콘을 창업한 조영거씨도 여느 사람처럼 대학 졸업 후 진로고민을 하였다. 하지만, 국내 굴지의 대기업인 S전자와 게임회사로는 둘째라면 서러운 넥슨사 중, 부모님의 반대를 무릅쓰고 끝까지 넥슨사를 선택했던 것은 '게임'을 만들고자 하는 열망이 다른 무엇보다 강했기 때문이였다.

부모님과의 갈등 끝에 첫 직장으로 넥슨에 입사를 했고, '우당탕탕 대청소' 개발팀에 소속되었었다. 그러다, 우당탕탕 대청소가 조기 서비스 종료되면서 팀이 해체되고 뿔뿔이 흩어지게 되었고, 로두마니 스튜디오의 카트라이더팀으로 배속되었다. 원래는 카트팀에 1년 정도 있으려고 했는데 돈독이 올랐다고 해야 하나 아니면 도전정신이 넘쳤다고 해야 하나, 갑자기 넥슨에 사표를 내고 선배의 소개로 데브시스터즈라는 신생 개발사에 들어가게 된다. 아이폰과 같은 새로운 디바이스에 대한 관심과 그 당시 개발자들에게 심상치 않게 느껴졌던 대박의 꿈이 첫 직장을 과감히 그만두는데 용기를 주었던 것 같다. 그렇게 데브시스터즈에서 개발 총괄로 일을 하면서 다양한 아이폰용 앱들을 하나 둘씩 개발해 냈고, 그러면서 남들 보다 빨리 애플 앱스토어 특유의 체질도 익혀나가게 되었다.

어느 순간부터 데브시스터즈 전체가 소셜게임 중심으로 완전히 선회하게 된다. 근데 그게, 내가 예전부터 꿈꿔오던 길과는 별로 맞지 않는다는 생각이 들기 시작했다.

그는 소셜게임도 좋지만 순수 '게임'에서 다양한 시도를 많이 해보고 싶었다. 새로 디바이스, 새로운 플랫폼이 나올 때마다 게임에도 새로운 장르가 나온다고 생각하기 때문에, 아이폰의 터치스크린, 중력센서 등을 활용한 게임을 만들고 싶은 욕구가 넘쳤다. 사실, 갑자기 또 다니던 직장을 그만두고, 이제는 모든 걸 혼자서 한다고 생각하니 겁도 많이 났었다. 그러나 반대로, 그 당시 개발자 사이에 널리 퍼져 있었던 하루만 앱스토어에서 1위를 해도 2, 3천 만원은 그냥 벌 수 있다는 대박의 꿈 때문에 하루라도 빨리 독립해 자신이 원하는 게임을 만들어 보고 싶은 마음도 꿀떡 같았다. 아이폰이라는 새로운 디바이스와 앱스토어라는 새로운 생태계에 대한 경험을 차곡차곡 축적해 나가던 그는 분연히 일어나, 아이폰용 게임을 만드는 1인 개발자로 일할 것을 결심하게 되었다. 그 후 4개월 뒤 그가 만든 아이폰용 게임은 앱스토어 메인에 걸리고, 이곳 인벤 웹진의 플레이디스게임 코너까지 소개가 되었다.

20대가 1인 창조기업을 할 때 가장 힘든 부분이라면 아무래도 부족한 사회경험과 시간이라고 하겠다. 성인이라고 하지만 이제 갓 학창시절을 벗어난 수준이기 때문에 사회가 어떻게 돌아가는지 정확히 몰라 막연한 두려움이 앞선다. 또한 해야 할 일도 적지 않아 기간도 부족하다. 가깝게는 학점, 자격증, 어학 공부, 인턴십, 아르바이트, 병역의무 심지어 연애까지. 20대라면 누구나 고민하는 문제들이다. 그러다보면 청춘은 속절없이 지나간다. 그래서 1인 창조기업가로 나서기 전에 작은 회사 등에서 학업과 병행하면서 일을 해볼 것을 권유한다. 아르바이트가 아닌 실제 업무일수록 좋다.

이런 사회 경험으로 해당 분야에 대한 자신감을 얻을 수 있다. 실제 프로그래머 상당수는 학생 때부터 일을 시작한다. 막상 정보가 없을 뿐이지 찾아보면 얼마든지 구할 수 있다.

이렇게 개인사업자등록까지 내서 게임을 만들게 된 것은 그동안의 경험을 살려 혼자 힘으로 어느 정도까지 만들어 낼 수 있는지 시험해보고 싶었고, 또한 앞으로 진행할 프로젝트에서의 자신감과 노하우를 얻자는 목표를 갖고 있었기 때문이다. 다행히 RPG 스네이크가 좋은 반응을 얻어 자신감과 노하우, 이름을 알릴 기회도 가졌다.

1인창조기업의 어려운 부분이라면 개발부터 마케팅, 심지어 세금계산까지 혼자 해야 하는 것이다. 일을 하다보면 여러 문제에 봉착한다. 일예로 애플리케이션 만들 때는 그래픽을 그리는 것부터 쉽지 않다. 그러나 혼자 모든 것을 진행하다보니 쉽게 지치기 쉽다. 따라서 가장 중요한 부분은 역시 자기관리다. 이를 위해서는 단계적인 목표를 설정해야 한다. 1주 단위로 계획을 세우고, 이를 어기지 않도록 진행하지 않으면 금장 방향을 잃게 된다. 끈기도 필요하다. 특히 지금과 같이 앱스토어에 수많은 애플리케이션이 올라오고 있는 상황에서는 작은 버그라도 생기면 경쟁에서 뒤처지기 때문에 더욱 끈기를 갖고 애플리케이션의 완성도를 높여야 한다.

20대는 호기심도 많고 자극적인 것들에 노출되기 쉽기 때문에 이런 부분에서 집중력이나 끈기가 아무래도 부족할 수밖에 없다. 처음 1인 개발에 뛰어드는 상황이라면 아주 간단한 아이템이라도 어떻게든 완성한다는 목표로 접근한다면 좀 더 성공가능성이 보일 것이다. 20대가 1인 창조기업가로 성공하기 위해선 일단 무슨 일이라도 경험을 살려 혼자 시작해 보는 것이다. 혼자서 어떤 일을 끝까지 해냈을 때 얻어지는 경험은 본이의 자신감을 더 크게 만들고 1인 창조기업가로서 가정 중요한 능동적인 사고와 행동을 하게 만든다. 20대에 있어서는 금전적인 부분보다 이를 통해 자신이 무엇을 배울 수 있을 것인지에 초점을 맞춰 사업 아이템을 선정하는 것이 좋다. 1인 기업가의 장점이라면 자신이 원하는 바를 누구의 영향 없이 명확하게 표현할 수 있고 또한 이를 빠르게 진행할 수 있다는 점이 아닐까 한다. 그런 점에서 1인 창조기업가는 남보다 독창적인 아이템을 짧은 시간 안에 만들어 낼 수 있다는 점을 강점으로 활용해야 한다. 무겁고 방대한 양의 콘텐츠를 보여주는 애플리케이션보다는 20대의 톡톡 튀는 아이디어와 최신 기술을 접목시키는 형태로 앱을 만들어간다면 좋은 결과를 낼 수 있을 것으로 본다.

그가 개발한 RPG 스네이크는 북미 앱스토어에 등록돼 있다. 0.99달러에 출시된 이 게임은 한달만에 500만원 정도의 수익을 챙겼다. 출시한지 4일 만에 앱스토어 대문에 걸렸으며, 일주일 동안 노출되었다. 그 다음 주는 바로 아래쪽 '와츠핫' 코너에도 일주일간 걸려 있었다. 마찬가지로, 출시 4일만에 롤플레잉 게임 카테고리 3위를 했으며 가장 높이 올라갔을 때는 전체 앱스토어에서 68위를 기록했다. 가장 많이 팔릴 때 하루 다운로드 수가 600개 까지 올라갔으며, 지금은 하루 평균 150개 정도 팔린다. 앱스토어에서 금방 사라질 것 같은데, 굉장히 오래간다. 예전 데브시스터즈의 오븐브레이크도 상당히 오래갔었다. 특히, 해외게이머들은 인디문화가 발달되어 있어서, 한번 좋은 느낌을 받으면 계속 관심을 가진다. 인사는 물론, 신작도 꼭 소개해달라는 장문의 메일까지도 보내온다. 트위터나 아이튠즈의 댓글도 마찬가지다. 고로, 일단 앱스토어에 출시한 게임이 많으면 많을수록 지속적으로 꾸준한 수익이 들어오게 된다. 한번 잘 팔리다가 추락한다고 포기하지 말고 자기가 만든 앱에 애정을 갖고 꾸준히 업데이트해주면 좋은 성과가 분명히 있다. 개인적인 생각인데 애플도 앱스토어 생태계를 위해 '인디스러운' 게임은 특히 더 노출시켜주는 경향이 있는 것도 같다.

그가 2010년 창업한 스마트폰 게임 개발회사인 플라스콘(공동대표 차경묵)의 뛰어난 감각있는 기술력과 창의적인 개발력을 인정받아, 2011년 9월 넥슨모바일의 지분투자(19%)를 끌어드렸다. 앞으로도 넥슨모바일과의 시너지를 통해 플라스콘이 온라인 및 스마트폰 게임 분야에서 지속가능한 게임 서비스를 선보일 것으로 기대한다.

1인게임 개발자인 조영거씨가 운영하는 슬라임마멀레이드 홈페이지 (http://www.slimemarmalade.com), 개인트위터 (http://twitter.com/YoungerJo)

조영거씨가 홀로 개발한 RPG 스네이크

[인터뷰 자료정리 : 오의덕기자(Vito@inven.co.kr), 김충일기자(loyalkim@mk.co.kr)]

2. 1인 창조기업의 성과

우리나라의 1인 창조기업은 2009년 10월 현재 경제활동인구 2,465만명 가운데 0.9% 규모인 21만 명으로 집계되었으며, 이 중 여성과 고학력자의 비율이 매우 높게 나타나고 있다. 또한 창조기업의 업종은 전문서비스 영역이 많았으며 건축, 과학, 기술이나 교육, 보건, 사회복지, 창작, 예술, 여가 영역이 다수를 차지하고 있다. 특히 남성은 전문성을 필요로 하는 연구나 건축, 과학 분야에 1인 기업에 다수 종사하고 있고, 여성은 상대적으로 경험이 중시되는 교육, 복지 분야에 집중되어 있다.

1인 기업의 연간 수익은 대체로 높은 편으로 연평균 4,440만원이었으며, 5,000만원 이상의 고소득자 비율도 23%로 높게 나타났다. 다만 남성평균 수익은 6,000만원이었지만 여성은 남성의 절반에도 못 미치는 2,500만원으로 나타나 성별 수익격차가 심한 것으로 드러났다.

3. 1인 창조기업의 성공조건 : '3E'

1인 창조기업으로 성공하기 위해서는 '3E'를 꼽을 수 있다. 3E란 Expertise(전문지식, 기술), Execution(실행), Enterpreneurship(기업가 정신)을 의미한다. 먼저 Expertise로 1인 창조기업에 가장 필요한 자격조건은 창업관련 전문지식 함양이다. 기업들의 아웃소싱 기회를 활용해 자신이 가진 전문지식의 부가가치를 높여야 한다. 또한 혼자서도 사업을 실행할 수 있는 능력이 필요하다. 특히 기업가정신은 혼자서 새로운 일을 창출하는 능력과 실패에 대한 심리적 공포를 줄이는 역할이 중요하기 때문에 더욱 필요한 부분이다.

1인 창조기업 비즈니스센터(http://center.ideabiz.or.kr)

연봉 6000만원! 회사생활을 하다보면 나중에 성과와 연관지어 민감한게 바로 연봉입니다. 그런데 연봉 6000만원을 사무실도 없는데 벌수 있을까요? 정답은 있습니다! 실제 블로그를 활용하여 기업제품 홍보, 제품선호도 조사 등을 대행하는 사업을 창업한 1인 창조기업가 유영진씨의 사례 입니다. 가장 모범적인 1인 창조기업인으로 손꼽히는 vCorea.kr 및 BLOGos.kr의 유영진 대표는 많은 사람들과 온라인과 오프라인에서 교류하며주로 온라인 커뮤니티 구축과 육성 · 제휴 등을 통한 일종의 컨설팅을 하고 있습니다. 1인창조기업가 유영진씨는 주로 온라인 커뮤니티를 중간에서 연결하고 필요로 하는 전략을 세우고 코칭하거나 필요한 교육과 커리큘럼제작 등과 같은 자문을 하고 있습니다. 자기가 좋아하는 것을 업으로 가지고 돈도 벌고 참 부럽지않을 수 없습니다. 하지만 지금의 성공을 하는데 초반에는 사무실을 얻는게 쉽지 않는 등 많은 어려움이 있었다고 합니다. 그러던 중, 그의 고민을 해결해준 곳이 바로 1인 창조기업 비즈니스센터(http://center.ideabiz.or.kr)! 입니다. '1인 창조기업 비즈니스센터'는 1인창조기업을 대상으로 사무공간을 제공하고, 경영자문, 교육 및 사업연계등의 서비스 지원을 통해 1인창조기업의 전략적 육성과 경쟁력을 강화하기위해 설립되었습니다. 1인 창조기업가 유영진씨는 현재 서울 충무로에 있는 '르호봇 비즈니스센터'에 입주해 회의실과 컴퓨터를 무료로 활용했고, 자문과 컨설팅 등을 지원받아 현재는 월 4-5백만원의 매출을 올리고 있습니다.

[자료 : 1인 창조기업지원센터, 문의 1544.6154]

4. 1인 창조기업 대표적 세부업종

우리나라 정부에서 창업활성화를 위하여 지원하고 있는 1인 창조기업 업종은 크게 지식서비스업과 제조업으로 분류된다.

(1) 온라인 정보 서비스업

온라인 정보 서비스업이란 공공 교환회선, 전용 회선 또는 인터넷을 통한 온라인 데이터베이스의 제공과 데이터베이스 이외에 이메일, 전자 게시판, 전자 회의, 인터넷 뉴스그룹 등의 서비스를 제공하는 사업이다. 여기에 제공되는 데이터베이스는 크게 학술과 문헌, 법률과 판례, 과학, 기술, 지적 재산권(IPR), 산업, 경제, 금융 등의 전문 정보를 축적한 전문 정보 데이터베이스와 일반 뉴스를 중심으로 하는 기상, 스포츠, 쇼핑, 여행·관광, 공영 등의 소비자 정보 또는 개인용 컴퓨터(PC) 관련 하드웨어와 소프트웨어 정보 등 다양한 주제의 정보를 축적한 일반 정보 데이터베이스로 분류할 수 있다.

(2) 프로그램 제작업

프로그램 제작, 콘텐츠·프로그램 제작 '교육·창업' 지원, 전파자원의 효율적 활용과 인력 양성, 방송통신 콘텐츠 등 교육·창업 지원, 청정 인터넷 확산을 위한 인재양성 분야이다.

(3) 모바일 애플리케이션

정부의 1인 창조기업 집중 육성 정책의 일환으로 모바일 1인 창조기업을 지원하고자 2010년 4월 서울대학교에 「앱창작터」를 개소하였다. 이는 2009년 3월, '1인 창조기업 활성화 방안'을 마련하여 발표한 이후 세계모바일시장에 혁명적인 변화가 나타나고 있으며, 변화된 모바일 환경은 1인 창조기업에게 새로운 도전의 장을 제공하고 있다.

대표적으로 애플사에서 모바일 애플리케이션 사업을 시작한 이후 세계 애플리케이션 제공 시장은 연 평균 470%씩 성장(2008년: 9억불 → 2012년 예측규모 : 159억불)하고 있으며, 특히 아이폰 등 스마트폰 및 아이패드 등 태블릿 PC의 빠른 확산에 따라 더욱 확장될 것으로 보인다.

〈그림 8-4〉 앱창작 비즈니스 흐름

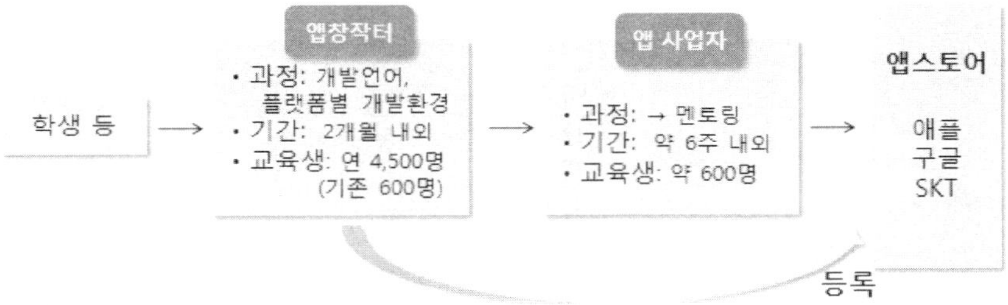

학생 등 →
앱창작터
· 과정: 개발언어, 플랫폼별 개발환경
· 기간: 2개월 내외
· 교육생: 연 4,500명 (기존 600명)
→
앱 사업자
· 과정: → 멘토링
· 기간: 약 6주 내외
· 교육생: 약 600명
→
앱스토어
애플
구글
SKT
등록

〈표 8-9〉 1인 창조기업 지식서비스 업종

관련업종		산업 세세분류 명칭
출판, 영상, 방송통신 및 정보서비스업	출판업	교과서 및 학습서적 출판업
		만화출판업
		기타 서적 출판업
		신문 발행업
		잡지 및 정기 간행물 발행업
		기타 인쇄물 출판업
		온라인·모바일 게임 소프트웨어 개발 및 공급업
		기타 게임 소프트웨어 개발 및 공급업
		응용 소프트웨어 개발 및 공급업
	영상·오디오기록물 제작 및 배급업	일반 영화 및 비디오물 제작업
		에니메이션 영화 및 비디오 제작업
		광고 영화 및 비디오물 제작업
		방송 프로그램 제작업

		영화, 비디오물 및 방송프로그램 제작 관련 서비스업
		음악 및 기타 오디오물 출판업
		녹음시설 운영업
	컴퓨터 프로그래밍, 시스템 통합 및 관리업	컴퓨터 프로그래밍 서비스업
		컴퓨터시스템 통합 자문 및 구축 서비스업
		컴퓨터시설 관리업
		기타 정보기술 및 컴퓨터운영 관련 서비스업
	정보서비스업	자료 처리업
		호스팅 및 관련 서비스업
		코털 및 기타 인터넷 정보매개 서비스업
		뉴스 제공업
		데이터베이스 및 온라인정보 제공업
		그 외 기타 정보 서비스업
영상·오디오기록물 제작 및 배급업		일반 영화 및 비디오물 제작업
		에니메이션 영화 및 비디오 제작업
		광고 영화 및 비디오물 제작업
		방송 프로그램 제작업
		영화, 비디오물 및 방송프로그램 제작 서비스업
		음악 및 기타 오디오물 출판업
		녹음시설 운영업
컴퓨터 프로그램밍, 시스템 통합 및 관리업		컴퓨터 프로그래밍 서비스업
		컴퓨터시스템 통합 자문 및 구축 서비스업 컴퓨터시설 관리업
		기타 정보기술 및 컴퓨터운영 관련 서비스업
연구개발업		물리, 화학 및 생물학 연구개발업
		농학 연구개발업
		의학 및 약학 연구개발업
		기타 자연과학 연구개발업
		전기·전자공학 연구개발업
		기타 공학 연구개발업
		경제학 연구개발업
		기타 인문 및 사회과학 연구개발업
전문 서비스업		광고대행업
		옥외 및 전시 광고업
		광고매체 판매업
		광고물 작성업
		그 외 기타 광고업

	시장조사 및 여론조사업
	경영컨설팅
건축기술, 엔지니어링 및 기타서비스업	건축설계 및 관련 서비스업
	도시계획 및 조경설계 서비스업
	건물 및 토목 엔지니어링 서비스업
	환경컨설팅 및 관련 엔지니어링 서비스업
	기타 엔지니어링 서비스업
	물질성분 검사 및 분석업
	기타 기술 시험, 검사 및 분석업
	측량업
	제도업
	지질조사 및 탐사업
	지도 제작업
기타 전문, 과학 및 기술 서비스업	인테리어 디자인업
	제품 디자인업
	시각 디자인업
	기타 전문 디자인업
	인물사진 및 행사비디오 촬영업
	상업용 사진 촬영업
	사진 처리업
	번역 및 통역 서비스업
	사업 및 무형 재산권 중개업
	물품감정, 계량 및 견본 추출업
	그 외 기타 분류 안 된 전문 과학 및 기술 서비스업
사업지원 서비스업	전시 및 행사 대행업
창작, 예술 및 여가관련 서비스업	연극단체
	무용 및 음악단체
	기타 공연단체
	공연 예술가
	비공연 예술가
	공연 기획업
	공연 및 제작관련 대리업
	그 외 기타 창작 및 예술관련 서비스업
제조업	수산동물 건조 및 염장품 제조업
	떡류 제조업
	장류 제조업

	탁주 및 약주 제조업
	청주 제조업
	기타 발효주 제조업
	장식용 목제품 제조업
	나전칠기 가구 제조업
	모조귀금속 및 모조장식용품 제조업
	국악기 제조업

(4) 공예품 제조업

1인 창조기업에서 공예품 제조업은 대표적인 장식용 목제품 제조업, 나전칠기 가구 제조업, 모조귀금속 및 모조장신용품 제조업, 국악기 제조업 등이 해당된다. 주로 전통 공예품 제조업에 연관되는 업종으로, 한국적인 문화에 기반한 문화적·관광적 가치가 높은 산업이다. 하지만 공예품 제조 산업은 다른 문화산업 분야처럼 문화적인 요소에 개발, 제작, 생산, 유통, 소비와 이에 관련된 서비스를 행하는 공통점이 있음에도 불구하고 제작, 유통에서의 영세성, 노동집약성을 지니고 있어서 상대적인 한계성을 갖고 있는 것이 현실이다. 한계성의 이유는 다음과 같다.

첫째, 창작과 기획단계에서 낙후된 디자인과 개발능력 및 실용품으로서의 상품 구매력 부족으로 소비확대에 어려움이 따르고 전통공예 문화관광상품은 특히 상품 경쟁력이 떨어진다.

둘째, 제작 및 생산과정에서 작가와 공방 등 정보교류 부족에 따른 협업의 미약으로 대량생산이 어려우며, 영세한 재무구조에 생산기술의 축적도 힘들다.

셋째, 유통단계에서 유통 물류 인프라가 취약하여 소비자에게 이르는 단계가 취약하고 소비자들에게 홍보가 부족하며 저급상품이 시장을 잠식하여 공예업계의 위기가 고조되고 있기 때문이다.

하지만 이런 한계를 역으로 접근하여 문제점을 해결한다면 무한한 가능성을 지닌 산업 분야라고 할 수 있을 것이다.

사회적기업에 대해서는 다양한 개념적 정의가 있는데, 우리나라의 경우 사회적기업육성법 제2조에 의하면, 사회적기업이란 저소득자, 고령자, 장애인, 성매매피해자, 경력단절여성 등 취약계층에게 일자리 또는 사회서비스를 제공하거나 지역사회 발전 및 공익증진, 수익 및 이윤 발생 시 사회적 목적 실현을 위한 재투자, 서비스 수혜자, 근로자, 지역주민 등 이해관계자가 참여하는 민주적 의사결정 구조 실현 등으로 지역사회에 공헌함으로써 지역주민의 삶의 질을 높이는 사회적 목적을 우선적으로 추구하면서 비영리법인, 단체, 조합, 상법상 회사 등 다양한 조직 형태를 가지고, 재화 및 서비스 생산, 판매 등 영업 활동을 하는 기업으로 노동부 장관의 인증을 받은 기업으로 정의하고 있다.

사회적기업의 유형은 관점에 따라 다양한 구분 할 수 있는데, 우리나라의 사회적기업육성법에 따르면, 사회적목적에 따라 일자리 제공형, 사회서비스 제공형, 혼합형, 지역사회공헌형, 기타형 5개 유형으로 분류하고 있다.

우리나라에서 사회적기업을 인증받으려면 소정의 절차를 거쳐야 하는데, 조직 형태는 '민법상의 법인 조합, 상법상의 회사 또는 비영리 민간단체 등 대통령령이 정하는 조직 형태'를 갖추어야 한다. 또한 유급근로자를 고용하여 재화와 서비스를 생산 판매하는 영업활동을 하여야 하는데, 모든 유급근로자는 4대 보험에 가입해야 하고 최저임금 이상의 급여를 받아야 한다. 그리고, 사회적기업으로 인증받기 위해서는 분명한 사회적 목적을 가지고 영업활동을 하여야 하는데, 취약계층에게 일자리나 사회서비스를 제공하여 지역주민의 삶의 질을 높이는 등 사회적 목적을 실현해야 한다. 사회적기업으로 인증 절차는 8단계 로 1) 상담 및 컨설팅(한국사회적기업진흥원. 민간지원기관), 2)인증신청서 제출(한국사회적기업진흥원), 3) 형식적 요건 심사 및 현장실사(한국사회적기업진흥원, 민간지원기관), 4) 광역자치단체/중앙부처 추천(광역자치단체, 중앙부처), 5) 인증심사소위원회 사전심사(고용노동부), 6) 사회적기업육성전문위원회 심의(고용노동부), 7) 고용노동부 장관 인증(고용노동부), 8) 인증서 교부(고용노동부) 이다.

사회적기업에 대한 지원은 경영지원, 시설비 등의 지원, 공공기관 우선 구매, 조세감면 및 사회보험료 지원, 사회서비스 제공 사회서비스기업에 대한 재정 지원, 연계기업에 대한 조세 감면, 사회적기업에 대한 인식 제고 및 홍보활동 지원 등이 있다.

1인 창조기업이란 중소기업청의 정의에 따르면, "개인이 사장이면서, 직원인 기업으로 지식서비스업 및 제조업 분야에서 창의적 아이디어, 전문기술 지식 등을 사용하여 지식재산권을 사업화하는 개인과 개인사업자 또는 법인으로 대표자를 포함한 종사자가 1인인이며, 창조적인 서비스를 제공하는 기업(프리랜서 포함)을 의미한다. 1인 창조기업으로 성공하기 위해서는 '3E'를 꼽을 수 있다. 3E란 Expertise(전문지식, 기술), Execution(실행), Enterpreneurship(기업가 정신)을 의미한다.

연습문제 Exercises

1. 사회적기업의 정의

2. 사회적기업의 유형

3. 사회적기업의 인증 절차

4. 사회적기업의 순기능과 역기능

5. 1인 창조기업의 정의와 성공조건

6. 1인 창조기업 세부업종

[사례 8.2] 영국 · 한국의 사회적기업 사례

영국의 사례

Fifteen Foundation and Fifteen Restaurants

Fifteen Foundation은 세계적인 조리사 Jamie Oliver가 젊은이들이 주방장이 됨으로 써 자신의 인생을 바꾸는 독특한 기회를 제공한다는 비전아래, 2002년 설립한 등록 자선단체이다. 2002년 후반, 채널 4 방송에서 폭발적인 인기가 있었던 TV 쇼에서 Jamie와 함께 15명의 젊은이가 갈채 속에 사업을 시작하고 고난과 기쁨, 역경, 승리 등을 경험하도록 한 것이 시작되었다. 영국에 이어 호주와 네덜란드에서도 Fifteen Restaurant 운영되고 있다. 이 사회적기업은 약물중독 및 노숙자 출신 청년들은 Fifteen에서 일하면서 외식사업에서 자신만의 경쟁력을 만들어 동종업종에 고임금으로 취업되고 있다. Fifteen 레스토랑은 점포 위치가 선정되면, 자선행사를 열어 실습을 위한 기금을 마련하고 직업교육, 수습 채용, 창업 및 취업알선을 통합 지원한다.

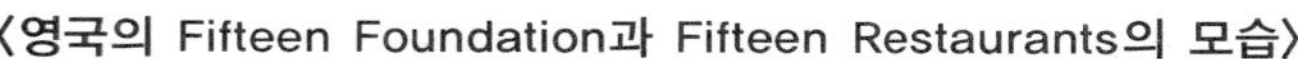
〈영국의 Fifteen Foundation과 Fifteen Restaurants의 모습〉

빅 이슈(Big Issue)

영국의 노숙자 자활의 성공모델로 꼽히고 있는 빅이슈는 1991년 노숙자 문제를 해결하기 위해 설립된 영국의 사회적기업이다. 설립목적은 노숙자의 자신감 회복, 사회적 기반 확립을 통한 자립을 목표로 하고 있다. 사업내용은 잡지출판 및 판매를 통한 노숙자 재활 및 자립 지원 및 임시숙소를 제공하고 취업교육 및 IT 교육 등을 통한 재취업 지원한다. 세계 28개 지부와 해외 판 매망(호주, 남아프리카 공화국, 일본 등)을 갖추고 1주에 27만부 인쇄하여 20만부를 판매하고 있다. 빅이슈는 100만 독자를 확보하고 있으며 전문가들이 내용 구성을 하고 노숙인 일부를 빅이슈 본부에 취업시켜 잡지 편집이나 취재 활동을 경험하게 하고 있다. 참여 대상자는 노숙자 (판매원 1만 여명)로 재원은 정부 38%, 기업 기부 21%, 기타 판매와 광고수익 등으로 충당하고 있으며, '95년 Big Issue Foundation을 설립하여 재정 지원을 하고 있다.

한국의 사례

한국의노리단 : 청소년/청년 주축 모델

노리단은 생활폐기물을 소재로 하여 만든 악기로 연주, 판매, 설치, 문화교육을 실시하는 사회적기업으로 수익모델 다각화 차원에서 어린이 놀이터 설계 및 재활용 놀이기구 설치작업 추진하였다. 또한 사회적가치를 실현하기 위해 빈곤지역의 놀이터를 개보수하고 문화소외층을 대상으로 무료 강연 등 실시하기도 하였다. 노리단은 서울시 청소년 문화작업장하자센터의 직업훈련 프로그램으로 시작으로 2004년 설립하여 2007년 사회적기업으로 인증받았다. 2008에는 런던 트라팔가 광장 '스파클링 섬머 페스티벌'에 초청되었으며, 마카오 아츠 페스티벌/아트 마트에도 초청되어 '핑팽퐁' 극장공연을 가졌으며, 하이 서울 봄 페스티발 개막식에서 퍼레이드 공연 등 활발한 사업을 전개하였다.

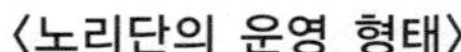

+

+

공연	디자인	교육
무대 예술과 엔터테인먼트	재활용 악기 및 공공 공간/커뮤니티 디자인	창의력 워크숍과 축제 공연
무대예술	재활용 악기	창의력 워크숍
① 생태주의 공연 및 퍼포먼스 ② 미디어 믹스드 퍼포먼스 ③ 소리축제기획	① 재활용 악기 디자인 ② 재활용 손악기 디자인	① 관계 감수성 ② 팀워크 연출 ③ 문제해결 능력
엔터테인먼트	공공 공간/커뮤니티 디자인	축제 공연
① 대상별, 연령별 쇼비지니스 ② 콘서트 기획 및 제작 ③ 방송 프로그램 제작	① 놀이터 디자인 ② 공원디자인 ③ 축제디자인 ④ 예술장식조형물 디자인	① 웃음들 ② 다양한 몸들 ③ 즉흥 공동체의 즐거움

공정무역 사회적 기업

공정무역가게 올림은 공정무역으로 거래된 초코릿, 커피, 잼류, 축구공 등을 판매하고, 수익금은 아프리카 우물 제공과 캄보디아 어린이들의 학교 설립을 위해 쓰여지는데, 공정무역연합이라는 네트워크를 조직해 공정무역에 관한 교육, 캠페인 및 생산지를 직접 방문하는 투어를 기획하여 윤리구매에ㅔ 관한 소비자 인식 개선 노력을 하고 있다.

또한 까페티모르라는 공정무역 커피전문점은 동티모르 로뚜뚜 지역의 농가로부터 공정무역 원칙에 따라 들여온 유기농우너두로 커피를 판매하고 있다. YMCA와 SKT의 협력사업으로 만들어진 기업연계형 모델로 3개의 매장이 오픈되었는데, 여성 자립 프로젝트인 바리스타 교육과정을 통해 취약계층 창업을 지원하며, 150여명의 마리스타를 배출하였다.

[자료 : (재)함께일하는 재단, 사회적기업의 이해와 경영사례, 2009.10.15]

제 9 장
창업 마케팅

[사례 9.1] 미국 프랜차이즈의 유망아이템과 중남미 프랜차이즈 동향

세계적인 경제 불황 속에서도 매년 성장을 거듭하고 있는 프랜차이즈는 각 국가 성장의 원동력으로 작용하고 있다. 국내에서도 프랜차이즈 산업은 창업 활성화와 일자리 창출 역할을 하며 청년 실업자 및 퇴직자 들에게 소자본으로 재도약할 수 있는 기회를 제공하는 유망 산업으로 자리매김하고 있다. 이러한 효자 산업인 프랜차이즈를 제대로 이해하기 위해서는 프랜차이즈의 본고장인 미국에서 어떤 아이템이 유망아이템으로 떠오르고 있는지를 살펴보는 것이 필요하며 또한 최근 프랜차이즈의 급속한 성장을 이루고 있는 중남미국가들의 프랜차이즈 동향을 파악하는 것이 필요하다. 이는 국내 프랜차이즈업체의 해외 진출 기회를 도모하고 한국 프랜차이즈산업이 나아가야 할 방향을 제시하는 데 참고가 되기 때문이다.

미국 프랜차이즈의 유망아이템

최근 미국에서는 인구구조, 생활양식, 소득수준 등 경제·사회구조의 변화에 따라 새로운 서비스에 대한 수요가 증가하면서 프랜차이즈산업에서 서비스업이 차지하는 비중이 증가하고 있다. 특히 핵가족화, 여성의 사회진출 증가, 고령화 등 인구구조의 변화와 여가시간 및 소득증가로 인해 관련 상품과 서비스에 대한 잠재적 수요가 증가하면서 관련 아이템들의 프랜차이즈화가 활성화 되고 있다.

돌봄 서비스 프랜차이즈

미국의 최다 인구 층인 베이비붐 세대의 은퇴로 늘어나는 노년층을 위한 돌봄 서비스 프랜차이즈가 새롭게 등장하고 있으며, 전문 간호사들을 통한 간단한 진료, 약 복용 확인, 환부관리 등의 의료 케어가 중심이 되고 있다. 그 외에도 심부름과 가사를 돕는 도우미 서비스, 병원 왕복 및 교통을 도와주는 서비스, 식단 짜기와 식사 준비 서비스, 쇼핑 대행 서비스 등 다양한 서비스가 제공되고 있다. 또한 여성의 사회진출로 인해 맞벌이 부부가 증가하면서 아이들을 위한 다양한 돌봄 서비스가 등장하고 있으며 특히 어린이₩유아를 대상으로 한 베이비시터 서비스와 보습·학습 서비스가 주를 이루고 있다.

스포츠 및 여가 서비스

미국 소비자들의 건강관리와 건강한 라이프스타일에 대한 인식 향상으로 인하여 피트니스 관련 산업, 특히 24시간 피트니스 서비스 프랜차이즈의 성장세가 두드러지고 있다. 최근에는 미국에서 사회적인 이슈로 등장한 아동비만으로 인하여 아동들을 위한 피트니스 센터들이 틈새시장으로 급격히 성장하고 있다.

사업 지원 서비스

사업 지원 서비스 업종에는 세무회계 서비스, 광고 및 디렉트 메일, 인쇄 및 그래픽디자인 서비스, 사업체 매매 중개업, 사업경영 컨설팅, 재무 서비스센터, 고용 서비스, 프랜차이즈 컨설팅, 법률 보조원, 경영자모임 주선 및 사업코칭 서비스 등이 있다. 특히 가장 빠르게 성장하고 있는 프랜차이즈는 소비자를 직접 상대하는 소득세 전문 세무 서비스이다. 미국에는 1억 8천만 명의 납세자가 있으며 이들 중 62%가 세무 서비스를 이용하고 있다.

빌딩 및 건설 관련 서비스

빌딩 및 건설 관련 서비스 업종에는 상업용 조명 설치업, 건설자재 및 리모델링 서비스, 잔디 및 조경 서비스, 페인트 칠서비스, 주택 · 사무실 · 자동차의 유리 설치 및 수리 서비스, 주택 관리 숙련공 파견 서비스업, 헌집 복구 및 판매, 주택관리숙련공 파견 서비스 등이 있다. 잘 팔리지 않는 헌집과 같이 제대로 가치를 평가 받지 못하는 부동산 시장은 미국에서만 약 100억 달러 규모로 추산되며, 주택 수리 시장의 규모는 북아메리카에서만 연간 1500억 달러에 달한다고 한다.

이 외에도 자동차 관련 서비스, 교육관련 서비스, 청소대행서비스, 이사 및 창고 보관 서비스, 애완견 돌봄 서비스, 스파 서비스 등이 유망아이템으로 떠오르고 있다.

중남미 프랜차이즈의 동향

라틴족의 문화 및 특성을 그대로 이어받은 중남미 사람들은 아시아, 특히 한국 사람들과 매우 흡사한 부분이 많으므로 그들의 문화를 이해하고 상호간의 이해를 증진시킬 수 있는 유리한 조건을 갖고 있다. 또한 한국 프랜차이즈산업은 선진국 못지않은 경쟁력을 갖추고 있으므로 앞으로 중남미 시장 진출에 있어서 큰 성과를 보일 것으로 보인다. <코트라 글로벌 윈도우>에서 제공하는 중남미국가의 프랜차이즈 동향은 다음과 같다.

멕시코

멕시코의 프랜차이즈는 정부의 프랜차이즈산업 지원에 힘입어 세계 7위 규모를 이루고 있다. 현재 직접고용인구가 50만 명을 넘고 있으며 연간 시장매출은 약 80억 달러에 이른다. 멕시코 프랜차이즈협회에 따르면 현재 860여 개 프랜차이즈업체가 활동하고 있으며 자영업의 경우 프랜차이즈 사업이 비 프랜차이즈 사업에 비해 성공률이 매우 높다고 밝히고 있다. 프랜차이즈의 경우에는 5년 이상 지속되는 비율이 95%에 달하며, 98%의 업체가 15년 이상 장수함으로서 사업경험이 없는 자영업자들도 비교적 안전하게 투자할 수 있다.

업종별 프랜차이즈 분포를 보면 전통적으로 서비스와 식당(식품), 소매점이 시장에서 가장 높은 점유율을 보이며 최근에는 교육, 이벤트업, 미용업, 수리업 등이 성장세를 보이고 있다. 멕시코 경제부에서는 현재 전국프랜차이즈 프로그램을 실시하여 신규 프랜차이즈 신설 시 개설비용의 50%를 초과하지 않는 범위 내에서 프랜차이즈전문 컨설팅업체의 지원을 받을 수 있게 하고 있어 비교적 안정적인 분야라고 할 수 있다. 그러나 멕시코 프랜차이즈 시장은 크고 잠재력이 풍부한 반면 시장 진출 시에는 시장에 대한 확실한 정보, 시장의 반응, 법인설립문제, 제품의 유통 및 자금조달, 원료 공급선 확보 등 많은 부분에서 신중을 기해야 한다.

아르헨티나

아르헨티나의 프랜차이즈는 지속적으로 확대되고 있다. 점포별 매출구성은 직영매장 34%, 가맹점 66%로 프랜차이즈 매출액이 차지하는 비중이 국민총생산의 1.5% 수준이다. 프랜차이즈 업종별로는 패스트푸드, 피자, 파스타, 커피전문점 등 요식업이 가장 많고 의류, 신발 등이 뒤를 잇고 있다. 앞으로는 자동차정비소, 여행사, 취업소개소, 부동산, 페인트 판매점, 세탁소, 광고판촉 서비스 등의 업종에서 프랜차이즈화가 증가할 것으로 보인다. 아르헨티나 프랜차이즈 시장은 지속적으로 증가할 것으로 보이므로 한국프랜차이즈 업계의 시장 진출 시에는 아르헨티나의 복잡한 조세제도에 대한 사전 점검이 반드시 필요하다.

칠레

칠레의 프랜차이즈는 1980년대 후반 맥도날드, 피자헛, KFC 등의 등장 이후 지속적인 발전을 이루고 있다. 칠레대학교 경제대학에서 발간한 <칠레 프랜차이즈 시장 보고서 2006/2007>에 따르면 2006년 칠레의 프랜차이즈 시장 매출규모는 전체 소매매출의 약 1.7%에 해당하는 수준이었으나 최근에는 약 2만5천개의 일자리를 창출하는 등 프랜차이즈의 활성화가 지속적으로 이루어지고 있다고 보고하고 있다. 프랜차이즈가 가장 활성화된 분야는 식음료사업 분야로서 패스트 푸드/레스토랑 등의 전통적인 다국적 프랜차이즈를 비롯하여 최근에는 아이스크림 전문점, 커피전문점, 스시 전문점 등 새로운 분야가 등장하여 인기를 얻고 있다. 칠레는 현지 공립학교의 영어교육 수준이 낮아 영어 구사 인력 공급이 원활하지 못한 편이므로 앞으로는 외국어 전문학원이 시장이 확대될 것으로 보인다. 또한 칠레의 편의점은 일부 주유소 부설 매점이나 약국을 제외하고는 24시간 운영되는 곳이 없으므로 앞으로는 24시간 편의점이 확대될 것으로 보인다.

페루

최근 5년간 중남미에서 6.8%라는 최고의 경제성장률을 보이고 있는 페루는 프랜차이즈분야에 서도 성장세를 이어가고 있다. 페루수출관광진흥국에 따르면 2009년에는 16개의 신생 프랜차이즈 업체가 등록했으며, 총 48개의 가맹점이 프랜차이즈 형태로 개업하고 있다고 밝히고 있다. 음식점이 차지하는 비중이 64%로 여전히 높으나 2008년에서 2009년 사이에는 교육, 철물점, 에스테틱, 카페 등이 프랜차이즈 분야에 처음으로 등장하여 지속적인 성장세를 보이고 있다. 페루의 프랜차이즈업체들은 국내시장보다는 오히려 해외시장 진출에 관심을 많이 두며, 해외진출 대상국가로 가장 선호하는 곳은 칠레로 알려져 있다. 2010년 8월 30일 한-페루 FTA타결로 한국과 페루의 프랜차이즈분야의 교류 또한 매우 활발히 전개될 것으로 보인다.

[장재남 프랜차이즈산업연구원원장, 소상공 人 2011년 겨울호, pp. 24-27 인용]

제1절 마케팅 패러다임의 변화

1. 마케팅의 개념적 정의

기업이 아무리 좋은 기술과 아이디어를 가지고 있다하여도 그것을 소비자들의 욕구에 맞춰 제품화하고 적합한 가격결정과 유통과 촉진활동을 하며 어떻게 고객들을 관리하느냐에 따라 기업의 성패가 좌우된다. 우리나라 창업기업의 실패요인 중에 중요한 비중을 차지하는 부분이 바로 마케팅 능력의 부족으로 지적되고 있다. 그러므로 기업의 창업과 경영에서 마케팅 패러다임의 변화를 이해하고 고객만족 경영 및 현대적인 마케팅전략의 실현이 필요하다.

마케팅(Marketing)이란 용어를 처음 대하게 되면 경영학의 다른 분야와는 달리 무엇을 연구하는 것인가 쉽게 머리에 떠오르지 않는다. 이렇게 이해가 어려운 원인은 명칭 자체가 외래어로 표기되어 있는데서도 찾아볼 수 있지만 근본적으로 마케팅이란 무엇인가? 란 질문이 학계에서 계속 제기되고 있을 정도로 그 의미가 확장되고 변천해 왔기 때문이다. 마케팅이라는 용어는 명사로서 시장의 의미이고, 동사로는 판매한다는 의미이므로 시장에서 판매하는 활동과 관련되어 있는 개념으로 인식할 수 있으나 현대적 마케팅은 이같은 단순히 전통적으로 불리어오던 판매론이나 유통론, 배급론, 광고 등과 동일한 것은 아니며 그보다 훨씬 포괄적인 개념이다.

1960년 미국마케팅학회(AMA)가 마케팅을 "제품과 서비스를 생산자로부터 소비자 또는 사용자에게로 흐르게 하는 기업 활동"이라고 정의하였다. 그러나 이러한 전통적 마케팅의 개념은 마케팅을 단순히 기업 활동의 한 영역으로만 보고 있었으며 80년대 기업 환경의 변화에 따라 정의에 대한 모순이 생겼다. 이러한 마케팅 환경 변화 속에 마케팅 범위와 개념도 수정 확대되어 미국마케팅학회는 수정된 마케팅 개념(1985)을 "개인과 조직의 목표를 충족시키는 교환을 창조하기 위한 아이디어, 제품 및 서비스의 개념정립, 가격결정, 판매촉진, 유통을 계획하고 수행하는 과정이다"라고 정의하였다. 이 정의에서는 마케팅의 주체와 대상이 확대되었으며 마케팅의 의미가 교환개념으로 확장되었다. 그러나 2004년 미국마케팅학회(AMA)는 마케팅의 정의를 다음과 같이 수정 발표하였다. "마케팅이란 가치를 창출하여 고객들에게 소통시키고 전달함과 동시에 조직과 조직의 이해관계 당사자들에게 이익이 되는 방식으로 고객관계를 관리하기 위한 조직 기능과 일련의 과정을 말한다." 이 개정된 정의에서는 고객가치와 고객관계의 관리하는 두 가지 핵심 요소를 도입하고 있다. 2007년 12월 미국마케팅학회는 또 다시 "마케팅이란 고객, 의뢰인, 협력자, 사회가 필요로 하는 가치를 창조하고 소통하며, 배송하고, 교환하는 일련의 활동, 제정 그리고 과정이다"라고 수정한 마케팅 개념을 제시하였다.

21세기의 마케팅은 경제, 사회, 문화, 경영환경 등의 변화 속에 지속적으로 발전해가는 동(動)적인 학문이다. 이제 마케팅은 영리를 추구하는 기업의 전유물만이 아니며, 단순한 재화의 소유와 이전의 문제에 국한된 현상을 연구하고 실행하는 차원을 넘어, 개인 소비자의 삶의 다차원적인 욕구를 만족시키며, 끊임없이 인류의 행복과 공의와 번영을 위해 자원을 효율적으로 분배하며, 새로운 가치를 창출해가는 학문이다. 그러므로 오늘날의 마케팅은 심리학과 사회학, 경제학과 통계학, 문화인류학과 경영학 등이 어우러진 학제적(學際的)인(Interdisciplinary)정교한 과학이며, 복합적인 기술이며, 또한 인간의 영적 차원(Spiritual dimension)을 만족시키는 철학으로 발전해가고 있다.

〈그림 9-1〉 판매와 마케팅 개념의 비교

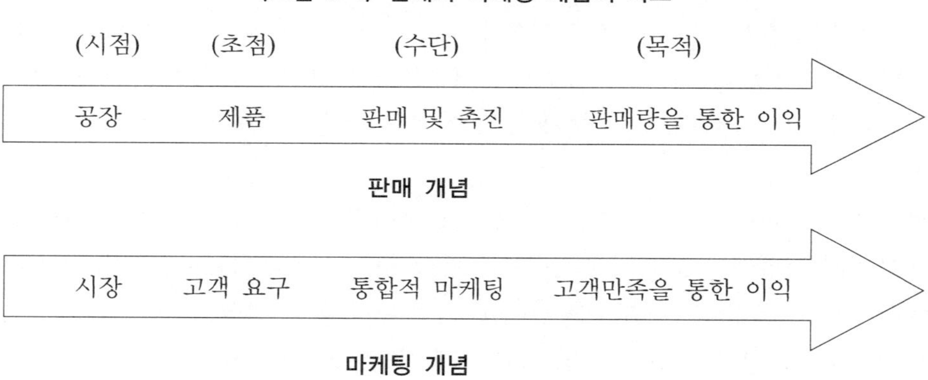

[자료 : Kotler, Philip & Gary Armstrong(2010), Principles of Marketing, Prentice Hall, p.34.]

2. 마케팅 발달과정

마케팅의 본질을 교환이 발생했을 때부터라고 한다면 그 역사는 간단한 물물교환의 시대까지 거슬러 올라갈 수 있으나 일반적으로 마케팅의 시작은 20세기 초

미국에서부터 발전하기 시작한 것으로 보고 있다. 미국에서 체계화되고 발전해온 마케팅은 1950~60년대 다른 나라에 도입되기 시작하였다. 그 후 마케팅은 오늘날까지 각 시대별로 그 개념과 지향하는 내용이 변천되어 왔는데 오늘날에는 그 실체의 위기라는 비판이 제기될 정도로 그 범위가 확장되어 졌다. 70년대 이전에는 소비재, 산업재에 대한 마케팅이 주요 대상이었으나, 70년대에는 비영리 조직과 사회적 마케팅이 연구되기 시작하였으며, 80년대에는 서비스 부문이 경제에서 차지하는 비중이 커짐에 따라 서비스 마케팅이 부각되었고, 90년대부터는 치열한 경쟁에서 살아남기 위한 관계마케팅이 관심을 끌고 있다.

1) 생산지향성(Production Orientation)시대

이 단계는 모든 재화가 절대적으로 부족한 상태에서 공급이 스스로 수요를 창출하는 시기로서 제품을 출시하기만 하면 얼마든지 팔리는 단계이다. 그러므로 기업들이 소비자의 욕구나 판매에 그리 신경을 쓰지 않아도 되었으며, 재화(상품)의 생산 내지 공급에만 주력하므로 생산비의 절감 혹은 생산량의 증가나 능률(efficiency)의 증대 등이 중요한 관심사이다.

2) 판매지향성(Sales Orientation)시대

생산기술의 발달, 자원개발, 자본집중에 의한 기업의 대규모화, 혁신(Innovation) 등 기업의 급격한 생산능력 향상으로 1930년대에 여러 기업이 제품의 재고과잉 상태에 직면하게 된다. 이러한 문제에 직면한 기업 경영자들은 생산능력이나 누적된 재고 처리를 위하여 강압적인 수단(highpresser marketing)에 의존하게 되어 광고, 머천다이징(merchandising) 및 유통에 적극적인 관심을 가지게 되는 단계이다.

3) 마케팅지향성(Marketing Orientation)시대

고압적인 마케팅에 대한 정부의 규제강화와 소비자 보호운동의 대두 등으로 누적된 재고처리를 위해 기존의 방식으로는 기업의 마케팅 문제를 해결할 수 없는 단계이다. 그러므로 기업은 임의로 제조한 제품이 아닌 소비자가 원하는 제품을 제조 판매함으로써, 구매시장(buyer's market) 에서 시장지위의 확보와 더불어 기업의 이익을 실현시킬 수 있는 제품을 생산판매하기 위하여 시장조사(market research)

나 소비자 동기조사, 제품개발(product development) 등에 관심을 가지게 되며, 여기서 비로소 오늘날 마케팅에서 가장 중요한 내용이 되는 소비자 지향적인 사고가 대두되었다. 이로부터 "마케팅 컨셉트"라는 새로운 경영철학을 형성하게 되었다. 이 마케팅 컨셉트는 기업의 모든 노력이 소비자지향화하며, 소비자 욕구를 이해하고 충족시키는 소비자만족을 통하여 기업목적을 달성시키려는 이념이다. 따라서 이 시대의 마케팅을 전사적 마케팅(total marketing) 혹은 통합적 마케팅(intergrated marketing)이라고도 한다. 이러한 소비자지향, 기업목적달성, 통합적 마케팅을 내용으로 하는 "마케팅 컨셉트"에 입각한 마케팅을 오늘날 새로운 마케팅(new marketing), 혹은 현대적 마케팅(morden marketing)이라고 하는데 이를 전통적 마케팅과 대조해 보면 <표 9-1>과 같다.

〈표 9-1〉 전통적 마케팅과 현대적 마케팅

전통적 마케팅	현대적 마케팅
판매중심	소비자지향중심
product-out	market-in
고압적 마케팅	저압적 마케팅
후행적 마케팅	선행적 마케팅
선형적 마케팅	순환적 마케팅

4) 사회마케팅지향성(Societal Marketing Orientation)

마케팅 컨셉트는 소비자만족과 기업목적달성을 동시에 고려하는 것으로 상당히 획기적인 경영이념이라고 할 수 있으나 장기적으로 볼 때 이러한 사고 역시 완벽하지 못하고 새로운 문제를 야기시켰다. 즉 "마케팅 컨셉트"를 기업의 사회적 책임과 동시에 고려하는 새로운 경영이념의 출현이 불가피하게 된 것이다. 이에 대해 코틀러 교수는 "단순한 마케팅 컨셉트(simple marketing concept)에다가 장기적 소비자 및 공중복지(longrun consumer and public welfare)를 추가하며 고려할 것"을 주장하고 이와 같은 이념이 "사회마케팅 컨셉트(societal marketing concept)"라고 하였다. 따라서 사회마케팅 컨셉트는 소비자만족, 기업목표, 장기적 사회적 책임문제를 동시에 고려하는 것으로 마케팅에 있어서 가장 앞선 사회지향적 이념이라 할 수 있다.

사회적 마케팅 개념은 오늘날 환경오염, 자원부족, 폭발적인 인구증가, 세계적인 인플레이션, 소홀한 사회 서비스 등이 성행하는 시대에 순수한 마케팅 개념이 적절한 경영철학이 될 수 있는가? 라는 의문에서 생긴 것이다. 개인의 욕구를 찾아 봉사하고 충족시키고 있는 기업이 항상 소비자와 사회의 장기적인 이해관계에 최적이 되도록 행동하고 있는지? 순수한 마케팅 개념은 소비자의 즉각적인 욕구와 장기적인 복지 사이의 갈등을 회피하는 개념이다.

앞으로 기업은 사회 당위적 마케팅 개념에 입각하여 개인 · 기업 및 사회전체의 복지를 동시에 고려한 마케팅 활동을 영위하는 것이 바람직하다.

〈표 9-2〉 마케팅의 미래

마케팅 분야	오늘날의 마케팅 개념	미래 마케팅의 개념
제품 관리	4P(제품, 가격, 장소, 촉진)	공동 창조
고객 관리	STP(시장세분화, 목표시장선정, 포지셔닝)	커뮤니케이션
브랜드 관리	브랜드 구축	캐릭터 구축

[자료 : 필립 코틀러, 안진환 옮김, 마켓 3.0, 타임비즈, 2010, p.64.]

제2절 마케팅전략의 기본체계

1. 환경변화의 파악과 영향평가

효과적인 마케팅계획의 전개를 위한 첫 번째 단계는 외부환경의 변화를 인식하고, 기존제품이나 신제품에 미칠 수 있는 영향을 평가하는 것이다.

과업환경이나 거시환경의 변화를 통해 마케팅관리자는 좋은 시장기회를 발견할 수 있으며, 또한 외부환경의 변화를 명확히 인식함으로써 새로운 기회에 보다 빨리 반응할 수도 있다. 특정 상황하에서는 보다 유리한 환경변화를 조성할 수도 있을 것이다.

마케팅 기회는 특정 환경의 변화, 기업의 사명, 그리고 주요사업 분야에서 기업의 강 · 약점간의 상호관계 여하에 따라 결정되는 것이다. 새로운 기회는 기업의 사명과 일치되어야 하고, 기업의 현재 자원능력으로 보완될 수 있어야 한다. 기업의 내부환경인 조직 부서들도 새로운 마케팅기회에 부합하고 상호 보완될 수 있어야 한다.

2. 표적시장의 확인

특정 고객집단이나 표적시장을 파악하는 일은 시장세분화(고객욕구세분화)를 거쳐, 세분시장분석과 표적시장의 선택(표적시장전략) 등의 세 단계의 과정을 거친다.

시장세분화에 의한 틈새시장 전략은 고객의 특성과 욕구가 다양하다는데 초점을 두고 있다. 새로운 기업을 창업할 때 자본력과 기술, 인적구성 등에서 열세인 경우가 많기 때문에 모든 시장과 소비자를 대상으로 영업을 할 수가 없다. 그러므로 가장 효과적으로 접근 할 수 있는 틈새시장을 공략할 필요가 있다.

특히, 창업 기업이 제한된 경영자원으로 시장 확보 능력을 극대화하기 위해서는 고객의 욕구가 무엇인가를 충분히 파악하고, 미 충족된 소비자의 욕구를 충족시킬 수 있는 방법을 강구하는 한편, 목표로 하는 시장을 명확히 하고 제한된 경영자원을 감안하여 중점적, 집중적으로 판매활동을 전개하는 방향으로 추진하여야 한다. 즉 창업 기업은 작은 시장을 깊게 파고들어가는 시장세분화의 전략이 필요하다. 이러한 시장세분화 전략에서 가장 중요한 것은 소비자의 욕구의 정확한 파악이다. 뿐만 아니라 소비자의 욕구는 항상 변하므로 그 변화에 대한 기민한 대응이 필요하다. 실제로 창업기업은 소비자와 가장 가까운 데서 존립기반을 찾을 수 있다.

1) 시장세분화

시장세분화란 고객의 욕구가 다양하다는 것으로 부터 출발한다. 시장세분화는 효과적인 마케팅 믹스의 개발을 위해서 전체시장을 소비자의 특성과 상품에 대한 욕구가 비슷한 혹은 영업활동에 의미 있는 동질적 부분시장으로 나누는 작업이다. 이렇게 나누어진 동질적인 부분시장을 세분시장이라 하고 이 중에서도 기업이 구체적인 마케팅 믹스를 개발하여 상대하려는 세분시장을 표적시장이라고 한다.

그러나 모든 시장세분화가 다 효과적인 것이 아니므로 시장세분화가 유용하게 사용되기 위해서는 세분시장의 규모, 세분시장에 속한 소비자의 구매력과 같은 세분시장의 특성들이 측정 가능해야 하며(Measurability), 유통경로나 매체를 통한 세

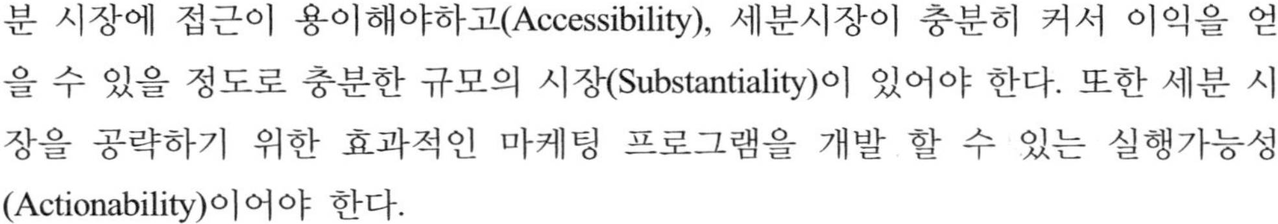

분 시장에 접근이 용이해야하고(Accessibility), 세분시장이 충분히 커서 이익을 얻을 수 있을 정도로 충분한 규모의 시장(Substantiality)이 있어야 한다. 또한 세분 시장을 공략하기 위한 효과적인 마케팅 프로그램을 개발 할 수 있는 실행가능성(Actionability)이어야 한다.

시장세분화를 할 수 있는 변수들은 지역, 국가, 도시, 인구밀도, 기후 등의 지리적 변수, 나이, 성별, 가족 구성원 수, 가족 생애 주기, 소득, 직업, 교육수준, 사회적 계층, 종교, 인종 등의 인구통계학적 변수, 라이프스타일과 개성 등의 심리적 변수, 구매 또는 사용 상황, 소비자가 추구하는 편익, 제품 사용경험, 사용률, 충성도, 제품에 대한 태도, 구매자의 상태 등의 행동적 변수가 있다.

2) 표적시장의 선정

각 세분시장을 분석한 다음, 기업은 자사에 가장 유리한 세분시장을 표적시장으로 선정하여 표적시장별로 마케팅활동을 수행하여야 한다. 이때 기업이 취할 수 있는 전략적 대안은 비차별화전략, 집중화전략, 그리고 차별화전략 세 가지이다.

(1) 비차별화전략은 고객들의 욕구나 특성이 비교적 동질적이어서 세분시장으로 나누는 것이 기업이나 사업부 목표달성에 적합치 않을 경우, 해당 제품시장에 전체 고객들을 대상으로 마케팅활동을 수행하는 것이다.

(2) 집중화전략은 세분시장분석을 통하여 기업 및 사업부의 목표달성에 가장 적합한 하나 혹은 소수의 세분시장을 선정하고 이들 시장에 마케팅활동을 집중시키는 전략이다.

(3) 차별화전략은 기업목표에 부합되는 다수의 세분시장을 선정하여 각 세분시장별로 마케팅활동을 차별적으로 수행하는 것이다. 차별화전략의 경우 표적시장 간의 시너지효과의 창출여부가 매우 중요한 과제가 된다.

3) 포지셔닝

포지셔닝이란 소비자들의 마음속에 자사의 제품이나 서비스가 경쟁자와 대비하여 차지하고 있는 차별적인 상대적 위치를 말한다. 포지셔닝 전략의 수립은 제품이나 서비스 차별화, 인적차별화, 이미지 차별화 같은 경쟁사 대비 경쟁적 강점을 파악하고, 포지셔닝에 사용할 수 있는 차별 점의 수, 차별 점의 선택 등의 적절한 경쟁우위의 선택, 선택한 포지션의 전달로 이루어진다. 포지셔닝의 구체적인 방법으로는 제품특성과 소비자들이 추구하는 편익, 사용 상황과 캐릭터, 모델, 사회적인 이슈 등을 활용하는 방법이 있다.

3. 마케팅목표의 설정

마케팅의 본질은 기업과 고객 간의 교환이나 거래행위를 원활하게 하는 활동이다. 이는 두 가지 활동, 즉 기업의 제품이나 서비스가 고객의 욕구와 선호에 일치되는 방법으로 표현되는 활동인 개념전달활동과 거래상의 장애들을 제거하는 과정인 운영활동에 의해 수행되어지며, 이들 두 활동은 개별 제품의 마케팅목표에 명확하게 반영되어져야 한다.

4. 마케팅믹스의 설계

1) 제품믹스(Product Mix)

제품이란 판매자가 잠재적 구매자의 욕구를 충족시켜주기 위해 제공하는 유형, 무형의 가치를 말하며 기업이 목표시장에 제공하고 있는 것은 다수의 제품계열로 구성되어 있는 제품믹스이다. 제품믹스는 특정의 판매자가 매매를 목적으로 하여 구매자에게 제공하는 모든 제품계열과 품목으로 구성되는데, 제품계열은 다수의 품목으로 구성되어 하나의 제품믹스내에서 유사한 기능을 갖고, 동일유형의 유통경로를 통하여 동일한 집단에게 판매되거나 주어진 가격범위 내에서 상호 밀접한 관계에 있는 일군의 제품을 말한다.

품목이라 함은 실물의 제품을 상표화하여 포장된 것으로 구매에 따르는 서비스까지 포함되어 있는 개념인데 하나의 제품계열 내에서 크기, 가격, 외양 또는 기타의 특성에 따라 구분할 수 있는 하나의 제품단위를 지칭한다.

제품믹스는 그 폭과 깊이, 그리고 일관성이 있는 것으로 설명할 수 있다. 제품믹스의 폭이라 함은 한 기업이 몇 종류의 제품계열을 취급하고 있는가를 말한다. 제품믹스의 깊이라 함은 각 제품계열 내에서 기업이 제공하고 있는 품목의 수를 말한다. 제품 믹스의 일관성이라 함은 그 용도나 생산에 필요한 요소와 유통경로 등 여러 가지 점에서 관련이 있는 것을 말한다.

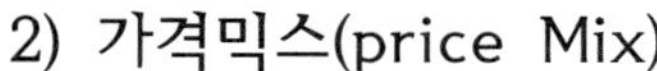

2) 가격믹스(price Mix)

가격이란 제품(서비스)의 가치를 화폐액으로 표시한 것으로써 고객과 기업쌍방이 용납할 수 있는 수준에서 결정되어야 하며, 경쟁사에 대비한 상대적인 측면도 충분히 고려한 뒤에 결정해야 한다. 가격결정방법으로는 원가기준 가격결정방법, 수요기준 가격결정방법, 경쟁자기준 가격결정방법이 있다. 가격결정 기능을 수행함에 있어 합리적인 최초가격 수준을 결정하는 것도 중요하지만 시장상황에 적합하도록 조정해 나가는 의사결정도 아울러 해야 한다.

3) 유통믹스(Place Mix)

제품이 생산되어 고객에게까지 유통경로를 통해서 흘러가게 되는데, 유통경로란 특정 제품이나 서비스의 흐름을 돕기 위하여 참여하는 일련의 중간상인 및 매개인으로 이루어지는 유기체적 통로이다. 경로구성원은 제품의 유통을 돕기 위해서 여러 가지 기능을 수행하게 되므로 이들을 만족시키고 적절히 믹스하여야 한다.

4) 촉진믹스(Promotion Mix)

목표시장에 제공할 제품(서비스)이 준비되면 다음 단계로 고려해야 할 점은 이에 대한 내용을 효과적으로 소비자들에게 알리는 촉진믹스이다.

왜냐하면, 마케팅은 구매자와 판매자간에 의사소통이 없이는 일어나지 않기 때문이다. 촉진이란 잠재구매자의 반응을 끌어내기 위해서 행하는 정보제공, 설득 등에 영향을 미치는 것과 관련한 의사소통행위를 의미한다. 촉진활동은 광고, 인적 판매, 판매촉진, 홍보 등으로 구성되는데 이들 간의 일관성과 보완성을 고려한 시너지 효과를 고려해야 한다. 이런 네 가지 활동의 조합인 마케팅믹스를 통해 개념전달활동과 운영활동을 수행하여야 한다.

5. 마케팅전략의 조정 및 통제

마케팅믹스를 실행하면서 그에 대한 고객의 반응이 어떠한가를 파악해야 한다. 마케팅전략의 조정 및 통제는 목표달성의 정도를 평가하고 예상목표와 실제 달성목표 간의 차이를 발견하기 위해서 매우 필요한 활동이다. 마케팅 현황을 명확하게 파악해서 이를 최초의 기대목표와 비교함으로써 관리자는 향후의 마케팅전략에 필요한 근거를 얻을 수 있다.

과연 뽀통령!

어린이들 사이에서 인기가 높은 캐릭터를 활용한 매장의 매출이 뛰어오르자 유통업계가 캐릭터 매장 유치에 심혈을 기울이고 있다.

유통업계에 따르면 이마트는 2011년 6월말 서적 · 음반 코너를 유아동 교육 전문매장으로 전환하면서 일부 점포 매장은 대형 뽀로로 인형을 설치한 포토존과 쉼터가 있는 캐릭터 매장으로 새로 단장했다. 그 결과 7~9월 도서 매출이 작년 동기보다 13% 늘었으며, 특히 뽀로로 포토존을 마련한 가든파이브점, 파주 운정점, 성수점에서는 서적 매출이 32% 급증해 '뽀통령'이라는 별명 값을 톡톡히 해냈다.

책과 음반 시장이 온라인몰 중심으로 옮겨가면서 대형마트 내 서적 · 음반 코너는 내리막길을 걸어왔고, 이마트에서도 2009년부터 마이너스 성장률을 기록한 점을 고려하면 두드러진 성장세다. 이마트의 문화담당을 하고 있는 한 바이어는 "저출산 시대로 진입할수록 유아동 서적에 대한 관심도와 구매단가가 높다"며 "서적 매장을 아동 눈높이에 맞춘 캐릭터 매장으로 리뉴얼하니 서점 이용객 수가 15% 이상 늘었다"고 말했다.

신도림에서 개장한 복합쇼핑몰 디큐브시티도 뽀로로 캐릭터를 활용한 테마파크인 뽀로로파크를 유치한 덕에 많은 가족 손님을 끌어모으는 효과를 봤다. 뽀로로파크 마케팅팀 이재경 씨는 "디큐브시티점은 평일에는 1천800명, 주말에는 2천500명 정도가 입장하고 있다"며 "처음 개장했을 때는 4~5시간을 기다려 입장하는 손님들도 있었다"고 전했다.

인기 캐릭터를 활용해 놀이시설로 꾸민 매장이 어린이 손에 이끌려온 가족 단위 손님을 끌어모으는 데 성공하자 유통업계는 이런 매장을 조성하는 데 적극적으로 나서고 있다. 이마트는 하반기에도 자양점 등의 서적 코너를 지속적으로 리뉴얼 하기로 했으며, 롯데백화점도 11월말 개장하는 파주 프리미엄 아웃렛에 뽀로로파크를 유치했다.

NC백화점은 송파점에서 성공을 거둔 코코몽 키즈랜드를 29일 개장한 강서점에도 들여오면서 8층에 7m 높이의 대관람차까지 설치할 정도로 놀이시설 규모를 키웠고 캐릭터 퍼레이드도 진행하기로 했다.

[자료 : 연합뉴스, 김지연 기자, 2011.9.30]

제3절 상권분석

1. 상권의 개념과 유형

상권이란 시장 또는 점포의 영향권 범위 또는 고객의 흡인 가능성이 있는 범위 전체, 고객이 분포하고 있는 지리적 범위, 상업 기능이 형성되어 있는 공간적 범위를 말한다. 상권의 유형은 여러 가지 기준에 의해 다음과 같이 분류가 가능하다.

1) 업태별

유통업상권과 서비스업상권으로 분류할 수 있으며, 유통업상권은 다시 도매를 주도하는 상권과 소매위주의 상권으로 분류할 수 있다.

2) 기능별

상권에 어떤 기능이 발달되어 있느냐에 따라 분류되며, 상업 집적지, 오피스, 학교, 유흥 · 위락, 주택가, 관광지 상권 등으로 구분할 수 있다.

3) 대상 생활권 단위

대상 생활권 단위는 초광역 생활권대상 상권, 광역생활권대상 상권, 지구 생활권대상 상권, 근린생활권대상 상권으로 분류할 수 있다.

4) 상업기능의 특정지역 집중정도

상권을 상업기능의 특정지역 집중정도에 따라 단핵구조와 다핵구조로 분류할 수 있는데, 단핵구조는 상업기능이 특정지역에 집중되어 있는 상권구조를 뜻하는 것으로 우리나라에서는 옛날부터 도심지에 상업기능이 집적된 도심단핵구조가 많다. 다핵구조는 상권이 다수지역에 분산 발달하는 구조를 말하는 것으로 도시규모가 확산되고 도시구조가 분리됨으로써 상권의 다핵화가 급속하게 이루어지고 있다.

5) 특정 상권을 둘러싼 지형조건

특정 상권을 둘러싼 지형 조건에 따라 포켓형 상권과 개방형 상권으로 분류할 수 있는데, 포켓형 구조는 구릉, 하천, 도로, 철도 등 각종 지형물이나 시설에 의해 분리되거나 갇혀지는 상권을 말하며, 개방형 구조는 지형적인 장애가 없이 넓게 펼쳐진 상권을 일컫는다.

6) 영향권 범위

특정상권이나 상업시설의 영향, 공헌도에 따라 1차 상권과 2차 상권, 한계상권으로 구분할 수 있다. 예전에는 상권범위를 단순히 지리적 범위를 기준으로 많이 구분했으나, 최근에는 실질적인 영향도를 중시하며, 영향도의 크기는 정해진 것이 아니라 입지나 업체 특성에 따라 큰 차이를 보인다.

7) 객층 대상

유아동층, 젊은층, 중장년층 등 단순 연령대를 대상으로 상권을 분류하거나 학생, 직장인, 주부, 가족, 독신자, 맞벌이 부부 등의 객층 기준으로 상권을 분류하기도 하고, 근래 명품족이나 보보스족 등 라이프스타일을 기준으로도 상권을 분류할 수 있다.

〈표 9-3〉 상권의 유형

구 분	상권의 분류
업태별 분류	①도매상권 ②소매상권 ③서비스상권
기능에 따른 분류	①상업집적지상권 ②오피스상권 ③유흥・위락상권
생활권 체계구조에 따른 분류	①초광역생활권대상 ②광역생활권대상 ③생활권대상 ④근린생활권대상
상권형성에 따른 분류	①단핵구조 ②다핵구조
상권형태에 따른 분류	①포켓형 구조 ②개방형 구조
영향권범위에 따른 분류	① 1차 상권(60-65%) ②2차 상권(20%) ③ 한계상권
객층대상에 따른 분류	①연령대별 상권 ②직업대별 상권 ③라이프스타일별 상권

2. 상권형성의 최근 동향

1) 다핵화

최근 상권형성의 특징은 대부분의 도시들은 도심 단핵구조 때문에 나타나는 도심의 교통・주차문제, 소음・공해 문제를 해결하기 위해 정책적으로 도시구조의 다핵화를 추진했고, 그로 인해 자연스럽게 상권 다핵화가 촉진되고 있다. 이러한 상권의 다핵화는 지역상권이나 해당 상권 내 상업시설 측면에서 볼 때 여러 가지 시사점이 있지만, 무엇보다도 새로운 상권이 형성되면서 기존상권이 흡인하는 구매력은 줄어들 수밖에 없고, 상권범위도 축소되기 때문에 결국은 자기 핵심 상권의 점유율 극대화를 통해 줄어든 만큼의 구매력을 상쇄시키는 것이 중요한 과제가 되고 있다.

2) 대형소매점의 상권주도

근래에 우리나라 상권에 지대한 영향을 미치는 것 중 하나가 백화점과 할인점과 같은 대형소매점으로써 특정지역에 대형소매점이 출점하여 상권활성화를 촉진시키는가하면 때로는 기존상권에 막대한 타격을 주기도 한다. 업체간 다점포 출점경쟁이 치열해지면서 한정된 수요에 대규모 소매점들의 공급이 과잉되는 현상이 나타나고 있는데 특히 상대적으로 부지확보가 용이한 대규모 택지개발지구에 이런 현상이 두르러지고 있다.

3) 상권변화의 보수성

상권이란 항상 변화하는 것인데 그 동안의 상권변화 속도를 보면 기형성된 상권은 쉽게 쇠퇴하지 않고 신흥상권은 상권 형성기간이 장기화되는 상권변화의 보수성 현상이 나타나고 있다.

4) 사회 환경에 따른 상권변화

주5일근무제 확산, 맞벌이 부부의 증가, 독신자 급증, 고령인구의 증가 등을 통한 시간절약형 구매, 사회 환경의 변화가 종국적으로 상권에도 직・간접적인 영향으로 나타나고 있다.

(1) 상권주도 업종 · 업태의 변화

소비자들의 라이프스타일 변화에 따라 저가지향의 할인점이나 카테고리킬러형 업태와 시간절약형 업태인 편의점, 브랜드선호도에 대응하는 브랜드체인점 그리고 레저, 오락욕구를 충족시키는 엔터테인먼트형 쇼핑센터들이 크게 성장할 조짐을 보이고 있다.

(2) 상권별 부익부 빈익빈현상 심화

주5일 근무제의 영향으로 오피스 상권이 상대적으로 침체될 조짐을 보이고 있는 반면, 주거지 상권이나 교외상권, 도심의 상업집적지 등에는 상당한 기회요인으로 작용하고 있다.

(3) 상권의 세분화

소비자 집단별 개성화가 뚜렷해지면서 고객의 연령별, 직업, 소득은 물론 인구통계적 특성과 라이프스타일에 따라 상권이 세분화되고 있다.

(4) 복합기능 상권 발달

소비자들이 단순히 한 가지 목적을 상권을 찾는 것이 아니라 다양한 목적을 상권을 찾고 있어 여러 기능들이 복합된 상권의 발달이 뚜렷해지고 있다.

(5) 매력있는 상권의 각광

소비자들이 이용 상권을 선택함에 있어 쇼핑이나, 서비스뿐만 아니라 상권분위기, 상권내 독특한 마그네틱시설 등 매력적 요소들이 쇼핑센터의 경우에도 오락적 요소가 가미된 UEC(Urban Entertainment Center)가 각광을 받고 있다.

5) Young 상권의 발달

우리나라에서 크게 발달한 상당수의 상권은 주객층이 Young층인 경우가 많은데, 젊은이들의 구매력이 커지면서 상권에 Young들이 미치는 영향을 더 커지고 있다. Young상권이 발달하는 것은 젊은이들이 아르바이트 등을 통해 스스로 돈을 벌 수 있는 기회가 많아지고 젊은 층의 소비수준이 높아졌기 때문이다. 또 15-29세의 Young층이 전체인구의 26%를 차지할 만큼 큰 비중을 차지하고 있는 것도 Young 상권이 크게 발달한 요인이다.

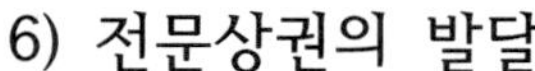

6) 전문상권의 발달

우리나라에는 동종업종이나 유사업종끼리 집적된 전문상권이나 전문상가가 많이 발달되고 있고 더 확산되는 추세에 있다. 이러한 전문상권은 소비자들 입장에서 볼 때 상품구색이 다양하고 가격불신을 해소할 수 있다는 점에서 선호되고 상인입장에서는 정보입수가 빠르고, 여러 점포들 간에 경쟁을 의식하여 보다 적극적으로 영업을 전개할 수 있다는 점과 때로는 공동구매, 공동창고 사용 등을 할 수 있다는 장점이 있다.

3. 상권조사방법 4단계

1) 제 1단계 : 상권 내 지역정보 수집

상권내 지역정보를 수집은 관공서의 인구통계 자료와 상업통계 자료, 특정기관 조사정보 (방송사, 신문사, 조사업체 자료 등) 지역 관련 점포 조사 (점포수, 위치 등)가 있다.

2) 제 2단계 : 지역 상권지도 작성

지역상권지도 작성은 지구별 세대수, 인구수, 소매업종별 점포를 표시, 교통기관별 표시(역, 정류장 등), 관련 유통점 표시, 지형적인 특성, 집객력이 있는 지역시설(체육관, 금융기관, 관공서), 경쟁점을 표시 한다.

3) 제 3단계 : 상권 내 지역 도보관찰

상권 내 지역 도보 관찰은 연령별로 구분하여 생활방식을 표시하고, 거주지, 주거형태, 거주연수, 차량 소유 등을 통해 소득수준의 파악과 교통 이용 현황을 통한 상권의 넓이와 혼잡한 점포, 인기 있는 점포, 쇼핑 도로, 고객들의 생활방식 및 상품의 구매행동을 파악해야 한다.

4) 제 4단계 : 그룹 방문에 의한 인터뷰조사

그룹방문에 의한 인터뷰 조사는 지형특성, 편리함, 차량진입, 주차의 용이성, 서비스, 접객태도, 영업시간, 종업원 수의 파악과 판촉 활동의 영향력 파악, 이동거리를 늘일 수 있는 방안 심층 조사, 클레임 처리, 신용도 체크 및 사용 빈도를 조사해야 한다.

5) 상권 분석 방법

(1) 기초현황 조사

점포의 위치 및 주변 상권 특성, 상권설정과 배후인구수, 건물의 비용

(2) 입지수준에 관한 사항

소득 및 소비수준, 주변 도로상황(차선여부, 주차여부, 도로의 경사여부), 점포형태(전면 길이, 평수 크기, 계단, 층수)

(3) 매출요인에 관한 사항

입지 형태(주거지역, 상업·유흥지역, 오피스지역), 교통 형태(버스, 지하철, 건널목), 교육기관, 이용 가능여부(점포 이용률 산출)

(4) 경쟁요인에 관한 사항

지역 내 경쟁업종 등의 진출과 영업상황 등.

[사례 9.2] 현재 고객의 잠재가치

마케팅의 본질은 소비자와 판매자 사이에서 일어나는 가치의 교환과정이다. 판매자는 제품(서비스)을 통해 소비자가 필요한 가치를 제공하고 소비자는 그에 대한 대가인 가격을 지불함으로써 교환이 성사되게 된다. 그러나 단 한번으로 그치는 거래만으로는 기업이 장기적이고 지속적인 성장을 도모하기가 어려우며, 기업의 성장을 위해서는 고객과의 교환관계를 지속적으로 유지시켜야 한다. 따라서 마케팅은 관계지향적이어야 하며, 미래고객의 확보도 바로 조그마한 서비스와 친절한 미소에서 비롯된다.

아저씨를 기억할께요!

미국 항공 화물회사의 한 접수창구에서 일어난 일이다. 부지런히 화물 신청을 받고 있는 접수 직원 앞에 키가 작고 나이가 매우 어린 초등학생쯤 되어 보이는 귀여운 아이가 나타났다. 그날따라 화물 물량이 많아 바쁘게 접수를 하던 직원에게 어린이가 접수대로 다가와 발꿈치를 들면서 예쁜 연필을 한 자루 내놓았고 "아저씨 이것을 펜팔로 알게 된 스위스의 친구에게 비행기 편으로 보내려고 하는 데요"라고 말했

다. 접수직원은 좀 화가 났으나 잠시 일손을 멈추고 어린이를 바라보았다. 그의 맑은 눈동자가 너무나 진지하여 접수직원은 기꺼이 그 연필을 받아 예쁘게 포장하여 접수시켜 주었다. 그 어린이는 "아저씨, 너무 고마워요. 다음에도 꼭 아저씨를 기억할께요." 하고 돌아갔다. 그 후 30년의 세월이 흘렀다.

요즘 이 항공회사는 모든 다른 회사가 불황에 허덕이고 있는데도 불구하고 좋은 화물만을 단일 거래처로부터 받아 그것도 엄청난 물량의 운송을 맡고 있다. 그 까닭은 미국 전역을 주름잡고 있는 대형 유통회사와 장기계약을 체결했기 때문인데, 이 유통회사의 사장이 바로 30년 전의 그 어린이였다. 이 항공회사는 엄청난 잠재고객을 이미 30년 전에 확보한 셈이였다. 한 접수직원의 친절한 서비스가 오늘날 이 회사를 일약 성공한 기업으로 만들어 주었던 것이다.

고객밀착마케팅

고객과 밀착된 관계의 개발을 생존의 조건으로 보고 있는 관계지향적 마케팅 특성을 '관계마케팅(relationship marketing)'이라 부르고 있다. 단순한 판매위주의 판촉개념에서 벗어나 경제적, 기술적, 사회적 관계강화를 통해 고객을 깊이 이해하고 고객과의 장기적인 유대를 강화한다는 개념인 관계마케팅은 고객만족경영과 상호 밀착된 관계에 있다.

관계마케팅에서는 우수한 품질의 제품과 뛰어난 서비스, 적절한 가격 제공 등의 요소는 필수적인 기본사항이 된다. 개별적 이익의 극대화보다는 고객과의 상호 호혜적 관계를 극대화하는 방법을 통해 고객과의 우호적 관계를 구축하고, 고객에게 만족을 제공함으로써 이익은 저절로 수반되게 되는 것이다.

이에 대한 방법의 하나로 관계마케팅에서는 고객을 기업이 존속하는 동안의 평생의 파트너로 보고 고객과 이익을 공유하는 것을 전제로 고객의 생애가치(Lifetime value)를 계산하여 생애가치가 큰 고객을 우선하여 관계를 강화시킬 것을 제안하고 있다.

현재 고객의 잠재가치

현재 고객의 잠재가치를 어떻게 계산할 수 있을까? 예를 들면 다음과 같다. 만약 한 고객이 앞으로 20년간 단골 고객이 되고, 매년 10만 원의 매출을 올려주며, 또 다른 고객을 매년 5명 씩 데려오고, 그 단골 고객에게 소개 받은 사람이 또 다른 사람을 매년마다 1명씩 데려 온다면 이 고객의 현재 가치는 20년 × 10만원 × 100명(매년 5명씩 20년) × 20명(1년에 1명씩 20년간) = 40억원으로 추산할 수 있다는 것이다.

신규고객을 새롭게 창출하는데 투입되는 비용보다는 기존의 고객을 유지하는데 투입되는 비용은 1/3이면 된다. 일본 도요다자동차의 조사에 따르면, 자동차 구입 후 만족한 고객은 그 사실을 평균 7.7명에게 알리고, 불만이 있는 고객은 평균 15.9명에게 이야기했고, 불만족한 고객의 96%가 기업에게는 그 사실을 알리지 않기 때문에 개별고객과의 관계유지를 위한 채널확보가 절대적으로 필요하다고 한다. 그러므로 현재의 고객은 단순한 한 명의 손님이 아닌 것이다.

[자료 : 김종철, 재미있는 마케팅이야기에서 수정인용]

제4절 고객만족경영

1. 고객의 개념

창업기업의 이익을 실현시켜주고, 기업이 존재하는 이유는 바로 고객이다. 그러므로 고객을 만족시키며, 고객과의 관계를 잘 유지하는 기업은 지속적으로 성공하고 번영하지만 고객으로부터 외면 당하는 기업은 망할 수 밖에 없다. 그러므로 고객만족은 창업성공의 기본이다. 고객만족경영을 효과적으로 추진하기 위해서는 고객이라는 개념을 단지 상품이나 서비스를 구매하는 최종가치 사용자라는 개념에서 고객의 만족에 영향을 줄 수 있는 가치 전달에 관련된 포괄적인 관여자로서의 고객인 중간고객(판매점, 원료 및 부품, 공급업자, 기업활동을 돕는 협력회사 등)과 고객의 욕구 충족을 위한 가치를 생산하고 제공하는 조직의 구성원인 내부 종업원까지도 고객의 범주에 포함시켜야 한다.

2. 고객만족

일반적으로 고객이 제품을 구입하기 전에는 항상 일정 수준의 기대가치(expected value)를 가지게 마련이다. 이러한 기대가치는 주로 과거 그 상품의 사용경험, 광고, 소비자 보호단체의 분석 자료, 그 상품을 사용해 본 경험이 있는 제 3자로부터의 조언 등을 통해서 형성되며, 실제 제품의 가치는 고객이 제품을 구입・사용하여 보고, 이를 사전에 형성된 기대가치와 비교한 후 아래의 공식처럼 형성되게 된다.

인지 가치(perceived value)=사용가치(actual value)−기대가치(expected value)

그러므로 고객만족이란 사전기대 가치에 대한 실제 사용가치의 충족정도라 할 수 있다.

<표 9-2>의 ①번 항에서처럼 제품의 사용가치가 고객이 가지고 있는 기대가치보다 적을 경우 고객은 불만족을 느끼게 되며, ③번 항에서처럼 사용가치가 기대가치보다 클 경우 고객은 기쁨을 느끼는 것이다. ④번 항은 고객이 기대하지 못했던 수준까지 사용가치를 제공함으로써 고객에게 놀라움을 제공하는 경우로서 제품 또는 서비스가 고객이 미처 예상하지 못했던 수준까지 제공됨을 의미한다.

〈표 9-4〉 고객만족과 가치

고객의 인지상태	가치 상태
① 고객 불만족(customer dissatisfaction)	기대가치>사용가치
② 고객 만족(customer satisfaction)	기대가치=사용가치
③ 고객 기쁨(customer delight)	기대가치<사용가치
④ 고객 놀라움(customer surprise)	기대가치<사용가치

[자료 : 고재건, "서비스품질경영론", 제주대학교 출판부, 2004, p.115.]

3. 고객만족경영의 개념과 요소

고객만족경영이란 단순히 고객의 기대수준에 부응하는 상품이나 서비스를 제공함으로써 고객을 만족시키는 차원을 넘어, 고객이 전혀 기대하지 못했던 새로운 가치를 제공함으로써 고객에게 기쁨을 주는 것을 최고의 경영목표로 삼고 기업의 모든 활동이 이를 달성하기 위해 끊임없이 노력하는 신 경영방식을 말한다. 고객만족 경영요소를 정리하면 다음과 같다.

1) 제품은 품질, 기능, 성능, 효율, 가치, 디자인, 색상, 네이밍, 소리, 향 기, 사용상의 편리성, 사용설명서, 시기적절성, 저렴한 가격, 보수의 용이성, 신뢰도 등이다.
2) 서비스는 점포와 점내의 분위기, 업주나 판매원의 접객서비스, 사후서비스, 사전서비스, 판매서비스, 정보서비스, 신속한 문제점 판별, 부품 구입의 편의성, 저렴한 비용, 서비스 빈도 등이다.
3) 기업이미지는 기업의 사회, 지역 봉사활동, 환경보호활동 등과 관련된다.

4. 고객만족경영의 실천 절차

고객에게 제품(서비스)에 대해 고객만족과 고객기쁨, 고객감동을 주기 위한 고객만족경영을 위해서는 다음과 같은 절차를 세우고 실천하여야 한다.

1) 우리 회사의 고객이 누구인지를 결정한다(고객의 정의).
2) 제공할 제품이나 서비스에서 고객이 가장 중요하게 여기는 특성이 무엇인지 결정한다(고객 평가요소의 이해).

3) 이 특성에 대해서 고객에 의해 정해진 중요도를 결정한다.(중요도의 결정)
4) 각 특성들에 대해서 고객만족수준을 결정한다(고객만족도 조사).
5) 고객만족수준의 결과를 고객만족과정과 결합시킨다.
6) 업무를 수행하는 방법과 과정 내에서 성과에 가장 영향을 주는 부분을 나타내는 측정치들을 매트릭스(성과표)로 작성한다.
7) 조직 내에서 작성할 수 있는 가장 낮은 수준까지 측정치를 만들어 놓는다.
8) 특성의 중요도는 높은데, 고객만족의 정도는 낮은 과정을 개선하는 노력을 수행한다.
9) 소비자들의 불만요소 중에서 개선하기 가장 좋은 영역에 대해 수정노력을 한다.
10) 고객투입요소들을 새롭게 갱신(update)하고 지속적으로 환류(feed back)를 한다(지속적 개선).
11) 모든 관련자들과 허심탄회하고 지속적인 의사소통이 이루어지도록 유지한다.
12) 조직 전반에 걸쳐 지속적인 수정이 가능하도록 경영관점에 맞추어 매트릭스의 형태를 통합시키고, 필요하면 조정한다.

5. 고객만족 향상을 위한 조건

기업이 고객만족을 향상시키고 전사적인 활동을 전개하기 위해서는 경영자의 리더십, 전 종업원의 의식개혁, 중간 관리자의 역할 변화 3가지가 필요하다.

1) 경영자의 리더십

고객만족 경영은 종업원들로부터 최고 경영자에게로 전달되는 바톰 업 (Bottom up)형이 아니고 반대로 최고경영자의 의지가 기업전체에 영향을 주는 톱 다운(Top down)형의 특성을 가지고 있다. 고객만족 실현을 위해서는 고객과 접하는 일선의 종업원과 그들을 지원하는 간접부문의 활동도 중요하며, 전사적으로 조직을 동원할 필요가 있기 때문이다. 그러므로 최고경영자에게는 추진자로서 이들 모든 사람들에게 고객만족의 중요성을 설명하고 행동의 변혁을 촉진시키지 않으면 안 된다. 이러한 경우에 경영자의 리더십 발휘 방법에서 가장 중요한 것은 종업원에게 지시하는 것에 그쳐서는 안 된다는 것이다. 경영자가 솔선수범해서 고객의 입장에서

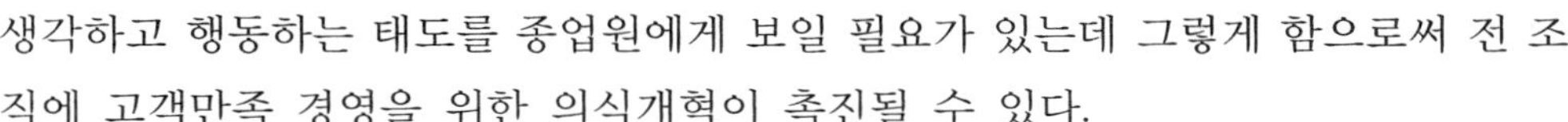
생각하고 행동하는 태도를 종업원에게 보일 필요가 있는데 그렇게 함으로써 전 조직에 고객만족 경영을 위한 의식개혁이 촉진될 수 있다.

2) 종업원의 의식개혁

고객만족의 가장 중요한 접점은 바로 만남의 시점이다. 기업과 고객과의 세계적인 고객 만족경영의 도입 성공사례로 꼽히고 있는 스칸디나비아 항공사(SAS)의 얀 칼슨 사장은 이를 진실의 순간(Moment of Truth)으로 명명하였다.

고객과 종업원의 접점의 경우에 있어서 고객은 종업원에 대하여 여러 가지 요구사항을 내놓는다. 고객들의 욕구는 개개인마다 다르며 복잡다단하다. 그러므로 종업원이 고객의 입장에서 생각하고, 판단하고 행동해야 하는데 이를 위해 고객과 접하는 일선의 종업원에 대하여 충분한 권한을 위양하는 조직형태를 취하는 것이 전제가 되어야 한다.

3) 중간관리자의 역할과 변화

고객만족 경영실천을 위한 중간관리자의 역할은 지시·명령이 아니고 부하의 의사결정에 도움을 주는 조언과 정보제공이 주된 역할이 된다. 따라서 고객과의 접점이 이루어지는 창구의 종업원만이 아니고 중간관리직의 의식개혁도 고객만족 향상을 위한 중요한 과제가 되는 것이다.

6. 고객의 불만 발생 시 행동원칙

고객만족은 반복거래와 긍정적인 구전효과를 통해 고정고객이 될 뿐만 아니라 새로운 고객을 창출하는 역할을 한다. 그러므로 만족한 고객을 통해서는 매출 증대를 가져 올 수 있으나 고객 불만족은 거래중단으로 이어지게 된다. 고객 불만 발생 시 행동원칙을 정리해 보면 다음과 같다.

1) 고객의 입장에서 생각하라
2) 고객불만을 객관적으로 파악하기 위하여 냉정해지도록 노력하라
3) 잘못은 즉시 인정하라
4) 신속히 처리하라
5) 결과는 반드시 통보하라

6) 고객 불만은 매장 이외의 장소에서도 접수하라

제5절 데이터베이스 마케팅(DB Marketing)

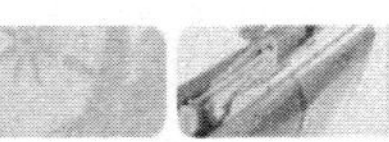

기업 간의 경쟁이 심화되고 소비자의 욕구가 다양해짐에 따라 마케팅의 초점도 매스마케팅에서 점차 세분화되어 세분화마케팅(segmentation marketing), 틈새마케팅(niche marketing)으로 변하고 있다. 더구나 오늘날 소비자는 더 이상 어떤 집단 또는 목표시장의 한 구성원으로서가 아닌 유일한 개성을 지닌 독립적인 존재로 인식되어지기를 바라고 있다. 이를 위하여 개인마케팅(individual marketing), 일 대 일 마케팅(one-to-one marketing), 혹은 관계마케팅(relationship marketing)의 개념이 생겨났으며, 이러한 개념을 실현시켜 줄 수 있는 수단으로 데이터베이스 마케팅(database marketing)이 등장하고 있다.

1. DB마케팅의 의의

데이터베이스마케팅은 고객과의 장기적인 관계를 구축하기 위해 잠재고객이나 현재고객에 대한 유용한 정보를 데이터베이스로 구축하고, 구축된 고객 데이터베이스를 전략적으로 활용하여, 고객 개개인과의 접촉을 통해 직접적인 반응·판매를 유도하거나, 장기적인 일대일 관계를 구축하고자 하는 제반 마케팅활동이다. 또한 데이터베이스마케팅은 고객을 불특정다수의 대중이 아닌 개인으로 대응하면서 개별고객과의 장기적인 관계를 구축하고자 하는 '일 대 일 마케팅'혹은 '관계마케팅'을 실현하기 위한 출발점이라 할 수 있다.

2. DB마케팅의 유용성

1) 고객정보를 분석함으로써 현재고객과 우량고객, 그리고 잠재고객을 파악할 수 있고, 각 고객의 욕구에 맞는 커뮤니케이션을 통해 차별적 마케팅전략을 구사할 수 있다.
2) 현재 고객의 특성을 정확히 파악하여 그들의 니즈(needs)와 흥미에 부합하는

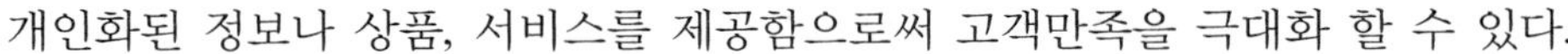

개인화된 정보나 상품, 서비스를 제공함으로써 고객만족을 극대화 할 수 있다.

3) 자사의 수익에 보다 크게 기여하는 우량고객을 파악하여 그들에게 차별적인 혜택을 제공함으로써 장기적인 고객 충성도를 형성할 수 있다.
4) 우량고객의 특성을 분석하여 앞으로 단골고객이 될 가능성이 큰 잠재고객에게 선별적으로 접근, 집중공략 함으로써 직접우편(Direct Market- ing), 텔레마케팅(Telemarketing) 비용을 획기적으로 절감하고 마케팅활동의 효율성을 향상시킬 수 있다.
5) 결국 고객데이터베이스를 전략적으로 활용함으로써 개별고객과의 장기적인 관계를 구축할 수 있고, 이를 통해 기존고객의 이탈을 감소시키고 재구매를 유도할 뿐 아니라 다른 제품으로의 교차판매(Cross Selling)효과까지 얻어 고객의 생애가치(Life－time Value)를 극대화할 수 있다.
6) 데이터베이스마케팅은 고객정보와 조사기법의 결합을 통해 평소에 항상 마케팅리서치를 실시하는 마케팅리서치의 자동화 효과(Marketing Re- search Automation)가 있다. 고객의 요구 및 시장의 변화를 즉각적으로 파악할 수 있게 해주고, 이러한 변화를 중장기 마케팅전략의 수립에 적절하게 반영할 수 있고, 차별적 가격전략을 구사할 수 있을 뿐만 아니라 전통적인 유통채널을 대체할 수 있는 수단이 될 수 있다.
7) 고객데이터베이스로부터 획득되는 정보는 보다 효율적인 광고전략의 수립이나 신상품기획, 경쟁우위전략의 수립을 위해서도 활용될 수 있다.

3. DB마케팅의 시행절차

1) 고객 DB 의 구축

고객과의 개별접촉을 위해서는 우선 고객의 명단과 주소가 있어야 한다. 고객정보에는 거래 데이터 즉 구입품목, 구입 횟수, 총구입금액, 구입 시기 등이 필수적이고, 중요시하는 제품속성 등 제품과 관련된 태도, 고객기호와 라이프스타일 등의 정보까지 많을수록 활용도가 커진다. 고객 정보는 처음에는 간단한 리스트에서 출발하여 DB마케팅 활동에 따라서 추가되고 업데이트되는 과정을 거치게 된다. 기존고객의 정보는 주로 판매나 A/S 등 기업 활동 과정에서 축적될 수 있으며, 잠재고객의 리스트를 확보하는 방법은 다음과 같다.

① TV, 신문 등 매스미디어를 활용하거나 설문조사 등을 통해 획득하는 방법
② 회원제 등을 통한 획득
③ 타 업종과의 제휴에 의한 입수
④ 기존 채널 및 정보기술을 이용한 새로운 채널에서 전화문의 등의 반응을 보인 잠재고객의 정보를 획득하는 방법 등이 있다.

2) DB의 분석

고객정보 분석은 마케팅활동에 중점을 두고자 하는 고객집단을 선정하고, 그들의 특성을 파악하는데 중요한 목적이 있다. 마케팅목표를 자사 고객의 유지 관리에 두느냐, 경쟁사 고객을 끌어들이는데 둘 것인가, 신규 잠재고객을 개발하는데 둘 것인가에 따라서 다양하게 고객을 분류하고 분석하게 된다.

구축된 고객DB중에서 고객가치가 높은 우량고객을 분류하는 방법으로는, 구입시기, 구입횟수, 구입금액 등 고객의 반응정도에 따라서 가중치를 두어 분류하는 방법이 일반적이며, 인구통계적 변수나 지리적 변수, 라이프스타일 변수 등 고객특성을 기준으로 분류할 수도 있다. 이러한 분석을 통해 각 세분집단의 특성에 적합한 커뮤니케이션전략을 개발할 수 있다.

3) DB 활용

앞에서 지적한 것처럼 데이터베이스마케팅 활동은 고객과 우편이나 전화 등을 이용하여 개별적으로 접촉하여 직접 커뮤니케이션을 하고 제품 구매를 유도하는데 있는데, 다음의 3R을 얼마나 잘 갖추고 운영하느냐에 따라서 성패가 좌우된다.
① 활용가치가 크고 구매확률이 높은 사람을 대상으로(pin-point con-tact) 해야 하며(right person),
② 개인별 접촉시기를 다르게 함으로써 효과를 높이고(right time),
③ 구매에 직결되는 유인을 제공함으로써 실 구매로 연결되도록(right offer)해야 한다.

4. DB마케팅이 효과적인 제품/상황

① 단가가 높은 고관여 제품이거나, 저가격대의 제품이라도 반복구매에 의해 고

객의 생애가치(Life Time Value)가 큰 제품, 즉 개별고객과의 지속적인 관계 유지가 필요한 제품

② 한 품목을 판매함으로써 연관 상품의 교차판매(cross-selling) 가능성이 큰 사업
③ 유통에 대한 통제력이 약한 기업의 제품
④ 신제품의 런칭시, 조기 신규고객 확보나 시장테스트가 필요한 경우
⑤ 고객과 직접 접촉하면서 판매나 서비스가 이루어지는 제품, 즉 영업과정에서 고객정보가 계속 축적될 수 있는 제품
⑥ 경쟁사 고객을 자사고객으로 전환하여 시장점유율(M/S)을 높이려는 경우
⑦ 소수의 특정 고객집단만을 대상으로 한 제품 또는 서비스

제6절 관계마케팅(Relationship Marketing)

1. 개념

관계적 교환의 개념을 중요하게 인식하고 마케팅에 적용시킨 것으로써, 베리와 그래샴(Berry and Gresham)은 "소비자와의 관계를 창출하고 유지시키는 마케팅 활동으로 고객과의 관계를 중시하고 강화하는 것"이라 하였다. 샤니와 칼라사니(Shani and Chalasani)는 "고객을 파악하고 네트워크를 구축하여 쌍방간의 이윤을 충족시키도록 지속적으로 강화하는 것"이라 했으며, 몰간과 헌트(Morgan and Hunt)는 "성공적인 교환관계를 수립하고 발전, 전개시키며 유지하는 모든 마케팅 활동"이라 정의하였다.

이와 같이 고객과 밀착된 관계의 개발을 생존의 조건으로 보고 있는 관계 지향적 마케팅의 특성을 관계마케팅(Relationship Marketing)이라고 부르고 있다.

2. 단계

관계는 일반적으로 인식(awareness), 탐색(exploration), 확대(expansion), 결속(commitment), 해지(dissolution)의 다섯 단계를 거쳐 형성된다.

1) 1단계 : 인식

인식은 B가 가능한 교환당사자라고 A가 인지하는 것을 의미한다. 쌍방간의 상황의 근접성은 인식을 원활하게 한다.

2) 2단계 : 탐색

탐색은 관계적 교환에 있어서의 테스트와 시도를 의미한다. 이 단계에서 잠재적인 교환당사자는 의무, 편익, 부담, 그리고 교환의 가능성 등을 우선 고려하게 되며, 시험적인 구매들이 일어난다.

3) 3단계 : 확대

확대란 교환당사자들이 얻는 편익이 계속 증가하고 그들의 상호의존도도 증가하는 것을 의미한다. 앞서 탐색단계에서 소개한 다섯 가지의 하부과정이 확대단계에서도 역시 작용한다. 중요한 차이점은 탐색단계에서 달성된 신뢰와 상호만족이 확대단계에 와서 교환쌍방간에 가져가는 위험을 증가시키도록 한다는 것이다. 다시 말해서, 상호의존의 폭과 깊이가 증가하게 되는 것이다.

4) 4단계 : 결속

결속은 교환당사자간의 관계의 지속성에 대한 묵시적 혹은 명시적 약속이라 할 수 있다. 이 단계에서 구매자와 판매자간의 상호의존도는 가장 심화되며, 교환당사자들은 대체 가능한 대상을 알고는 있지만 지속적이고 현저한 테스트를 하려고 하지 않는다. 구매자(판매자)의 애호(loyalty)가 이루어진다.

5) 5단계 : 해지

관계로부터의 이탈은 앞의 각 단계마다 일어날 수 있는 것이다. 관계의 해지에 대한 일반화된 이론은 적지만 다음과 같은 4단계의 개념적 틀이 이를 이해하는 데 도움을 줄 수 있을 것이다. 첫 단계는 관계로부터의 편익을 능가하는 비용을 지불하고 있다고 결론지며 상대방과의 불만족을 평가하는 내부심리적 단계이다. 그런 다음 해지는 사회적 관계에서 공공적으로 표현된다. 마지막으로 관계단절로부터

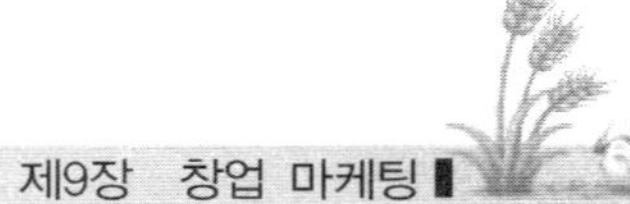

의 사회적이고 심리적인 극복, 즉 "자기합리화"(grave dressing)로써 관계를 종결짓는다.

〈표 9-5〉 거래마케팅과 관계마케팅의 비교

구 분	거래마케팅	관계마케팅
초점	• 판매 (판매는 최종결과이며 성공의 척도) • 고객요구만족 (고객은 가치를 구매)	• 고객 창출 (판매는 관계의 시작) • 고객 집중 (상호간의 가치창출) • 지속적 관계 유지
제품	• 제품의 특징	• 제품의 편익
기간	• 단기	• 장기
고객서비스	• 고객서비스 소홀	• 고객서비스 강조
고객의 관여도	• 제한적 관여	• 많은 고객 관여
품질	• 생산 단계에서만 관심	• 모든 단계에서 관심
고객과의 접촉	• 소극적 접촉	• 적극적 접촉
소비자에 대한 이해	• 불특정 고객 • 상호 독립적인 판매자와 구매자	• 단골고객 • 상호의존적인 구매자와 판매자
마케터의 과업과 성과기준	• 제품과 가격에 기초한 평가 • 신규고객 확보에 초점	• 문제 해결 노력에 기초한 평가 • 지속적 고객 유지에 초점
교환의 핵심측면	• 제품에 초점 • 획득에 의한 판매 • 단기적 사건 • 불특정 다수 고객과의 일방적 대화	• 서비스와 관계에 초점 • 동의에 의한 판매 • 지속적 과정 • 개인 차원의 친밀한 상호대화

제7절 프랜차이즈시스템

1. 프랜차이즈의 유래 및 역사

1) 용어의 유래

프랜차이즈(franchise)라는 말은 원래 특권이라는 의미가 내포되어 있는데, 프랑스어의 franc와 francher로 '자유를 준다'는 의미이다. 이것은 중세 가톨릭교회가 세금을 징수하는 관리로 하여금 교황에게 납부하는 세금 가운데 일정한 몫을 갖도록 허용한데서 비롯된다.

2) 프랜차이즈의 역사

프랜차이즈 사업개념은 1860년대 미국의 싱거 재봉틀 회사(Singer Sewing Machine Co.)가 처음 도입하였다. 이어 1898년에 자동차 회사인 제너럴 모터스(General Motors)가 도입 운영하게 되었다. 이러한 과정을 통해 프랜차이즈 형태는 그 효율성을 인정받기 시작하면서 성장의 가도를 달리게 되었다.

우리나라에서 프랜차이즈 사업의 도입은 1975년 개점한 "림스치킨"으로 보는 견해와 1979년 7월 동숭동 샘터사 자리에 개점한 커피전문점 "난다랑"으로 보는 견해가 있다. 그러나 일반적으로 선진화된 프랜차이즈 시스템을 갖추고 1979년 가맹점 형태로 1호점을 개점한 "롯데리아"를 국내 프랜차이즈의 효시로 보고 있다. 1980년대에 들어서면서 한식전문 프랜차이즈 "놀부집"이 문을 열었고 미국의 패스트푸드의 대명사인 "맥도날드" 등이 국내에 진출하였으며, 1989년 편의점 가맹점인 세븐 일레븐이 1호점을 열면서 본격화되기 시작하였다.

2. 프랜차이즈의 개념

국제프랜차이즈협회의 규정에 의하면 프랜차이즈(franchise, 가맹사업)란 어느 한 조직(franchisor, 가맹본부)이 일정 지역의 다른 조직(franchisee, 가맹점, 가맹점사업자)에 대하여 상호 및 상표 사용권, 제품의 판매권, 기술, 상권분석, 점포 디스플레이, 관계자 훈련 및 교육지도, 마케팅 및 광고지원 등을 제공하거나 기타 영업을 할 수 있는 권리를 부여함과 동시에 영업에 대한 일정한 지시, 통제를 하는 한편, 선택적으로 그 영업에 대한 노하우를 제공하거나 상품을 공급하고 이에 대하여 가맹점사업자(franchisee)는 가맹본부(franchisor)에게 그 대가로써 가맹비, 보증금 또는 로열티나 제품대금 등을 지급하는 계속적인 계약을 체결하는 것을 말한다.

3. 프랜차이즈 사업의 경제적 기능

1) 장점

(1) 가맹본부

① 소규모 중앙조직만으로 이윤 획득이 가능
② 소규모의 자본투자로 운영 가능
③ 최소의 자본으로 전국적, 세계적 기업으로의 성장가능
④ 가맹점사업자의 지역상권 개발로 영업범위 확대
⑤ 지역사정에 밝은 사업자 활용가능

(2) 가맹점사업자

① 개업 전 인수절차를 통한 전문지식이나 경험 습득 가능
② 유명 상표 사용 가능
③ 상대적 소자본 창업 가능
④ 점포(입지, 인테리어, 장비 등) 등과 관련한 지원 가능
⑤ 전국 단위 광고홍보 효과
⑥ 대량구매를 통한 가격 인하 효과
⑦ 계약기간 중고도의 전문지식, 경험, 노하우 등 습득 가능
⑧ 전문 경영지도에 따라 실패율 최소화
⑨ 전문요원 등의 지도를 통해 영업상의 문제해결
⑩ 영업비밀 노하우 등 전수
⑪ 적절하게 안배된 상권에 의한 보호

2) 단점

(1) 가맹본부

① 경쟁자 양성의 모순
② 사업 감각 및 사업 능력 미흡자 선정 가능성
③ 품질기준 등의 관리 필요
④ 상호 불신 형성의 위험성

⑤ 시장변화에 대한 신속한 대응 어려움
⑥ 겸업 가맹점 사업자의 충실도 상실
⑦ 상명하복의 의사전달 체계 확립 불가
⑧ 로열티(royalty) 산정기준인 매출실적의 정확한 산출 곤란
⑨ 경영능력과 노하우 습득 후 독립경향

(2) 가맹점사업자

① 타인(가맹본부)의 통제
② 경영지도 등의 지원에 대한 대가지급
③ 가맹본부 자질판단의 어려움
④ 점포양도의 제한
⑤ 원료공급과 영업 수행상 본부에 과다 의존 경향
⑥ 가맹본부의 정책변경 등에 따른 손해 가능성
⑦ 본부의 잘못으로 인한 이미지 훼손 가능성

4. 프랜차이즈시스템의 특성

1) 가맹점의 독립성

프랜차이즈 시스템은 가맹본부와 가맹점사업자의 자율성이 인정되고 각자는 독립된 이윤을 보장받는다는 점에서 일반적인 제품이나 용역 서비스의 거래와는 다른 특징을 보인다.

2) 제품의 동질성

프랜차이즈 시스템은 독립적인 경영자와 사업주체들로 구성되어 있지만 소비자들은 시스템 전체를 동질적인 것으로 인식한다. 따라서 브랜드 이미지 효과가 높다.

3) 신뢰를 토대로 한 상호협력

프랜차이즈 시스템은 가맹계약에 따라 상호 신뢰관계를 가지고 시장 변화에 따른 교육 및 마케팅 프로그램을 개발해야 한다.

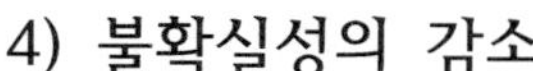

4) 불확실성의 감소

가맹본부에서 지속적으로 영업을 확장하고자 할 때 해당 지역에 대한 시장 및 문화적 특성을 정확하게 예측하기가 쉽지 않다. 이러한 경우에 해당지역에서 가맹점 사업자를 활용할 경우 정보 부족에 따른 불확실성을 감소시킬 수 있다.

5) 소자본창업 가능

사업 확장에 따른 자본은 가맹점 사업자들이 부담하므로 소규모의 자본으로 창업이 가능하다.

제8절 SNS 마케팅

1. SNS(Social Network service)의 유래 및 정의

소셜 미디어의 열풍이 거세게 불고 있다. 페이스북 가입자 수 6억명, 트위터 가입자 2억명 등 전 세계 인구의 10%가 넘는 사람들이 소셜 미디어 네트워크로 연결되어 있다. 우리나라도 싸이월드, 블로그를 시작으로 소셜 미디어가 날로 진화해 트위터와 페이스북 등으로 거듭 확장하고 있다. 특히 2010년 대박 아이템으로 등장한 스마트폰이 사람들에게 모바일 환경을 제공하면서 소셜 미디어 확산에 날개를 달아주었다.

이러한 사회 환경변화는 창업자와 기업을 운영하는 경영자들에게 시장과 소비자의 저변 문화를 능동적으로 수용하고 대처함으로써 기업경쟁력을 강화 할 수 있어, 소셜 미디어가 경영과 마케팅의 훌륭한 도구 될 수 있다는 점과 함께, 미디어의 소유자가 변화했고 이에 따라 커뮤니케이션 방식이 달라졌다는 것을 시사해준다.

소셜 미디어(social media)라는 용어는 2004년 가이드 와이어 그룹의 창립자인 크리스 시플리(Chris Shipley)가 처음 사용한 것으로 알려져 있다. 자신이 전달하고 싶은 생각이나 경험 등을 다수의 다른 사람들에게 전달하고 상호 참여하는 방식의 네트워크상의 도구를 말한다. 그리고 쌍방향 테크놀리지를 통해서 텍스트, 이미지, 오디오, 비디오 등 다양한 멀트미디어의 구성 요소와 사회적 상호 작용을 통합하는 활동으로 정의 할 수 있다. 즉 소셜미디어란, 사람들 간의 상호 작용을 기반으로 하는 미디어 서비스로 블로그나 미니홈피, 유튜브와 트위터, 페이스북, 미투데이, 카카오톡 등이 포함될 수 있다. 그리고 멀티미디어 공유 서비스와 세컨드 라이프(second life)와 같은 가상현실까지 포함하는 새로운 쌍방향성 기능을 내포하는 커뮤니케이션 양식을 의미하기도 한다.

한편 사회적인 상호 교류와 공감대의 형성을 위한 기반이라는 측면이 보다 강조될 때 우리는 소셜네트워크서비스, 즉 SNS라는 용어를 사용한다. 특히 소셜네트워크라는 말이 포함된 서비스이기 때문에 개개인들의 프로필을 대부분 연람할 수 있게 되어 있다. 이를 통해 자신의 네트워크에 다른 사람을 손쉽게 추가함으로써 원하는 사람과 더욱 편리하게 연결될 수 있도록 해준다는 점을 특히 강조하고 있다. 그리고 네트워크를 만드는 활동임을 강조하는 네트워킹이란 말을 써서 소셜네트워크서비스(Social Networking Service)로 칭하기도 한다. 이런 방식의 정의로 인해 SNS가 때로는 소셜미디어의 하위 카테고리 중 한 가지 종류로 언급되기도 한다.

사람들이 최근 가장 관심을 가지고 주목하고 있는 서비스 중의 하나가 트워터이다. 트위터나 미투데이는 짧은 메시지를 실 시간으로 업데이트하면서 여러 사람들과 소통 할 수 있다. 최근 유행하고 있는 이런 서비스를 마이크로블로깅 서비스 또는 마이크로블로그 형태의 소셜미디어라고 말하기도 한다. 이러한 용어들 간의 관계를 정리해보면 소셜미디어> SNS > 마이크로블로깅 서비스로 이해할 수 있을 것이다. 그러나 최근의 소셜미디어는 다양한 방향으로 발전을 거듭하고 있어 이러한 개념적 정의에 대해서는 전문가들 사이에서도 여전히 의견이 분분하다.

2. 소셜 미디어(Social Media)의 종류와 특징

1) 트위터(Tweeter)

파랑새의 쉼 없는 재잘거림을 의미하는 트위터는 미국 샌프란시스코 지역의 벤처 기업인 오데오사Odeo, Inc의 에반 윌리엄스(Evan Williams)와 노아 글래스(Noah Glass)가 고안한 연구 개발 프로젝트에서 출발하여 2006년 3월에 서비스를 시작하였다. 트위터는 트윗(Tweet)으로 불리는 최대 140자의 단문 메시지를 인터넷과 모바일 기기 등을 이용해 실시간으로 커뮤니케이션 하는 소셜네트워크 서비스이다. ‘140’자로 표현하기 때문에, 짧은 문장으로 여러 사람과 실시간 소통이 가능한 서비스이며, 블로그와 메신저가 결합된 형태로 텍스트, 사진, 동영상 등 데이터를 실시간 주고 받기 때문에 사용자들에게 채팅과 유사한 느낌을 주어 미니블로그(Miniblog)라고도 한다.

채팅이 특정 대화방 안에 있는 모든 사람들과 서로 이야기를 주고받는 구조라면, 트위터는 내가 듣고자 하는 사람들(팔로잉, Following)의 이야기만 듣고, 내 이야기를 듣고자 하는 사람들(팔로워, Follow)에게만 말하는 구조이다. 초기에는 140자라는 짧은 글자 수가 지니는 한계점으로 인해 과연 얼마나 유용할 것인지에 대한 의문도 많았다. 그러나 여러 가지 세계적인 이슈들이 발생할 때마다 사용자들은 트위터를 통해 이러한 일들이 적극적으로 전달되고 또 대응될 수 있음을 증명해 보였다. 이처럼 소셜 미디어본연의 특징은 전달과 상호 참여의 특징을 가진 트위터는 많은 관심과 함께 성장세를 보여주고 있다. 트위터의 주요 매력 중 하나는 우선 수평적인 관계 속에서 좀 더 자유롭게 네트워크를 확장하고 유지시킬 수 있다는 점이다.

듣고 싶은 사람들을 '팔로우'하면 그때부터 그 사람들이 올린 이야기, 즉 '트윗(tweet)'이 내 창에 보인다. 거꾸로 다른 사람들이 나를 '팔로우'하면 그때부터 내가하는 이야기즉, 나의 트윗이 그 사람의 창에 나타나게 된다. 여기서 구독하는 행위, 즉 팔로우는 상대방의 허락이 필요 없다는 점에서 다른 SNS들과 결정적인 차이가 있으며, 관계를 보다 광범위하게 맺을 수 있다. 다른 서비스들의 경우 오프라인상의 활동을 온라인으로 옮겨 온 것이 대부분이었다. 기존에 알고 있던 사람들이 승인을 해주면 글 읽기가 허용된 사람들만 글을 읽을 수 있었다. 그에 반해 트위터에서는 자기과 관심 있는 사람의 글 읽기가 꽤나 자유롭다. 그냥 사용자가 관심이 있는 사람을 찾아서 팔로잉(following) 버튼을 누르는 것만으로 별도 허락이나 인증 없이 기본적인 관계 맺기가 가능하기 때문이다.

트위터는 실시간으로 전할 만한 휘발성이 강한 이야기를 주로 다룬다. 기본적으로 140자로 제한되어 있는 그 특성으로 인해 넘치지 않는 정보만을 전달해야 하는 점 때문이기도 하다. '무슨 일이 일어나고 있나요?'라는 가장 본질적인 질문에 대해서 짧지만 자주 소통하길 원하는 것이 정말 트위터적인 커뮤니케이션이기 때문이다. 결국 중요한 것은 트위터라는 SNS서비스를 통해 '지금' 내가 생각하고 말하고 싶은 이야기를 '손쉽게' 공유할 수 있다는 것이다. 트위터는 자신의 이야기를 자유롭게 할 수 있다고 다른 사람들의 얘기를 듣고 다시 다른 사람에게 이야기를 소개 할 수 있다. 이런 트위터의 매력은 기업을 관리하고 마케팅을 담당하는 사람이라면 관심을 가지고 적극적으로 사용해야만 하는 서비스로 느껴질 것이다. 특히 2011년 트위터에서 한글을 공식적으로 지원하기 시작했고, LG유플러스와 Daum

등과 같은 국내 기업들과 공식 제휴를 맺었다. 단순한 SNS를 넘어서 새로운 정보 네트워크이자 미디어 역할까지 하는 트위터는 페이스북과 함께 지속적인 관심을 가져야 할 서비스임은 분명하다.

기본적으로 140자 이내로만 쓸 수 있지만 'Twitlonger' 등 다른 도구를 이용하면 더 길게 쓸 수 있으며, 최근 모바일 환경이 확산 되면서 이용자가 날로 급증하고 있다.

2) 블로그

웹상에 자신의 생각, 일기 등을 자유롭게 올리는 인터넷 개인 미디어나 사이트를 총칭하는 도구다. 게시하는 콘텐츠에 제약이 없으며, 제작과 관련한 특별한 지식이 없어도 누구나 쉽게 운영 할 수 있어 개인 홈페이지의 대안으로 떠오른 도구다. 최근에는 개인의 기록과 기호, 취미 활동을 넘어 개인 언론, 개인 출판, 개인 방송 등 비즈니스와 전문적인 영역으로 확장 할 수 있는 좋은 도구로 주목 받고 있다. 기업들도 블로그가 홈페이지보다 고객들과 훨씬 친근하게 만날 수 있고, 제작도 쉽고 데이터도 수시로 업데이트 하 수 있다는 이유로 별도 운영하고 있는 업체가 많다. 특히 각 콘텐츠를 인터넷 검색을 통해 고객들에게 쉽게 노출 할 수 있어 홍보 효과는 물론 타깃 소비자와의 접촉점을 보다 직접적으로 가능하게 한다. '퍼나르기' 기능을 통해 올린 정보나 콘텐츠가 여러 사람의 블로그로 확산된다는 점도 블로그가 가지고 있는 매력중의 하나이다.

3) 미투데이

2007년 시작된 미투데이는 미투데이 친구의 줄임말인 '미친'을 통해 네트워킹을 형성하며 단문 중심의 메시지를 전달하는 동시에 이미지와 동영상 등을 쉽게 공유할 수 있는 국내에서 시작된 대표적인 마이크로 블로그 서비스이다. 국내 최초 마이크로블로그서비스로 NHN(주)이 미투데이의 주식을 2009년 1월 약 22억원에 매입하면서 현재와 같이 네이버가 제공하는 서비스의 개념으로 접근하게 되었다. 트위터와 상당히 유사한 서비스로 트위터보다 10자가 긴 150자까지 입력이 가능하며, 미투데이 상에서 친구를 일컫는 '미친'의 관계 형성은 상호 허락에 의해 이루어 진다. 이런점은 '팔로우'를 통해 일방적으로 관계가 이루어지는 트위터와는 가장 큰 차이점을 보인다. 상대의 글에 공감할 때 '미투'를 달아 표시하는 점도 특징이다. 주 이용자가 10대와 20대 초반에 집중되어 있어 트위터에 비해 이용자의 연령층이 낮은 편이지만, 미투데이의 경우 국내 기반 서비스답게 국내 이동통신사의 활발한 제휴부터 유명인들이나 기업과의 협업을 통한 이벤트 진행 등과 같이 국내 유저에게 차별화된 요소들을 만들어내고 있다.

트위터의 위력과 관리

"도미노의 난(피자의 난)"

2010년 7월 1일 시작된 도미노피자 이벤트는 팔로워들에게 인터넷 주문 시 주문자의 트위터 팔로워 수만큼 최대 2만원까지 가격을 할인해 주는 행사였다. 이는 계정의 팔로워 수도 늘리고 온라인 구매 경험을 제공하는 두 마리 토끼를 잡는 이벤트였다. 트위터리안들의 반응은 폭팔적이였는데, 불과 보름도 되지 않아 1만명 이상의 팔로워를 얻게 되었다. 그러나 화제가 되며 소문이 기하급수적으로 퍼지면서 부작용이 일어나기 시작했다. 트위터리안들이 팔로워 수를 늘리기 위해 맞팔율 사이트를 통해 대량으로 선팔로우를 했고, 급기야 좀비계정(팔로잉과 팔로워는 상당한데 비해 트윗이 하나도 없는 말 그대로 죽은것도 산것도 아닌 계정)들이 떼로 출몰하기 시작했다. 예상치 못한 엉뚱한 현상과 트위터리안들의 계속되는 비난에 놀란 도미노피자측은 예정보다 20일 앞당긴 7월 16일에 이벤트를 서둘러 종료해야 했다. 이 이벤트를 통해 도미노 피자는 팔로워를 1만명 이상 늘렸고, 그 만큼의 사람들이 온라인 구매를 경험하도록 유도했다는 긍정적인 효과를 거두었다. 그러나 사회적 물의를 일으켰고, 이벤트도 조기 종료하면서 결과적으로 약속을 지키지 못해 기업이미지에 손상을 입었다. 이 사례는 기획의도도 좋았고, 목표와 타깃도 잘 설정하였지만, 트위터에서는 때로는 '팔로워 수'가 아닌 '트윗 수'가 트위터를 제대로하는 사람을 판별하는 기준이 된다는것을 이해했더라면 이 이벤트는 매우 성공적인 사례가 되었을 것이라는 시사점을 남긴다. 이벤트를 시작 할때 '단, 트윗 수가 팔로워 수의 10% 이상입니다' 같은 단서를 붙여서 무분별한 좀비계정들이 난립하는 것을 막을 수 있었다면 양상은 완전히 달라지고 오히려 올바른 트위터 문화를 조장하며 긍정적인 평가가 이루어졌을 것이다.

"강연 기부"

2010년 9월 4일 KAIST바이오 및 뇌공학과 정재승 교수는 트위터를 통해 강연 기부를 제안하였다. 자신의 트위터 계정을 통해 인구 20만명 이하 작은 도시의 시립도서관에서 과학자, 공학자들이 주축이 되어 청소년을 위한 강연 시리즈를 열고자 하는데, 그의 대한 강연 기부에 동참할 것을 호소한 것이다. 정재승 교수 스스로 많아야 수십 명의 호응이 있을 줄 알았다고 밝힌 바 있는 이 트윗은 팔로워들의 호응을 얻어 순식간에 타임라인을 채웠다. 놀랍게도 수백 건의 강의 재능 기부에 대한 공감을 얻어낼 수 있었을 뿐 아니라 과학적 재능이 없음을 아쉬워하는 비 과학인들의 호응까지 이끌어 낼 수 있었다.

[자료 : 배성환, SNS 파워마케팅, 명진출판, 2011]

4) 페이스북(Facebook)

2004년 하버드대학교의 학생이었던 마크 주커버그(Mark Zuckerberg)에 의해 하버드대학교의 학생들을 위한 서비스로 처음 출발한 페이스북(Facebook)은 이제 구글보다 더 주목받고 있는 세계에서 가장 인기 있는 SNS 중의 하나이다. 하버드대학에서의 유행 후 아이비리그를 포함한 각 종 대학으로 퍼져나가, 2011년 기준으로 전 세계 6억 명 이상의 사용자를 보유하고 있다. 페이스북은 싸이월드 미니홈피에 네트워킹 기능을 강화시켜 놓은것인데, 미니홈피 사용자들이 주로 일촌을 중심으로 정보를 공유한다면 페이스북은 불특정 다수에게도 쉽게 개방하는 특징이 있다. 미니홈피와 마찬가지로 허락에 의해 친구 관계가 맺어지지만 페이스북은 친구 맺기에 좀 너그러운 편이다. 이것은 알만한 사람을 끊임없이 추천하여 네트워킹을 넓히도록 유도하는 페이스북의 구조적 특징에서 나온 것이다. 친구의 담벼락(일종의 홈페이지)에 마음대로 글이나 사진을 게시할 수 있는것도 미니홈피와 다른 점이다.

특히 단순한 소통 뿐 아니라 쇼핑 등과 같은 새로운 용도를 위한 공간으로의 확장과 소셜 플러그인 등을 통한 다른 서비스와의 자유로운 연계를 가능하게 하는 등 다양한 시도가 계속되고 있다. 국내에서도 트위터로부터 시작된 SNS에 대한 관심이 점차 페이스북으로 확대되고 있으며, 이에 발맞추어 여러 기업들도 페이스북을 통한 소통을 시작하고 있다. 트위터의 경우 맞팔이라 불리는 양방향 소통이 되지 않을 경우엔 네트워크 보단 소식을 전하는 미디어의 모습을 갖게 되기 쉽다. 하지만 페이스북은 친구 맺기를 통한 양방향 소통을 기본 플랫폼으로 하고 있어 친구와 지인 간 네트워크라는 SNS 측면이 보다 강조된다. 결국 이러한 특징으로 인해 트위터가 SNS라는 열풍의 출발점이 되긴 하였으나 코리안 클릭 자료에 따르면, 2010년 12월 기준으로는 순방문자 수가 10월 대비 20% 이상 감소하는 하락세를 보인 반면, 페이스북은 70% 이상 증가하는 모습을 보이며 말 그대로 대표 SNS로서 폭발적인 성장세를 보이고 있다.

5) 싸이월드

SK커뮤니케이션즈가 제공하는 국내 최대의 소셜 네트워크 서비스로 상호 허락에 의해 '일촌' 관계가 형성되며, 주로 주변의 지인들을 대상으로 일상이나 사진을 공유하는 개인의 가상 공간이다. 각자의 미니홈피에 올린 사진이나 글, 방명록에

댓글로 의사소통하는 형태이며, 개인적인 정보를 자신이 일촌으로 선택한 사람들에게 선택적으로 공개할 수 있다. 웹 기반의 온라인 서비스로 잊고 지내던 동창 찾기 열풍을 물고 왔던 아이러브스쿨과 커뮤니티 기반의 네이트워킹을 유도했던 프리챌의 유행 이후, 2003년 싸이월드가 소개되면서 말 그대로 폭발적인 인기를 끌었다.

〈표 9-6〉 소셜 미디어 특징 비교

서비스	싸이월드	미투데이	페이스북	트위터
SNS적 특징	지인 중심의 폐쇄형 서비스(SNS 1세대*) 온·오프라인친분으로 형성된 실명의 일촌 관계를 바탕 인맥에도 등급을 두어 공개 여부 설정	지인 중심 마이크로블로깅 (SNS 2세대*) 미친의 한해 쪽지 및 소환 기능 (개방과 폐쇄 중간 형태 유지)	지인 중심의 폐쇄적인 성격 (SNS 1.5세대*) 플랫폼적으로는 부분적 개방	개방형 마이크로블로깅 (SNS 2세대*) 메시지의 휘발성이 강함 유명인의 소셜 미디어구독 형태
주 사용 목적	친문과 인맥 관리	일상 느낌 공유	친문과 인맥 관리	정보 교류
인맥	일촌	미친	친구(friends)	팔로워
인맥 관계 구조	쌍방향 연결 구조 reciprocal connections	쌍방향 연결 구조 reciprocal connections	쌍방향 연결 구조 reciprocal connections	일방형 연결 구조 asymmetrical
메세지양	제한 없음	150자 단문	제한 없음	140자 단문
개설 시기	1999년	2007년	2004년	2006년
가입자수: 한국/글로벌	2500만 명	385만 명	16만 명/ 5억만명	15만 명/ 1억1000만 명
웹트래픽기준: 한국/글로벌	11위 / 947위	239위 / 22,836위	3위 / 2위	14위 / 10위
주 사용자층 *트래픽 기준	18-44세 여성	18-24, 35-44세 여성	18-54세, 남녀 비슷	18-44세, 남녀 비슷
플랫폼	폐쇄형 플랫폼	폐쇄형 플랫폼	선택적 개방 플랫폼	선택적 개방 플랫폼
비즈니스상 특이점	도토리	토큰	크레딧	-
주요 제공 서비스	프로필 게시판 방명록 사진첩 다이어리 일촌 신청 (미니홈피 중심)	프로필 상태 업데이트 모아보는 댓글 태그 미친 신청 미투밴드 미투앱 미투하기	프로필 상태 업데이트 업데이트 소식 친구 인박스 사진 채팅 노트 이벤트	프로필 상태 업데이트 타임라인 메시지 멘션 (@) 리트윗 팔로잉/팔로우

[자료 : 배성환, SNS 파워마케팅, 명진출판, 2011, pp. 51-52.]

3. 효과적인 SNS마케팅을 위한 7가지 원리

소셜미디어와 SNS 자체가 여전히 진행 중이고 앞으로 계속 발전할 것이므로 아직은 원전히 검증되지 않은 다양한 제안들이 소개되고 있는데, 그런 측면에서 성공적인 SNS 마케팅을 위한 7가지 원리를 정리하면 다음과 같다.2)

첫째, 계정은 선점하고 똑똑하게 만들어라

우선 SNS를 시작하자. 실제로 로또를 구매하지도 않는 많은 사람들이 농담 처럼 '로또만 당첨된다면'이라고 얘기하는 경우를 보게 된다. 기회를 잡기 위해선 '시간도 없는데' '관리가 안 되면'이라는 부정적인 생각은 접고 우선 발빠르게 움직여야 한다. '우선'이라는 개념은 경쟁사보다 먼저 나의 브랜드를 타인에게 빼앗기지 않도록 선점하라는 의미이다. 뿐만 아니라 SNS는 각 서비스별 특징과 활용방법이 다를 수도 있으므로 기업에서는 어떤 SNS에 집중할 것인지 결정하고 해당 계정을 선점한 후 그 서비스에 알맞은 방법으로 똑똑하게 운영할 필요가 있다. 예를 들어 페이스북을 기업 마케팅 활동에 활용할 계획이라면 개인 페이스북이 아니라 고객들이 팬(fan)으로 가입 할 수 있는 '페이지(page)'를 만들어야 한다. 페이지는 페이스북의 메인에서 '유명인, 밴드, 비즈니스를 위한 페이지 만들기'를 클릭해서 생성할 수 있다.

그렇다면 왜 페이지여야 할까? 가장 중요한 것은 팬들이 가입해서 하나의 커뮤니티에 참여할 수 있다는 점이다. 페이지의 담벼락에 쓰여진 글들을 커뮤니티에 가입한 모든 팬들에게 보여지게 되며, 팬들이 그들의 친구들을 한꺼번에 추천할 수 있는 기능도 제공된다.

둘째, 경쟁사의 활동을 파악하라

경쟁사가 SNS를 어떻게 활용하고 있는지 파악하는 일은 다름 종류의 경영 활동과 마찬가지로 중요한 부분이다. 우선 간단한 검색을 통해 경쟁사가 SNS를 이용해 마케팅을 하는 방법이나 고개들이 경쟁사의 SNS의 참여하는 정도는 어떠한지 살펴볼 필요가 있다. 얼마나 많은 기업자를 확보하였는지, 어떤 종류의 콘텐츠를 SNS를 통해 제공하는지, 어떤 프로모션을 할 때 고객들의 참여가 많았는지, 그리고 어떤 이야기의 고객들의 반응의 좋았는지를 확인 할 필요가 있다. 트위터의 경우 국내 계정이나 메시지 검색은 트위터 자체 검색보다는 트윗케이알(Twtkr,

2) 배성환, SNS 파워마케팅, 명진출판, 2011, pp.67-75.

http://twtkr.com)을 이용하면 좋고, 해쉬 태그트위터상에서 단어 앞의 #을 붙여 태그개념으로 이용하면 보다 손쉽게 검색이 가능하다. 미투데이의 경우는 네이버에서 검색 결과로 이미 제공되고 있으며, 해당 서비스 내에서 태그 기반의 검색 역시 제공하고 있어 상대적으로 편리하게 획인 할 수 있다.

셋째, 공감할 수 있는 콘텐츠를 제공하라

글을 읽는 사람들에게 공감을 불러일으키는 콘텐츠를 제공하는 것이 중요하다. 따라서 콘텐츠 작성 시기에 유행하는 트렌드를 고려하는 것이 어느 정도 필요하다. 예를 들어 여성복 쇼핑몰을 운영하고 있다면 현재 유행하고 있는 인기 드라마속 주인공 사진을 포함한 콘텐츠를 제공함으로써 고객의 이해를 돕기 어렵지 않게 정보를 제공할 수 있을 것이다. 고객의 공감을 이끌어내는 콘텐츠는 개인의 블로그나 또는 다른 소셜미디어를 통해 확대 전파될 수 있다. 이는 다시 검색을 통해 해당 내용에 관심을 가진 구매 가능성이 높은 소비자에게 노출되어 구매로 이어질 수 있는 콘텐츠가 제공될 수만 있다면, 다른 소셜미디어를 통해 확대 재생산될 수 있으며 검색의 결과가 제공될 수 있고 이를 통해 또 다른 고객의 구매를 유도할 수 았다는 점을 항상 기억해야 한다.

넷째, 꾸준히 주고받는 소통을 하라

SNS는 기본적으로 마케팅을 위한 도구가 어니라, 소통의 도구라는 점을 잊어서는 안 된다. 일방적인 홍보성 글이나 광고로 도배하는 것은 트윗터에서 가장 외면받기 쉬운 행동이다. 자신의 이야기만 늘어놓기보다는 고객과 상호 작용을 통해 SNS의 장점을 충분히 활용해야 한다. 고객이 기업 계정에 글을 남겼거나 감사하게도 좋은 의견을 제공해주었음에도 아무런 반응을 하지 않는다면 고객의 기분은 어떨까? 혹은 앞에서 말한 것처럼 일방적으로 광고성 이야기만 늘어놓는다면 결국 다시는 찾고 싶지 않은 계정이 되고 말 것이다. 나의 이야기에 대한 고객의 반응에 관심을 갖고, 고객의 이야기에 끊임없이 귀를 기울이고 그들의 의견에 피드백해야 한다. 이미 SNS를 성공적으로 활용한 여러 기업에서는 고객들의 목소리를 좀 더 적극적으로 듣고자 소셜미디어를 통한 제품 체험단, 모니터 요인, 아이디어 그룹 등과 같은 다양한 활동을 지원하고 운영하고 있다.

그리고 SNS를 이용한 커뮤니케이션은 무엇보다 꾸준히 하는 것이 가장 중요하다. 소셜미디어를 처음 개설했을 때는 담당자가 의욕적으로 글로 올리고 댓글도 실시간으로 달아주는 경우가 많지만, 서너달 쯤 지나 관심이 줄어들면 SNS가 처음처럼 관리되지 않는 경우를 흔히 볼 수 있다. 이렇게 운영될 경우 개설 초기에 관심을 보이던 고객들이 실망하고 떨어지게 된다는 것이 가장 큰 문제이다. 목적을 갖고 SNS를 운영하고자 하는 기업이라면 담당자를 배정하고 SNS 관리에 대한 업무 사항을 명확히 해주어야 한다. 뿐만 아니라 다른 구성원들로 하여금 SNS를 관리하는 일이 중요한 업무의 하나로 느껴지도록 해야 할 필요가 있다.

다섯째, 시간을 절약하는 SNS 관리를 하라

두 가지 이상의 SNS를 활용하는 것도 좋다. 최근 크게 주목을 받고 있는 마이크로블로그로 불리는 트위터와 같은 단문형 SNS는 글자 수의 제약으로 인해 전달하고 싶은 모든 이야기를 할 수 없다. 상대적으로 글자 수나 표현 방법이 자유로운 블로그 같은 매체를 이용한다면 충분한 내용을 갖출 수 있고, 다시 이를 단문형 서비스에 링크시켜 빠르게 확산시킨다면 한 가지 SNS만 사용하는 것 보다 훨씬 더 효과적인 마케팅을 할 수 있을 것이다. 그러나 각각의 소셜 미디어에 로그인을 하고 콘텐츠를 작성한 후에 알리는 작업이 개별적으로 진행된다면 관리하기도 쉽지 않고 시간도 많이 소비된다. 이런 고민을 덜어줄 수 있는 해결 방법 중의 하나가 바로 소셜 버튼이다. 소셜 버튼을 이용하면 간단한 작업만으로 트위터나 미투데이와 같은 다른 소셜 미디어로 간편하게 글을 보내거나 공유 하는 것이 가능하다. 페이스북의 경우에는 서비스 내 트위터에서 작성한 글을 페이스북으로 옮기거나 페이스북에서 작성한 글을 트위터로 옮길 수 있는 기능을 제공하고 있다.

그리고 SNS의 경우 컴퓨터를 활용하거나 모바일 기기를 활용하는 등의 다양한 방법을 통해 사용할 수 있지만, 이를 관리한다는 측면에선 보다 효율적인 방법으로 이용할 필요가 있다. 많은 경우 이러한 관점에선 여전히 모바일 기기에 비해 컴퓨터를 통해 활용하는 경우가 편리하고 효율적일 때가 많으며, 이를 통해 관리에 필요한 시간을 절약할 수 있다. 이런 관점에서 하나의 미디어를 효과적으로 관리하기 위한 툴이 있다. 트위터의 경우는 데스크톱에서 트위터를 좀 더 효율적으로 관리하게 도와주는 트윗덱(Tweetdeck), 시스믹(Seesmic), 트월(Twhirl), 맥 전용인 트위티(Tweetie) 등이 있다. 이런 툴을 활용하면 자사 브랜드나 경쟁사 등 특정 키워드에 대한 실시간 모니터링이 가능하고 실시간으로 이슈가 되는 키워드를 확인하거나 그룹 관리를 쉽게 하고 인기 태그나 번역 기능 등을 이용할 수 있어 효율적인 시간 관리에 도움이 된다.

여섯째, 더욱 큰 효과를 원한다면 매스미디어와 연계하라

매스미디어를 비롯한 다른 매체와의 결합은 SNS를 활용한 마케팅 활동이 더 큰 효과를 가져 올 수 있게 한다. 매스미디어의 경우 단기간의 파급력이 큰 매체이고, SNS는 지속적으로 꾸준히 활용할 때 효과가 큰 매체이다. 이 둘의 결합은 그야말로 환상의 콤비이다. 영국의 BBC 방송은 이미 5년 전부터 20명으로 구성된 소셜미디어전담 팀을 구축해 24시간 가동 중이다. 토론회나 뉴스에서 트위터나 페이스북을 통해 시청자의 의견을 실시간으로 확인하고 질문을 할 수 있도록 해 소셜 미디어를 시청자가 참여 할 수 있는 하나의 채널로 구축하고 있는 것으로 알려져 있다. SNS와 다른 미디어를 결합하는 일은 특히 광고에서 자주 확인 할 수 있다.

일곱째, 고객과 고객을 만나게 하라

이제는 무언가를 구매하고, 어딘가 여행하고 싶고, 무언가 알고 싶은 것과 같은 대부분의 행동을 하기 전에 검색하는 일이 마치 예전에 세상을 돌아가는 이야기를 듣기 위해 TV뉴스를 보거나 신문을 읽는 것처럼 당연한 행동으로 느껴진다. 우리는 누군가의 경험에서 살아있는 지식과 도움을 얻고자 하고 사람들은 가능하면 그 경험이 상업적으로 물들지 않은 사실에 바탕을 둔 진심 어린 내용이기를 기대한다. 여러 사람의 SNS를 상업적인 광고로 도배하는 대신에 정보를 따라 찾아온 고객과 고객이 서로 만날 수 있는 만남과 소통으로 장으로 열어주자. 이러한 과정에서 만족감을 느낀 고객은 구매자에만 그치는 것이 아니고 나아가 자발적이고 열정적인 판매원이 되어 줄 수도 있을 것이다.

김태욱과 이영균(2011)은 소셜 마케팅의 성공을 위한 7가지 법칙으로, 1) 실시간 타임라인을 활성화하라 2) 때론 불같이 타올라라, 3) 진정성 있는 메시지로 소통하라, 4) 목적에 맞는 도구를 연계하라, 5) 고객의 목소리를 경청하라, 6) 좋은 커뮤니티를 가꿔라, 7) 맨투맨으로대응하라를 제안하였다.

〈표 9-7〉 미디어의 변화

구 분	기존 미디어	새로운 미디어
미디어 종류	TV, 신문, 라디오, 잡지, 매스미디어	트위터, 블로그, 페이스북, 싸이월드 등 소셜 미디어
콘텐츠 생산 주체	미디어 제작자, 광고주	개인
커뮤니케이션 형태	일방향 커뮤니케이션	쌍방향 커뮤니케이션
미디어 소유	자본가	일반 개인
콘텐츠 성격	사회적, 객관적, 계획적	개인적, 주관적
활용 비용	고비용	저비용 또는 무료

[자료 : 김태욱, 이영균, 소셜 마케팅 7가지 법칙, 다우, 2011, p.31.]

요 약

마케팅환경의 변화 속에 마케팅 범위와 개념도 수정 확대되어 미국마케팅학회는 마케팅 개념(2007)을 "　"라고 수정 정의 하였다. 이 정의에서는 마케팅의 주체와 대상이 확대되었으며 마케팅의 의미가 교환개념으로 확장되었다. 마케팅전략의 기본체계는 5단계로 구성되는데 이는 환경변화의 파악과 환경변화가 마케팅활동에 미치는 영향의 평가, 표적시장의 확인, 마케팅목표의 설정, 마케팅믹스의 설계, 마케팅전략의 조정 및 통제의 과정으로 이루어진다.

업종에 따라 다소 차이는 있지만 소상공인 창업마케팅에서 중요하게 고려해야 할 사항중의 하나는 상권분석이다. 상권이란 시장 또는 점포의 영향권 범위 또는 고객의 흡인 가능성이 있는 범위 전체, 고객이 분포하고 있는 지리적 범위, 상업기능이 형성되어 있는 공간적 범위를 말한다. 상권의 유형은 업태별, 기능별, 상권형성과 형태, 영향권 범위와 객층 대상에 따라 다양하게 분류 할 수 있다. 최근 상권의 주요 동향은 다핵화와 대형소배점의 상권주도 경향, 사회 환경 변화에 따른 부익부 빈익빈 현상 심화, 복합기능 및 Young 상권 및 전문 상권의 발달 등으로 정리 할 수 있다. 상권조사 방법은 상권내 지역정보 수집과 지역 상권 지도 작성, 상권 내 지역 도보 관찰, 그룹 방문에 의한 인터뷰 조사의 4단계가 있다.

고객만족경영을 효과적으로 추진하기 위해서는 고객이라는 개념을 단지 상품이나 서비스를 구매하는 최종가치 사용자라는 개념에서 고객의 만족에 영향을 줄 수 있는 가치 전달에 관련된 포괄적인 관여자로서의 고객인 중간고객(판매점, 원료 및 부품, 공급업자, 기업 활동을 돕는 협력회사 등)과 고객의 욕구 충족을 위한 가치를 생산하고 제공하는 조직의 구성원인 내부 종업원까지도 고객의 범주에 포함시켜야 한다. 고객만족경영이란 단순히 고객의 기대수준에 부응하는 상품이나 서비스를 제공함으로써 고객을 만족시키는 차원을 넘어, 고객이 전혀 기대하지 못했던 새로운 가치를 제공하며, 고객에게 기쁨을 주는 것을 최고의 경영목표로 삼고 기업의 모든 활동이 이를 달성하기 위해 끊임없이 노력하는 신 경영방식을 말한다.

창업기업의 성장을 위한 혁신적인 마케팅기법에는 소비자와의 관계를 창출하고 유지시키는 마케팅 활동으로 고객과의 관계를 중시하고 강화하는 관계마케팅이 있다. 또한 이를 구체적으로 실현하기 위해 도입될 수 있는 데이터베이스마케팅이 있는데 데이터베이스마케팅이란, '고객에 대한 여러 가지 정보를 컴퓨터에 의해 데이터베이스화하고, 구축된 고객 데이터베이스를 전략적으로 활용하여 고객 개개인과의 접촉을 통해 직접적인 반응·판매를 유도하거나, 장기적인 일대일관계를 구축하고자 하는 제반 마케팅활동'이다.

최근 창업분야에서 많은 관심을 끌고있는 프랜차이즈란 가맹본부가 일정 지역의 다른 조직 즉 가맹점사업자에 대하여 상호 및 상표 사용권, 제품의 판매권, 기술, 상권분석, 점포 디스플레이, 관계자 훈련 및 교육지도, 마케팅 및 광고지원 등을 제공하거나 기타 영업을 할 수 있는 권리를 부여함과 동시에 영업에 대한 일정한 지시, 통제를 하는 한편, 선택적으로 그 영업에 대한 노하우를 제공하거나 상품을 공급하고 이에 대하여 가맹점사업자(franchisee)는 가맹본부(franchisor)에게 그 대가로서 가맹비, 보증금 또는 로열티나 제품대금 등을 지급하는 계속적인 계약을 체결하는 것을 말한다. 프랜차이즈 창업을 할 경우 본사의 협력과 전문성, 창업하고자 하는 프랜차이즈 가맹점의 영업실태와 본사의 지원에 대한 정보 등을 자세히 수집 할 필요가 있다.

소셜미디어란, 사람들 간의 상호 작용을 기반으로 하는 미디어 서비스로 블로그나 미니홈피, 유튜브와 트위터, 페이스북, 미투데이, 카카오톡 등이 포함될 수 있다. 한편 사회적인 상호 교류와 공감대의 형성을 위한 기반이라는 측면이 보다 강조 될 때 우리는 소셜네트워크서비스, 즉 SNS(Social Networking Service)라는 용어를 사용한다.

효과적인 SNS 마케팅을 위해서는 계정은 선점하고 똑똑하게 만들고, 경쟁사의 활동을 파악하며, 공감 할 수 있는 콘텐츠를 제공해야 한다. 또한 꾸준히 주고받는 소통을 하며, 시간을 절약하는 SNS 관리를 하되, 더욱 큰 효과를 원한다면 매스미디어와 연계해야 하며, 고객과 고객을 만나게 하는 원리를 활용해야 한다

연습문제 Exercises

1. 마케팅전략의 기본체계

2. 시장세분화의 개념과 효과적인 시장세분화가 되기 위한 조건과 기준

3. 상권의 개념과 유형

4. 고객의 개념과 고객만족의 원리

5. 데이터베이스마케팅의 유용성과 시행 절차

6. 거래마케팅과 관계마케팅의 비교

7. 프랜차이즈 사업의 경제적 기능과 특성

8. 효과적인 SNS마케팅을 위한 7가지 원리

[사례 9.3] 코즈마케팅(Cause Marketing)

피겨의 여왕 김연아 선수가 경기를 마치고 품안에 안고 있었던 곰인형을 판매한다는 보도가 나왔을 때 언론에서는 이미 계획된 마케팅이 아니냐는 기사를 내보냈다. 우리나라의 대부분 도시들이 자신의 도시를 상품화하는 도시마케팅을 도입하고 있다. 특별히 광고를 하지도 않았는데, 어떤 제품이 좋다고 소문이 나면 그것을 입소문 마케팅이라고 한다. 매체를 이용한 자발적 입소문 마케팅을 바이럴마케팅이라 한다. 한마디로 지금은 마케팅 홍수시대다.

마케팅의 개념은 소비자의 필요와 욕구에 초점을 두고 이를 경쟁사보다 효과적으로 수행해야 한다는데 부터 출발하여, 최근에는 기업의 마케팅 활동이 단순히 기업의 이윤만을 추구하는 개념에서 마케팅 활동의 의사결정시 사회전체의 이익과 복지를 고려해야하는 사회적 마케팅이 부각되고 있다.

사회의 공익적 이슈와 연관 된 것을 영어로 원인, 이유, 주장, 대의(大義)의 뜻을 가진 Cause라 한다. 코즈마케팅이 처음 소개 되었을 때는 대의마케팅 혹은 대의명분마케팅으로 번역되었다. 코즈(Cause) 마케팅은 금연캠페인이나 교통사고 예방캠페인, 투표참여 캠페인과 같은 기업의 사회적 책임론과 소비자보호운동이 부각되면서 사회적인 이슈를 다루는데 활용된 사회마케팅(Social marketing)과 유한 킴벌리의 '우리강산 푸르게' 캠페인 처럼 기업이 사회적 이슈를 마케팅에 활용한 사회지향적 마케팅(Societal Marketing), '도미노 희망 세트' 한 판당 2,000원의 기금을 소아영양 질환 연구 및 환자 치료를 목적으로 서울대학교 어린이 병원에 전달하는 것 처럼 제품과 서비스를 구입하면 수익금의 일정 부분을 사회복지, 환경과 같은 공익적 활동에 사용하는 것으로 사회적마케팅에 비해 미시적으로 접근하는 공익연계마케팅(Cause Related Marketing)을 포괄하는 개념으로, 기업(브랜드)과 사회적 이슈가 상호이익을 위해 전략적으로 연계된 마케팅을 의미한다. 기업의 사회공헌과 유사하지만 목적에서는 다소 차이가 있다. 사회공헌은 사회적 책임을 다하는 기업의 역할적 측면이 강하지만 코즈마케팅은 사회의 공익적 이슈를 기업의 마케팅 활동과 연계시키는 마케팅 측면이 강하다. 코즈마케팅의 개척자 젤리 웰시(Jelly Welsh)는 코즈마케팅을 자선이 아닌 마케팅 수단으로 자선과 연계된 마케팅(Marketing-Related Philanthropy)이라 부르기도 한다.

최근 많은 기업들이 코즈마케팅을 통해 긍정적인 브랜드 이미지를 확립하고 있다. 미국 내 프리미엄 아이스크림 매출 1위를 기록하고 있는 벤엔젤리는 1988년 사명선언서를 발표했는데, 회상의 이익추구를 넘어 지역사회, 소비자, 환경, 사회문제에 관심을 갖고 이해관계자들과 동방성장해가는 연계번영(Linked Prosperity)이라는 새로운 개념을 담은 비전을 선포했다. 모든 제조공정에 친환경시스템을 도입하였으며, 일정 부분의 수익을 해당사업에 기부하는 제품을 출시하였고, 사회적 약자를 돕는 공익적 성격의 브랜드이미지를 구축해 미국 내 최고의 프리미엄 아이스크림 기업의 자리를 지키고 있다.

[자료 : 전재호, 전병길, 코즈마케팅, 새로운 제안, 2010]

제 10 장
창업인적자원관리

[사례 10.1] (주)나모인터렉티브

나모인터렉티브(Namo Interactive)는 나무의 우리 옛말인 "나모"와 인터넷 세상을 염두에 두고 영어의 인터렉티브(interactive)라는 서로 이해하고 의사소통한다는 의미의 단어를 덧붙인 합성어이다. 세상 사람들이 나무와 숲이 주는 혜택을 반기고 즐기듯이 나모의 소프트웨어를 사용하면서 인터넷 세상을 여는 편리한 소프트웨어, 그리고 모두의 생활을 보다 자유롭게 하고 더 많은 정보를 공유할 수 있는 세상을 만들어 간다는 뜻에서 지은 이름이다.

나모인터렉티브는 1995년 12월 주식회사 한컴리서치로 창업하였다가 1996년 4월 자본금을 3억 원으로 늘리며 회사명칭을 (주)나모인터렉티브로 변경하였다. 홈페이지 저작도구 업체였던 나모인터렉티브는 전 세계적으로 인정 받고 있는 웹 저작 소프트웨어 '나모 웹에디터' 시리즈를 비롯해 나모 액티브스퀘어, 나모 딥서치 등의 다양한 기업용 솔루션을 순수 자체 기술력으로 개발해 온 소프트웨어 개발사로, 국내 뿐 아니라 미국 현지 법인을 통해 자사의 제품을 비롯한 국내 우수소프트웨어를 세계에 알리는데 앞장서고 있다. 최근에는 주력 제품인 패키지 소프트웨어 및 기업용 솔루션 이외에도 우수 SW/솔루션의 퍼블리싱 및 수출, 쇼핑몰 솔루션 티움을 통한 서비스 진출 등 사업 다각화를 통해 국내는 물론 글로벌 시장에서도 세계를 리드하는글로벌 종합 IT 전문회사로의 도약을 준비하고 있다.

(주)나모인터렉티브의 성장 비결 가운데 빼놓을 수 없는 것은 독특한 임금 체계인 「수익 연동제」였다. 그 당시 사장이었던 박흥호 사장을 비롯한 모든 임직원은 『번만큼 쓴다』는 기본 원칙에 동의하여 『회사가 살아야 나도 존재할 수 있다』는 생각을 실천하였다. 특히 눈에 띄는 것은 월급 개념인데 『월급은 그야말로 최저 생계비』이므로 『먹고 자고 회사에 다닐 수 있는 돈이면 충분하다』고 생각하였다. 대졸 초임 연봉은 그 당시 1,400만 원대로 일반 대기업에 비하면 형편없이 적으며 그렇다고 보너스가 있는 것도 아니지만 직원들의 생각은 전혀달랐다. 모든게 투명하고 희망이 커지고 있기 때문에 직원들은 함박웃음을 머금었다. 나모는 월급이 적은 대신 연말 성과급과 스톡옵션제도를 운영하였다.

입사한지 1년이 지난 직원에게는 1만주, 2년인 경우 2만주, 3년 이상인 경우에는 3만~4만주 가량이 돌아갔다. 나모인터렉티브의 자본금은 26억 원으로 소형주여서 주식시장이 침체돼있는 상황에서도 공모청약 시 503.5대 1의 높은 경쟁률을 보였고 상장 후 12일간 상한가를 이어가는 기록을 남기며 우리사주를 보유한 전 직원들이 간부가 되는 벤처기업이 되었다.

(주)나모인터렉티브는 나무가 무한한 혜택을 주듯 사람과 사람이 컴퓨터라는 매개체를 통해 서로 상호 교류할 수 있도록 도움을 주기 위해 오늘도 열심히 꿈을 가꿔가는 기업이다.

[www.namo.co.kr]

제1절 창업인적자원관리의 정의와 주요 기능

1. 창업인적자원관리의 정의

최근 중소기업 경영자들의 가장 큰 고민 중의 하나는 종업원 채용과 관리이다. 대학을 졸업하고 쏟아져 나오는 인력은 많은데 정작 중소기업에는 관심도 없고, 더군다나 창업기업이 우수한 인재를 구하기란 더더욱 어렵기 때문이다. 창업기업에서 인력이란 무엇보다도 중요한 자원이며, 경영의 핵심 요인이다.

인적자원관리는 조직의 인적자원(human resource)을 관리하는 경영의 한 부분 또는 하위과정이다. 따라서 인적자원관리는 인적 자원의 계획과 확보로부터 시작해서 이의 효율적인 활용과 유지・보존, 그리고 보상과 개발에 이르기까지 노사관계를 위시한 모든 기능과 활동을 포함한다. 조직에는 인적자원을 비롯하여 물적 자원(physical resource), 자금(money resource), 정보자원(information resource) 등 여러 가지의 자원이 활용되고 있다. 그리고 이들 자원은 학문적으로는 경영 각 분야에서의 연구대상이 되고 있고, 조직에서는 기능분야별 관리대상이 되고 있다. 즉, 물적 자원은 생산관리(production management)에서 자금은 재무관리(financial management)에서, 제품과 고객 그리고 시장은 마케팅관리(marketing management)에서, 정보자원은 회계(accounting)에서, 그리고 인적자원은 인적자원관리에서 각각 연구 또는 경영의 대상이 되고 있다.

이와 같이 기업의 성과에서 지배적인 영향을 주는 인적자원을 어떻게 효율적으로 관리하고, 조직의 가장 중요한 자원으로서 조직체 성과에 어떻게 작용하고, 이에 관련된 환경적 그리고 경영조직 요소는 무엇이며, 이들 요소 간에는 어떤 관계가 있는가에 대한 이해도를 높이고 조직성과에 기여할 수 있는 인적자원의 전략과 방침, 인적자원의 관리기능과 방법, 그리고 이에 필요한 경영조직 요건을 연구하는 것이 인적자원관리이다.

2. 창업인적자원관리의 주요 기능

인적자원관리는 인적자원의 확보(in-take), 활용(utilization), 개발(development)의 영역으로 크게 나눌 수 있으며, 창업 인적자원관리의 주요기능들은 아래와 같다.

[그림 10-1] 인적자원관리의 환경과 기능

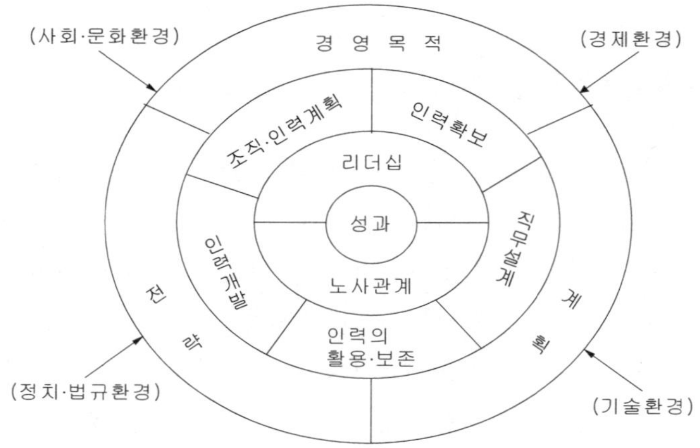

[자료 : 이학종, "전략적 인적자원관리", 박영사, 2006.]

1) 조직구조설계와 인적자원계획

조직의 장기 전략과 계획을 중심으로 이에 필요한 조직의 장기적인 구상과 조직구조설계(organizational design), 그리고 경영 인력과 기술인력 등 조직체에서 요구되는 인력의 구체적인 수급계획 등 조직의 장기적인 인적자원계획 기능을 포함한다.

2) 직무연구와 직무설계

조직구조를 구성하는 직무를 설계(job design)하여 직무체계를 형성하고, 각 직무를 연구분석(job analysis)하여 과업내용과 직무를 수행하는 구성원의 자격조건을 설정하는 기능을 포함한다.

3) 인적자원의 확보

조직에서 요구되는 인적자원을 확보하는 기능으로서, 필요인력의 모집과 선발, 그리고 배치 등의 기능을 포함한다.

4) 인적자원의 활용과 보존

조직의 성과달성을 위한 인적자원관리의 가장 큰 부분을 차지하는 일상적인 기능으로서, 경영자 리더십과 인간관계, 인사고과(performance evaluation), 보상관리(compensation)와 후생복지, 인사이동, 그리고 직장의 안전 및 보건관리 등의 기능을 포함한다.

5) 인적자원의 개발과 조직개발

인적자원의 능력개발을 위한 교육훈련과 경력계획, 부하육성과 인사담당, 그리고 조직의 효율성을 높이기 위한 조직진단과 조직개발 및 변화관리 등의 기능을 포함한다.

6) 노사관리

노사관계와 관련된 모든 인적자원관리 기능으로서 노사 간의 단체교섭(col- lective bargaining)과 교섭사항의 실천, 그리고 노사 간의 고충처리와 관리(grievance handling) 등을 포함한다.

3. 창업인력과 조직 구성 시 고려 사항3)

1) 창업초기의 인력과 회사조직은 간단할 수록 좋다

어느 정도 기반이 잡힐 때 까지는 창업자가 모든 일을 처리하고 준비하는 것이 좋다. 업종이나 사업 규모에 따라서 준비과정이 혼자 처리하기에 벅차도 최소 인원에 국한 하는게 좋다. 필요하다면 가족의 도움 정도로 창업 초기 준비하면 좋을 것이다. 창업 준비 과정은 생각보다 많은 시간이 소요되므로 창업 초기 과정 중에 인건비는 예상 밖의 지출 자금을 수반되고, 힘든 일이 연속 될 경우 자칫 창업 인력 간에 마찰이 발생할 우려도 있기 때문이다.

2) 경력직원의 스카우트가 필요한 경우 신중을 기해야 한다

스카우트 직원의 능력도 중요하지만 성격이 원만하고 협동심이 강하며, 사장을

3) 방용성, 주윤황, 창업, 학현사, 2009, pp.244-245.

충실히 보좌해 줄 수 있는 사람이어야 한다. 흔히 새로운 사업을 시작하는 경우 경험이 많은 스카우트 직원에 대해 의지하는 바가 크고, 업무의 상당 부분을 직원에 일임할 수 밖에 없다.

이럴 경우 자칫하면 주종이 뒤바뀌는 경우도 흔히 볼 수 있다. 따라서 경력직원을 스카우트 하는 경우에도 사장의 통제 범위 내인 사람을 창업 인력으로 선택하는 것이 중요하다.

3) 동업 형식의 사업은 상호조건을 명확히 하라

가급적이면 동업은 피하되 동업이 꼭 필요한 경우에는 상호 조건을 명확히 제시하여 합의가 된 후 창업 준비에 착수해야 하며, 동업 관계가 종료되는 시점에서의 이해관계도 미리 합의해 두어야 한다.

4) 해당업종에 맞는 특색 있는 조직이 필요하다.

창업회사의 조직은 일반적인 회사조직을 중심으로 편성하되 해당 업종에 맞는 특색 있는 조직이 필요하다. 조직관리의 효율화 여부가 사장의 힘을 덜어주는 열쇠가 되며, 창업 성공의 지름길이다. 기업조직은 기업 상황에 맞게 신축적으로 운영되어야 하므로, 수시로 조직원의 의견을 충분히 청취하여 상황에 맞는 조직이 되도록 꾸준히 개선해 가야한다.

제2절 창업인적자원관리 과정

인적자원관리활동은 창업 기업에 있어 사람과 관련된 모든 활동으로서, 인적자원계획수립에 이어 모집·선발의 채용과 교육훈련 및 업무평가를 통한 보상관리까지를 포함하는 순환과정이라 말할 수 있다.

소자본 창업을 위해 인력을 채용 할 때는 가급적 최소의 인원으로 시작하는 것이 좋다. 왜냐하면 창업기업으로서 인건비 등의 고정비용 부담이 크면 그만큼 경영의 압박 요인이 되기 때문이다. 그러므로 인력 충원에 대해서는 창업하고자하는 업종의 특성에 따라 우선 창업자가 감당 할 수 있는 분야와 감당 할 수 없는 분야를 파악 한 후 필요한 인적 자원 채용을 고려해야 한다.

인적자원의 관리활동을 구체적으로 살펴보면 대략 몇 명의 인원이 어느 부서에서 필요한지를 파악하여 인적자원계획을 수립하는 것으로부터 시작한다. 인적자원계획을 수립하고 나면 기업에서는 필요한 능력을 갖춘 인적자원을 모집하게 되고 그 가운데 가장 적당한 인적자원을 선발하게 된다. 선발된 인적자원은 교육훈련 및 경력개발을 통해서 기업에서 필요한 업무나 능력을 배양하고 적정부서로 배치된다.

그리고 개개인별로 해당 업적을 평가하여 이에 맞는 보상을 지급하게 되며 승진이나 전근 등을 통해 인원이 교체된다. 이 때 불필요한 인력의 이직을 막기 위해 이직관리를 하게 된다. 이러한 하나의 프로세스가 끝나게 되면 인적자원의 재조성이 필요하게 될 때 다시 새로운 인적자원계획을 수립하게 된다.

일반적으로 많은 기업들은 이러한 순환과정을 연간 단위로 하거나 상반기, 하반기로 구분하여 인적자원을 채용하고 관리하고 있다. 최근에는 인터넷을 통해 수시로 필요한 때마다 채용공고를 하여 인적자원을 채용하는 방식도 많이 사용되고 있다.

1. 인적자원계획수립

인적자원관리활동의 맨 처음 단계는 인적자원계획(human resources planing)을 수립하는 것으로부터 시작된다. 이는 인적자원에 관한 현재와 미래의 수요를 분석·예측하고, 그 수요를 충족시키기 위해 종업원을 확보하는 과정을 말한다. 인적자원계획은 기업이 보유하고 있고 또 보유해야 할 인적자원을 중심으로 최적의 인적자원규모를 결정하여 최적의 시기에 가장 적합한 위치에 배치하는 데 중점을 두고 수립하게 된다.

처음부터 능력 있는 지식 근로자를 채용할 수 있는 인적자원계획수립이 중요하다. 직무특성에 따라 다른 스타일과 특성을 가진 인적자원이 요구되고 있으므로 창업초기부터 중소·벤처기업의 성장단계별 특성에 맞는 인재를 채용하는 방안을 검토해야 한다.

인적자원계획을 효율적으로 수립하기 위해서는 체계적인 직무분석(job analysis)을 하고 이를 바탕으로 직무기술서(job description)와 직무명세서(job specificatoin)를 작성하게 된다.

2. 모집활동

모집(recruitment)이란 능력있는 인적자원을 기업으로 이끌어 들이는 것을 말한다. 광고, 학교 등의 추천방법을 이용하여 외부인에게 기회를 주어 빈자리를 외부로부터 충원하는 것이다. 최근 들어서는 인터넷을 통해서 모집 활동을 하는 경우가 크게 증가하고 있는 추세다.

3. 선발활동

선발(selection)은 응모한 많은 응시자 중에서 기업이 필요로 하는 자질을 갖춘 사람을 선별하는 과정이다. 이러한 선발활동은 일반적으로 지원서 작성, 초기스크린 면접, 테스트, 서류심사, 선발면접, 신체검사, 채용이라는 여러 단계별 과정을 거쳐서 진행된다.

4. 교육훈련

중소기업의 장기적인 경쟁력 확보는 바로 인적자원의 기술력과 창의력에서 나오므로 우수인재의 채용과 함께 강조되어야 할 사항은 인적자원의 교육훈련이다. 교육훈련(training)은 급격하게 변화하는 경영환경에 적응하기 위해서 인적자원의 능력이나 직무관련 기술수준을 지속적으로 향상시키고 개발하는 과정을 말한다. 교육훈련이 추구하는 목적은 종업원들이 갖고 있는 현재의 실제적인 능력뿐만 아니라 잠재적인 능력까지도 개발할 수 있도록 하는데 있다. 이를 위해서는 우선적으로 학습조직의 구축과 자발적인 교육풍토의 조성이 필요하다.

1) 학습조직의 구축

(1) 모방학습

종업원 교육의 출발점은 바로 모방학습에서 시작한다. 모방학습이란 다른 조직체에 의해 수용된 행동유형이나 지식체계를 모방하는 간접경험을 통한 학습을 말한다. 경영일선에선 벤치마킹으로 통하는 모방학습은 상대방의 경험을 미리 체험함으로써 인적자원의 역량을 증가시키는 좋은 방안이다. 인적자원관리자와 교육

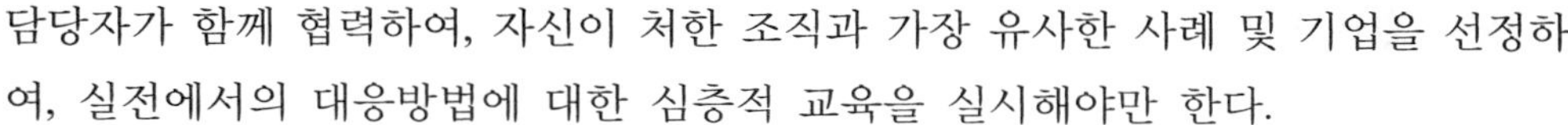

담당자가 함께 협력하여, 자신이 처한 조직과 가장 유사한 사례 및 기업을 선정하여, 실전에서의 대응방법에 대한 심층적 교육을 실시해야만 한다.

(2) 공유학습

학습의 결과가 조직전체의 지식으로 바뀌어, 조직이 처한 환경에 대한 대응으로 반영되기 위해서는 조직구성원들 간에 경험, 지식, 신념 등이 공유되고 확산되어야 한다. 공유할 수 있는 조직문화를 만들기 위해 인력관리지원 및 경영관리지원팀들이 지식을 공유할 수 있는 베스트 프랙티스(Best practice)를 개발하고 이를 사내에 두루 공유시키는 노력을 게을리 해서는 안된다. 지식의 내재가치를 공유하고 많은 사람이 인지할 때만 비로소 그 지식은 활동성을 부여받게 된다. 활동화 된 지식은 새로운 조직에 흘러가고 다시 신지식으로 재생산되어 자신의 조직으로 선순환되어 지는데 이러한 현상을 양순환(positive feeback)이라고 한다. 조직구성원이 서로가 가진 노하우, 경험, 체험을 공유할 때 비로서 그 조직은 지속적인 발전을 할 수 있게 된다. 이러한 지식공유의 동기를 유발시키는 것은 인사담당자가 맡아야할 또 다른 주요 임무이다.

2) 자발적인 교육풍토의 조성

인적자원개발을 위해 어떤 교육을 시행할 것인가? 어떤 조직원으로 키워나갈 것인가? 캐나다의 상업은행(CIBC)의 경우에는 종업원 스스로가 자신이 해야 할 일을 찾아 행할 수 있는 자아발견 교육프로그램을 가지고 있다. 이 은행은 종업원이 자신의 부족분을 스스로 알아서 채울 수 있도록 도와주는 정검표를 만들어 각자의 역량 격차를 자발적으로 줄이도록 권장하고 있다.

또한, 미국의 유수 소프트웨어 업체인 로터스는 조직구성원 개인의 역량을 증대시키기 위해 종업원 각자를 '최고'로 만드는 데 노력하고 있다. 종업원 범위는 기존 종업원에 국한되지 않고 신입사원, 잠재사원까지 포함되어 있다. 종업들이 '최대한 책을 많이 읽게 하고', '최대한 네트워크를 활용하게 하여', '최대한 공부하라'고 요구한다. 다방면의 안목을 가지고 사물을 통합적 시각에서 바라볼 수 있어야 미래를 대비할 수 있는 것이다. 상대방 조직의 업무를 이해하고 동종업체뿐 아니라 관련업체에 관한 지식까지도 습득하게 되면 기존 지식의 활용도는 배가되고 새로운 상승효과(synergy effert)가 발생한다.

3) 교육훈련방법

(1) 신입사원 교육 프로그램

신입사원의 교육은 직장인으로서 기본적인 자세와 사회인으로서의 상식 및 회사 일원으로서 의욕과 자각을 갖게하며, 자사의 경영 이념과 경영계획에 관한 기본방침과 실시계획을 이해하는 시간이다. 또한 기본적인 업무 진행방법과 직장에서의 규칙을 이해하고 실천할 수 있게 하며, 기업체 업무처리의 기초 지식과 기본기능의 훈련을 하는 프로그램다.

(2) 직무현장 교육훈련(on the job training : OJT)

직무현장 교육훈련(on the job training : OJT)은 직무현장에서 상급자가 직접 직무를 수행하는 방법을 교육훈련시키는 방법이다.

(3) 직무현장외 교육훈련(off the job training : Off JT)

직무현장 이외의 장소에서 강의나 시청각교육, 역할연기 등을 통해서 이루어지는 교육훈련이 직무현장외 교육훈련(off the job training : Off JT)이다.

(4) 경영자계층별 교육훈련(management training).

경영자계층별 교육훈련(management training)은 경영자를 육성하기 위한 교육훈련프로그램을 통해 경영층마다 필요한 자질을 갖추도록 교육경영자를 육성하기 위한 교육훈련방법이다.

4) 경력개발

경력개발(career development)은 개인의 욕구를 적절히 충족시킬 기회를 제공하여 그들이 스스로 경영활동에 적극 참가하여 기업의 발전과 개인의 발전을 동시에 달성할 수 있도록 하는 것이다.

경력개발은 개인의 욕구를 충족시키는 것에서 출발하지만 이를 기업목표달성으로 연계시킬 수 있어야 한다. 이를 위하여 많은 기업들이 외부의 교육기관과 연계를 맺어 프로그램을 운영하거나 기업내부에 사내대학원 등을 개설하여 경력개발을 하도록 하고 있다.

5) 업적평가

업적평가(performance appraisal)는 종업원들이 얼마나 만족하며 그리고 얼마나 성공적으로 직무를 수행하고 있는가를 판단하는 활동이다. 즉, 종업원에 대한 기대치와 비교해서 그들의 업적을 측정, 평가하고 이를 다시 구성원들에게 피드백시키는 과정을 의미한다. 이는 임금, 승진, 해고, 포상 등을 결정하기 위한 기초자료로 활용된다.

업적평가는 종업원의 인적자원 관리활동에서 결정적인 기준이 되므로 합리성이 전제되어야 하며 신중히 실행되어야 한다. 그리고 종업원의 저항을 줄이고 동기를 유발하기 위해서는 반드시 공정한 평가가 요구된다.

6) 보상관리

보상관리는 임금과 복리후생으로 구성되며, 임금은 기본급, 수당, 상여금으로 구성된다. 임금에서 기본급은 수당과 상여금의 수준을 결정하기 때문에 전체 보상에서 대단히 중요한 역할을 차지한다. 기본급은 무엇을 기준으로 하느냐에 따라 연공급, 직무급, 직능급으로 구분된다.

연공급(wages on seninrity)에서는 근무연한에 따라 임금수준이 결정되는 것으로 학력, 연령, 근무년한 등이 중요한 요인이다. 직무급(wages on post)은 직무에 따라서 임금에 차이를 두게 된다. 그러니까 직무의 난이도라든지 위험조건 등을 감안하여 직무가 같으면 개인의 학력이나 근무 연한이나 연령에 관계없이 같은 임금이 지급되게 된다. 그러나 직능급(wages on job evaluation)에서는 직무의 특성에다 직무수행능력까지 고려하여 임금수준을 결정한다. 다시 말해 직무급을 기초로 수행능력이나 자격증 등 각 개인마다의 능력차를 고려하여 임금을 지급한다.

7) 인원의 교체

인적자원을 적정부서에 배치・충원하는 과정에서 인원의 교체는 필수불가결하다. 인원을 교체할 때 인력을 기업 내에 계속 보유하면서 현재의 직무에서 다른 직무로 이동시키는 것을 승진과 전근이라고 한다. 반면 인력을 기업 내에 보유하지 않는 것은 이직이라고 한다.

승진(promotion)은 종업원의 자격서열의 상승을 의미하는 것으로 직위의 상승과 더불어 보수, 권한과 책임의 확대가 수반된다. 승진은 개인에게 자아발전 욕구를 충족시켜 주는 수단이 되고, 조직의 입장에서는 효율적인 인적자원개발의 근간이 된다.

전근(transfer)은 동일하거나 비슷한 계층의 다른 직무로 이동하는 것을 말한다. 전근을 통해 종업원들은 자신의 경험을 넓힐 수 있고 새로운 기술을 배울 수 있어 개인적으로는 성장기회가 될 수 있다.

8) 이직관리

종업원들은 한 기업에서 평생 일하기도 하지만 사직(resingnation), 해고(dismissal), 파면(discharge), 은퇴(retirement) 등 여러 가지 이유로 그 기업을 이직하는 경우가 많다. 따라서 인사담당자는 이러한 이직발생의 배경, 이유 등을 충분히 숙지하고 그 분석결과를 바탕으로 인력 수급이 차질 없이 이루어질 수 있도록 이직관리(separation management)를 철저히 해야 한다.

제3절 창업기업의 종업원 보상제도

창업기업은 대기업과는 달리 초기에 보유자원이 적어 물질적인 보상에 한계가 있기 때문에 다른 차원의 보상방법을 적극적으로 마련하는 것이 좋다. 스톡옵션이나 성과급과 같은 금전적인 보상뿐만 아니라 개인의 성취감, 자긍심 고취, 회사 내에서의 자신의 역할 수행의 자율성과 같은 정신적인 보상을 제공함으로써 구성원들의 노력에 대해 다각도로 보상하는 방안이 필요하다. 특히 회사 창업초기에 고급 기술인력을 확보하거나 경영관리자를 영입할 때, 높은 연봉이나 복지수준을 약속할 수 없기 때문에 정신적인 보상방법과 함께 차후 기업의 성장에 연동되는 스톡옵션을 제공하게 된다.

보상체계는 매우 중요한 의사결정이며 창업초기 회사조직을 조성하는데 중요한 역할을 담당하게 되는데. 적절한 보상에 대한 회사조직 내의 자율적인 합의가 있을 경우 조직 내에서의 역할 분담과 협력관계형성이 쉬워진다. 아래에서는 최근 기업에서 많이 채택하고 있는 연봉제와 기타 종업원보상제도들에 대해 살펴보고자한다.

1. 연봉제

연봉제도는 근본적으로 구성원의 능력과 업무성과 그리고, 조직에 기여하는 정도를 평가하고 계약에 의하여 연간보상을 결정하는 능력중심의 보상제도이다.

1) 연봉제의 유형

연봉제의 유형으로는 단일연봉제, 기본 연봉액+업적 연봉액(성과급)의 혼합형 연봉제, 연간수입관리방식 등이 있다.

2) 연봉제 성공조건

연봉제의 성공조건으로는 연봉제를 도입하고자 할 때는 뚜렷한 목적이 있어야 하고, 철저한 사전 계획이 필요하다. 그리고 신뢰감의 구축과 합리적이고 투명한 평가제도가 확립되어야 한다. 또한 우리나라의 문화적 적합성을 충분히 감안해야 하며, 연봉제 도입에 있어서 급격한 변화보다는 구성원의 의식이나 평가의 성숙도 등을 고려하여 기업의 특성에 맞게 점진적으로 도입해 가는 것이 필요하다.

2. 자사주 구매제도(Stock Purchase)

자사주 구매제도란 스톡옵션제의 변형적인 형태로 임・직원이 연봉의 일정비율에 해당하는 주식을 무상으로 지급받는 일종의 주식보너스제도이다. 스톡옵션의 경우 미래의 일정시점에 권리를 행사함으로써 주식을 취득할 수 있지만, 자사주 구매제도의 경우 현 시점에서 바로 주식을 취득할 수 있다는 데 차이점이 있다. 이 제도는 자사주 매입수량에 비례하여 무상으로 주식을 지급 받게 되어 종업원들에게 인센티브로서의 효과가 있을 뿐 아니라 적대적 인수합병(M&A)에 대한 좋은 방어수단이 되기도 한다.

3. 스톡옵션제도

1) 스톡옵션의 개념과 도입배경

스톡옵션(stock option)은 우리나라 말로 자사주식매입권이라고 불려진다. 스톡

(stock)은 기업주식을 뜻하고 옵션(option)은 특정가격에 그 주식을 살 수 있는 권리를 뜻한다. 이 스톡옵션제도는 회사가 근로의욕의 고취를 위해 회사의 설립과 경영, 기술혁신 등에 기여했거나 기여할 능력을 갖춘 임직원에게 일정기간 내에 미리 정해진 가격으로 자사주를 매입할 수 있는 권리를 부여하는 제도이다. 즉, 주식 그 자체를 소유하는 것이 아니라 자사주를 매입할 수 있는 권리를 부여하는 것으로 해당기업이 장외 등록되거나 상장되어 높은 가격에 주가가 형성되면 권리를 행사하여 주식을 매수한 뒤 이를 매각하여 차익을 얻을 수 있도록 하는 일종의 장기적인 성과보상 제도이다.

스톡옵션은 주식연계형 보상수단으로 창업초기 자금력의 부족으로 우수인력을 유치하기 힘든 기업에서 우수인력을 확보하기 위한 수단이나, 전문경영인 체제하에서 경영자와 임직원에게 성과향상을 위한 동기부여의 주요한 수단으로 최근 각광받고 있다. 최근 스톡옵션이 국내외에서 관심을 모으는 이유는 현실적으로 이것만큼 경영자들의 능력 창출을 유도할 수 있는 동기유발 제도가 없기 때문이다. 경영자는 회사정책 결정상 중요한 위치를 차지하고 있는데도 불구하고 이들의 경영능력을 적극적으로 이끌어낼 당근이 없었다. 소유주와 주주는 언제라도 경영자를 퇴임시킬 수 있다는 채찍만을 들고 있었을 뿐 경영자에게 주는 연봉은 그다지 큰 당근이 되지 못했던 것이다.

많은 기업의 총수와 주주가 경영자들에게 혁신을 요구하고 있지만 정작 경영자들은 혁신의 필요성을 느끼지 못한다. 왜냐하면 경영자 입장에서 보면 혁신적인 경영을 추구해서 성공한들 별다른 기대수익은 없는 반면 실패는 곧 해임으로 연결되기 때문이다. 그러나 스톡옵션은 경영자가 뛰어난 경영능력을 발휘해 발생하는 이익이나 과실을 주주와 경영자가 함께 나눠 갖는 제도라고 할 수 있다.

스톡옵션제도는 1920년대 미국에서 처음 시행되었다. 그러나 본격적으로 활성화된 것은 미국의 대표적인 벤처기업 집적단지인 실리콘밸리의 발전과 맥을 같이 하고 있다. 이미 미국과 유럽 등 선진국에서는 중소・벤처기업뿐만 아니라 일반기업들에서도 임직원들에게 동기부여를 해주기 위한 보상시스템으로도 널리 활용되고 있는데 미국의 상장기업 중 80%가 이를 도입, 시행하고 있는 것으로 알려져 있다.

2) 스톡옵션의 종류

스톡옵션은 옵션의 제공 및 행사시의 과세여부, 주식의 유형, 제공대상 및 수단

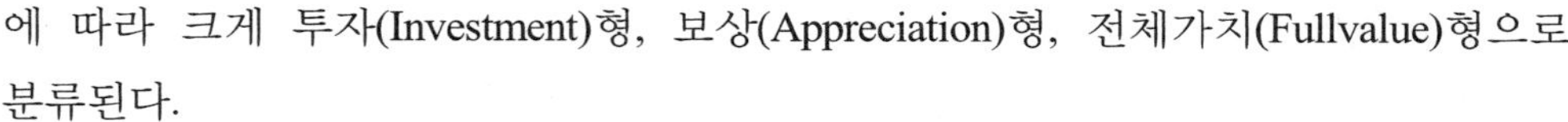

에 따라 크게 투자(Investment)형, 보상(Appreciation)형, 전체가치(Fullvalue)형으로 분류된다.

(1) 투자형

투자형 스톡옵션은 가장 일반적인 스톡옵션의 형태로 주식만을 지급대상으로 한다. 투자형 스톡옵션을 받은 사람은 옵션을 행사하여 주식을 취득할 때 정해진 가격만큼의 자기자금을 투자해야 한다. 옵션을 행사할 때 일정요건을 조건으로 세제상의 우대를 받는 장려형 스톡옵션과 세제상의 우대가 적용되지 않는 비적격 스톡옵션이 여기에 속한다. 장려형 스톡옵션도 주식을 매각할 때에는 과세대상이 된다.

(2) 보상형 스톡옵션

옵션을 부여받은 임원이나 종업원이 옵션에 대한 권리를 행사할 때 권리행사시점의 시장가격이 권리 행사가격을 상회할 경우 그 차액만큼을 회사로부터 현금, 주식 또는 현금・주식 혼합형으로 지급받는 형태다. 보상형 스톡옵션으로는 일정한 조건하에서 시장가격의 주식이나 현금으로 보상을 받을 수 있는 권리를 부여하는 제도인 주가 상승 보상권과 일정기간(보통 5～10년)동안 대상자에게 특정규모의 주식에 대하여 시장가격 또는 장부가격 등을 기준으로 주식과 현금의 형태로 보상하는 제도인 가상주식이 있다.

(3) 전체 가치형 스톡옵션

주식의 전체가치나 특정한 가치를 종업원의 실적에 따라 성과급의 형태로 제공하는 제도이다. 스톡옵션 대상자는 일정기간 말에 실적의 달성정도에 따라 처음에 받았던 주식의 일정배수만큼 수익을 올릴 수 있지만 회사가 별도로 정한 기준만큼 실적을 달성하지 못했을 경우에는 당초의 제공받은 옵션을 행사할 수 없다.

3) 스톡옵션 도입의 긍정적 효과와 부정적 효과

스톡옵션제도는 고급인력 확보, 생산성 및 기업경쟁력 향상, 근로의욕 고취, 기업의 소유구조 개선에 대한 효과적인 해결책으로 여겨지고 있다.

(1) 긍정적 효과

① 기업은 최소의 비용으로 유능한 인재를 확보함으로써 장기적 안목에서 기업

의 경쟁력을 강화할 수 있다. 특히 첨단산업과 같은 성장산업에서 고급인력을 양성하고 기술력을 확보함으로써 기업의 대내외적인 경쟁력을 확보할 수 있게 된다.

② 종업원에 대해 적정한 보상과 동기부여를 함으로써 근로의욕 고취 및 복리후생 증진을 도모한다. 또한 임직원의 잠재적인 주주화를 통하여 주인의식 고취 및 책임경영을 실현시킨다. 이는 경영자와 주주의 이해를 일치시키는 데에도 효과적이며, 따라서 주주에게 더 높은 수익과 경영의 효율성을 제공하게 된다.

③ 스톡옵션은 주가를 통해 그 성과가 실현되므로 외부의 객관적인 기준에 의한 성과평가가 이루어지게 된다. 따라서 회사의 실적향상이 주가상승으로 반영되어야 한다. 이를 위해서는 회사의 내재가치를 올리 수 있도록 경영활동을 충실히 함과 동시에 회사의 내재가치가 주가에 제대로 반영될 수 있도록 경영의 투명성을 높여야 한다.

④ 기업의 소유구조는 자본과 경영의 분리를 가속화시키고 주식분산을 촉진하여 전문경영인 체제로 변모할 수 있는 중요한 계기가 된다.

(2) 부정적 효과

스톡옵션의 긍정적인 측면에도 불구하고 스톡옵션은 과다혜택에 따른 종업원의 근로의욕 감퇴와 장·단기 인센티브간의 불균형, 조직의 이원화 같은 부작용에 대한 우려도 없지 않다. 따라서 기업이 지속적으로 발전하기 위해서는 스톡옵션을 단순히 도입하는데 그쳐서는 안되고 종업원에게 장기적이며 지속적으로 동기를 부여할 수 있는 효과적인 보수체계를 개발해야 한다. 또 스톡옵션과 다른 장기 인센티브 보수, 단기 인센티브 보수, 그리고 기본급과의 균형에도 중점을 두어야 할 것이다.

4) 스톡옵션의 성공적 도입을 위한 조건

스톡옵션이 정착되려면 무엇보다도 경영자나 종업원의 사고전환이 필요하다. 경영자는 기업의 발전을 위해 이익을 종업원들과 함께 나누겠다는 열린 기업가정신이 있어야 하고 종업원은 자신이 회사의 주인이라고 하는 능동적인 주인의식이 필요하다. 스톡옵션의 성공적 도입을 위한 조건을 정리하면 다음과 같다.

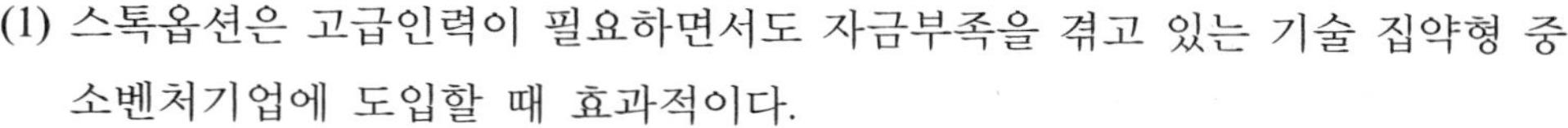

(1) 스톡옵션은 고급인력이 필요하면서도 자금부족을 겪고 있는 기술 집약형 중소벤처기업에 도입할 때 효과적이다.
(2) 이 제도를 시행함에 있어 각 기업은 그 기업이 속한 산업규제의 정도, 기업규모, 경영자의 소유 지분, 이사회의 구성, 기업의 성장성, 부채의 존도 등을 감안해 다양한 차원에서 문제를 검토하여야 한다.
(3) 스톡옵션 부여 후 기업이 무상증자나 할인된 가격으로 유상증자를 하거나 배당 또는 주식분할을 할 경우에는 행사가격을 조정하는 등 신축성 있는 제도를 운영해야 한다.
(4) 장단기의 각종 보상제도를 고려하여 균형잡힌 보상체계를 종합적으로 구축해야 한다.

4. 우리사주제도

우리사주제도(종업원지주제)는 종업원으로 하여금 자사주식을 소유하게 하는 제도이다. 이 제도는 종업원이 자사주를 매입 시 개인이 아닌 단체로 매입하게 된다. 그리고 종업원지주제의 실시에 따라 종업원의 주식을 일괄취득하고 관리하는 종업원단체를 우리사주조합이라고 한다. 종업원지주제로서의 우리사주조합제도는 '74년 자본시장육성방안의 하나로 제도화되어 계속해서 유지·발전해와 현재에 이르고 있다. 이 제도는 기업측면으로는 종업원의 재산형성을 지원하여 근로의욕을 증진시킴은 물론 자사 내에 우호적인 안정주주를 확보함으로써 경영권의 안정을 도모할 수 있는 장점이 있다. 종업원의 입장에서는 자사주식의 취득·보유에 대한 각종 지원혜택을 받을 수 있는 이점이 있다.

우리사주제도와 유사한 제도로 스톡옵션제도가 있다. 우리사주제도는 회사가 자사주식을 종업원에게 시가보다 싼 가격에 나누어 주는 제도인데 반해 스톡옵션제도는 주식을 현물로 주는 것이 아니라 미래에 주식을 매입할 수 있는 권리를 주고 비정기적인 유무상 증자 시 지급하는 것이 아니라 정기적인 보수로 지급한다는 점에서 차이가 있다.

5. 무형적 보상방법

중소기업은 자원의 한계로 인해 성과급이나 보너스, 스톡옵션을 많이 사용할 수 없다. 무형적인 보상은 금전적인 보상과는 달리 즉각적으로 성과에 대하여 보상이 가능하고 구성원의 직접적인 동기유발이 가능하다는 측면에서 의미를 가진다.

중소기업은 종업원 기여인정프로그램(Employee Recognition Program)을 통해 구성원들의 성취감과 몰입도를 높이고 있다. 종업원 기여인정프로그램이란 일반적으로 금전적인 차원에 머무르는 보상을 비금전적인 차원으로 확대하여, 기업구성원의 성과달성을 인정해주고 보상하는 제도이다. 예를 들면 서로의 성과에 대하여 마주보며 칭찬을 하거나, 최고경영자의 명의로 된 감사패를 전달하거나, 연극 공연관람권이나 상품권 등 제공 등을 통해 종업원의 기여에 대하여 유・무형의 인정을 해주는 것을 의미한다.

종업원 기여인정프로그램이 필요한 이유는 다음과 같다.

첫째, 중소기업이 보유한 자원이 적고 사업초기에 매출이 발생하지 않는 경우가 많기 때문에 금전적인 보상으로 완벽하게 만족시킬 수가 없기 때문이고,

둘째, 기업활동에서 발생하는 모든 성과를 금전적 효과를 통해서 보상할 수 없기 때문에 공식적 또는 비공식적, 금전적 또는 비금전적인 다양한 방법을 통해 급여와 승진과 같은 제한된 자원의 사용효과를 극대화시킬 수 있기 때문이다.

제4절 창업기업의 동기부여방안

기업의 조직과 인적자원관리 분야에서 가장 중요한 영역중의 하나가 바로 조직구성원들의 팀웍과 동기부여이다. 미국의 성공한 벤처기업들은 종업원의 동기부여 방식으로 주식배당과 이익분배 등의 제도를 중심으로 하는 소위 실리콘밸리식 방식을 많이 사용하고 있다. 그러나 한국의 중소기업에서는 실리콘밸리식의 경제적 동기유발 요인에 기초하는 방식 외에 한국인의 신바람 잠재력에 주목할 필요가 있는데 이것은 문화적・정서적 일체감으로부터 비롯되기 때문이다. 즉, 독특한 민족적 정서를 가지고 있는 한국인들은 조직 또는 회사와 개인이 일체를 이룰 때 일에 몰두하고 폭발적인 잠재력을 발휘한다는 것이다. 이러한 한국식 동기부여방식는 구성원의 잠재력을 극대화한다는 의미에서 우리나라 창업기업들이 활용할 만한 제도가 될 것이다.

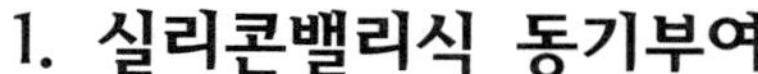

1. 실리콘밸리식 동기부여

실리콘밸리의 많은 기업들에서 쉽게 볼 수 있는 현상 중의 하나는 젊은 기술자들이 한밤중까지 일에 몰두하고 있는 모습이다. 이곳의 기술자들은 '1주일에 90시간씩 일해도 좋다'라는 글귀가 새겨진 티셔츠를 입고 일을 한다고 해서 전 세계에 화제가 되기도 했다. 신흥 기업이 고액의 급료를 지불할 리가 없고 언제 해고될지도 모르는데 그들은 왜 몸을 혹사시켜 가며 한밤중까지 일을 하는가? 그 비밀은 자사주를 살 권리, 즉 회사의 주식을 배당받는 데 있다. 그들은 주식이 자신의 노력에 의해 금은보화와 같은 가치를 낳는다는 것을 알고 있다. 이 때문에 그들은 각자 받은 주식으로 무에서 거액의 부를 창조하고자 죽을 힘을 다해 일하는 일벌레로 변신한다. 종업원이 열심히 일하도록 동기를 부여하고 의욕을 고취시키기 위한 동기 유발 방법으로는 다음과 같은 것들이 있다.

1) 주식배당

주식배당방법은 설립된 지 몇 년 되지 않은(보통 4년 이하) 기업들에 의해 많이 사용되는데 이를 근거로 종업원의 폭발적인 힘을 끌어내 일에 대한 의욕과 도전정신을 최고수준까지 이르게 한다.

2) 이익분배

회사를 설립하고 4～10년 된 기업은 이익분배방식으로 종업원의 근로의욕을 지속시키는 경우가 많다. 이것은 연간 회사이익의 3～10%를 종업원에게 보너스처럼 지급하는 것이다. 회사이익을 환원함으로써 주식을 갖지 않은 임시 종업원은 배당금을 받는 듯한 기분이 들게 되고, 주식을 가진 종업원은 주식 배당금 외의 보너스까지 받으므로 효과가 크다.

2. 신바람관리

1) 신바람의 개념

신바람이란 어떤 일을 하는 사람이 그 일의 목표를 달성하는데 즐겁고 자율적으로 자기의 최선을 다할 수 있고 상대방을 자극하여 새로운 힘을 일으키는 원동력을 말한다. 즉, 조직구성원들 간의 독특한 일체감에서 비롯한 일종의 사회심리적 에너지로써 기업조직에 활력을 불어넣고 생산성 향상을 일으키는 힘이라고 할 수 있다. 신바람은 양면적인 사회심리 구조에서 비롯된다. 즉 한국인의 사회심리 속에 공존하고 있는 부정적, 긍정적 사이클의 부정적 사이클인 사회집단이 이기주의로 흐를 때 집단구성원들의 심리가 소극성 및 은폐 성향을 갖게 되고, 이것이 다시 집단분위기를 더욱 이기적 분파주의로 끌고 나가는 악순환을 의미한다. 반면에 긍정적 사이클은 사회집단이 공생공존의 공동체를 지향하고, 이에 대해 구성원들의 자발성과 창의성으로 반응함으로써 공동체적 조직 질서가 더욱 강화되는 것을 의미한다.

2) 신바람을 일으키는 요인

신바람을 일으키는 요인으로는 금전적인 욕구와 자신이 중요하다고 인정받고 싶은 욕구, 존경받고 싶은 욕구, 인기가 있는 행동의 욕구, 사랑받고 싶은 욕구, 자기개발과 배우고자하는 욕구, 생리적인 욕구, 개인목표를 만족시키고자 하는 욕구, 안전에 대한 욕구가 있는데 이상과 같은 욕구를 원만히 충족했을 때 그것을 계속 유지하려는 욕구도 있다.

3) 신바람관리방법

(1) 공생공존의 공동체 문화

공동체를 만들기 위해서는 공생의식, 조직에 대한 자부심과 비전, 상사 및 동료 사이의 인간적 유대감, 리더들에 대한 신뢰감이 확보되어야 한다.

(2) 자율적이고 경쟁적인 분위기조성

구성원들이 업무의 내용과 수행방법을 스스로 알아서 결정하고 업무 수행시 구성원들간 선의의 경쟁이 작용하도록 만드는 것이다. 즉 자율이 개인욕심에 의해 악용되지 않고 동료간 상호신뢰와 자발적 통제에 의해 스스로 지켜지고 본연의 효과를 발휘할 수 있다는 것이다. 경쟁에 있어서도 마찬가지이다. 공동체 의식으로 무장된 조직과 집단은 구성원들간 불꽃 튀는 경쟁 속에서도 서로 격려하고 위로하는 따뜻한 분위기가 존재하며 팀웍을 탄탄하게 다져나갈 수 있다.

(3) 자발성과 혁신성향의 유발과 관리

한국인 심리구조에는 남다른 창의력이 잠재해 있지만 동시에 자신을 노출하지 않으려는 소극성과 은폐의식이 형성되어 있다. 이러한 소극성과 은폐의식은 바로 관료적 조직성향과 상호작용하여 악순환을 만들기 쉬우며, 이 때문에 조직의 규모가 클수록 구성원 개개인의 자발성과 혁신성향을 세심하게 관리해야 한다.

(4) 정확하고 철저한 보상

신바람관리에 있어 보상의 궁극적 목표는 조직구성원 개개인이 그들의 일을 통해 보여준 도전의식과 자발적 행동과 혁신적 성과에 대해 정확하게 인정해 주고 충분히 보상해 주는 것을 말한다. 이를 통해 구성원들이 바람직한 행동과 성과를 보였을 때 조직이 항상 긍정적 반응을 보일 것이라는 믿음을 심어 주어야 한다. 이 믿음을 기초로 구성원들은 자신의 행동에 대해 반드시 상은 안 받더라도 내가 잘 하고 있음을 경영자들이 알아주고 있다는 생각을 스스로 할 수 있어야 한다. 이와 같은 신바람 관리모형은 전략을 실천할 때 한국인의 잠재력을 발휘하도록 한다는 데 그 의의가 있다. 앞으로 한국인의 독특한 사회심리적 속성을 반영하면서 세계적으로 인정받을 수 있는 보편적 성공원리를 담고 있는 관리기법들이 많이 개발되어 우리 기업의 조직관리능력을 근본적으로 제고시킬 필요가 있다.

요 약

기술고도화와 경제 및 사회발전에 따른 욕구수준의 상승, 기업 경쟁력강화의 필요성 증대, 기업의 사회적 책임 확대라는 급격한 경영환경의 변화와 더불어 인적자원에 대한 중요성이 더욱 부각되고 있다. 인적자원관리란 기업조직의 성과에서 지배적인 영향을 주는 인적자원을 어떻게 효율적으로 관리하고, 인적자원이 조직체의 가장 중요한 자원으로서 조직체 성과에 어떻게 작용하고, 이에 관련된 환경적 그리고 경영조직 요소는 무엇이며, 이들 요소 간에는 어떤 관계가 있는가를 연구하여 인적자원에 대한 이해도를 높이고, 조직체 성과에 기여할 수 있는 인적자원의 전략과 방침, 인적자원의 관리기능과 방법, 그리고 이에 필요한 경영조직 요건을 연구하는 분야이다.

기업 구성원의 동기부여를 위해 고려 할 수 있는 방안으로는 주식배당, 이익분배 등의 방법을 도입하는 실리콘 밸리식 동기부여와 신바람 관리가 있다. 신바람관리란 어떤 일을 하는 사람이 그 일의 목표를 달성하는데 즐겁고 자율적으로 최선을 다할 수 있고, 상대방을 자극하여 새로운 힘을 일으키는 원동력을 말한다. 이러한 신바람관리 방법으로는 공생공존의 공동체 문화, 업무수행의 자율적이고 경쟁적인 분위기, 자발성과 혁신성향의 유발과 관리, 정확하고 철저한 보상이다.

한국의 중소기업들이 채택할 만한 보상제도로는 5가지를 들 수 있다.

첫째, 최근 한국의 중소기업들 사이에 도입이 급증하고 있는 연봉제다. 연봉제도는 근본적으로 구성원의 능력과 업무성과 그리고, 조직에 기여하는 정도를 평가하고 계약에 의하여 연간보상을 결정하는 능력중심의 보상제도이다. 연봉제의 유형으로는 단일연봉제, 기본 연봉액+업적 연봉액(성과급)의 혼합형 연봉제, 연간수입관리방식이 있다. 연봉제의 성공조건으로는 연봉제를 도입하고자 할 때는 뚜렷한 목적이 있어야 하고, 철저한 사전계획이 필요하다. 그리고 신뢰감의 구축과 합리적이고 투명한 평가 제도가 확립되어야 한다. 또한 우리나라의 문화적 적합성을 충분히 감안해야 하며, 연봉제 도입에 있어서 급격한 변화보다는 구성원의 의식이나 평가의 성숙도 등을 고려하여 기업의 특성에 맞게 점진적으로 도입해 가는 것이 필요하다.

둘째, 스톡옵션제도가 있는데 이는 회사가 근로의욕의 고취를 위해 회사의 설립과 경영, 기술혁신 등에 기여했거나 기여할 능력을 갖춘 임직원에게 일정기간 내에 미리 정해진 가격으로 자사주를 매입할 수 있는 권리를 부여하는 제도다. 즉, 주식 그 자체를 소유하는 것이 아니라 자사주를 매입할 수 있는 권리를 부여하는 것으로 해당기업이 장외등록되거나 상장되어 높은 가격에 주가가 형성되면 권리를 행사하여 주식을 매수한 뒤 이를 매각하여 차익을 얻을 수 있도록 하는 일종의 장기 인세티브(성과보상)제도이다. 종류에는 투자형, 보상형, 전체가치형이 있다.

셋째, 자사주 구매제도로서 스톡옵션제의 변형적인 형태로 임·직원이 연봉의 일정비율에 해당하는 주식을 무상으로 지급받는 일종의 주식보너스제도이다.

넷째, 종업원으로 하여금 자사 주식을 소유하게 하는 우리사주제도이다.

다섯째, 종업원 기여 인정프로그램과 같이 금전적인 차원에 머무르는 보상을 비금전적인 차원으로 확대하여, 기업구성원의 성과달성을 인정해주고 보상하는 무형적 보상제도가 있다.

연습문제 Exercises

1. 창업 인적자원관리의 정의와 주요 기능을 설명하라.

2. 창업 인적자원관리의 단계별 활동을 설명하라.

3. 창업기업들이 채택할 만한 동기부여방안에 대해 설명하라.

4. 창업기업들이 활용할 만한 보상제도에 대해서 설명하라.

[사례 10.2] 마이크로소프트사의 빌게이츠

훠춘(Furtune)지가 해마다 선정하는 세계 최고의 부자들 리스트에서 몇 년 동안 부동의 1위를 차지하고 있는 빌게이츠는 세계적인 경영자라 할 수 있다. 마이크로소프트사의 창업자인 빌 게이츠는 열 세 살 때부터 컴퓨터 프로그래밍을 시작하여 이 분야의 탁월한 재능을 보였으며, 하버드 대학에 입학해서 아직도 컴퓨터 언어의 기본으로 여겨지는 BASIC을 개발하였다. PC가 미래의 사회를 주도할 것이라는 강한 믿음을 가지고 1975년에 대학을 중퇴한 후, 친구 폴 앨런(Paul G. Allen)과 마이크로소프트사를 창업하였다.

마이크로소프트사의 도약

마이크로소프트사는 초기에 당시 정보산업분야의 공룡이라 일컬어지고 있던 IBM을 위해 MS-DOS라는 PC용 운영체제를 개발했던 작은 기업이었으나, IBM이 주요제품인 대형 기종에 미련을 갖고 PC시장에는 소극적으로 대응하는 틈에 PC의 운영체제 시장을 독점함으로써 급성장의 기반을 다졌다. 또한 그 운영체제를 기반으로 MS오피스라는 OA솔루션으로 독주체제로 들어갔다. 이제는 서버의 운영체제까지 진출, UNIX 운영체제를 위협하는 수준까지 진입하였다. 또한 인터넷 브라우저 시장에서는 운영체제에 자사 브라우저를 통합해 확고한 시장기반을 구축하여, 기존의 선두 업체인 네스케이프가 AOL사에 합병 될 수밖에 없도록 만들었다. 이외에 관계형 DBMS 시장에서도 급성장을 거듭하고 있다. 또한 월등한 자금력을 활용해서 애플을 포함한 많은 벤처기업에 투자를 하고 있는 실정이며, 세계적인 PC 소프트웨어 공급업체로 발돋움했다.

마이크로소프트사의 성공요인

마이크로소프트사의 성공요인을 살펴보면 첫째, 우수한 인재의 채용과 발굴, 둘째, 창조적인 최고의 인재 집단 육성, 셋째, 성과중심주의에 기초한 창조적 인력 및 기술관리, 넷째, 학습조직의 구축 등을 경쟁력의 원천으로 연결하는 빌 게이츠 회장의 경영철학이 마이크로소프트의 무한한 발전과 성장을 추구하는데 있어 가장 튼튼한 원동력이 되었다. 특히 창의력을 가장 중요한 경쟁력으로 하고 있는 마이크로소프트사의 기업문화를 이해 할 수 있는 유명한 일화를 소개하면 다음과 같다.

마이크로소프트사의 기업문화

간편한 청바지 차림의 젊은이들이 사무실에서 한 손에 치즈버거를 들고 콜라를 마시면서 컴퓨터 화면을 보고 있다. 그리고 짓궂은 농담을 해대고 있다. 하루 12시간 영업하는 커피숍이 있고, 널찍한 실내에서는 체스경기도 하고 야외에서는 링 던지기 같은 게임을 한다. 그리고 가끔 근처의 영화관에도 놀러간다. 근무시간은 자유다. 1991년 10월 시애틀 킹돔 체육관에 사원총회가 열린 적이 있다. 이 때 가죽점퍼 차림의 남자 아홉 명이 오토바이를 타고 입장했는데 그 중 한 명이 바로 빌 게이츠 회장이었다. 이 때 확성기에서 울려 퍼진 말은 '두목입장'이었다. 그 때 전 사원은 휘파람을 불면서 열렬히 환호했다. 사원 평균연령은 서른 한 살이지만 사원 다섯 명

중 한 명은 백만장자이다. 세계 최대의 컴퓨터 소프트웨어 개발회사인 마이크로소프트사의 과거의 낡은 인습에 얽매이지 않는 기업 문화를 이해할 수 있는 내용이다.

마이크로소프트에는 매년 12만 명 이상의 지원자가 이력서를 낸다. 그러나 이들 중 마이크로소프트 직원으로 뽑히는 사람은 2~3%에 불과하다. 소수의 우수한 인재만이 인터뷰 등 복잡한 선발과정을 통해 마이크로소프트에 입사한다. 빌 게이츠 회장은 직원을 채용할 때 좋은 머리와 실용주의적인 사고방식, 언어의 유창성, 창의적인 사고 능력 등을 지닌 사람을 선호한다. 기술과 사업을 깊게 이해하는 CEO(최고경영자), 관리자, 종업원으로 구성된 조직을 만들어 가는데 있어 급격한 변화를 신속하게 배우고, 자기의 것으로 만들 수 있는 인재들이 필요하기 때문이다.

성과중심체제의 동기부여 방식

빌 게이츠 회장은 소수의 인재들이 스스로 중요한 일을 하고 있다는 인식을 갖도록 회사의 분위기를 만들어가고 동기를 부여하는 성과중심주의 체제를 구축했다. 직원들은 1년에 두 번 자신의 업무 목표를 스스로 설정하고 매니저와 조율한다. 자신의 목표를 스스로 설정하여 자율성과 책임을 동시에 갖게 되며 이에 따라 직원 개개인이 자신에게 동기를 부여하고 평가받게 된다. 직원들이 하는 일에는 경영진이 되도록 개입하지 않는게 원칙이다. 직원 대부분에게 1인 1실의 사무실을 공급하는 등 최고급의 작업환경도 제공된다.

평균 근무 시간은 주당 70-80시간의 격무인데도 불구하고 마이크로소프트는 미국 젊은이들 사이에 최고의 직장으로 꼽힌다. 입사경쟁이 치열하고 이직률도 경쟁사보다 낮다. 마이크로소프트 특유의 자율성과 동기제공이 이런 인기의 비결이다. 업무성과에 대한 보상제도인 스톡옵션도 전 직원을 대상으로 시행되고 있다. 이는 직원들에게 일정기간 내에 일정 가격에 자사주식을 살 수 있는 옵션을 주는 것으로 회사성과가 좋아 주가가 뛰면 차익을 얻을 수 있다. 직원들이 회사의 경영성과를 높이는데 전력할 수 있도록 인센티브를 주는 것이다. 결국 직원과 회사가 함께 발전하자는 무언의 약속으로 이어진다. 월 스트리트의 한 증권회사는 89년에 마이크로소프트사에 입사한 사람들 중에서 2천2백명 이상이 2년 만에 백만장자가 되었다고 추정한다.

미래성장의 방향

빌 게이츠는 현재 데스크톱 컴퓨터 분야에서 자동차, 가정, 포켓용 등 더 다양한 종류의 컴퓨터에 쓰일 소프트웨어를 제작하는 쪽으로 미래성장의 방향을 정하고 있다. 또 인터넷에 편승해 마이크로소프트를 통한 은행거래, 여행예약, 음반구입을 하고 케이블 TV 서비스를 제공하는 등 일상생활 곳곳에 침투할 수 있는 새로운 사업에 진출하게 될 것이다. 콘텐츠 사업에서는 마이크로소프트 네트워크, CD롬 게임, 사이드워크 등의 전자잡지를 포함한 미디어 사업에 큰 기대와 투자를 진행하고 있다. '이 일에 관한 한 네가 사장(Owner)이다. 네게 모든 것이 달려 있다' 회사 작업을 맡기면서 회사 간부가 당부한 이 말을 회사직원은 지금도 잊지 않고 있다. 실제로 회사는 직원이 꽁지머리를 하든, 찢어진 청바지나 반바지를 입고 다니든, 스포츠카를 몰고 다니든, 사생활에는 일절 간섭하지 않는다. 출퇴근 시간도 자유다. 밤샘작업도 스스로 알아서 할 일이다. 대부분의 개발자들이 혼자 쓰는 3평 정도의 사무실은 비록 좁지만 누구도 침범할 수 없는 자기만의 세계다. 수백억 달러의 재산가인 빌게이츠 회장도 같은 크기의 사무실을 쓴다. 형식과 권위보단 '일'이 먼저라는 철저한 장인정신을 읽을 수 있다. 팀구성원 사이의 의사소통은 주로 전자우편으로 이뤄지는데 직원들은 평균적으로 매일 2백 통의 전자우편을 받는다.

마이크로소프트사의 경쟁전략

마이크로소프트가 정보산업 분야에서 이와 같은 막강한 기술력과 경쟁력, 시장지배력을 구축하는데 결정적인 역할을 한 일곱 가지의 전략적 원칙들을 살펴보면 다음과 같다.

첫째, 조직과 관리측면에서 '기술과 사업을 함께 이해하는 우수한 인재를 발굴하라'로 정보기술과 정보산업시장에 관한 첨단지식과 기술, 사업능력을 갖춘 최우수 인력 중심의 조직경영전략이다.

둘째, 창조적 인력과 기술관리측면에서 '작은 규모의 복합기능 전문팀을 구성하라'로 창의적인 소집단 팀조직의 자율적 경영관리이다.

셋째, 표준주도로 경쟁력을 확보한다는 측면에서 '제품과 신제품으로 기회를 선점하고, 거대시장 창출을 주도하라'로 거대한 대중시장을 대상으로 새로운 시장을 개척하고 소프트웨어 프로그램 기술의 표준화를 실현시켜 나가는 공격적이고 대담한 경쟁전략이다.

넷째, 제품 정의와 개발 과정측면에서 '일정 인원을 한정된 제품의 개발에 배치함으로써 창조성을 집중시켜라'로 구체적이면서도 신축적이고, 철저하면서도 자율적인 제품개발 과정의 관리이다.

다섯째, 제품 개발과 출하 측면에서 '모든 업무를 동시 병행하여 진행하라'로 제품개발 과정에서 모든 활동이 다른 관련 활동들과 병행하여 밀접한 연결관계 하에서 이루어짐으로써 보다 만족스러운 고품질의 제품을 개발하고 있는 것이다.

여섯째, 학습조직의 구축측면에서 '지속적인 자기반성, 피드백, 정보공유를 통하여 성장하라'로 공유의식을 바탕으로 자기비판과 피드백을 통해 끊임없이 배우는 학습조직(learning organization)을 개발・유지하는 것이다.

일곱 번째, '미래를 공격하라'는 현실에 만족하지 않고 항상 미래의 시장개척을 강력히 추진해 나가는 미래공격적 경영전략이다.

이러한 새로운 전략적 사고는 경영혁신이 절실한 우리기업들에게 많은 유익한 시사점을 제공한다. 특히 기술・제품개발에 종사하는 기술 인력에게는 실무에 직접 적용할 수 있는 구체적인 기법들을 개발하는데 하나의 지침이 되어준다.

세계 최대의 컴퓨터 소프트웨어 개발회사인 마이크로소프트사의 성공사례는 피와 땀을 강요하는 우리나라 경영자들에게 좋은 교훈이 될 수 있을 것이다. 이제 기업가의 유연성과 창의성이 기업의 승패를 좌우하고 있다.

[자료 : 윤은기의 스마트 경영, 정승화의 벤처창업론, www.Microsoft.com에서 수정 인용]

제 11 장
자금조달과 세무

[사례 11.1] 스티브 잡스의 디지털 리더십

"경영의 신", "비즈니스의 베토벤", "21세기 레오나드로 다빈치", "프리젠테이션의 귀재", "마키아벨리(공급업체와 협력업체 심지어 산업까지고 마음대로 주무른다는데서 붙은 별명)" 등 이름 앞에 수십개의 수식어를 달고 다니며, 아이팟(iPod)과 아이폰(iPhone)의 열풍으로 디지털 미디어 혁신을 선도하고 있는 미국 애플(Apple Inc.)의 CEO인 스티브 잡스(Steve Jobs)는 삶 자체가 드라마틱하다. 태어나자마자 생모로부터 버림받고 잡스(Jobs) 부부에게 입양되었다. 자신의 등록금을 마련하기 위해 고생하는 양부모를 생각하여 대학을 중퇴한 이후 자신이 좋아하는 전자기기 만들기에 몰두했다.

21세에 애플컴퓨터를 공동 창업하여 급성장시켰지만 30세 때 자신이 창업한 회사에서 쫓겨났다. 절망에 빠졌으나 다시 넥스트(NeXT)라는 회사를 통해 컴퓨터 운영체제를 개발하는 한편, 픽사(Pixar)라는 기업을 인수하고 토이스토리(Toy Story) 등 3D 애니메이션 영화를 제작하여 상업적인 성공을 이루었다. 반면 애플은 잡스를 쫓아낸 지 10여 년간 이렇다 할 성공을 거두지 못한 채 10억 달러 규모의 적자를 기록하고 있었다. 결국 스티브 잡스는 42세 되던 해에 애플의 경영난을 해결하기 위해 다시 CEO로 임명되었다. 그가 애플의 수장으로 돌아와 이뤄낸 아이맥(iMac), 아이팟, 아이튠즈(iTuns), 아이폰, 앱스토어(App Store) 등의 연이은 성공과정을 살펴보면 그의 경영스타일과 리더십을 가늠해 볼 수 있다. 애플은 2011년말 기준으로 무려 1,000억달러 가까운 현금성 자산을 회사 내부에 보유 중이다.

우주에 흔적을 남기는 일을 하라

"우리는 우주에 흔적을 남기기 위해 여기에 있다. 안 그러면 여기에 있을 이유가 없다(We're hear to put a dent in the universe. Otherwise why else even be hear ?)" 두 번이나 죽을 고비를 넘기고 애플에 돌아와 새로운 제품 개발에 몰두하며 애플의 신화를 창조한 스티브 잡스의 이야기이다. 잡스의 덴트 리더십(DENT Leadership)은 우주에 흔적을 남기는 일을 할 수 있도록 조직을 이끄는 창조 리더십으로 널리 확산되고 있다.

수많은 경쟁을 뚫고 고객 마음에 자리 잡기 위해 여러 가지 방법이 동원되는데, 그 중에 미국 스탠포드 대학 칩 하스 Chip Heath 교수의 '스틱Stick 메시지'라는 것이 있다. '착 달라붙는다'는 뜻의 스틱이라는 개념을 도입한 칩 교수는 고객 머리에 쏙 들어가는 메시지를 개발해야 한다고 주장했다. 그리고 여섯 가지 성공법칙이 메시지에 녹아 들어갔을 때 고객 머릿속에 뚜렷한 메시지를 줄 수 있다고 했다. 이 여섯 가지는 단순성, 의외성, 구체성, 신뢰성, 감성, 스토리이다. 그런데 아이폰에서 이 여섯 가지를 발견할 수 있다.

아이폰의 성공요인

단순성 simplicity

스티브 잡스는 아이폰을 소개하는 프레젠테이션을 할 때 독설의 대가임을 유감없이 보여주며 기존의 스마트폰에 붙어 있는 버튼을 마음껏 조롱했다. 사람들이 기능 하나를 실행하려면 단축키도 외워야 하고 이것저것 순서대로 눌러야 하는 '21 세기 최첨단 기기'의 우스꽝스러운 현실을 조롱했다. 그리고 아이폰을 소개하면서 복잡한 사용법을 외울 필요 없이 그저 손가락만으로 직관적으로 이용하는 쇼를 보여주었다. 그 쇼는 아주 성공적이었으며 사람들은 또한 번 애플이 추구하는 '단순함의 미학'을 즐길 수 있게 되었다.

의외성 Unexpectedness

아이폰의 풀 터치스크린은 전혀 새로움 것이 없었다. 기존의 피처폰에서도 이미 채용한 것이기 때문이다. 그러나 아이폰의 스크린에 손가락을 대는 순간 사람들은 감탄사를 연발했다. 아이폰 화면에 손가락을 올리니 지금껏 경험한 것과 색다른 느낌이 들었다. 정전압 방식으로 터치를 인식하는 아이폰은 손가락만 화면에 대도 아이콘이 부드럽고 빠르게 움직였다. 게다가 손가락 두 개를 대도 지도를 늘이고 줄이는 멀티 터치 기능은 이제 더는 SF영화의 한 장면이 아니었다. 이와 같이 이미 익숙해진 것이라도 새로운 의외성을 부여하는 방식으로 애플은 고객이 차별화를 체험하게 해주었다. 더군다나 익숙하면서도 의외성이 있다는 것은 고객이 쉽게 받아들일 수 있는 새로운 것이라는 의미다.

구체성 concreteness

아이폰은 그 동안 그림의 떡인 무선인터넷 서비스에 만족할 수 없었던 고객들은 와이파이 기능을 지원하는 아이폰 덕분에, 대용량 동영상 서비스를 부담 없이 이용할 수 있게 했고, GPS 기술을 활용한 증강현실 기능이나 위치 관련 서비스까지 활용의 폭을 더욱 넓혔다. 이로써 사용자들은 새로운 스마트폰의 효과를 구체적으로 느낄 수 있어서 만족도는 배가되었고, 폭발적인 유행을 불러왔다. 아이폰 사용자들은 많은 어플리케이션 중에서 자신이 원하는 것만 골라 사용하면서 구체적인 체험을 만끽했고 기꺼이 애플의 팬이 됐다.

신뢰성 Credibility

아이폰의 어플리케이션이 다양한 것은 이미 출시된 아이팟과 동일한 OS를 사용한 덕분이다. 아이팟과 동일한 플랫폼을 사용하기 때문에 아이폰은 출시하자마자 이미 사용 중인 여러 어플리케이션을 선보일 수 있었다. 그리고 아이폰은 3G 모델에서 3GS로 업그레이드해도 어플리케이션의 플랫폼이 바뀌지 않기 때문에 개발자 역시 애플을 신뢰하고 계속 개발할 수 있다. 새로운 모델이 나오면 울며 겨자 먹기로 모델을 바꿔야 했던 억울함을 다소 해소해준 것이다. 개발의 신뢰성은 아이폰의 가치를 더욱 높였다. 그리고 고객도 안정적이고 검증된 플랫폼에서 개발된 어플리케이션과 아이폰에 신뢰를 보낼 수 있었다. 다양한 분야에서 수 많은 어플리케이션이 쏟아져 나왔고 고객은 입맛대로 고르는 재미에 푹 빠졌다.

감성 Emotion

애플의 장점은 뛰어난 제품 성능 못지않게 디자인 감각이 탁월하다는 것이다. 애플의 감성적 디자인은 사소한 것 하나까지 신경 쓴다. 흰색 아이폰은 한때 아이팟의 상징이었다. 그리고 깔끔하고 단순한 디자인에 흰색은 애플의 아이콘이 되었다. 이런 애플의 아이콘은 제품을 사용하는 고객들에게도 '패셔너블하고 유행을 이끄는 트렌드세터'라는 이미지를 부여했다. 이런 애플의 감성이 표출된 제품과 포장박스 디자인은 수많은 사람들이 볼 수 있는 개인 블로그와 미니홈피에서도 각광을 받았다. 비즈니스에서 감성은 단지 보기 좋은 것만 이야기하지 않는다. 감성은 고객이 표현하고 싶어하는 감정이자 아이콘이다. 애플은 바로 이런 고객의 감성적 욕구를 충족해주었다.

이야기 Story

애플은 전통적으로 스토리텔링을 선호했다. 컴퓨터, 아니팟, 아이폰까지 전자제품을 생산하면서도 무조건 최고 성능과 최첨단 기능을 강조하는 동종업계 의 방식을 따르지 않았다. 일반 사용자들이 쉽게 이해할 수 없는 고성능의 각종 사양을 빼곡히 적은 표를 보여준다거나 화려한 광고와 함께 제품출시를 준비하지 않았다. 애플의 제품은 출시되기 직전까지 온갖 루머와 추측이 나돌며 풍성한 이야깃거리를 만들어낸다. 이렇게 생산된 이야기는 당연히 신제품 발표 당일에 클라이맥스에 이른다. 늘 그렇듯 블랙과 진 계열의 편안한 복장으로 무대에 선 스티브 잡스는 적절한 유머를 곁들여 마치 베일에 싸인 마법상자를 여는 것처럼 신제품을 선보인다. 이렇게 세상에 공개된 제품은 금세 블로그와 트위터로 전 세계에 알려지고, 고객들은 저마다 품평을 올려놓으며 이야기를 이어간다. 이때 제품은 물론이거니와 스티브 잡스의 말 한마디조차 이야깃거리가 된다. 제품 공개가 끝났다고 해서 이야기가 마무리됐다고 볼 수 없다. 아이폰이 세상에 나온 뒤에는 앱스토어가 이야기를 만들어낸다. 어떤 어플리케이션이 대박이 났네, 어떤 사람이 돈을 엄청나게 벌었네 하면서, 현실 속 동화가 탄생한다. 이런 이야기들은 당연히 앱스토어의 신화를 낳았고, 이 신화가 아이폰 판매에 도움을 주었다.

최근 들어 스토리텔링 방식으로 고객과 밀착을 꾀하는 기업이 늘고 있지만 하고 싶다고 해서 쉽게 되는 것이 아니다. 사실 기업의 스토리텔링은 고객이 쉽게 가치를 공유하거나 구매하거나 성원을 보내는 행동으로 이어져야 한다. 이는 미사여구나 화려한 이벤트로 가능한 것이 아니다. 고객의 코트에 맞춘 진정성이 보일 때 전설은 멈추지 않고 계속 회자된다.

스티브 잡스의 디지털 리더십

아날로그 시대가 저물어가고 디지털 시대로 들어섰는데 아직도 아날로그 시대에서 통용되는 경영방식과 리더십을 고집하는 사람들이 많다. 그러나 시대는 분명 디지털 리더십과 경영을 선택했다. 애플은 그 흐름을 포착했고, 스티브 잡스의 디지털 리더십으로 그들만의 신화를 계속 써내려갔다.

애플의 리더십은 돈독함이다. 한 조직 내부에서 만들어지는 관계뿐만 아니라 고객과의 관계에서도 리더십을 발휘하기 때문이다. 스티브 잡스는 신제품을 개발할 때 하드웨어만 연구하는 것이 아니라 소프트웨어와 어플리케이션을 결합한다. 그리고 제품 개발과 동시에 고객을 끌어들이는 새로운 비즈니스 모델을 만든다. 우주에 흔적을 남기는 스티브 잡스의 리더십은 새로운 시장을 창조하는 것을 강조하였고, 양보다는 질을 중시하였으며, 고객 기술을 끌어들였고, 소프트웨어와 어플리케이션을 중시하였다. 또한 혁신의 동력은 내부가 아닌 외부에 있다는 점을 중시했고, 스마트 리더가 되야하며, 직원에게 기회를 주었다.

스티브 잡스의 리더십은 "고객이 왕이다."라는 문구를 "고객과 함께 가라."로 바꿔 동반자적 관계를 강조하였다. 그것도 반 발짝 앞서서 걸어가는 동반자 말이다. 이는 함께 가면서도 때론 가이드 역할을 하며 신천지로 가는 리더십을 뜻한다. 이러한 동반자 리더십이야말로 디지털 경영에서 리더가 갖춰야 덕목이다.

리더십 1 : "통찰력을 바탕으로 미래에 대한 확신을 가져라 "

그는 어느 누구보다도 자신이 하고 있는 일과 회사의 미래에 대한 확신이 강한 리더였다. 이런 자신감은 그의 뛰어난 통찰력으로부터 나왔다. 퍽이 있는 곳이 아니라 퍽이 이동할 곳으로 움직여야 한다는 웨인 그레츠키의 격언을 인용하며, 잡스는 통찰력을 바탕으로 앞서가는 제품들을 만들기 시작했다. 그의 통찰력은 맥킨토시 컴퓨터로 PC 시장의 새 역사를 쓴 것이나 아이팟, 아이폰, 아이패드를 통해 새로운 라이프스타일을 고객에게 선물한 위대한 결정, 그리고 새로 개발하는 전문가용 컴퓨터인 파워 맥 G3에 플로피디스크 드라이버를 과감하게 뺀 것 같은 제품 디자인에까지 다양한 상황에서 빛을 발하였다.

그렇다면 잡스의 통찰력은 어디서 온 것일까? 그가 지녔던 미래에 대한 통찰력은 그의 천재성으로부터 나왔지만 그보다 더 중요한 역할을 한 건 잡스의 미래에 대한 강박관념이었다. 그는 강박관념을 가지고 고객과 시장 기술에 대해 끊임없이 관찰했으며 이를 통해 미래를 봤다. 2005년 아이팟의 매출은 천정부지로 치솟아 2,000만 개 이상 팔렸다. 이는 애플 수익의 45%에 해당하는 놀라운 수치였다. 대부분의 리더라면 이런 성공에 취해 조금은 편안해진다. 하지만 잡스는 휴대전화마다 카메라가 장착돼 디지털 카메라 시장이 점점 작아지는 현상을 발견하고, 휴대전화 제조업자들이 전화기에 뮤직 플레이어를 장착하기 시작한다면 아이팟도 같은 운명에 처할 수 있다는 사실을 직감적으로 알게 된다. 그래서 서둘러 아이폰을 개발하게 된다.

그는 고객의 목소리에 귀를 기울이고 시장 조사를 통해 얻은 데이터를 바탕으로 어떤 제품을 개발할 것인가를 결정하는 것을 극도로 싫어했다. 그는 고객이 스스로 무엇을 원하는지 잘 모른다고 믿었기 때문이다. 그 대신 고객의 숨겨진 니즈와 기술적 트렌드를 관찰하고, 이를 바탕으로 위대한 제품을 만들면 고객의 수요는 언제나 따라 온다고 굳게 믿었다. 다른 CEO처럼 고객의 목소리에 귀를 기울이는 노력을 하지는 않았지만 잡스가 지닌 통찰력의 대부분은 고객에 대한 관심과 열정으로부터 출발했다는 사실이 잡스의 아이러니 중 하나다.

리더십 2 : "완벽한 제품에 대한 예술가적 열정을 지녀라"

스티브 잡스를 잘 아는 많은 리더들에게 그를 한마디로 표현하라면 '열정'이란 단어를 사용한다. 그냥 삶에 대한 열정이 아니라 우주에 흔적을 남길 수 있는 위대하고 완벽한 제품과 영구적으로 지속될 수 있는 창의적인 회사를 만드는 것에 대한 열정이다. 그의 위대한 제품에 대한 열정은 제품 그 자체에만 해당됐던 게 아니라 제품을 싸고 있는 포장에 대한 집착으로까지 이어진다. 제품 출시일자가 임박했음에도 불구하고 잡스는 제품의 포장이 마음에 들지 않는다고 수십 번 디자인과 색깔을 변경하게 한다. 이에 불만을 품은 부하들이 "제품이 중요하지 한 번 개봉하면 쓰레기통에 들어가 버릴 포장에 왜 그렇게까지 집착을 합니까"라고 항변하자 "고객들은 구매 후 제품을 먼저 보는 게 아니라 박스를 먼저 보고 회사의 이미지와 품질을 결정 한다"며, 자신의 고집을 굽히지 않은 일화에서도 잡스의 완벽한 품질에 대한 열정과 집착이 제품 그 자체에만 있지 않음을 볼 수 있다. 그는 한평생 열정의 대상을 끊임없이 찾아다니며 이에 대한 배고픔을 바탕으로 위대한 업적을 남길 수 있었다. 잡스가 진정으로 위대한 이유는 그의 천재적인 창의성이 아니라 삶에 대한 처절한 고민과 위대한 제품에 대한 열망, 그리고 그것을 만들어내겠다는 열정이라고 생각한다.

그렇다면 그의 열정은 어디에서 오는 것일까? 열정의 가장 중요한 원천은 명확한 목적의식과 일에 대한 의미다. 하드웨어와 소프트웨어, 그리고 콘텐츠까지 완벽하게 통합돼 사용자에게 최고의 제품을 쓰게 하겠다는 그의 목표는 많은 기업들과의 갈등을 불러일으켰지만 이러한 목적의식이 결국 그로 하여금 마지막까지 열정적인 삶을 살게 했다.

리더십 3 : "본질에 대한 집착과 이를 통한 선택과 집중력을 키워라"

리더로서 잡스의 가장 큰 장점 중 하나는 제품과 일의 본질에 대한 근본적인 고민과 이를 통해 가장 중요한 것을 파악하고 이에 집중하는 능력이다. 그는 항상 "하지 말아야 할 일을 판단하는 게 해야 할 일을 판단하는 것 못지않게 중요합니다"라고 이야기하며 선택과 집중에 매달렸다. 1997년 애플로 복귀한 잡스가 가장 먼저 한 일 중 하나는 20여개로 불어난 애플 제품을 과감하게 네개로 줄인 일이었다. 이후 잡스는 "당신과 같이 똑똑한 인재들이 시시하고 형편없는 제품에 시간을 낭비해선 안 됩니다"라고 이야기하며, 애플의 수익성을 높이기 위해 노력했다. 평생 동안 서로에 대한 부정적인 감정을 숨기지 않았던 빌 게이츠조차도 "몇 가지 중요한 부분에 초점을 맞추고 사용자 인터페이스를 제대로 이해하는 인력을 확보하면서 제품을 혁명적인 것으로 광고하는 스티브 잡스의 능력은 놀랍습니다"라고 말하며 그의 탁월한 선택과 집중력을 높이 샀다.

그는 무엇이 중요한가를 판단하기 위해 제품과 경영의 본질적인 문제가 무엇인지에 대한 고민을 했다. 이는 그가 시장과 기술에 대한 통찰력을 기르는 데 중요한 근간이 됐다. 그는 진정으로 단순한 제품을 만들기 위해서는 본질에 깊이 파고들어가 제품에 대한 모든 것과 제조 방식을 이해해야 한다고 믿었다. 더 잘할 수 있는 것에 역량을 집중하고, 이를 통해 사고의 틀을 파괴하는 것은 잡스의 창의적 리더십에 있어서 가장 중요한 역량이며, 이는 아이폰과 아이패드라는 혁신적 제품을 만들 수 있는 가장 중요한 이유가 됐다.

잡스는 일을 할 때 우선순위를 정해서 거기에 관심을 모두 쏟았고, 이의 본질을 흐리는 것이 나타나면 단호하게 싸우거나 무시했다. 그러한 리더로서의 집중력 때문에 많은 이들에게 단호하게 "안돼"라고 외칠 수 있었고, 이는 애플의 조직 문화에도 잘 정착됐다. 애플에서는 "No"라고 이야기하는게 "Yes"라고 이야기하는 것만큼 중요했다. 상대방의 의견에 아무런 비판 없이 수긍하는 직원들을 잡스는 가장 혐오했다. 잡스의 집중하는 능력과 단순함에 대한 집착은 그의 선 수행에서 나왔으며 이러한 직관력은 그를 대체 불가능한 존재로 만드는 데 일조했다.

리더십에 있어 올바른 목표를 설정하는 것만큼 중요한 건 바로 명확한 우선순위를 설정하고 이를 실행하는 일이다. 리더의 명확한 우선순위가 중요한 이유는 이에 따라 조직의 자원(resource)이 배치되고, 이는 전략의 효과적인 실행과 성공에 직접적인 영향을 미치기 때문이다. 제한된 자원을 가지고 성과를 극대화하려면 무엇을 해야 하는지를 결정하는 것 못지않게 명확한 우선순위에 따라 '무엇을 하지 말아야 할지' 혹은 '무엇을 포기해야 할지'를 결정하는 게 중요하다.

리더십 4 : "일에 대한 명확한 책임 소재를 부여하고 디테일에 집중하라"

스티브 잡스의 리더십에서 배워야 할 사항 중 하나는 명확한 책임 소재를 중요시하는 태도와 디테일에 초점을 맞추는 리더로서의 행동이다. 혁신은 창의적인 아이디어가 중요하지만 이는 시작에 불과하다. 이를 바탕으로 경쟁 기업보다 더 빨리 고객의 니즈를 잘 해결해 줄 수 있는 혁신적인 제품, 그러면서도 수익 창출이 가능한 제품을 만들려면 명확한 책임소재를 부여하고 그 개발과정 하나하나마다 리더의 숨결을 불어넣어야 한다.

잡스는 권한 위임을 하는 리더와는 거리가 멀었다. 오히려 그는 중요한 것일수록 직접 참여해 그 과정 하나하나마다 자신의 철학을 불어넣었다. 아이디어 개발 단계부터 시작해 색상, 디자인, 질감, 광고, 판매 등에 이르기까지 모든 과정에 깊이 관여했다. 자신의 마음에 들지 않으면 필요 이상으로 고집을 부려 직원들의 원망을 사기도 했다. 명확한 책임소재와 책임감, 그리고 사소한 것까지 챙기는 게 잡스 리더십의 핵심이다. 주요 프로젝트가 완성 단계에 이르렀을 때라도 잡스는 종종 '일시 정지' 버튼을 누르고 제품 개발의 근본적인 방향을 수정하곤 했다. 아이폰을 디자인할 때도 이런 잡스의 디테일에 대한 집착이 발동했다. 이를 디자인하기 위해 9개월 간 사투를 벌인 디자인팀에게 이것을 바꾸려면 앞으로 밤낮없이 일해야 하는데 원한다면 총을 줄 테니 자신을 죽이든가, 아니면 디자인을 바꾸는 작업을 시작하든가 결정하라며 팀원들을 독려했다. 팀원들은 잡스의 말에 공감하며 열정을 보였고 잡스는 후에 "애플에서 경험한 가장 뿌듯한 순간들 가운데 하나였어요"라며 당시를 회상한다.

애플의 조직 자체도 'Apple's Core'라고 알려진 기능(function) 중심의 구조로 그 중심에 잡스가 위치해 조직 내 모든 것을 조정하는 방식이 잘 작동했다. 따라서 애플은 매출 100조원에 직원 수 5만 명인 거대 조직임에도 불구하고 제품 출시 48시간 전에도 가격 구조를 변경할 수 있는 민첩한(nimble) 조직을 유지하며 흡사 벤처회사 같은 분위기를 연출할 수 있었다.

리더십 5 : "최고의 인재를 뽑아 그들에게 끊임없는 도전을 주어라"

스티브 잡스의 인재상은 아주 단순했다. 바보 멍청이 아니면 천재 혹은 영웅. 거의 대부분의 사람들이 멍청이에 속했고, 워즈니악이나 아이브 같은 이들이 천재에 속했다. 그는 애플에 '머저리' 혹은 '이류 인재'가 넘치는 것을 극도로 경계했다. 심지어는 원자폭탄을 제조하기 위해 최고의 인재를 뽑아 팀을 꾸린 J. 로버트 오펜하이머를 그의 롤 모델로 삼았을 정도였다. 아울러 그는 인재를 알아보는 눈이 탁월했다. 그리고 탐나는 인재를 설득해 애플에 입사하게 하는 데에는 타의 추종을 불허할 만큼 마력적인 능력을 자랑했다.

창업 후 회사 규모가 점점 커지자 그와 함께 애플을 함께 경영할 능력 있는 경영자가 필요했고, 그의 눈에 들어온 이가 당시 펩시에서 탁월한 마케팅 캠페인을 진행하고 있던 존 스컬리였다. 잡스는 근본적으로 건방지고 안하무인적인 성격을 지녔지만 자신이 탐내는 인재를 '포섭'하기 위해서는 과감히 무릎을 꿇는 파격도 서슴지 않았다. 스컬리에 대한 욕심이 점점 커지면서 잡스는 그를 설득하기 위해 샌프란시스코에서 플로리다와 뉴욕으로 몇 시간씩 비행기를 타고 가는 수고를 마다하지 않고 정성을 기울인다. 그리고 마침내 잡스는 스컬리가 거부할 수 없는 제안을 한다. 연봉 100만 달러, 입사 보너스 100만 달러, 그리고 조기 퇴직금 100만 달러. 1983년 당시 애플의 매출로는 상상할 수도 없는 금액을 제시하면서 "제 개인 주머니에서라도 꺼내서 드리겠습니다"고 이야기한다. 하지만 스컬리는 마지막으로 한 차례 더 거절의 뜻을 비쳤고, 이에 좌절한 잡스는 고개를 떨구고 자기 발끝을 응시하다가 "한평생 설탕물이나 팔면서 남은 인생을 보내고 싶습니까? 아니면 세상을 바꿀 기회를 붙잡고 싶습니까"라고 그를 자극했고, 결국 스컬리는 며칠 후 애플에 합류하게 됐다. 하지만 그렇게 공을 들인 스컬리에게 자신은 결국 애플에서 쫓겨나는 운명을 맞았으니 이 또한 잡스의 인생에서 흥미로운 점 중 하나다.

잡스에게 가장 중요한 직원은 그가 '톱 100'라 칭한 직원들이다. 그는 새로운 회사로 떠난다고 가정했을 때 마치 노아의 방주처럼 꼭 태우고 싶은 사람들만 가려내 '톱 100'를 구성했는데, 이들이 애플의 핵심 인재라고 할 수 있다. 잡스는 이들을 일년에 한번씩 고급 휴양지에 데리고 가서 자신의 비전을 보여주고 새로 개발해야 할 제품에 대한 브레인스토밍을 통해 애플의 미래를 결정하곤 했다. 그리고 개발 중인 제품의 모델도 미리 보여줌으로써 회사에 대한 몰입을 높이고 하는 일에 대한 열정을 불러일으켰다. 잡스는 '톱 100'을 애플에서 가장 중요하게 여겼으며 물질적인 보상은 물론 세상을 바꾼다는 꿈과 목적의식을 공유함으로써 그들의 가슴을 뛰게 했다. 하지만 잡스는 리더로서 가장 중요한 역할은 끊임없는 도전과 목표를 설정해주고, 이를 통해 그들의 역량을 발전시켜서 성공으로 이끌어주는 것이라고 믿었다. 그러나, 이 과정에서 때로 리더는 부하들로부터 원망의 대상도 될 수 있으며, 용기와 결단이 필요하다는 것을 강조하였다.

스티브 잡스 리더십의 부작용

그러나 21세기 가장 혁신적인 기업을 만들었던 스티브 잡스의 리더십은 함부로 따라 하다 큰 부작용이 있을 수 있다. 그가 리더로서 보여준 행동들이 그냥 맹목적으로 따라 하기에는 너무 극단적이기 때문이다. 부하들의 약점을 공격해 위축되게 하고, 이를 이용한 것. 타인에 대한 배려나 존중이 전혀 없이 자기 자신이 원하는 목표를 달성하기 위해 했던 수많은 '또라이' 같은 행동들, 감정 표출에 대한 절제가 전혀 없어 회의 중 탁자를 치며 폭발하고, 때로는 눈물을 쏟아내 많은 사람들을 당혹스럽게 한 것, 목표 달성을 위해 공동 창업자이자 가장 친한 친구인 워즈니악 같은 사람에게까지 거짓말을 하고 배신했던 비윤리적인 행동들, 모든 것을 조정하고 싶어했고, 이를 위해 완벽한 이기주의자같이 행동한 것, 공감능력이 결여돼 상대방의 감정을 존중하지 못하고 일방적으로 자기 주장만 펼친 것, 필요하면 그 누구보다 더 냉정하고 약삭빠르게 행동했고, 스스로를 시대의 반항아로 설정했지만 부에 대해선 이중적인 태도를 취했던 것, 하지만 잡스에게는 그가 지닌 이 모든 부정적인 면들을 상쇄하고도 남을 만한 카리스마와 재능, 그리고 매력이 있었다. 그리고 이런 모든 조합이 '스티브 잡스의 리더십'을 만들어 냈다.

[자료 : 정동일, 스티브 잡스의 리더십 칼럼, 이강석, 애플 창업자 고 스티브 잡스의 리더십 속에서 드러난 보편 타당한 법칙, 김영한, 류재운, 마켓 3.0시대의 스마트비즈니스 전략, 살림BIZ, 2010, 제이엘리엇 외, 권오열 옮김, 아이리더십, 웅진지식하우스, 2011 참조 수정]

제1절 자금 조달

1. 창업 소요자금 산출

창업 총 소요자금의 산출은 사업을 처음 시작하게 될 때 자금 마련을 위해 꼭 필요한 과정이다. 자기자본이 충분하다면 타인자본을 빌릴 필요가 없지만 자금이 충분하지 않으면 자금을 조달해야 한다. 창업 소요자금 조달은 자금을 빌리는데 초점을 두는 것보다 자금을 올바르게 집행할 계획을 먼저 세우고 난 후 필요한 자금부분을 정확히 예측하고 자금을 조달 하는 것이 좋다. 그 이유는 바로 상환계획이 따르기 때문이다. 물론 동업이나 창투사의 금융비용이 들지 않는 투자자금의 경우도 있지만, 소자본 자영업자들이 조달하는 자금은 대부분 투자자금보다는 상환 계획이 수반되는 정부지원자금, 금융기관의 자금, 개인금융 등이기 때문이다. 이러한 자금은 원리금 상환부담 때문에 그만큼 매출 부담이 따르게 된다.

예를 들자면 3천만 원을 2년 균등상환의 조건으로 조달 하였을 경우 원금이 약 125만원에 금리비용 약 15만원-20만원의 이자 부담 때문에 매월 최소 140만원 이상의 금액을 상환해야 하는 것이다. 이 경우 판매업의 평균 마진율이 30-35%인 점을 감안하면 하루 매출 15만원에 해당하는 월 450만원의 매출을 추가로 올려야 한다는 결론이 나오게 된다.

창업이 바로 생계수단의 방법으로 운영되는 자영업자들에게는 원금 상환부담 때문에 또 다른 실패를 불러오게 되는 요인이 될 수도 있다는 점을 충분히 인지해야 하는 것이다. 이러한 문제를 극복하기 위해서는 창업계획단계에서부터 가능하면 많이 빌릴 것이 아니라 필요한 만큼 조달해야 하는데, 자금계획과 계획에 따른 집행은 영업 준비 이상으로 중요한 일이라고 할 수 있다. 자금 부분을 정확하게 산출하기 위해서 소요자금계획표를 작성해서 먼저 어떤 곳에 얼마만큼의 돈이 소요될 것인지 분석해보아야 한다.

2. 자금 조달방법

창업을 위한 자금조달은 자기자본과 타인자본을 이용하는 두 가지 방법이 있다. 자기자본이 부족하여 타인자본을 빌려야 한다면 중소기업이나 소호창업인 경우

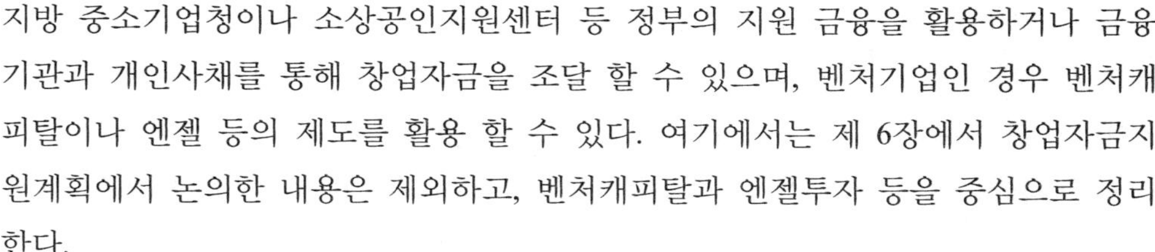

지방 중소기업청이나 소상공인지원센터 등 정부의 지원 금융을 활용하거나 금융기관과 개인사채를 통해 창업자금을 조달 할 수 있으며, 벤처기업인 경우 벤처캐피탈이나 엔젤 등의 제도를 활용 할 수 있다. 여기에서는 제 6장에서 창업자금지원계획에서 논의한 내용은 제외하고, 벤처캐피탈과 엔젤투자 등을 중심으로 정리한다.

1) 벤처캐피탈(Venture Capital)

(1) 벤처캐피탈의 정의

벤처캐피탈(venture capital)은 신제품이나 신기술개발 및 기업화를 지향하는 창업단계나 초기성장단계의 기업을 대상으로 기술과 사업 성공가능성이 기대되는 경우에 기술개발, 기술도입, 기업화 관련자금의 투자와 그 성장을 돕는 각종 경영지원으로 투자이득을 얻는 금융활동이다.

카운터렐(S.A. Countarell)은 벤처캐피탈이란 “성장이 기대되는 소기업 또는 벤처기업의 주식이나 주식에 해당되는 지분에 대한 투자로서 그 기업이 목적을 달성토록 그 벤처기업의 소수 주주권을 획득하는 것”이라고 정의했으며, 도밍구에즈(J.R. Dominguez)는 “벤처캐피탈은 지분금융과 항상 연관되는 것으로 내적인 확장을 꾀하는 새롭고 투기적인 또는 기술지향적인 기업의 유가증권에 대한 직접투자의 한 형태로 배당과 자본이득에서 큰 대가를 바라는 고도의 위험을 내포한 투자”라고 정의하였다.

또한 윤주섭 교수는 벤처캐피탈은 “벤처기업에 의한 사업의 창조확대를 돕기 위해 투자가로부터 조달한 자금을 벤처기업에 투자하는 동시에 경영 및 기술을 중심으로 한 여러 종류의 컨설팅을 행함으로써 벤처기업을 주식공개로 까지 유도하는 기업 또는 기관”으로 정의하였다.

이러한 벤처캐피탈은 융자를 위주로 하는 기존의 금융기관과 자금의 지원방식, 리스크, 투자금의 회수방법 등에서 커다란 차이가 있다. 기존 금융기관이 일정한 담보를 조건으로 융자형태의 자금을 지원하고 있는 반면, 벤처캐피탈은 유형의 담보를 요구하는 것이 아니라, 투자기업의 기술력 · 성장성을 평가하여 무담보 주식투자를 원칙으로 한다.

또한 벤처캐피탈은 투자대상기업에 자금을 공급하는 기능을 가지고 있어 금융활동이란 측면에서 금융기관과 유사하지만, 투자기업이 성장하지 않으면 이득을 얻을 수 없으며 투자기업과 위험부담을 함께 하기 때문에 수동적인 성격을 띠는 은행의 융자와는 다르다. 벤처캐피탈의 금융수단 혹은 금융활동은 주식의 인수, 전환사채나 신주인수권부사채의 인수, 약정투자 등 투자뿐만 아니라 투자된 기업에 대한 융자, 리스, 팩토링 등 금융지원 이외에 투자기업의 성장지원을 위한 경영관리, 기술지원 등 각종 컨설팅 활동을 포함한다.

벤처캐피탈의 역사는 미국에서 1946년에 ARDC(American Research and Development Corporation)가 설립되면서 부터라고 할 수 있다. 1980년대 후반부터 미국의 정보통신업체들이 급성장하면서 벤처캐피탈의 투자가 폭발적으로 증가하게 되었다.

한국 최초의 벤처캐피탈회사는 1974년에 설립된 한국기술진흥주식회사(KTAC)라 하겠다. 그러나 동사의 투자대상은 한국과학기술연구소의 연구결과를 기업화하는데 한정되었고 지원실적도 미미하였다.

그 후 정부와 산업계가 기술개발의 필요성을 인식하고 기술개발자금을 지원하기 위하여 1981년 한국종합기술금융주식회사(KTB)가 특별법에 의해 설립되었고, 1982년에 국제금융공사와 아시아개발은행 등이 공동으로 출자하여 한국개발투자주식회사(KDIFC)를 설립하였다. 1984년에는 한국산업은행이 한국기술금융주식회사(KTFC)를 설립하여 이들 회사를 중심으로 벤처캐피탈이 어느 정도 활성화 되었다. 이와 같이 1974년부터 1985년까지는 우리나라 벤처캐피탈의 도입기에 해당된다. 1986년에 신기술사업금융회사가 정부의 인가를 받으면서부터 이들 4개 회사를 중심으로 벤처캐피탈이 어느 정도 활성화되었다.

그러나 한국에서 본격적인 벤처캐피탈의 활동은 1986년 5월에 제정된 중소기업창업지원법에 의거 · 설립된 창업투자회사들이 영업을 개시한 이후라고 할 수 있다. 1996년에는 코스닥시장(KOSDAQ)이 개설되었으며, 1997년에는 벤처기업 육성을 위한 특별조치법이 제정되면서 벤처캐피탈이 도약기를 맞아 명실상부한 역할을 하게 되었다.

(2) 벤처캐피탈의 기능

① 창업기업에 대한 자금지원

창업기업은 일반적으로 연구개발, 초기단계인 창업단계, 확장단계인 위험 동반 성장단계, 안정 성장이라는 4단계를 거친다. 은행은 벤처기업이 안정성장 단계에 들어서면 비로소 벤처기업의 융자신청에 응하나 안정성장의 후기에는 증권시장을 통하여 자금조달이 가능하게 된다. 그러나 기업화 단계, 즉 창업 내지 위험 동반

성장의 단계에는 자금수급상의 격차가 크게 발생하는데, 이 때 벤처캐피탈은 벤처기업에 자금을 공급함으로써 이러한 자금수급상의 격차를 메워주는 기능을 담당한다.

이와 같이 벤처캐피탈은 미공개 기업이 기업의 공개나 자력에 의하여 은행으로부터 자금을 조달할 수 있는 단계에 이를 때까지 지속적으로 지원한다. 전통적인 벤처캐피탈의 자금공급 형태는 주로 미공개주식의 취득 또는 전환사채의 인수이지만 경우에 따라서 이미 자본참여를 하고 있는 회사에 대하여 융자를 하기도 한다. 이 경우 융자는 이자소득보다는 투자기업의 주식 가치를 유지하거나 높이기 위한 수단으로 사용된다.

② 창업기업 경영지원

창업자는 연구개발에는 유능한 반면, 제품의 마케팅, 재무관리, 인사관리 등 기업의 경영관리에는 그다지 유능하지 못할 수도 있다. 또한 신생기업에는 창업자를 도와줄 수 있는 인재가 상대적으로 부족할 수도 있다. 벤처캐피탈은 이러한 경우에 적합한 인재를 알선해 주고 마케팅, 재무관리 등에 대한 조언을 함으로써 투자기업의 성장을 지원해 주기도 한다.

벤처캐피탈이 투자기업을 육성, 지원하는 것은 더 많은 자본이득을 얻기 위해서도 그리고 불확실성이 높은 신생기업에 대한 투자를 더욱 안전하게 하기 위해서도 필요하다. 그러나 현실적으로 벤처캐피탈이 어느 정도의 성장지원기능을 발휘하는가는 벤처캐피탈 자체의 역량 및 벤처캐피탈과 투자기업 간의 신뢰관계 등에 달려 있다.

③ 상장시의 주식공개

미공개기업이 주식공개를 추진할 때, 규정에 의하여 구주주가 일정 지분의 주식을 공개할 필요가 있다. 그러나 대주주간의 경영권 문제, 공개시기와 주가에 대한 예상 등의 문제로 인하여 필요한 주식수가 공개되지 못하는 경우가 있다. 이러한 경우에 벤처캐피탈은 기업의 요청에 따라 필요한 주식을 공개함으로써 원활한 기업 상장을 위해 기여할 수 있다.

(3) 벤처캐피탈의 역할

① 유망 창업기업의 선정과 육성

벤처캐피탈은 기술력은 뛰어나지만 경영기반과 신용이 아직 취약한 초기의 창업기업에 자금을 공급하고 경영을 지원하는 기능을 가지고 있다. 이와 같은 특성을 활용하여 성장할 가능성이 큰 신생 기업을 투자대상으로 선정하여 자금을 공급함으로써 기술개발 및 시장진입에 경쟁력을 높여주어 창업기업을 육성하는 역할을 수행한다. 이는 궁극적으로 산업의 활성화와 기술・지식 집약적인 산업의 발전에도 기여하게 된다.

② 국민경제의 활성화

창업기업은 자금조달에 있어서 금융기관, 친인척 등으로부터의 차입에 크게 의존하게 되고, 직접 금융시장을 통한 자금조달이 어렵다. 경제 환경의 변화에 따라 기업은 증자를 통한 자금조달의 이점과 국제화에 따른 경쟁력 제고를 위해 차입보다는 자기자본을 충실화할 필요가 있다. 벤처캐피탈은 이러한 창업기업에 지분참여형식으로 자금을 공급함으로써 이들 기업의 재무구조를 개선시키는 역할을 한다.

미국에서는 벤처캐피탈의 지원을 받고 성장한 기업들이 신기술의 상품화와 신시장의 개척 등을 주도하고 있어 벤처캐피탈이 미국의 산업구조를 고도화시키는데 크게 기여하고 있다. 이처럼 벤처캐피탈은 생산성 하락과 대기업의 국제경쟁력 약화 등 여러 가지 문제를 안고 있는 경제에 활력을 불어넣는 역할을 수행하고 있다.

벤처캐피탈은 창업기업의 발전단계에 따라 창업지원, 기업확장, 비공개기업에 자금공급을 할 수 있다. 그러므로 창업 기업 수는 늘어나고, 기업의 성장과정에서 고용창출 효과가 높아지며, 새로운 기술이 개발되어 수입대체 및 수출증대로 국제수지를 개선시킨다. 또한, 소비자가 새로운 제품이나 서비스를 제공 받게 되어 국민의 생활수준을 향상시키는 등 국민경제에 기여하는 역할을 한다.

③ 미상장기업의 자기자본 확충 및 재무구조개선

창업 기업의 성장을 위해 신규분야에의 진출과 신제품개발을 위한 투자가 필요하나 투자자금 회수에는 위험이 따르고 오랜 시일이 걸리기 때문에 차입금보다는 자기자본 확충을 통하여 필요한 자금을 조달하는 것이 유리해지고 있다. 또한, 인플레이션이 진정되고 토지 등 부동산가격이 안정세를 보임으로써 기업은 담보가치의 상승을 기대할 수 없게 됨에 따라 은행 차입금만으로는 기업이 필요한 자금을 충분히 조달하는 것이 어려워지고 있다. 벤처캐피탈은 증자를 통한 자금조달을 가능하게 함으로써 미상장 중소기업들이 자기자본을 확충하는데 기여할 수 있다.

④ 산업조직의 활성화

벤처캐피탈은 신기술의 기업화, 신시장의 개척, 소프트웨어개발 등 유망산업분야에 창업한 기업에 자금을 지원함으로써 기술 및 지식집약적인 산업의 발전에 기

여한다.

일반적으로 벤처기업은 독립성이 강하며 중소 하청기업과는 달리 특정 대기업의 지배를 받는 것을 좋아하지 않는 특성을 지니고 있다. 또한 기술개발에 있어서도 독자적인 연구개발 투자에 주력한다. 이에 따라 벤처기업의 성장과 발전은 중소기업과 대기업의 제반거래에 있어서 보다 대등한 관계가 되도록 하며 나아가 기업간 경쟁을 촉진함으로써 산업조직을 활성화 시키는 역할을 한다.

(4) 벤처캐피탈의 활용 절차

벤처캐피탈의 투자지원을 받으려는 창업기업 경영자 또는 창업자는 우선 사업계획서를 작성 · 제출하게 되는데 이때 사업계획서는 각종 수치가 정확하고도 적절하게 표시되어야 신뢰를 얻을 수 있다. 또한 영위하는 사업이 특수성과 기술우위성이 있어야 하며 기대수익률이 높아야 유리하다.

또한 자신의 기술에 대한 자신감과 추진력, 나아가서 경영자로서의 열정 · 역량 등을 잘 알릴 수 있어야 창업투자회사 등의 투자를 받을 수 있는 만큼 경영자의 자질을 정확히 드러낼 수 있어야 한다.

2) 엔젤(Angel)

(1) 엔젤의 정의

엔젤은 기술과 아이디어를 가진 창업가들에게 자본과 경영노하우를 지원하는 개인투자가들이다. 다시 말해 엔젤은 창업 초기단계(early stage) 기업에 천사처럼 나타나 필요한 자금을 공급하는 개인투자가를 말하는데 창업직후 자금조달이 어려운 창업기업에 대해 필요한 자금지원과 경영에 관한 자문 등을 수행하기도 한다.

우리나라에서는 「벤처기업육성에 관한 특별조치법」에서 창업 7년 이내의 벤처기업 또는 전환한지 7년 이내의 벤처기업에 투자하는 “개인 또는 개인들로 구성된 조합”을 지칭하고 있다. 창업 3년 이내의 벤처기업 또는 전환한지 3년 이내의 벤처기업에 투자하는 경우 조세감면 혜택을 주고 있다(조세특례제한법시행령 제12조).

(2) 엔젤의 유형

엔젤은 리드엔젤(Lead Angel)과 서포트 엔젤(Support Ange)로 구분할 수 있다. 리드엔젤은 대부분 창업경험이 있는 성공한 은퇴 경영자로서 벤처기업 지원에 주도적인 역할을 하고 있으며 풍부한 자금, 경영경험 및 기술평가 능력 등을 보유하고 있어 비상근이사로 참여하기도 한다.

서포트 엔젤(Support Angel)은 전문지식을 가지고 창업자를 지원하는 변호사, 회계사, 컨설턴트 등의 전문직 종사자를 말하며 간접적인 지원을 하거나 자기자금을 투자하기도 한다.

또는 엔젤의 유형으로는 추구하는 목적에 따라 부(富)추구형(wealth-max- mizer), 소득추구형(income-seeking), 기업가형(entrepreneur) 엔젤로 나뉜다. 또 투자경험유무에 따라서 경험이 없는 처녀 엔젤(virgin angel), 경험이 풍부하여 투자클럽에서 다른 투자가를 이끄는 역할을 하는 아치엔젤(archangel 또는 lead angel이라고도 함) 등이 있고, 대기업이 비공식 자본시장에 참여하는 형태인 대기업 엔젤(corporate angel)도 있다.

(3) 엔젤의 필요성

설립직후의 창업기업은 생산설비가 없고 재고부담이 없어 많은 자금을 필요로 하지 않으나, 대부분 연구개발 단계에 있어 연구가 획기적인 제품으로 이어져 성공할지 여부가 불확실하기 때문에 자금조달이 어려운 시기이다. 특히 우리나라 금융관행 아래서는 담보력이 취약한 이 단계의 기업이 외부자금을 조달하는 것이 매우 어려운 실정이다. 또한 벤처캐피탈은 사업화가 이루어진 기업에 집중될 뿐만 아니라 신생 벤처기업의 경우 투자규모가 작아 벤처캐피탈이 투자하기에는 부적합하므로 신생 기업에 대해서는 엔젤 투자가 무엇보다도 필요하다.

(4) 엔젤의 특징

엔젤은 ‘초기 성장단계’의 투자가 중심이나, 벤처캐피탈은 ‘후기 성장단계’를 중심으로 투자한다. 엔젤의 주요 투자 동기는 벤처캐피탈보다 높은 수익성 추구와 친구 · 지인 등에 의한 친분과 인연을 중시한다. 엔젤은 기업에 자금만을 지원하는 것이 아니고 경영자에게 다양한 전문노하우를 제공하는 등 경영참여 비중이 벤처캐피탈보다 크다. 엔젤은 투자기업의 신속한 동태파악을 중요시하기 때문에 일반적으로 근거리에 소재하는 기업을 선호하기 마련이다.

〈표 11-1〉 엔젤과 엔젤투자조합의 비교

구분	엔젤조합	엔 젤	
		엔 젤	엔젤클럽
성격	2인 이상의 개인이 벤처기업 투자를 목적으로 금전을 출자한 일시적 계약	개인투자가	개인투자가들로 구성된 임의적 모임
근거	민법 제13절, 벤처기업육성에관한특별조치법 제14조	벤처기업육성에관한특별조치법 제14조	–
결성요건	출자총액 1천만 원 이상	–	클럽별 정관에서 규정
조세감면	• 투자금액의 30% 종합소득 공제 • 양도차익 비과세	• 투자금액의 30% 종합소득 공제 • 양도차익 비과세	좌동의 엔젤과 동일한 세제혜택
조세감면요건	• 창업/전환 후 3년 이내의 벤처기업에 투자하여 5년 이상 주식보유/지분유지 • 출자 후 다음 과세연도까지 투자	• 창업/전환 후 3년 이내의 벤처기업에 투자하여 5년 이상 주식보유/지분유지	좌동의 엔젤과 동일한 세제혜택

3) 코스닥(KOSDAQ)

(1) 코스닥시장(협회중개시장) 특징

코스닥시장(Korea Securities Dealers Automated Quotation)은 증권거래법 제172조 규정에 의하여 증권업협회가 운영하는 제2의 증권시장이다. 증권업협회는 비상장기업 중에서 성장성과 기술력 있는 기업들을 등록하도록 하고 이들 기업이 발행한 주식을 일정한 거래질서 하에서 거래하도록 시장을 개설하여 운영하고 있다. 이 코스닥(KOSDAQ)은 미국 나스닥(NASDAQ)을 벤치마킹한 거래시장으로 중소기업의 직접금융조달 창구로서의 기능을 수행하며 거래소시장에 대한 독립적, 경쟁적 시장으로 육성하고 활성화하기 위하여 정부에서는 제도개선 등 지원체제를 강화하고 있다. 코스닥 시장의 특징은 다음과 같다.

① 성장기업 중심의 시장이다. 기업규모는 작지만 성장 잠재력이 높은 벤처기업, 유망중소기업 등이 용이하게 자금을 조달할 수 있는 시장이다.

② 거래소시장에 대한 독립적 경쟁시장이다. 증권거래소시장(유가증권시장)의

전(前) 단계적, 보완적 시장으로 보는 시각이 있었으나 코스닥시장의 성장·발전에 따라 독립된 경쟁시장으로 보는 견해가 지배적이다.

③ 증권회사의 역할과 책임이 중시되는 시장이다. 코스닥시장의 참여기준은 거래소 상장기준에 비하여 상당히 완화된 수준이므로 우량종목 발굴에 대한 증권회사의 선별 기능이 중요하다. 소규모회사의 경우 유통물량부족에 따른 시세의 연속성 및 주식의 환금성 보장을 위한 등록종목딜러의 시장조성 기능을 강조하고 있다.

〈표 11-2〉 증권시장의 종류 및 특징

구 분	정규시장		비정규시장	
종류	증권거래소(KSE)	협회중개시장(KOSDAQ)	비상장·비등록주식시장(OTC BB)	OTC (장외시장)
의의	증권거래소가 개설한 시장	증권업협회가 운영하는 시장	코스닥의 호가중개시스템에 의해 운영되는 시장	KSE, KOSDAQ, OTC BB이외의 시장
매매대상물	증권거래소 상장유가증권(주식, 채권, 주가지수선물옵션)	협회등록법인의 주식	협회지정법인의 주식	제한없음. 주로 채권이 거래되며 미공개법인의 주식거래도 활발한 편임.
매매방법	경쟁매매	경쟁매매	상대매매	단주의 장외거래, 상대매매
규정	상장규정 업무규정 공시규정	협회중개시장 운영규정	유가증권의 장외거래에 관한 규정, 장외주식호가중개에 관한 규칙	유가증권의 장외거래에 관한 규정
결제	증권예탁원(T+2)	증권예탁원(T+2)	증권예탁원(T+2)	채권(증권예탁원)

[자료 : 한국증권업협회, 협회중개시장 소개자료 인용.]

④ 투자자의 자기책임 원칙이 강조되는 시장이다. 고위험, 고수익(High Risk, High Return)의 새로운 투자수단을 제공해 주는 시장으로서 투자자의 자기책임 원칙이 중요하다.

(2) 코스닥시장의 기능

① 자금조달 기능

증권거래소시장에 상장하기 어려운 벤처기업, 유망 중소기업 등이 발행한 주식

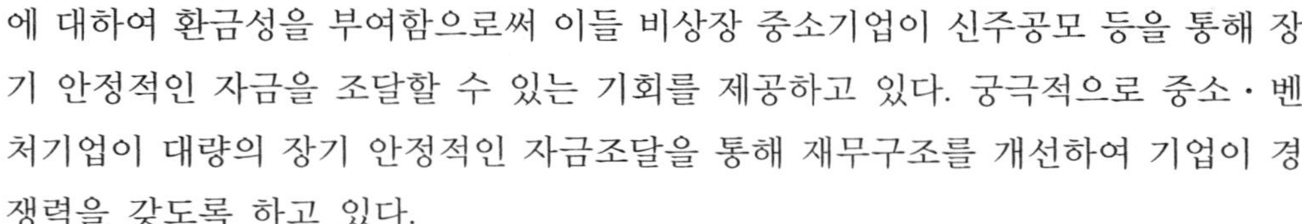

에 대하여 환금성을 부여함으로써 이들 비상장 중소기업이 신주공모 등을 통해 장기 안정적인 자금을 조달할 수 있는 기회를 제공하고 있다. 궁극적으로 중소·벤처기업이 대량의 장기 안정적인 자금조달을 통해 재무구조를 개선하여 기업이 경쟁력을 갖도록 하고 있다.

② 자금운용시장 기능

투자자에게 기존의 증권거래소 상장주식 이외에 성장가능성이 높은 비상장 유망기업 주식을 투자할 수 있는 수단을 제공한다.

③ 벤처산업의 육성

신생 벤처기업에 투자를 전문으로 하는 벤처캐피털 회사들이 협회중개시장을 통하여 투자한 자금을 회수하는 한편, 새로운 유망벤처기업을 발굴하여 지원할 자금조성의 장으로써 시장을 활용할 수 있다.

(3) 코스닥시장의 운영체제

① 재정경제부

정책수립을 담당하는 재정경제부는 벤처기업 및 협회중개시장 육성을 위한 정책과제 개발, 증권거래법 제·개정, 협회중개시장운영규정 협의 등의 기능을 가지고 있다.

② 금융감독위원회

금감위는 협회중개시장 등록공모, 불공정거래 및 내부자거래 등 조사, 유가증권 인수업무에 관한 규정, 등록법인관리규정, 유가증권발행신고 등에 관한 규정 제·개정, 협회중개시장운영규정 승인 등의 기능을 가지고 있다.

③ 증권업협회

시장운영 및 관리를 담당하고 있는 증권업협회는 코스닥위원회 설치 및 운영, 등록예비심사, 등록 및 등록취소 승인, 주가감시 및 매매심리, (주)코스닥증권시장 위임업무 감독, 협회중개시장운영규정 제·개정 등의 업무를 담당하고 있다.

④ (주)코스닥증권시장

매매중개를 담당하는 코스닥증권시장은 협회등록법인 발행주식의 매매중개, 증권협회의 위임업무수행(공시업무, 매매거래정지 등 시장조치), 공시요령 제 ·개정 등의 업무를 담당하고 있다.

⑤ **증권회사**

등록종목딜러는 대상법인 발굴, 유가증권분석, 공모주식 인수의 업무를, 기타 증권회사는 고객주문의 접수 및 처리를 담당하고 있다.

〈그림 11-1〉 코스닥 운영체제

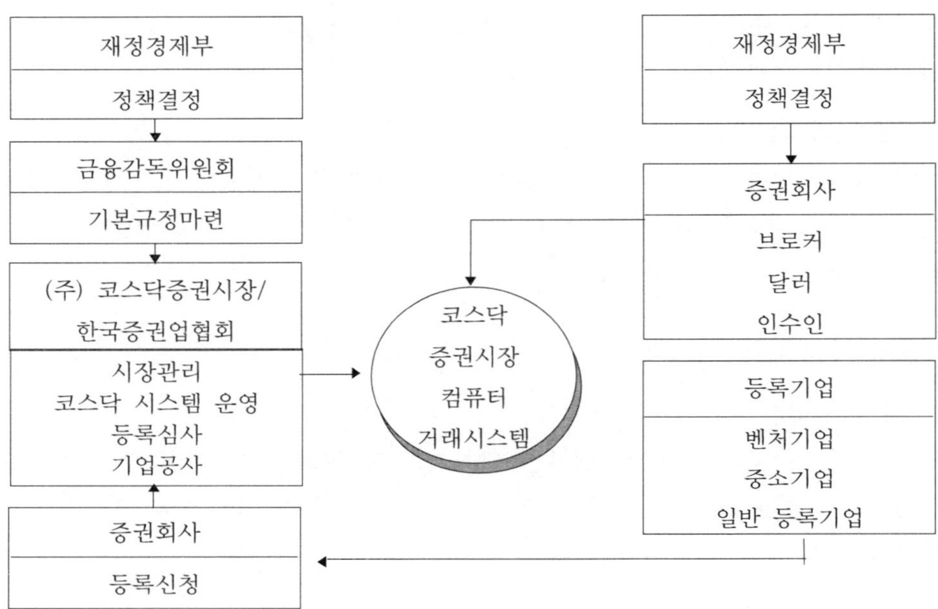

제2절 세무회계

1. 부가가치세

1) 부가가치세란?

부가가치세란 상품(재화)의 거래나 서비스(용역)의 제공과정에서 얻어지는 부가가치(이윤)에 대하여 과세하는 세금이며, 사업자가 납부하는 부가가치세는 매출세액에 매입세액을 차감하여 계산한다. 부가가치세는 물건 값에 포함되어 있기 때문에 실지로는 최종소비자가 부담하는 것이다. 이렇게 최종 소비자가 부담한 부가가치세를 사업자가 세무서에 납부하는 것이다. 그러므로, 부가가치세 과세대상 사업자는 상품을 판매하거나 서비스를 제공할 때, 거래금액에 일정금액의 부가가치세를 징수하여 납부해야 한다.

2) 부가가치세 과세기간

부가가치세 과세기간은 1년을 2개의 과세기간으로 나누어 매 6개월을 하나의 과세 기간으로 하고 있다. 부가가치세 과세기간은 1월 1일부터 6월 30일까지를 제1기로 하고 7월 1일부터 12월 31일까지를 제2기로 하여 각 과세기간의 사업실적에 대하여 그 과세기간이 끝나는 달의 다음달 25일(7/25, 1/25)까지 사업장 소재지 관할세무서에 부가가치세 확정신고서를 제출하고 그 세액을 납부해야 한다.

또한 각 과세기간 중 앞 분기 3개월 동안을 예정신고 기간으로 하여 그 기간 동안의 사업실적에 대하여 그 분기가 끝나는 달의 다음달 25일(4/25, 10/25)까지 부가가치세를 신고, 납부하여야 한다. 다만 개인사업자는 원칙적으로 예정신고 할 필요 없이 관할세무서에서 예정 고지된 세액을 납부하면 되고 예정신고 절차는 생략된다.

그러나 개인사업자라 할지라도 직전 과세기간에 납부한 세액이 없는 경우나 당해 과세기간에 신규로 개업한 사업자는 부가가치세 예정신고 납부를 하여야 한다. 부가가치세를 신고, 납부할 때는 소정의 부가가치세 신고서 외에 매출매입처별 세금계산서 합계표와 기타 관련 서류도 함께 관할세무서에 제출하여야 한다.

〈표 11-3〉 부가가치세 과세기간 및 신고납부

과세기간	과세대상기간		신고납부기간	신고대상자
제1기 1.1.-6.30	예정신고	1.1-3.31	4.1-4.25	법인사업자
	확정신고	1.1-6.30	7.1-7.25	법인, 개인사업자
제2기 7.1-12.31	예정신고	7.1-9.30	10.1-10.25	법인사업자
	확정신고	7.1-12.31	다음해 1.1.-1.25	법인, 개인사업자

3) 부가가치세 계산

부가가치세 납부세액은 거래 상대방으로부터 징수한 부가가치세액에서 자기가 공급받은 재화・용역에 대하여 거래 상대방으로부터 징수당한 부가가치세액을 차감하는 방식으로 계산되며 그 거래 증빙으로 세금계산서를 주고받아야 한다. 사업자가 재화용역을 공급하는 경우 그 공급가액의 10%만큼이 부가가치세로 과세된다. 따라서 매출의 경우 재화용역을 공급하는 사업자는 공급가액의 10%를 부가가치세 매출세액으로 하여 거래 상대방으로부터 징수하고, 반대로 매입분에 대해서는 매입금액의 10%만큼을 부가가치세 매입세액으로 징수 당하게 되는데 부가가치세 신고 시 납부할 세액은 매출세액에서 매입세액을 공제(차감)한 금액으로 계산하게 된다.

여기서 주의해야할 점은 매출 분에 대해서는 소매업 또는 음식숙박업, 사회 및 개인 서비스업 등의 경우에서와 같이 세금계산서를 발행하지 않을 경우에도 부가가치세 매출세액을 거래 징수하여 부가세 납부세액 계산 시 매출세액에 포함시켜야 하지만 매출세액에서 공제(차감)되는 매입세액은 반드시 세금계산서를 교부받은 분에 한한다. 또한 세금계산서를 교부받은 매입세액이라 할지라도 업무무관지출, 비업무용 소형승용차의 구입 및 유지에 관한 지출, 접대비 관련 지출, 면세사업관련 지출 등에 관한 매입세액은 부가세 납부세액 계산 시 매입세액으로 공제되지 않는다.

4) 부가가치세 과세유형 구분

부가가치세 과세 유형은 년간 매출액 4,800만원을 기준으로 일반과세와 간이과세자로 구분하며, 간이과세자도 업종별로 <표 11-5>처럼 부가가치율이 다르다.

(1) 일반과세자

1년간 매출액이 4,800만원 이상의 사업자는 일반과세자로 분류되며, 일반과세자의 부가가치 세액의 계산은 총 매출세액(매출액의 10%)에서 매입세액(매입액의 10%)을 차감한 금액이 납부세액이 된다.

(2) 간이과세자

1년간 매출액이 연간 4,800만원 미만의 소규모 개인사업자가 간이과세자로 사업자 등록을 하게 되면 일반과세자에 비하여 부가가치세 업무를 다소 간편하게 처리할 수 있다. 간이과세는 자기의 매출 분에 대하여 거래증빙으로 세금계산서를 발행할 수 없고, 일반 영수증을 발행해야 한다. 또한 부가가치세 납부세액 계산에 있어서도 일반과세자는 매출세액에서 매입세액을 공제하는 방법으로 부가세를 납부하게 되지만, 간이과세자는 자기가 매출한 공급대가의 일정율을 부가가치세 납부세액으로 하고 매입단계에서 교부받은 세금계산서상의 매입세액은 납부 할 세액에서 공제되지 않는다. 한편 간이과세제도는 소규모 영세사업자를 위한 조세정책상의 제도이기 때문에 연간 매출이 4,800만원 미만인 경우라도 업종과 지역에 따라 간이과세등록이 배제되는 경우도 있으며 법인사업자는 공급대가규모에 관계없이 일반 과세자가 된다. 간이과세자의 부가가치 세액의 계산은 다음과 같이 계산된다.

(매출액×업종별 부가가치율×10%)−공제세액=납부세액

〈표 11-4〉 부가가치세 사업자 구분

구 분	기준 금액	세액 계산
일반과세자	1년간 매출액 4,800만원 이상	매출세액(매출액의 10%)−매입세액(매입액의 10%)=납부세액
간이과세자	1년간 매출액 4,800만원 미만	(매출액×업종별 부가가치율×10%)−공제세액=납부세액 * 공제세액=세금계산서에 기재된 매입세액×해당업종의 부가가치율

〈표 11-5〉 간이과세자의 업종별 부가가치율

업 종	부가가치율(2010)
소매업	15%
제조업, 전기, 가스 및 수도사업, 재생용 재료 수집 및 판매업	20%
농업, 수렵업, 임업 및 어업, 건설업, 부동산 임대업, 기타 서비스업	30%
음식업, 숙박업	30%
운수 및 통신업	40%

* 적용제외 대상자는 광업, 부동산매매업, 제조업(과자점, 떡방앗간, 도정업, 제분업 등은 가능), 변호사업, 변리사업, 법무사업, 공인회계사업 등이다.

5) 부가가치세 면세사업자

부가가치세 면세사업자는 부가가치세 납세의무자가 아니므로 자기 매출 분에 대하여 부가세를 거래 징수할 의무가 없으며 세금계산서도 발행하지 않는다. 따라서 면세사업자는 소득세법상의 [계산서]를 발행해야 한다. 또한 면세사업자는 직전 년도의 사업수입명세금액 등을 기재한 [사업장 현황 보고서]를 매년 1월 31일까지 관할 세무서에 제출해야 한다. 부가가치세 면세대상은 기초생필품, 국민후생 용역 등으로 그 범위가 한정되어 있는데, 조금 더 구체적으로 살펴보면 농수축산물 등 미가공 식료품의 공급, 병원 등 의료보건 용역, 금융보험용역, 학교 · 학원 등 교육용역, 도서 · 잡지 · 통신 등 문화관련용역, 주택임대업 등이다.

2. 소득세

1) 소득세(법인세) 신고 납부

사업자는 1년 동안 벌어들인 소득에 대하여 소득세를 신고 납부하여야 한다. 이때 개인사업자가 납부하는 세금은 종합소득세라고 하며, 법인사업자가 법인소득에 대해서 납부하는 세금은 법인세라고 한다. 종합소득세는 직전년도(1.1~12.31)의 소득에 대하여 원칙적으로 사업운영으로 인하여 그 해에 벌어들인 사업소득은 물론 부동산 임대 소득 및 근로소득과 일정한 요건을 갖춘 배당소득, 이자소득, 기타소득, 일시재산소득 등을 모두 합산하여 매년 5월 31일까지 신고 납부해야 하며, 법인세는 법인이 벌어드린 모든 소득에 대하여 정관상 정해진 사업 년도 종료일 후 3개월 내에 신고 납부해야 한다. 종합소득세 관할세무서는 개인사업자의 주소지 관할세무서이며 법인은 본점 소재지 관할 세무서이다. 소득세는 사업자가 스스로 본인의 소득을 계산하여 신고 · 납부하는 세금이므로, 모든 사업자는 장부를 비치 · 기장하여야한다.

2) 법인 구분별 납세의무

국내에 본점이나 주사무소 또는 사업의 실질적 관리장소를 둔 법인(내국법인)은 국내외에서 발생하는 모든 소득에 대해 법인세 납부의무가 있다. 외국에 본점 또는 주사무소를 둔 외국법인은 국내에서 발생하는 모든 소득 중 법에서 정한것(국내원천소득)에 한하여 법인세 납부의무가 있다. 법인은 영리법인과 비영리 법인으로 구분할 수 있다. 영리법인은 상법에 의해 영리를 목적으로 설립된 주식회사, 합명회사, 합자회사, 유한회사와 특별법에 의하여 영리를 목적으로 설립된 법인이다. 비영리법인은 원칙적으로 법인세가 부과되지 않으며, 학술, 종교, 자선 등을 위하여 설립한 법인과 법인격 없는 사단, 재단 기타 단체로서 민법 제32조 규정에 의해 설립된 법인, 사립학교법 기타 특별법에 의해 설립된 법인으로 민법 제 32조에 규정된 목적과 유사한 목적을 가진 법인, 국세기본법 13조 제 4항의 규정에 의한 법인으로 보는 법인격이 없는 단체이다. 영리법인과 비영리법인의 가장 근본적인 차이점은 영리법인은 법인에서 발생한 이익을 처분하여 그 구성원에게 분배가 가능하나 비영리법인은 어떠한 경우에도 그 구성원에게 이익을 배당 할 수 없다는 점이다.

〈표 11-6〉 법인 구분별 납세의무

법인의 종류		각 사업년도 소득에 대한 법인세	토지 등 양도소득에 대한 법인세	청산소득
내국법인	영리법인	국내외 모든 소득	○	○
	비영리법인	국내외 수익사업에서 발생하는 소득	○	×
외국법인	영리법인	국내 원천 소득	○	×
	비영리법인	국내 원천소득중 열거된 수익사업에서 발생한 소득	○	×
국가, 지방자치단체		납세의무 없음		

3) 소득세의 계산방법

소득세 계산방법은 장부를 비치하고 기장하고 있는 사업자와 장부를 비치, 기장하고 있지 않은 사업자간에 다소 차이가 있는데, 먼저 소득금액을 결정하고, 산출세액과 결정세액, 자진 납부할 세액 결정의 절차를 따른다.

(1) 소득금액 결정

① 장부를 비치, 기장하고 있는 사업자

총수입금액 - 필요경비 = 소득금액

② **무기장 사업자**

기준 경비율적용 대상자(다음 두가지 경우 중 적은 금액)

- 소득금액 = 총수입금액 - 주요경비 - (수입경비 × 기준경비율)
- 소득금액 = [총수입금액 - (수입경비 × 단순경비율)] × 배율

  * 2010년 귀속배율 : 간편장부대상자 2.4배, 복식의무자 3배
- 단순경비율적용 대상자

  소득금액 = 총수입금액 - (총 수입금액 × 단순경비율)

(2) 산출세액 계산

(소득금액 - 소득공제) × 세율 =산출세액

(3) 결정세액 산출

산출세액 - (세액공제 + 감면세액) = 결정세액

(4) 납부 세액

결정세액 - 이미 납부한 세액 = 자진 납부할 세액

(5) 신고하지 않는 경우의 불이익

신고를 하지 않는 경우 각종 세액 공제 및 감면을 받을 수 없으며, 무거운 가산세를 물게 된다(원천세 2012.1월지급, 2월 제출분부터 원천징수 납부불성실 가산세가 변경됨).

신고불성실가산세 = 산출세액 x 20%(부당신고시 40%)

납부불성실가산세 = 미납부세액의 3% +미납부세액의 0.03% x 경과일수

(경과일수는 납부기한 다음날부터 자진납부일까지)

4) 소득세(법인세)세율과 절세

(1) 소득세의 개념과 분류

소득세란 공공기관이 관할구역 내에 있는 개인이나 법인의 소득에 부과하는 세금으로, 개인소득세와 법인소득세가 있다. 개인소득세는 법인세와 달리 개인이나 가족 단위의 소득에 대해 부과하는 세금으로, 실제로 납세자 본인이 부담하기 때

문에 보통 직접세의 범주로 분류된다.

① **개인소득세**

개인소득세가 정당화될 수 있는 근거는 개인이 정부 유지에 기여하는 능력을 측정하는 데 있어서 개인의 소득이 가장 좋은 단순지표가 된다는 전제에 기초를 두고 있다. 개인 소득에 부과되는 세금이 완전히 공평하다고 인정받기 위해서는 수평적·수직적 형평에 대한 검증이 요구된다. 수평적 형평이란 소득수준이 같은 사람들은 같은 조건에서 같은 액수의 세금을 내야 한다는 조건이다. 수직적 형평이란 각기 소득수준이 다른 개인들의 세금징수액을 몇 등급으로 나누어야 하며, 또 그와 같은 등급은 개인소득의 어떤 범위까지 확장해야 하는가를 고려하는 것이다.

② **법인세**

법인세는 법인의 소득에 대해 부과하는 세금으로, 거의 모든 나라가 법인의 순이윤에 대해 소득세를 징수하고 있으며, 그 내용이나 세율은 크게 다르다. 법인소득세의 경제적 효과는 아직도 논란의 대상이 되고 있다. 먼저 전통적인 견해에 따르면, 세금은 단기간에 가격으로 반영될 수 없기 때문에 이윤에서 징수하는 것이 옳다고 주장한다. 또 다른 이론에 따르면, 많은 산업부문에서 가격은 사실상 소수의 선도 기업이 취하는 행동에 결정적으로 영향을 받는다고 보는 견해가 있다. 이들 선도기업은 단기의 최대 이윤이 아니라 일정한 기간의 기대 수익률의 달성을 목표로 삼는다. 법인소득세율이 상승하면 선도기업은 목표 수익을 유지하기 위해 가격을 인상할 것이고, 다른 기업도 그에 따라 움직일 것이라는 주장이다. 법인소득세가 자본에 대한 수익에 부과된다면 일반적으로 누진적인 성격을 가질 것이다. 그러나 실제 세액은 가격에 전가되는 만큼 주로 법인소득세의 부담이 소비자에게 귀착될 것이고, 결국 소득에 대해 역진적인 효과를 가져올 것이다.

개인사업자의 경우 사업규모가 커지면 법인으로 전환하는 것이 유리할 수 있다. 개인기업의 사업규모가 일정규모 이상이 되면 대외 신용도를 제고하기 위하여 또는 자금조달의 원활화를 기하기 위하여 법인전환 여부를 고려해야 된다.

세금부담 면에서 볼 때도 예를들어 종합소득과세표준이 1,200만원을 초과하여 세율이 15% 이상 적용될 것이 예상되는 경우에는 미리 법인으로 전환해 주는 것이 절세상 유리할 수 있다. 사업소득세(종합소득세)율 체계가 6%-38%까지 5단계 누진세율로 되어 있는 반면 법인 세율체계는 과세표준 2억을 기준으로 10%, 20%, 22%로 3단계 누진세율로 되어 있을 뿐만 아니라 최고 세율도 개인이 법인보다 훨씬 높기 때문이다.

신규창업자의 경우에도 사업초기부터 종합소득과세표준금액 1,200만원을 초과할 것으로 예상된다면 창업 시부터 아예 법인으로 출발하는 것도 고려해 볼 만 하다(여기서 과세소득이란 총 매출액에서 경비, 일반관리비 등을 차감한 순소득을 말한다).

(2) 종합소득세율표

우리나라의 종합소득 과세율은 5단계로 구분되어 있는데, 버핏세 논란에 따라 2012년부터 3억원 이상 초과분에 한해서 38%의 세율을 적용하는 내용이 추가되었으며, 관련 내용을 정리하면 <표 11-7>과 같다.

〈표 11-7〉 종합소득 과세표준

종합소득 과세표준	세 율
1,200 만원 이하	1,200 만원 이하분 × 6%
1,200 만원 초과 4,600 만원 이하	1,200 만원 초과분 × 15%
4,600 만원 초과 8,800 만원 이하	4,600 만원 초과분 × 24%
8,800 만원 초과 3억원 이하	8,800 만원 초과분 × 35%
3억원 초과(2012년 신설)	3억원 초과분 × 38%

(3) 법인세율표

우리나라의 법인세율은 2억원과 200억원을 기준으로 3단계로 구분되어 있는데, 그 내용을 정리하면 <표 11-8>과 같다.

〈표 11-8〉 법인세율표

과세표준 금액	세 율
2억원 이하	과세표준의 10 %
2억원 초과 200억 이하	과세표준의 20 %
200억 초과	과세표준의 22%

3. 원천징수 의무

1) 원천징수란?

원천징수란 본래의 납세의무자가 자신의 세금을 직접 납부하게 하지 않고, 소득의 원천이 되는 소득금액 또는 수입금액을 지급하는 자가 이를 지급하는 때에 세법의 규정에 의하여 지급받는 자로부터 일정액을 징수하여 국가에 납부하게 하는 제도인데, 종업원에게 지급하는 급여 및 상여금에 대해서는 갑종근로소득세를 원천징수해야 하는데, 갑근세 원천징수 시에는 지방세법에 의한 소득 할 주민세로 갑근세의 10%를 함께 징수하여야 한다.

2) 원천징수 의무자

원천징수 의무자는 국내에서 거주자나 비거주자 또는 내국법인이나 외국법인에게 원천징수대상 소득 또는 수입금액을 지급하는 개인이나 법인이 해당 된다. 이와같이 소득세의 원천징수 의무자는 자연인이나 법인 모두 해당되고, 사업의 영위여부와도 관계없이 원천징수대상 소득금액 또는 수입금액을 지급하는자, 또는 대리하거나 그 위임을 받은 자가 해당 된다. 다만, 원천징수대상 사업소득수입금액을 지급하는 자로서 그 수입금액에 대한 소득세를 원천징수하여야 할 자는 사업자, 법인세의 납세의무자, 국가 · 지방자치 단체 또는 지방자치단체조합, 민법 기타 법률에 의하여 설립된 법인, 국세기본법 제13조 제4항의 규정에 의하여 법인으로 보는 단체, 납세조합이다.

4. 장부작성 비치

1) 복식장부

사업자는 원칙적으로 매일매일 발생하는 거래에 대하여 증빙을 갖추고 복식부기원리에 따라 모든 거래 사실이 객관적으로 파악될 수 있도록 장부에 기록 관리하여야 한다. 소득세, 법인세 신고 시에는 소득세, 법인세 신고서와 함께 기장에 의하여 작성된 대차대조표, 손익계산서, 합계잔액시산표 및 조정계산서와 기타 세법이 요구하는 명세서를 첨부하여 관할세무서에 제출하여야 한다. 이와 같이 복식부기원리에 따라 기장하고 신고하여야 하는 사업자를 복식부기 의무자라고 하는데, 복식부기 의무자가 기장을 하지 않거나 소득세, 법인세 신고 시 재무제표를 첨부하지 않는 경우에는 앞에서 언급한 바와 같이 무기장 가산세와 신고불성실가산세 등이 부과되어 높은 세금을 부담하게 되는 불이익을 받게 된다.

2) 간편장부

직전년도 수입금액이 일정금액 미만인 개인사업자는 복식부기에 의한 기장을 하지 않더라도 국세청장이 정하는 간편장부에 의하여 거래사실을 기록하고 관련 증빙을 보관하는 경우에는 기장의무를 이행한 것으로 보게 된다. 간편장부란 복식부기에 의한 기장능력이 취약한 중소개인사업자가 장부를 쉽고 간편하게 작성할 수 있도록 국세청장이 고시한 약식장부를 말한다. 간편장부에 의한 기장방법은 거래일자, 거래내용, 거래처, 수입(매출)란, 경비란, 고정자산 매입란 등 6가지로 구분하여 매일 매일의 거래내용을 날짜순으로 기록, 관리하고 관련 증빙을 보관하면 되기 때문에 복식부기 의무자처럼 대차분개에 의한 전표를 발행한다든지 총계정원장이나 기타 부속 보조장부를 만들어야할 의무는 없다. 물론 간편장부 대상자인 경우에도 사업자의 형편에 따른 다른 장부를 추가해도 되고 기타 목적으로 복식부기에 의한 기장을 해도 무방하다.

3) 업종별 장부비치 기장의무 기준(직전년도 수입금액 기준)

〈표 11-9〉 업종별 장부비치 기장의무 기준

구 분	간편장부 의무자	복식부기 의무자
도매업, 소매업, 농업, 임업, 광업, 어업, 부동산 매매업 등	3억원 미만	3억원 이상
제조업, 건설업, 음식숙박업, 전기가스 및 수도사업, 운수업, 통신업, 창고업, 금융보험업 등	1억5천만원 미만	1억5천만원 이상
부동산임대업, 사업서비스업, 교육서비스업, 보건 및 사회복지사업, 오락, 문화 및 운동 관련 서비스업과 기타 공공수리 및 개인서비스업, 가사서비스업 등	7,500만원 미만	7,500만원 이상

* 단, 전문직 사업자는 2007.1.1일 이후 발생하는 소득분부터 수입금액에 상관없이 복식부기 의무가 부여 됨.

5. 영수증

개인이나 법인의 소득을 계산하는 가장 기본적인 요소는 매출액과 매출원가 및 기타 경비로서 소득은 매출액에서 매출원가 및 일반관리비 등 경비를 차감하여 계산하는 것이다. 따라서 소득을 정확하게 계산하기 위해서는 거래증빙을 확실하게 갖추어 놓아야 한다. 거래 증빙을 보관하고 있으면 동 금액은 세법인 허용하는 범위n내에서 경비로 인정받음으로써 세금을 절세할 수 있으며, 복식부기에 의한 기장의무를 이행하면 당해연도에 비록 결손이 나더라도 지난해낸 소득세에서 결손금액에 해당되는 세액만큼을 환급받을 수 있다(중소기업 사업소득 결손금 소급공제). 또한 다음 사업년도 이후 5년간 발생하는 소득에서 결손금액을 차감하여 과세소득을 계산하게 되므로(결손금 이월공제) 그만큼 세금을 절약할 수 있다.

1) 거래증빙의 종류

(1) 세금계산서

부가가치세 과세사업자중 일반과세자가 재화 · 용역 등을 공급할 때 발행하는 거래증빙으로 여기에는 공급하는 자와 공급받는 자의 사업자등록번호, 상호, 주소, 대표자명 및 업태, 종목과 공급가액, 부가가치세액, 거래명세 등이 기재되어 있다.

(2) 계산서

부가가치세 면세사업자가 재화 · 용역 등을 공급할 때 발행하는 거래증빙으로 그 기재 내용은 세금계산서와 거의 동일하지만 부가가치세가 과세되지 않는 거래이므로 부가가치세액란은 없다.

(3) 신용카드 매출전표

신용카드 가맹사업자가 발행하는 거래증빙으로 공급하는 자에 관한 사항(상호, 주소, 대표자명, 업태, 종목 등)은 기재되어 있으나 일반적으로 공급받는 자에 관한 사항과 부가가치세액은 별도로 기재되지 않는다.

(4) 영수증

부가가치세 과세사업자 중 간이과세자가 재화, 용역을 공급할 때 발행하는 거래

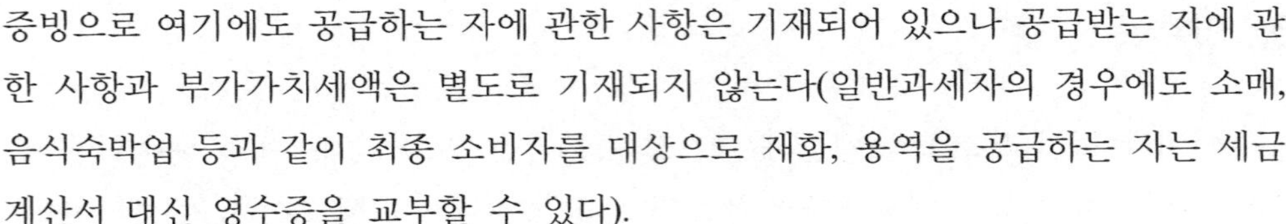

증빙으로 여기에도 공급하는 자에 관한 사항은 기재되어 있으나 공급받는 자에 관한 사항과 부가가치세액은 별도로 기재되지 않는다(일반과세자의 경우에도 소매, 음식숙박업 등과 같이 최종 소비자를 대상으로 재화, 용역을 공급하는 자는 세금계산서 대신 영수증을 교부할 수 있다).

2) 법정 영수증

법인 및 복식부기의무자인 개인사업자가 경비로 인정받기 위하여 지출증빙을 수취할 때는 원칙적으로 세금계산서 또는 계산서, 신용카드매출전표를 교부받아야 한다. 거래증빙으로 일반 영수증을 교부받게 되면 경비로 인정되기는 하나 영수증 금액의 10%만큼의 증빙불비가산세로 부과되어 그만큼 세금을 더 내야하는 불이익이 생긴다. 다만 거래 건당 금액이 10만원 미만인 경우나 기타 세법이 정하는 경우에는 예외적으로 일반 영수증 수취가 인정된다. 따라서 경비 지출 시 세법상 불이익을 받지 않기 위해서는 가능한 한 일반 영수증이 아닌 세금계산서와 계산서 또는 신용카드매출전표를 받는 것이 절세에 도움이 된다. 접대비 건당 지출금액이 5만원 이상의 경우에는 지출증빙으로 신용카드전표나 세금 계산서, 계산서 등을 교부받아야 한다. 선물처럼 물품으로 제공 될 수도 있으며, 유흥과 음식을 영업 등 회사업무와 관련하여 특정인에게 제공한 비용 지출 의미하는 접대비는 기초금액 연간 1,200만원(중소기업은 1,800만원)에 수입 금액의 일정율을 합산하여, 계산한 금액의 한도 내에서 경비(손금)으로 인정된다.

제3절 사회보험제도

사회보험제도는 국민에게 발생한 사회적 위험을 보험방식에 의하여 대처함으로써 국민의 건강과 소득을 보장하는 제도이다. 여기서 사회적 위험이란 질병, 장애, 노령, 실업, 사망 등을 의미한다. 이러한 사회적 위험은 사회구성원 본인은 물론 부양가족의 경제생활을 불안하게 하는 요인이 되는데, 사회보험제도는 사회적 위험을 예상하고 이에 대처함으로써 국민의 경제생활을 보장하려는 소득보장제도이다. 우리나라의 4대사회보험제도는 업무상의 재해에 대한 산업재해보상보험, 질병과 부상에 대한 건강보험 또는 질병보험, 폐질 · 사망 · 노령 등에 대한 연금보험,

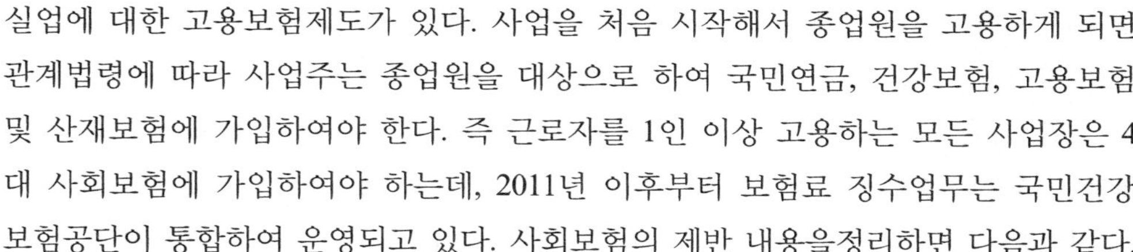

실업에 대한 고용보험제도가 있다. 사업을 처음 시작해서 종업원을 고용하게 되면 관계법령에 따라 사업주는 종업원을 대상으로 하여 국민연금, 건강보험, 고용보험 및 산재보험에 가입하여야 한다. 즉 근로자를 1인 이상 고용하는 모든 사업장은 4대 사회보험에 가입하여야 하는데, 2011년 이후부터 보험료 징수업무는 국민건강보험공단이 통합하여 운영되고 있다. 사회보험의 제반 내용을정리하면 다음과 같다.

1. 국민연금

1) 국민연금의 개념

국민연금은 국가가 보험의 원리를 도입하여 만든 사회보험의 일종으로 가입자, 사용자 및 국가로부터 일정액의 보험료를 받고 이를 재원으로 노령으로 인한 근로소득 상실을 보전하기 위한 노령연금, 주 소득자의 사망에 따른 소득상실을 보전하기 위한 유족연금, 질병 또는 사고로 인한 장기근로능력 상실에 따른 소득상실을 보전하기 위한 장애연금 등을 지급함으로써 국민의 생활안정과 복지증진을 도모하는 사회보장제도의 하나이다.

2) 가입유형

국민연금의 가입유형에는 사업장가입자, 임의가입자, 지역가입자 등이 있는데, 창업 기업과 관련된 사업장 가입자는 국민연금에 가입된 사업장의 18세 이상 60세 미만의 사용자 및 근로자로서 국민연금에 가입된 자를 말한다. 1인 이상의 근로자를 사용하는 사업장 또는 주한외국기관으로서 1인 이상의 대한민국 국민인 근로자를 사용하는 사업장에서 근무하는 18세 이상 60세 미만의 사용자와 근로자는 당연히 사업장가입자가 된다. 따라서, 지역가입자가 사업장에 취업하면 자동적으로 사업장가입자가 되고, 지역가입자 자격은 상실된다.

3) 기준소득월액

기준소득월액이란 국민연금의 보험료 및 급여 산정을 위하여 가입자가 신고한 소득월액에서 천원미만을 절사한 금액을 말하며, 최저 23만원에서 최고금액은 375만원까지의 범위로 결정하게 된다. 따라서, 신고한 소득월액이 23만원보다 적으면

23만원을 기준소득 월액으로 하고, 375만원보다 많으면 375만원을 기준소득월액으로 한다.

사업장가입자의 기준소득월액 결정 방법은 자격취득 및 납부 재개 시 기준소득월액은 사업장가입자의 당해 종사하는 업무에서 얻는 소득으로서 사용자가 공단에 신고한 소득으로 결정하며, 가입기간중의 기준소득월액은 전년도중 당해 사업장에서 얻은 소득총액을 근무일수로 나눈 금액의 30배에 해당하는 금액으로 결정하되 전년도의 소득을 당해년도 7월부터 다음년도 6월까지 적용 한다.

4) 사업장가입자의 보험료율

사업장가입자의 경우 보험료율인 소득의 9%에 해당하는 금액을 본인과 사업장의 사용자가 각각 절반, 즉 4.5%씩 부담하여 매월 사용자가 납부하여야 한다. 사업장가입자의 연금보험료는 가입자가 개별적으로 납부할 수 없고, 사용자에 의하여 일괄적으로 납부한다. 기준소득월액은 1년에 한번 산정하므로 실제 보수의 4.5%와는 맞지 않을 수 있는데, 예를들면 기준소득월액이 1,060,000원인 봉급자의 경우 매월 95,400원을 연금보험료로 납부해야 하는데, 그 중 47,700원은 본인이, 47,700원은 사용자가 부담하게 된다.

5) 보험료 납부기한

연금보험료의 납부기한은 해당 월의 다음 달 10일이며, 10일이 토・일요일, 공휴일인 경우 그 다음 영업일까지 납부하면 된다. 납부기한은 법정기한이므로 기한 내 연금보험료를 납부하지 아니한 때에는 연체금이 가산된다. 납부기한 연장신청은 납부의무자의 책임이 없는 사유로 고지서를 수령할 수 없었거나 자동이체자(예금주)의 책임이 없는 사유로 보험료가 이체되지 못한 경우에는 해당월의 다음달 연금보험료 납부기한까지 국민건강보험공단 관할지사에 신청하고 납부하여야 한다.

6) 보험료 납부기간

가입자(사용자)는 가입자 자격을 취득한 날이 속하는 달의 다음달부터 가입자 자격을 상실한 날의 전날이 속하는 달까지 매월 연금보험료를 납부해야 한다. 다만 가입자가 자격을 취득한 날이 그 속하는 달의 초일인 경우, 같은 달에 취득일과 상실일이 속한 경우 최초 상실일이 속한 사업장에서 납부하여야 한다. 또한 가입자가 자격을 취득한 날이 그 속하는 달의 초일인 경우, 임의계속가입자 자격을 취득한 경우, 가입자가 희망하는 경우에는 취득한 날이 속하는 달부터 납부하게 됩니다. 그 달의 고지서에는 그 달 15일까지 신고 된 취득/상실자만 반영하므로 16일~말일 사이의 변동자는 다음 달 고지시 반영된다.

7) 당연적용사업장 가입신고

국민연금 대상 사업장으로 해당될 경우 사업장 사용자는, 다음달 15일까지 당연적용사업장 해당신고서와 사업장가입자 자격취득신고서를 작성하여 가까운 지사에 방문, 우편, 팩스 등의 방법으로 제출하여야 한다.

① 제출서류 : 당연적용사업장 해당신고서 1 부, 사업장가입자 자격취득신고서 1부, 사업자등록증 사본(필요시 법인등기부 등본 사본)
② 신고절차 및 방법
⇒ 신고서를 작성하여 사업장 주소지 근처의 국민연금공단 각 지사에 신고
⇒ 우편, FAX, 인터넷(www.4insure.or.kr)신고도 가능

국민연금은 전년도에 지급한 소득세법상 과세대상소득을 사업장이 국민연금공단에 신고하고, 국민연금공단은 신고한 소득금액을 12로 나누어 매월 고지하며, 사업장은 고지한 국민연금을 납부함으로써 난부의무가 종결되는 제도이다. 따라서 연도 중 퇴사한 직원의 경우에는 별도의 정산은 하지 않는다. 적용기간은 근로자, 개인사업장의 사용자인 경우 해당년도 7월부터 다음연도 6월까지 적용하는데, 기타 자세한 사항은 인터넷 www.nps.or.kr을 참조하며, 전화상담은 국민연금공단 국번 없이 1355로 문의하면 된다.

2. 고용보험

(1) 고용보험료

고용보험사업에 소요되는 비용에 충당하기 위하여 보험가입자인 사업주와 피보험자인 근로자로부터 고용 안정 사업, 직업능력 개발사업 및 실업급여로 구분하여 징수하는 금액이다.

(2) 고용보험제도

전통적 의미의 실업보험사업을 비롯하여 고용안정사업과 직업능력사업 등 노동시장 정책을 적극적으로 연계하여 통합적으로 실시하는 사회보장보험이다. 주요업무를 담당하는 기관은 고용노동부 고용센터와 근로복지공단이 있으며, 관련업무는 고용안정사업으로 고용창출지원, 고용조정지원, 고용촉진지원, 건설근로자고용지원 등이 있으며, 직업능력개발사업분야는 사업주지원, 근로자지원, 건설근로자 직업능력개발지원 등과 실업급여사업분야는 구직급여, 취직촉진수당, 모성보호급여 등이 있다.

〈표 11-10〉 고용보험 업무 담당 기관

구 분	주요 업무
고용노동부 고용센터	• 피보험자 관리, 실업급여 지급, 고용안정사업관련 각종 지원업무 • 실업 급여관련 업무는 수급자의 거주지 관할 고용센터에서 담당 • 직업능력개발관련 각종 지원업무
근로복지공단	고용보험 가입, 보험료 징수, 보험사무조합인가 등 담당

(3) 고용보험적용대상

고용보험은 98.10.1부터 근로자 1인 이상을 고용하는 모든 사업에 적용되므로 법인 또는 개인을 불구하고 근로자를 고용하는 모든 사업주는 의무적으로 고용보험에 가입 하여야 한다. 단, 65세 이상인 근로자와 1월간 소정근로시간이 60시간(주간 소정근로시간 15시간미만 인자 포함)미만인 근로자는 적용에서 제외된다. 다만, 생업을 목적으로 근로자를 제공하는 자 중 3개월 이상 계속하여 근로를 제공하는 자와 1개월 미만 동안 고용되는 일용근로자는 적용대상임)

(4) 고용보험의 각종 신고

① 고용보험에 의무적으로 가입해야 하는 근로자 1인 이상 고용사업주는 보험료 산정이나 실업급여 등 각종고용보험의 혜택을 받기 위하여 소속 근로자의 임금, 근로시간, 고용기간 등에 관한 근로계약서, 임금대장 등의 기본서류를 사전에 작성・비치하는 것이 바람직하다.

② 고용보험에 가입하기 위해서는 우선 고용보험법에 적용일 또는 사업개시일부터 14일 이내에 보험관계성립신고서를 제출하여 고용보험 적용 사업장임을 확인하는 사업장 관리번호를 부여받게 된다. 그리고 사업주는 그 사업에 고용된 피보험자에 대하여 다음달 15일까지 고용보험 피보험자격 취득신고서를 제출해야 한다.

고용보험 가입혜택은 고용보험 적용 사업장에 고용된 날로부터 피보험자격을 얻게 되며, 사업주가 고용센터에 피보험 자격취득 신고를 함으로써 가입이 된다. 또한 피보험자격 신고는 원칙적으로 사업주가 해야 하지만, 사업주가 신고하지 않을 경우 근로자가 직접 신고할 수도 있다.

자세한 사항은 한국고용정보원(www.ei.go.kr)을 참조하고, 고용노동부 고객상담센터(국번없이 1350)로 문의하면 된다.

3. 건강보험

(1) 건강보험적용대상

상시 1인 이상의 근로자를 사용하는 사업장에 고용된 근로자와 그 사용자로서 근로자 없는 사업장은 적용대상이 아니다. 또한 소재지가 일정하지 않은 사업장과 근로자가 없이 대표자만 있는 개인사업장은 적용에서 제외된다.

(2) 가입서류 및 적용일

① 사업장 신규가입시 신청 서류 : 사업장(기관)적용 통보서 1부, 직장가입자 자격취득 신고서, 직장가입자(근무처, 근무내역)변동통보서(전입자인 경우)

② 적용일

⇒ 적용대상 사업장이 된 날로부터 14일 이내 신고하는 경우 - 적용 대상 사업장이 된 날

⇒ 적용대상 사업장이 된 날로부터 14일 경과 후 신고하는 경우 - 사업장(기관)적용통보서 공단 접수일

⇒ 사업장 합병 또는 분할로 인하여 신설되는 사업장의 경우 - 사업장 합병 또는 분할 일자

(3) 보험료 부담

① 모든 근로자의 소득 능력에 따라 보험료를 부과하는 것으로, 건강보험료는 전년도의 소득세법상 과세대상소득을 기준으로 당해연도에 보험료를 납부(선납)하고, 당해 연도가 경과 한 후 실제 지급한 급여총액을 기준으로 다시 정산하여 납부한 건강보험료가 적은 경우 추가 납부하여야 하며, 전년도 보수 총액을 기준으로 납부한 건강보험료가 많은 경우 당해 연도에 납부할 금액에서 상계하거나 환급을 받는 납부 방식이다.

② 2005년 1월부터 적용되는 보험요율은 4.31%로 사용자 50%, 가입자 50% 부담한다.

③ 임의계속피보험자는 사용관계가 종료된 날이 속하는 달을 제외한 이전 2개월간의 보험료액을 월평균한 금액으로 보험료를 산정하여 피보험자가 전액 부담한다.

(4) 보험료 납부의무

① 보험료는 매월 납부하되 사용자가 납부하여야 한다.

② 상용자는 피보험자가 납부하여야 할 당월분의 보험료액을 그 보수로부터 공제하며 그 공제액을 피보험자에게 통지하여야 한다.

③ 매월 보험료는 공단에서 발부된 고지서에 의거 익월 10일까지 지정된 장소에 납부하여야 한다.

④ 임의 계속피보험자의 보험료는 적용신청과 동시에 피보험자가 일시에 납부하여야 한다.

직장가입자 보험료율은 2011년도 5.64%에서 2012년 1월 부터는 5.80%로 2.8% 인상되었다.

〈표 11-11〉 건강보험료율

(단위 : %)

구 분	계	가입자부담	사용자부담	국가부담
근 로 자	5.8(100)	2.9(50)	2.9(50)	−
공 무 원	5.8(100)	2.9(50)	−	2.9(50)
사립학교교직원	5.8(100)	2.9(50)	1.74(30)	1.16(20)

* 월 보험료 = 보수월액 × 보험료율 : 근로자와 사용자가 각각 1/2씩 부담

4. 산재보험

(1) 가입대상

상시근로자 1인 이상의 사업 또는 사업장에 종사하는 모든 근로자 단, 건설면허 사업자가 아닌 자가 시공하는 공사 중 고용보험및산업재해보상보험의보험료징수등에관한법률시행령 제2조제1항제2호의 규정에 의한 총공사금액이 2천만원 미만인 공사(개정 2004.10.29)와 연면적이 330제곱미터 이하인 건축물의 건축 또는 대수선에 관한 공사에 종사하는 근로자는 적용에서 제외된다.

(2) 가입절차

산재보험가입대상이 된 날로부터 14일 이내에 근로복지공단 관할 지역본부(지사)에 사업주가 [보험관계성립신고서] 제출해야 한다.

* 유의사항 : 보험관계성립신고 및 사업개시신고를 태만히 한 기간 중 발생한 재해는 지급결정된 보험급여액의 50%를 사업주에게 별도 징수한다.
* 종전사업장 보험업무 담당자는 4대사회보험기관을 각기 방문하여 적용신고를 하던 것을 4대사회보험(국민연금, 건강보험, 산재보험, 고용보험)정보연계시스템이 구축됨에 따라 4대사회보험기관 중 1개 기관만 방문하여 통합된 사업장 적용신고 서식을 작성해서 제출하면 된다.

(3) 신고 및 납부

보험가입자는 매년 1월1일(보험관계 성립일)부터 3.31까지(보험연도중에 보험관계가 성립한 경우에는 그 보험관계의 성립일부터 70일)근로복지공단에 개산보험료[연간지급한 것으로 추정되는 임금총액×보험요율]를 선납으로 자진신고하고 은행에 보험료 납부해야 한다.

〈표 11-12〉 4대 사회보험 제도의 주요 특성

구 분	국민연금	건강보험	고용보험	산재보험
시행년도	1988년	1977년 (노인장기요양보험 2008. 7. 1 실시)	1995년	1964년
기본성격	소득보장 장기보험	의료보장 단기보험	실업고용 중기보험	산재보상 단기보험
급여방식	현금급여 소득비례	현물급여 균등급여	현급금여 소득비례	현물-균등급여 현금-소득비례
재정및관리	수정적립방식 전체일괄관리	부과방식 이원화(직장 · 지역) 관리	수정적립방식	순부과방식
관리단위	개인별관리	사업장 · 세대별 관리	사업	사업장
보험료관장	보건복지부장관	보건복지부장관	고용노동부장관	고용노동부 장관
자격관리방식	직장 · 지역 통합관리	직장 · 지역 통합관리	사업별관리 가입자관리	사업별관리 가입자관리
보험료 부과단위	사업장, 지역 (개인별)	사업장, 지역 (세대별)	사업	사업

[자료 : http://www.4insure.or.kr/]

창업을 위한 자금조달은 자기자본과 타인자본을 이용하는 두 가지 방법이 있다. 창업자금조달을 하기 전에 사업에 필요한 총 소요자금을 산출해 보는 것은 꼭 필요한 과정이다. 창업 소요 자금 조달은 자금을 빌리는데 초점을 두는 것보다 자금을 올바르게 집행할 계획을 먼저 세우고 난후 필요한 자금부분을 정확히 예측하고 자금을 조달 하는 것이 좋다.

소호창업인 경우 소상공인지원센터나 중소기업청의 지원자금제도를 활용할 수 있고, 경쟁력 있는 벤처기업인 경우는 벤처캐피탈을 활용 할 수도 있다. 벤처캐피탈이란 높은 투자위험에도 불구하고 높은 자본이익을 목적으로 사업전망이 밝은 벤처기업에 투자하여 필요시 경영지원, 기술지원 등을 통하여 벤처기업의 성공과 함께 높은 자본이익을 취하는 금융형태를 말한다. 벤처캐피탈의 주요기능에는 자금지원기능, 경영지원기능, 기업공개지원기능 등이 있다.

엔젤은 기술과 아이디어를 가진 창업가들에게 자본과 경영노하우를 지원하는 개인투자가들이다. 엔젤은 일반적으로 창업경험이 있는 성공한 은퇴 경영자로서 풍부한 자금, 경영경험 및 기술평가 능력 등을 보유하고 있어 비상근이사로 참여하기도 하는 리드엔젤(Lead Angel)과 전문지식을 가지고 창업자를 지원하는 변호사, 회계사, 컨설턴트 등의 전문직 종사자를 말하며 간접적인 지원을 하는 서포트엔젤(Support Angel)로 구분할 수 있다.

코스닥시장은 증권거래법에 의하여 증권업협회가 운영하는 제2의 증권시장이다. 증권업협회는 비상장 기업 중에서 성장성과 기술력 있는 기업들을 등록하도록 하고 이들 기업이 발행한 주식을 일정한 거래 질서하에서 거래 하도록 시장을 개설하여 운영하고 있는데, 중소기업의 직접금융조달 창구로서의 기능을 수행한다.

부가가치세 과세기간은 1년을 2개의 과세기간으로 나누어 1월 1일부터 6월 30일까지를 제1기로 하고 7월 1일부터 12월 31일까지를 제 2기로 하여 각 과세기간의 사업실적에 대하여 그 과세기간이 끝나는 달의 다음달 25일(7/25, 1/25)까지 사업장 소재지 관할세무서에 부가가치세 확정 신고서를 제출하고 그 세액을 납부해야 한다. 또한 사업자는 1년 동안 벌어들인 소득에 대하여 소득세를 신고 납부하여야 한다. 이때 개인사업자가 납부하는 세금은 종합소득세라고 하며, 법인사업자가 법인소득에 대해서 납부하는 세금은 법인세라고 한다. 근로자를 1인 이상 사용하는 모든 사업장은 국민연금, 건강보험, 고용보험과 산재보험에 가입하여야 한다.

연습문제 Exercises

1. 벤처캐피탈(Venture Capital)의 정의와 기능

2. 엔젤(Angel)의 개념과 유형

3. 코스닥(KSDAQ : Korea Securities Dealers Automated Quotation)

4. 부가가치세와 소득세

5. 4대사회보험을 설명하시오.

[사례 11.2] 숍 인 숍(Shop in shop)

최근 점포내의 노는 공간을 살리면서 짭짤한 소득을 올리는 점포 안에 점포가 있는 '숍인숍(shop in shop)' 형태의 창업이 부쩍 늘고 있다. 2005년 들어 지난해부터 서서히 증가하던 숍인숍은 불경기 여파의 지속으로 상호 보완성을 통한 시너지 효과를 통한 기존 점포고객을 흡수한 매출 증대 전략으로 최근 업종 불문하고 확산되는 추세다.

서울 신촌 마리아칼라스 레스토랑은 입구 한쪽에서 노트나 다이어리, 수첩 등 문구류를 판매한다. 레스토랑에 전시된 퀼트작품들로 디자인한 것이다. 레스토랑 관계자는 "레스토랑의 이미지도 잘 알릴 수 있고 인근 대학의 학생들이 독특한 문구류에 관심이 많기 때문에 매출도 꾸준한 편"이라고 말한다.

지난 3월 새로 오픈한 박승철 헤어스투디오 관악점은 매장 안에 피부마사지실을 두어 고객이 머리를 손질하는 동안 핸드마사지를 받을 수 있도록 하는가 하면, 분당 수내동에 있는 대형 스파 내로 아예 입점해 고객 확보와 수익 면에서 큰 효과를 내고 있다.

숍인숍은 건물 임대료, 인테리어비용 등 초기투자비용이 들지 않아 평균 3000만원 안팎이면 창업이 가능해 소자본 창업을 생각하는 이들에게도 인기가 높다. 청년 실업자가 20만명을 넘어서면서 20대 창업 인구가 늘어난 것도 숍인숍 창업 열기에 한몫 했다는 것이 소상공인 지원센터의 분석이다.

패밀리레스토랑서 장난감 팔기도

현재 숍인숍 창업으로 뜨고 있는 아이템은 다양하다. 은행이나 주유소 안의 커피

전문점을 비롯해 동물병원 안의 애견 미용실, 미용실 안의 피부관리실이나 네일관리숍, 의류상가 안의 의류수선 전문점, 한의원 안의 두피관리실, 베이커리 전문점 안의 아이스크림 전문점 등 숍인숍 특수업종은 따로 없을 정도다. 서로 만나 윈-윈 할 수 있으면 그만. 기존 점포는 자투리 공간 활용과 동시에 추가수익을 올릴 수 있고 소자본창업자들은 비용이나 홍보 면에서 부담을 덜 수 있어 상생효과가 높기 때문이다. 로즈버드, 베리스타 등 숍인숍 창업에 적극적인 프랜차이즈 업체들이 하루 동안 받는 상담전화만 평균 30여통 된다고 한다.

올 들어서는 외식업체의 숍인숍 마케팅도 눈에 띈다. 웰빙 고기전문점인 계경목장은 유기농전문 프랜차이즈인 유기농신시와 손잡고 매장 내에 유기농 전문코너를 설치할 방침이다. 회사 관계자는 "지난해 새싹비빔밥이나 영월 항아리 된장을 테이크아웃으로 판매했는데 반응이 좋아 보다 적극적인 판매전략으로 유기농 전문 매장을 유치하게 됐다"고 밝혔다. 삼겹살 전문점인 자수정삼겹살은 매장 한쪽에서 자수정 원석과 구이판, 자수정을 활용한 액세서리 등을 판매하고 있으며, 패밀리레스토랑인 카후나빌은 매장 입구에 어린이 장난감 자판기를 설치해 의외로 짭짤한 수익을 올리고 있다.

지난해 10월 프랜차이즈 업계에 뛰어든 와인치킨 '베리웰'은 시작부터 숍인숍을 마케팅 전략으로 삼았다. 기존의 배달 위주 치킨 전문점과 차별화 전략으로 매장 인테리어를 카페 분위기로 꾸미고 한쪽에 와인 홀더나 와인 잔, 앤틱 소품 숍을 마련한 것. 베리웰 윤세영 이사는 "판매보다 와인치킨 이미지를 살리는 것이 주된 목적이었는데 의외로 젊은층에서 와인 소품에 대한 반응이 좋고 프랜차이즈 문의도 많이 오고 있다"며 "와인병에 유리 세공으로 사진이나 메시지를 새겨주는 서비스 등 앞으로 숍인숍 형태의 차별화 전략을 계속 이어나갈 방침"이라고 한다.

웰빙, 웰룩킹 … 사회 트렌드 반영돼

대기업도 숍인숍 형태 영업망에 관심을 드러내고 있다. 유기농 전문매장인 총각네야채가게는 LG전자와 전략적 제휴를 맺었다. 앞으로 LG전자의 하이프라자 매장이 들어서면 숍인숍으로 총각네야채가게도 함께 매장을 오픈한다. 전자제품의 주소비자 역시 주부라는 점에 착안한 아이디어. 기획 초기 당시 김쌍수 LG전자 대표이사 부회장은 직접 총각네야채가게 본점을 방문해 판매현황이나 주요 고객층을 점검할 정도로 큰 관심을 표명했다. 실제 제휴 1호점인 대방점은 야채를 사러 온 주부들이 미닫이문으로 연결된 LG전자 매장도 아울러 둘러보면서 LG전자의 제품 홍보나 수익에 실질적 효과를 가져왔다는 것이 업체 관계자의 말이다. 총각네야채가게는 LG전자에서 실시하는 직원교육을 함께 받으면서 대기업의 시스템이나 경영마인드를 배울 수 있어 숍인숍 효과를 톡톡히 보고 있다. 현재 대방점에 이어 가양점을 오픈했고 하반기 들어 새로운 제휴 시스템도 도입할 계획이다.

웰빙, 웰룩킹, 매스티지(중산층이 명품 구입하는 현상) 등 사회 전반의 트렌드와 흐름을 같이 하는 것도 숍인숍 창업의 두드러진 특징이다. 요구르트아이스크림은 즉석제조기까지 나올 정도로 인기가 높고 피트니트센터인 웰바디는 스포츠센터 옆에 영양식판매, 피부관리실까지 두어 웰빙에 필요한 모든 것을 원스톱으로 제공한다. 비타민 전문업체인 비타민하우스는 약국이나 병원 내 숍인숍 체인점 유치를 전략으로 삼아 현재 3000여개 체인을 확보했다. 지난해 병원 판매용 비타민 메이커로 신설한 '닥터스 초이스'는 벌써 1,500여개까지 체인점이 늘어나 건강기능식품에 대한 업계의 뜨거운 관심을 실감케 했다.

고급가구 브랜드인 까사미아는 올해초 서울 그랜드 인터컨티넨탈 지하 아케이드에 숍인숍 매장을 오픈하면서 가구숍은 상가 1층에 진열해야 한다는 기존 가구숍 공식을 깬 첫 사례로 주목받았다. 까사미아 김혜영 팀장은 "호텔과 가구의 고급 이미지가 잘 맞아떨어지고 호텔 고객을 상대로 한 새로운 수요도 창출할 수 있어 활발한 마케팅 전략을 펼칠 예정"이라고 한다.

교육이나 사전조사는 필수

숍인숍 매장이 증가하는 데는 할인점 등의 매장관리 전략도 한몫한다. 홈플러스 건강식품 코너의 황인수 팀장은 "한 달 평균 15건 정도의 숍인숍 입점 문의를 받고 있는데 제품 검증이나 시장움직임을 다 파악할 수 없어 직영 판매보다 부담이 적은 숍인숍 유치를 권장하는 편"이라고 말한다. 기존 점포의 자투리 공간을 활용하는 것에서 발전한 복합점포 형태도 속속 등장해 세계맥주전문점인 와바는 스파게티 전문점과 브랜드 제휴를 했고 프랜차이즈 업체인 큰들f&b는 삼겹살 전문점과 가마솥밥 전문점을 결합, 낮밤의 업종을 달리 하면서 매출을 올리고 있다. 로즈버드 이정일 계장은 "로즈버드는 요구르트 아이스크림과 베이글, 샌드위치, 커피 등을 판매하는 베르로사라는 복합 스낵전문점을 설립해 제주도에 1호점을 열었다"며 "서울에 매장을 열면 본격적인 홍보를 할 계획"이라고 밝혔다.

불황극복을 위한 한 지붕 두 가족 형태는 앞으로 계속 다양화할 전망으로, 최근에는 '숍아웃숍(shop out shop)'이란 단어도 등장했다. 점포 앞에 한 평 정도 공간을 마련해 자릿세를 내거나 수익을 나누는 거리 매장으로, 도너츠 가게 앞에 츄러스 전문 판매대, 샌드위치 전문점 앞의 아이스크림 판매 등 젊은이들이 부담 없이 창업할 수 있는 형태를 일컫는다.

그러나 장사가 되지 않아도 자릿세를 내야 하고 마진을 5 대 5 정도로 나누기 때문에 숍인숍 창업이 무조건 성공한다는 보장은 없다. 또 전문가들은 숍인숍이 장사가 잘 되면 기존 점포가 영세창업자를 몰아내고 직접 운영하기도 한다고 말한다. 실례로 한 커피전문 프랜차이즈는 병원이나 대학 내에 월 매출액이 1000만~2000만원을 훨씬 웃도는 지점의 경우 기관이 직접 운영을 하겠다고 나서 소자본창업자들이 발붙이기 어렵다고 털어놓는다. 소상공인 지원센터 서정헌 업무개발팀장은 "하루 평균 25건 정도의 문의를 받지만 상권이나 품목 등을 직접 면담해 보면 실효를 거둘 수 없는 업종을 선택하는 창업자들이 의외로 많다"며 "숍인숍이 창업 부담은 적어도 교육이나 사전 조사는 필수"라고 조언한다.

[자료 : 주간조선, 1849호, 2005.4.11에서 수정]

참고문헌

〈국내문헌〉
경영정보사, 사례별 회계처리 및 세무회계 실무, 경영정보사, 2011.
경영정보사, 경리회계기초 및 결산 법인세 실무, 경영정보사, 2010.
고재건, 서비스품질경영론, 제주대학교 출판부, 2005.
김봉화, 김재호, 한국의 사회적기업 모형개발과 운영 전략, 한국학술정보, 2010.
김봉화, 김재호, 세계 사회적기업의 현황과 전략, 한국학술정보, 2010.
김영한, 민들레영토 희망스토리, 랜덤하우스 중앙, 2004.
김영한,류재운, Market 3.0 시대의 스마트비즈니스, 살림BIZ, 2010.
김진우, 인터넷 비즈니스, 영진출판사, 2000.
김철교, 조준희, 벤처기업 창업과 경영, 삼영사, 2003.
김태욱, 이영균, 제대로 통하는 소셜마케팅 7가지 법칙, 다우, 2011.
김진병 외, On Off Line 마케팅, 한경사, 2007.
김형길, 김정희, 마케팅의 이해, 두남, 2010.
김형길, 정구도, 이정완, 벤처기업의 창업과 경영, 도서출판 두남, 2001.
김형길, 정구도, 창업과 경영, 두남, 2005.
나영균, 만원으로 성공하는 쇼핑몰 창업 & 운영, 혜지원, 2010.
노재건 외, 창업 경영론, 무역경영사, 2003.
데이비드 레스터, 김무겸 옮김, 실직자 프랭크 사업을 시작하다, 북스넛, 2011.
라인 엘우드, 쉐일라 쉐카, 김지숙, 정순화 옮김, 원더우먼, 명인문화사, 2009.
레베카 손더스, 세스컴전략기획팀 옮김, 아마존 성공의 비밀, 리드북, 1999.
로버트 하틀리, 장대련, 마케팅 서바이벌, 명인문화사, 2011
마이클 김, 실리콘밸리 벤처 그리고 그 현장, 지식공작소, 1999.
마이클 솔로몬, 소비자를 유혹하는 마케팅전략 34, 원더원북스, 2007.
민경호, 벤처기업과 기업가정신, 무역경영사, 2002.
민경호, 친환경경영의 실제, 무역경영사, 2011.
박명호, 박종무, 윤만희, 마케팅, 경문사, 2008.
박정기외, 소상공인 창업과 경영, 도서출판 두남, 2000.1.
박주영, 이상호, 박경원, 중소기업경영론, 학현사, 2009.
박충환, 오세조, 김동훈, 박진용, 마케팅관리, 박영사, 2011.
박형진, 양석준, 역발상으로 성공한 창의적 마케터들, 비즈프라임, 2008.
방용성, 주윤황, 창업, 학현사, 2009.
배성환, SNS Power Marketing, 명진출판, 2011.
사하 & 보미 하세미, 안기순 옮김, 나의 첫 사업계획서, 민음인, 2011.
서민교, 프랜차이즈사업 당신도 쉽게 할 수 있다, 중앙경제평론사, 2004.
손동원, 벤처기업 창업 경영론, 경문사, 2010.

안중호, 박철우, 글로벌시대 경영정보론, 홍문사, 2011.
우인회, 성공하는 사회적기업의 9 가지 조건, 황금고래, 2010.
윤관호, 홍상태, 이임정, 창업실무, 도서출판 청람, 2007.
윤주석, 조준희, 창업과 사업계획서, 두남, 2008.
이나가키 아츠고 지음, 양영철 옮김, 1평의 기적, 서돌, 2012.
이석규, 창업 및 사업성검토, 다산출판사, 1997
이장우 외, 벤처기업의 현황과 발전방향, 대종, 1998.10.
이장우, 벤처경영, 매일경제신문사, 1997.
이학종, 전략적 인적자원관리, 박영사, 2006.
이형석과 창업모임, 창업 이렇게 하면 무조건 성공한다, 머니플러스, 2003.
임승환, 5대그룹 총수의 성격분석보고서, 중앙 M, 1998.
전진수, 쇼핑몰마케팅, 가메출판사, 2010.
정승화, 벤처창업론, 박영사, 2006.
제이엘리엇 · 윌리엄 사이먼, 권오열 옮김, 아이리더십, 웅진지식하우스, 2011.
조지스톡 · 토마스하우트 지음, 윤은기 옮김, 타임베이스 경쟁전략, 21세기 북스, 1994.
지호준, 알기 쉽게 배우는 21세기 경영학, 법문사, 2004.
케빈 리, 마케팅 성공사례, 길벗, 2011.
필립 코틀러, 안진환 옮김, 마켓 3.0, 타임비즈, 2010.
한국창업전략연구소, 2011 베스트창업아이템 100, 21세기북스, 2011.
한길석, 창업과 경영, 법문사, 2004.
한정화, 벤처창업과 경영전략, 홍문사, 2003.
함께일하는 재단, 사회적기업의 이해와 경영사례, 2009
홍성도, 벤처기업 창업경영론, 학문사, 1998.
홍선영, 아마존의 끝없는 변신, SERI 경영노트, 2010.9.9
비즈넷타임스, 2004. 7. 13, 2005.8.2
서강 하버드 비즈니스, 한국경제신문사, 1998.1-8.
소상공인진흥원, 소상공인, 2011.
조선일보 2005.05.29.
주간조선 제1849호, 2005.4.11
LG주간경제 제824호, 2005. 3. 23.
LG주간경제 제840호, 2005.07.08.
창업투데이, 2003.10.

〈국외문헌〉

Davenport, Thomas & Prusak, Laurence "Working knowledge : How Organizations Manage what they know", Havard Business Shchool Press, 1998.
Earl, M, J., knowledge as strategy Reflections on Skandia International and Shorko Films Strategic Information Systems : European Perspective, 1994.
Nonaka,I & H.Takeuchi, "The knowledge-Creating Company" Oxford Uiversity press, 1995.
Kotler, Philip, Gary Armstong, Principle of Marketing, 14th ed., Prentice-Hall, 2012.

Kotler, Philp, Marketing Management : Analysis, Planning, Implementation and Control, 13th ed, Prentice-Hall, 2009.

Mahesh p. Bhave, "A process Model of Entreprenenurial Venture Creation," Journal of Business Venturing, 9, 1994, pp.223～242.

McMullan, W. E. and K. Vesper, "Now Ventures and Small Business Innovation for Economic Growth," R & D Management, 17, 1987, pp.3～13.

Megginson, W.L., and Weiss, K.H., "Venture Capitalist Certification and Initial public Oferings", Journal of Finance. Vol.46, No3. 1991.

Nisrich & peter, "Entreprenesurship : starting, Developing, and Managing a New Enterprise," Irwin, 2008.

Proctor, Tony, Marketing Management : Integrating Theory and Pratice, International Thomson Business Press, 1996.

Porter,M."What is Strategy?" Harvard Business Review, November-December, 1996.

Robert Dwyer, F, Paul Schurt, and Sejo Oh, "Developing Buyer-Seller Relationships," Journal of Marketing, 5(April 1987), pp. 11～27.

Sandberg, W. R. and C. W. Hofer, "Improving New Venture Performance-Role of Strategy, Industry Structure, and The Entrepreneur", Journal of Business Venturing, Vol. 2, 1987.

Schein, E. H. Organizational Psychology, 3rd edition, Englewood Cliffs, N. J., Prentice- Hall, 1980.

Stevenson, H. H., Roverts, M. J. and H. I. Grousbeck, New Business Ventures and the Entrepreneur, 4th edition, Irwin, Burr ridge, 1994.

Zimmerer, T. W. and N. M. Scarborough, Entrepreneurship and The New Venture Formation, Prentice-Hall, 1996.

찾아보기

저자약력

김형길

- 현) 제주대학교 경영학과 교수(경영학박사)
- 미국 캘리포니아 주립대 연구교수(CSUMB)
- 미국 아리조나주립대 연구교수(University of Arizona)
- 중국 남경재경대 객좌교수
- 대한민국 디자인벤처 1호 유컴스 마케팅이사 역임
- 한국 소비문화학회 회장(현)
- 한국 인터넷전자상거래학회 부회장(현)
- 대한경영학회 부회장(현)
- 제주관광문화산업진흥원 원장(현)
- 시장경영진흥원 자문교수(현)
- 제주물류연구회 회장(현)

주요논문 및 저서

- 경영학원론(1999), 조원사.
- 벤처기업의 창업과 경영(2001), 도서출판 두남.
- 창업과 경영(2005), 도서출판 두남
- 마케팅의 이해(2010), 도서출판 두남
- MICE마케팅(2010), 대동
- 신제품 광고정보에 의한 소비자이미지 변화연구.
- 소매점포 속성변수가 구매만족과 재구매 의도에 미치는 영향에 관한 연구.
- 전자상거래에서의 소비자 지각위험에 관한연구 외 90편

저자약력

정구도

- 현 영동대학교 경영학과 겸임교수(경영학박사)
- 현 한국 소비문화학회 이사
- 현 노근리국제평화재단 이사장
- 현 국무총리 직속 노근리사건 희생자 심사 및 명예회복위원회 위원
- 광운대학교 경영학과 겸임교수 역임
- 한국창업학회 이사 역임
- 소프트포럼주식회사 경영고문 역임
- 경향신문 출판자문위원 역임
- 지우국제특허법률사무소 경영고문 역임
- (주)기독교TV 총무부장, 기획조정부장, 사업국장 직무대행 역임
- 한국전력공사 자금부장대리 역임

주요논문 및 저서

(경영학 분야)

- 창업과 경영(2005), 도서출판 두남
- 벤처기업의 창업과 경영(2001), 도서출판 두남
- 글로벌 시대의 콘슈머리즘(1999), 도서출판 나남
- 전자상거래 관련 법규해설(2000), 세종기술연구소 등 다수
- 한국전력산업의 마케팅전략에 관한 연구
- 상표확장의 희석효과에 관한 실증적 연구 등 다수의 연구논문

(역사학 등 기타 분야)

- 2009년도 문화체육관광부 선정 사회과학분야 우수학술도서 '한국전쟁기 인권침해 및 역사인식의 문제'(2008), 도서출판 두남
- 컬럼집 '노근리는 살아있다'(2002), 백산서당
- 노근리사건의 진상(The truth of the No Gun Ri Massacre) : 영어 논문집(2002), 백산서당
- 노근리사건의 진상과 교훈 (2001, 논문집), 도서출판 두남
- 주한미군문제 해결운동사 '노근리에서 매향리까지'(2001), 깊은자유(공저)

창업경영

초　판 1쇄 발행——2012년　3월 10일
초　판 2쇄 발행——2014년　8월　5일
지은이——김 형 길·정 구 도
펴낸이——전 두 표
펴낸곳——도서출판 두남
서울시 강동구 성내1동 455-12 두남빌딩
신 고 : 제25100-1988-9호
(구 제2-624호, 1988. 7. 21)
TEL : 02) 478-2065, 2066, 2067, 2311
FAX : 02) 478-2068
E-mail : dunam1@unitel.co.kr
http://www.dunam.co.kr

정가 23,000원

ISBN 978-89-6414-329-2　93320